启真馆 出品

人类学研究

庄孔韶　主编

第贰卷

ZHEJIANG UNIVERSITY PRESS
浙江大学出版社

图书在版编目（CIP）数据

人类学研究．第 2 卷／庄孔韶主编．—杭州：浙江大学
出版社，2012.12
ISBN 978 - 7 - 308 - 10901 - 7

Ⅰ．①人…　Ⅱ．①庄…　Ⅲ．①人类学 – 研究
Ⅳ．①Q98

中国版本图书馆 CIP 数据核字（2012）第 297340 号

人类学研究．第 2 卷
庄孔韶　主编

责任编辑	王志毅
文字编辑	周元君
装帧设计	张　锐
出版发行	浙江大学出版社
	（杭州天目山路 148 号　邮政编码 310007）
	（网址：http：//www.zjupress.com）
排　版	北京京鲁创业科贸有限公司
印　刷	浙江印刷集团有限公司
开　本	710mm×1000mm　1/16
印　张	18
字　数	295 千
版 印 次	2013 年 2 月第 1 版　2013 年 2 月第 1 次印刷
书　号	ISBN 978 - 7 - 308 - 10901 - 7
定　价	45.00 元

浙江大学社会科学研究院资助

《人类学研究》编委会

目　录

专题研究

001/ 福建金门聚落神圣空间领域之建构
　　　——一个土地信仰的考察　　林建育

041/ 韩信复仇记
　　　——一个道教神话　　范华（Patrice Fava）

071/ “模仿”与“扮演”
　　　——汉人社会神灵信仰的模式研究　　张猷猷

100/ 信仰、家庭与社区的再造
　　　——对一个西北村庄的考察　　黄剑波

140/ 山参之“野”
　　　——关于意义与价格之生成的人类学研究　　孙晓舒

185/ 被驱逐者的生活
　　　——凉山彝族麻风村断裂与延续　　雷亮中

学科理论议题

239/ 跨学科合作的学理性分析
　　　——以人类学与流行病学为例　　宋雷鸣

276/ 作者简介

279/ 编后记

282/ 稿约

专题研究

福建金门聚落神圣空间领域之建构

——一个土地信仰的考察

林建育❶

摘要：对于根着于闽南土地的汉人聚落社会而言，空间的组成非纯粹只是庶民的居存空间，在居存领域外赖以维生的农业土地与渔业场所，亦属于聚落空间的一环；在金门传统聚落中，宫庙组织的"甲头"，其划分功能主要在使得祭祀行为过程的参与人口与义务均等，并且使得宫庙祭祀顺利进行；因此，可以确认"甲头"不单纯是地域性领域，更因宫庙祭祀行为形成聚落中社群组成的认知。

"甲头"组织作为聚落社会结构中的群体象征，主要在于信仰中维持宫庙的正常运作，使得宫庙与公司对于聚落达到其社会意涵。而单姓血缘聚落中的宗族组织以房份形成"甲头"的情况，使得"甲头"于宗族群体成为另一组成的诠释；另多姓聚落中，某些主要姓氏或次要姓氏结合的情形，使得社群团体的组成在宫庙组织中形成转化；而划分"甲头"地域时亦考量到居住的空间，即"甲头"的划分以地理位置为依据，使得宫庙信仰与宗族群体在聚落空间中有着相互影响的关系。

在金门传统汉人聚落的实质空间形态而言，宗族聚居与聚落发展的形式上，社群的组成具有高度的地域性意涵；同宗族或同房份的聚居成群，于是"甲头"这样的名词被转化为指称特定区域的空间意涵；因此，血缘关系上"甲头"被赋予聚落领域关系，更成为聚落空间组成的单元。

闽南的宗族群体与宫庙信仰体现了金门传统汉人聚落的文化特质与社会面向，在形塑聚落的过程中，信仰仪式赋予空间组成传统聚落的元素，亦使得金门传统汉人聚落的社会结构、空间意涵与居民境域观加以突显。

关键词：闽南；金门；五营；土地领域；神圣空间；境域观

专题研究

---

❶ 台湾金门大学闽南文化研究中心专案研究助理，e-mail：k1648. tw@ yahoo. com. tw。

一、前言

聚落空间领域存在于"有形空间"与"无形空间"的场域中，其中的有形空间即是实体。此实体透过围塑形成领域性，林会承谈道："老子首先透过辩证式思考方式将物体分为'有'及'无'，亦即'实体'及'空间'两个部分；其中亦间接指出'无'即'空间'的部分，需要'有'即'实体'的围蔽得以存在，即'空间'系依附于'实体'而存在；另一角度来说，人类之所能感受空间的存在，系因拥有实体为其媒介。"❶ 且无形空间较不易为人所体察，多以神鬼与无形灵力的概念来协助认知。林会承并指出："老子亦说到'无'即'空间'是三向度的，'无'即'空间'的部分才是人类所使用的部分。"❷ 聚落居民对于空间的居存即是求一和谐、秩序的环境，当邪、煞、歹物仔侵入时，会造成宇宙的失序，即邪煞作祟造成居存不安宁，因此得通过建醮科仪的建行，重新安顿失序的宇宙，成一和谐的宇宙状态。而建醮科仪中，即是透过绕境镇符仪式（或可称为辟邪仪式），安镇神圣构件，在神圣路径的围塑下，区隔出"圣洁—失序"的"内境—外境"领域，而于宫庙共同境主认知下的信仰领域，即借由有形的神圣路径达到区隔无形的失序场域，在"神—人—地"的网络认知下，重新建构"有形空间"与"无形空间"的和谐领域性意涵。

二、五营的意义与土地空间概念

金门在唐代时隶属于泉州场所辖的万安监牧马区❸，五代王审知立闽王时升大同场为同安县，此后金门均隶属同安县绥德乡翔风里所辖，至

---

❶ 林会承：《汉民族空间模型之建立概说》，见《贺陈词教授纪念论文集》，台中：东海大学建筑系会所 1995 年版，第 89—90 页。

❷ 林会承：《汉民族空间模型之建立概说》，见《贺陈词教授纪念论文集》，台中：东海大学建筑系会所 1995 年版，第 90 页。

❸ 797（唐德宗贞元十三年），闽观察史柳冕奏置牧马监，并任陈渊为牧马监，并有十二姓（蔡、许、翁、李、张、黄、王、吕、刘、洪、林、萧）与其开疆辟土，后人深受德泽，于陈渊殁后，建庙奉祀。"后以牧马兹土，与将佐李、卫杰等，协谋并力，化荒墟为乐土，是后耕稼渔盐者，生聚盖日蕃焉。"参见洪受：《沧海纪遗》[1596]，金门：金门县文献委员会 1970 年版，第 71 页；余尝见别志云："神姓陈名渊，自光州固始县岛中牧马，颇有神术，时有客来市马者，每十四之外，赠以一匹，及渡江则似山匹也。殁之时大着灵异，浯人共祀之……同安县某闻其事，即上奏于朝，敕封福佑圣侯。迄今千有余载，官士兵共祀，血食不替，岛中人士咸称恩主公，可不谓之神欤。"参见洪受：《沧海纪遗》[1596]，金门：金门县文献委员会 1970 年版，第 73—74 页。

1915 年才独立设县（图 1 – 1、图 1 – 2）。金门之住民，为中原迁徙入福建漳泉，再辗转迁至金门，其中以泉州府移民占多数，故金门之风俗习惯❶及民间信仰均与闽南息息相关。

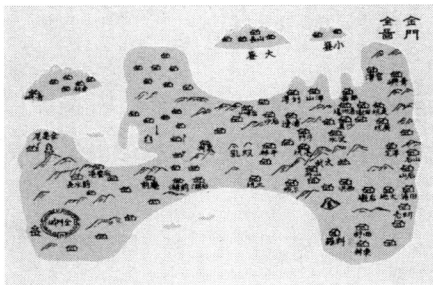

图 1 – 1　清道光年间金门全图（资料来源：《金门志》）

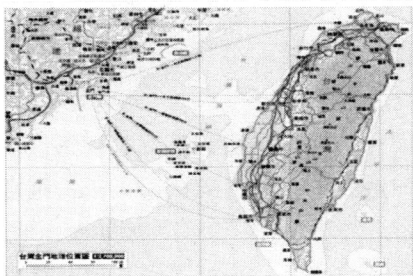

图 1 – 2　金门与台湾位置关系图

　　早期移民为克服气候水土之苦与邪煞之害，自然引发虔诚的宗教信仰，祈求神明庇佑❷，亦避免邪煞之侵害，民间信仰则出现自然崇拜与鬼魅崇拜之特征❸，自古闽南传统既有的信鬼尚巫、避邪除煞之俗亦为忠实反映。从文献中则可看出闽南信鬼尚巫之俗，下列为史籍记载概况：

　　《八闽通志》云："信鬼尚祠重浮屠之教。"❹

　　《泉州府志》云："泉人颇惑于鬼神之说，故疾病死丧多未合礼……数万计乡村之民病则扶鸾抬神或延巫觋喷油履火，此民俗之最惑者也。"❺

---

❶　金门岛屿东西宽大的地理特征，住民习惯以琼林为分界，将大金门区分为西半岛（金城镇与金宁乡）与东半岛（金湖镇与金沙镇）两区域。西半岛的居民习惯称西半岛为"前面"，而称东半岛为"后面"，而东半岛的居民习惯称东半岛为"上面"，而称西半岛为"下面"，包括一水之隔的烈屿。金门所属的三大区域其民间信仰、风土民情、生活习惯与用语等有着部分差异性。

❷　"中国的神灵是一个带有强烈功能性特征的概念。"参见林国平：《闽台民间信仰源流》，台北：幼狮出版社 1996 年版，第 199 页。

❸　其中《周礼》云："以冬日至，致六神、地示（只）、人鬼与物魅四类。这一分类说明了神灵的四种来源，一是天，指的是日月星辰等等天象；二是地，指的是土地及山川河岳；三是人，指的是鬼灵与祖先；四是物，指的是人以外的生物（有时包括无生物），因长寿或修炼而成精魅。"依此而言几乎可以说万物皆有可能是神灵的来源，无怪乎学者称中国的神灵信仰为'泛灵崇拜'或'多神崇拜'。"参见董芳苑："台湾民间信仰之认识"，载《台湾民间信仰之认识》1982 年第 33（4）期，第 96 页。

❹　黄仲昭：《八闽通志》，台北：台湾学生书局 1990 年版，第 157 页。

❺　郭赓武：《泉州府志》[1763]，台南：登文印刷社 1964 年版，第 15 页，卷二十风俗。

《马巷厅志》云："一曰信师巫邪教充塞倡为作福度厄，蛊惑人心于是斋醮祷祀……"❶

《同安县志》云："迷信闽俗皆是……（甲）扛菩萨，俗信巫鬼……（乙）扛菩萨之外，又有跳乩童，凡人有病辄向神问吉凶，神每凭人而立谓某鬼作祟……"❷

《厦门志》云："吴越好鬼由来已久。……于是邪怪交作，石狮无言而称爷……疾病，富贵家延医诊视，余皆不医而重神。不曰星命衰低，辄曰触犯鬼物，牲醴楮币，祈祷维虔……"❸

《金门志》云："惑鬼神、信机祥，病虽用医，然扶鸾抬神问药、延巫禳符烧纸，至死不悟；诬蔽甚矣……"❹

从上述史籍记载，理解闽南汉人对于邪煞之害，所引发而形成的信仰习俗，源于对自然力量的威胁，造成的行为、环境影响现象之概况。

另对于邪煞的认知，相关学者指出："汉人社会中对于生活上无法预期或解释的超自然现象，均寄托于神、鬼等超自然力量，而在生活环境宇宙中，聚落与厝宅亦被视为大、小宇宙，每当有不平静或染病疾时，便视为人与自然环境、人与神灵之间的关系失调，即天、地、人三才关系不能和谐之故，所以叫做'凶'、'犯煞'，这是一种无形的破坏力量，它阻断了家道的幸福与繁荣，所以宗教人必须设法消除它，否则解决不了生存危机。"❺ 而"超自然现象普遍呈现多元而复杂之情况，但透过对于常民信仰习俗的认知，即可理解人们畏惧鬼怪作祟的心理。而对于散游四方可能作祟于人的孤魂野鬼和厉鬼❻，自来官府和民众都采取了两种办法，一是防卫和驱逐的手段，二是怀柔祭祀的手段❼。"❽ 另外"透过中介者及中介

---

❶ 黄家鼎：《马巷厅志》，台北：成文出版社 1893 年版，第 6 页，卷十一风俗。

❷ 吴锡璜：《同安县志》，台北：成文出版社 1929 年版，第 610 页，卷二十二礼俗。

❸ 周凯：《厦门志》[1839]，台北：成文出版社 1968 年版，第 326 页，卷十五俗尚。

❹ 林焜熿：《金门志》[1882]，南投：台湾省文献委员会 1999 年版，第 396 页，卷十五杂俗。

❺ 董芳苑：《台湾民宅门楣八卦牌守护功用的研究》，台北：稻香出版社 1988 年版，第 154 页。

❻ "被认为冤灵所聚，其灵力最强且为害最烈，一般又称之为'煞'，即通称的'厉鬼'。"参见吕理政："禁忌与神圣：台湾汉人鬼神信仰的两面性"，载《台湾风物》1989 年第 39（4）期，第 112 页。

❼ "由于煞的存在是种邪煞之气、凶煞之力，不像鬼怪之类可采用灭除之法，而需采取和解的解除方式，从消极到积极各有不同的对应。"参见李丰楙："煞：一个非常的宇宙现象"，载《历史月刊》1999 年第 132 期，第 39 页；"视鬼神为生危机中最大的威胁，要消弭恐惧与不安心理唯一办法是驱邪与赶鬼。"参见董芳苑：《台湾民宅门楣八卦牌守护功用的研究》，台北：稻香出版社 1988 年版，第 151 页。

❽ 吕理政：《传统信仰与地方社会》，台北：稻香出版社 1992 年版，第 13 页。

物是人与煞神间的媒介，秘传的沟通能力及支持其行法的专业技能，采取一种尊重但又颇具实力的态势，迫使邪煞的一方远离本地（境）意识而让煞的威胁解除，所反映的即是社会集体的安全需求，借由出煞的仪式演出来消除共同的危机。"❶ 厌胜物❷作为一种"象征物"存在，代表神圣力量存在于聚落空间中❸，透过厌胜物的作用达到驱邪制煞的目的，从而使聚落空间达到和谐；传统汉人聚落中，小至各家各户，大至聚落群体，透过厌胜物的多层次重叠设置，使聚落空间有着完备的信仰防护网，以抵御邪煞造成的不和谐状态。空间厌胜的对象有"风水煞"和"鬼煞"两者，前者指不合宜的风水造成的冲煞，后者是指散游各处而随时可能作祟人间的野鬼和厉鬼。透过厌胜物的设置让聚落达到和谐的空间关系，根据吕理政的研究，将厌胜物区分为：聚落厌胜物（包括环卫型厌胜物与制冲型厌胜物）、庙宇厌胜物（包括竖五营与中梁厌胜）、民宅厌胜物（包括屋顶厌胜物、屋墙厌胜物、屋埕厌胜物、门楣厌胜物与中梁厌胜物）三类。
（表1-1）

表1-1　台湾传统厌胜物分类

主分类	次分类	小分类	品名
空间厌胜物	聚落厌胜物	环卫型厌胜物	五方庙宇、聚落五营（碑）、四方（隅）石敢当、五营植榕树公
		制冲型厌胜物	石敢当、竖符、风狮爷、虎字碑、风镇碑、阿弥陀佛碑

❶ 李丰楙："煞：一个非常的宇宙现象"，载《历史月刊》1999年第132期，第40页。
❷ 南朝刘勰《灭惑论》："消灾淫术，厌胜奸方，理秽辞辱，非可笔传。"《弘明集》卷八。"'厌胜文化'包含了'厌胜仪式'与'厌胜物'两者，其间有相辅相成的关系。"参见谢宗荣："台湾传统空间厌胜物的艺术风貌"，载《历史月刊》1999年第132期，第51页；"所谓厌胜之术，并不是单指某种特定的法术，而是泛指手段和方式带有强制性的法术。"参见林富士：《小历史——历史的边陲》，台北：三民书局股份有限公司2000年版，第131页。
❸ "厌胜物神圣力量的来源有三：一是来自厌胜物图文母题中的厌胜象征，尤其是宇宙符号以及尺寸上的宇宙数字，二是来自于厌胜物类比宇宙结构的安置位置，三是来自于择吉'开光点眼'的神圣化仪式。"参见吕理政：《天、人、社会：试论中国传统的宇宙认知模型》，台北："中央研究院"民族学研究所1990年版，第8页；"解除邪煞的功能除因构件本身的灵力，主要的是择日选时经由仪式而圣化，使之具有神秘的感应力；仪式的动作象征对于无形的煞星、煞神，才是辟除的力量来源。"参见李丰楙："煞：一个非常的宇宙现象"，载《历史月刊》1999年第132期，第39页。

主分类	次分类	小分类	品名
空间厌胜物	庙宇厌胜物	外围厌胜物	庙宇五营（内外五营、五方符）
		屋顶厌胜物	中梁厌胜（八卦）
		中梁厌胜物	福禄寿三仙、塔、火珠、蚩尾
		顶棚厌胜物	藻井
		枋柱厌胜物	鳌鱼、狮子、龙、象、凤、八宝
		墙堵厌胜物	鹅头、麒麟、龙、虎、神仙人物、八宝
		门窗厌胜物	门神、八仙彩、石鼓、狮子、八卦、螭虎、卍字
		神龛厌胜物	螭虎、虎爷（黑虎大将军）、桌裙
		庙埕厌胜物	黑令旗、狮子、蟠龙、照墙
	民宅厌胜物	中梁厌胜物	中梁八卦
		屋顶厌胜物	瓦将军、烘炉、笔架山、仙人掌、符水钵
		门楣（额）厌胜物	八卦、兽碑、山海镇、倒镜、姜太公符、字牌、神明符咒、符水钵、毛笔、日月仙桃牌、麒麟牌、五福签、八仙彩（神明彩）、神明令旗
		屋墙（角）厌胜物	石敢当、石狮爷
		屋埕厌胜物	照墙、刀剑屏、枪篱、葫芦、吉杆
		其他厌胜物	马背、门神
时间厌胜物			春联、午时联、榕艾苦草、血液、唾液
仪式厌胜物			唾液、血液、扫帚、草席、毛笔、香、盐米、爆竹、傀儡、七星剑、奉旨、斗灯、法索、符、指、旛旗、开路神
人身厌胜物			指、唾液、血液、符、净水、午时水、念珠、玉饰、水晶、雄黄酒、香灰、长命缕、手符、縈钱、縈牌

资料来源：谢宗荣："台湾传统空间厌胜物的艺术风貌"，载《历史月刊》1999 年第 132 期，第 52 页。

　　早期金门住民饱受风沙袭击之苦，强劲的东北季风使得住民生活艰难，故住民视风害为"风煞"。下列为古籍记载概况：

　　《沧海纪遗》云："浯地隘而瘠薄，加以风沙飘压之患，民之有常业者无几……论至艰苦者，惟十八都为甚；盖此都偏地飞沙积压，下户之

民，无尺寸田地者，十有八九也。"❶

《泉州府志》云："浯洲居海岛中，有风沙之苦。"❷

《厦门志》云："海风破脑，居人皆以布裹头，盛夏亦然……"❸

《金门志》云："浯洲居海中，有风沙之苦，风烈莫如东方，料罗以上荒埔茫茫，飞沙填压，隆冬，不可耕作。海风焱骤，飞沙滚尘。东方滨海村家，沙压与室埒；夜栖宿房卢，旦已闭塞。"❹

由以上志书的记载，可见"风煞"对于金门住民生活上的危害❺甚巨，而金门居民则设置如风狮爷❻、五营、石敢当❼、水尾塔、照壁、风制石、石将军、瓦将军、烘炉、仙人掌、炮弹壳、八卦、鲨甲、虎头牌、犁头、风鸡❽、风王公等多种类的厌胜物驱邪制煞（图1-3至图1-14）。"境"在金门民间信仰中是极重要的空间概念，这样的空间概念，借由聚落厌胜物中的聚落五营与风狮爷信仰彰显；其中聚落五营透过每个聚落中的宫庙，于每年举行一次或次数不定的建醮仪式，居民将境内神明置于神辇中，抬着神辇"绕境"并进行"镇五方"的镇符仪式❾，透过设置于宫庙旁的五营与聚落四隅的东、西、南、北营的所围塑出的空间即为

❶ 洪受：《沧海纪遗》[1596]，金门：金门县文献委员会1970年版，第54—55页。
❷ 郭赓武：《泉州府志》[1763]，台南：登文印刷社1964年版，第11页。
❸ 周凯：《厦门志》[1839]，台北：成文出版社1968年版，第326页。
❹ 林焜熿：《金门志》[1882]，南投：台湾省文献委员会1999年版，第396页。
❺ 在金门宫庙或宗祠的奠安仪式中，于起鼓后演出"制煞戏"（以傀儡戏演出），其目的在维持道场之清净；另于奠安仪式中可见纸糊六秀（宿），六秀（青龙、白虎、玄武、朱雀、勾陈、螣蛇）为五方神，奠安仪式进行中为不使之物接近，故以五方神安顾境之周围；还有"花被"与"金盾"亦为奠安仪式中被赋予维持空间洁净之器物。
❻ 《新金门志》："风狮：浯地苦风，村落当风处，每见有石刻巨兽，作焱狻张口立状，云可挡风。"参见许如中编：《新金门志》，金门：金门县政府1959年版，第297页；《厦门志》："石狮无言，而称爷。"参见周凯：《厦门志》[1839]，台北：成文出版社1968年版，第326页；金城镇金门城村《古地城隍庙扩建前言》中则清楚指出：该村风狮爷始建于明洪武二十年（公元1387年），这是目前能找到年代最久远的记录。虽多数人称"风狮爷"，但亦有称其为"石狮爷"的情况。参见林丽宽、杨天厚：《金门风狮爷与辟邪信仰》，台北：稻田出版有限公司2000年版，第29页。
❼ 《绘图鲁班经》："凡凿石敢当，须择冬至日后，甲辰、丙辰、戊辰、庚辰、壬辰、甲寅、丙寅、戊寅、庚寅、壬寅，此十日，乃龙虎日，用之吉。至除夜用生肉三片祭之。新正寅时，亦于门首，莫与外人见，凡有巷道来冲者，用此石敢当。"参见午荣：《绘图鲁班经》，新竹：竹林书局1987年版，第67页。
❽ 风鸡为烈屿特有之避邪物，具镇风煞、克蚁害、护宅、保平安之功效。《春秋说题辞》话："鸡为积阳南方之象，火阳精物炎上，故阳出鸡鸣。"《花镜》话："雄能角胜，目能避邪。"神像"开光点眼"、祭煞戏、奠安中的"追龙"、"掀梁"、"点主"仪式，皆须借由鸡血的灵力，重新赋予新的神圣力量。"鸡、鸭生禽之鲜血系天地间生生不息之气的象征，用来表征神明灵力的鲜活与不朽。"参见宋锦秀：《傀儡、除煞与象征》，台北：稻乡出版社1994年版，第276页。
❾ "安营"仪式一般有镇符、镇营头、钉竹符、踏青草、掷竹符等称谓，但在金门惯称"镇五方"或"安五方"，其中"镇"有安定的含义。

"境"，这样的"境域"即聚落住民所认知的"神圣领域"，领域内外配合不同的神圣力量，并加上风狮爷于境外的防御，如此避邪制煞的厌胜物设置，使聚落居民在生活上不为"煞"所危害。

图 1-3　风狮爷　　图 1-4　风狮爷　　图 1-5　石塔　　图 1-6　水尾塔

图 1-7　石敢当　　图 1-8　石将军　　图 1-9　北方爷　　图 1-10　风鸡

图 1-11　风鸡咬令箭　图 1-12　瓦将军　图 1-13　皇帝石　图 1-14　筒瓦葫芦

　　所谓村庄，实际上是一个仪式定义的社会单位，村庄受地方护神——村庙的主神及其兵将所保护，故常可在村庄外围四个定点看到五营元帅之"将寮"的设置，可明显看出村境的定义。❶ 五营在台湾本岛、澎湖与金门都是普遍的民俗信仰，闽南人重神灵信仰，相对于"煞"则以村落五营作为应对防卫，《管子·霸言》中云："重宫门之营，而轻四境之守"，即有军队（营）守卫空间（境）之关系。五营通过神将、神兵的部署以防御宫庙及村

---

❶　林美容：《台湾人的社会与信仰》，台北：自立晚报社文化出版部 1993 年版，第 162 页。

落不固定的位置，作为村落的防御体系。这样的五营设置位置是村落住民所认知的守卫边界，这样的防卫空间是村落住民所认知的村落领域，透过防御以达到村落"驱邪避煞"的功能需求，符合天、地、人一体和谐的宇宙观。

五营设置的动机与起源现无法做确切的判断，只能从现有文献加以分析。五营神军的信仰，李丰楙教授研究认为："最迟在汉晋以前即已形成，并记载于道教文献中，从有社开始，就逐渐有五营的观念，文献中最早提到五营的是汉晋之间的道经，这只是下限，因为五营的观念一定是流传很久之后才被记录到书中的，因此可能在汉朝或更早时代就已形成；因为五营的观念和中国的军队、中营以及中原为域境中央的优越感有关系❶，与以中营、中央的本位来看四方的少数民族（东夷、南蛮、西戎、北狄）❷的观念相似。"❸ 所以有社、城等空间的观念形成，而空间的形成必须透过军队防守，这样，境域空间中人界与神界的防卫即透过此概念得以承续，因此，设置五营作为防御。

五营的配置方式，与传统的五行五方❹有着密切关系：第一，詹鄞鑫先生谈到，周王国的社❺以五色土象征中央和四方土地，祭祀社坛规格很大；诸侯国的社以当方之色土为坛，规格较小，象征一方之土地，这样的

---

❶ 中国人的中央概念已存在长久，即便"中国"一词，亦具有强烈的中央帝国意涵。《荀子》云："王者必居天下之中，礼也。"而卜辞中首即提到五方与中央的内容。"商"是殷王朝的都城名称，因处于中央，故有称"中商"，而卜辞中有占卜五方受年的内容，"商土"与东西南北四土并列，证明殷代的"中商"或"商土"是与四方相应的概念。参见詹鄞鑫：《神灵与祭祀：中国传统宗教综论》，南京：江苏古籍出版社，第41页。

❷ 晋·郭璞《尔雅》："九夷、八狄、七戎、六蛮谓之四海，九夷在东、八狄在北、七戎在西、六蛮在南四荒。"参见郭璞注：《尔雅》（景印南宋国子监本），台北：台北"故宫博物院"1971年版，第18页；另汉朝李巡《尔雅注》："八蛮在南方，六戎在西方，五狄在北方。"文选注尔雅曰："九夷、人蛮、六戎、五狄谓之四海。"参见李巡：《尔雅注》，艺文印书馆1843年版，第281页。

❸ 李丰楙：《台湾民间宗教——煞与出煞：一个宇宙秩序的破坏与重建》，见《民俗系列讲座》（十），台北："中央图书馆"台湾分馆1993年版，第117页。

❹ 五行的概念在中国出现甚早，一般以《尚书·甘誓》记载的"有扈氏威侮五行，怠弃三正"为最早见的例子。而《尚书》的另一篇《洪范》则明确指出："五行：一曰水，二曰火，三曰木，四曰金，五曰土。"显然，最迟在东周，已经形成了"五行"的概念。参见韩升："五行与古代中日职官服色"，载《厦门大学学报》2004年第6期，第48页。"两汉以来五行配合五方、五色的思考模式既已普遍盛行，所以此后多以'五'为计数单位。"参见李丰楙：《台湾民间宗教——煞与出煞：一个宇宙秩序的破坏与重建》，见《民俗系列讲座》（十），台北："中央图书馆"台湾分馆1993年版，第430页。

❺ 社是土地的象征，由于五谷与土地关系密切，周以来天子祭社必祭稷、有社即有稷，故合称为"社稷"。《礼记·祭法》云："王为群姓立社曰大社，王自为立社曰王社；诸侯为百姓立曰国社，诸侯自为立社曰侯社；大夫以下成群立社曰置社。"

专题研究

祭祀，意味对于五方社神❶、护卫五方社土的崇敬。第二，将五方的境观念附会成五方神的神灵性质，而加以祭祀，其中在《左传·昭十八年》中云："郑子产为火故，大为社，祓禳于四方"，另《月令·仲夏》中亦云："以共皇天上帝、名山大川、四方之神"。第三，将社、境空间防卫的观念，附会于军队守卫的四方概念，此为较多人所认知的五营神军。西周铜器铭文中即可见"虎臣"一职，许倬云先生则认为："虎臣是捍卫王身的防卫队将领，按虎臣之职可看作是中国古代武官之滥觞。"❷

三、信仰性的领域

（一）聚落领域认知

"聚落一词在观念上可以说是一种人类生活的共同体，无须有尺度上大小的差异；聚落可以是一个城市，也可以是一个乡镇，或更简单的邻社区；而这个生活共同体，基本上包含四个部分：（1）这群人建立的活动效关系；（2）此生活共同体所需具备的实质空间；（3）以上实质空间与生态环境；（4）整体价值观和文化上的意义。因此聚落一词并非指单纯的空间形式，它包括制度、活动和协议。"❸ 另诺伯舒兹（Christian Norberg-Schulz）则将聚落定义为："人们邂逅的场所，在此大家可以交换商品、观念和情感。"由此看出居存于聚落中与环境共存、共融的意涵，但是当宇宙环境失序即造成居存和谐感的丧失，如诺伯舒兹所说："居住隐含着建立人与环境之间有意义的关系"，即人与环境地方的和谐感立基于人与环境间的关系，而环境失序时需借由仪式专家❹，进行神圣化仪式重建秩

---

❶ 《说文解字注》工篇下："上下四方谓之宇，往古来今谓之宙"，即"空间"为"宇"，"时间"为"宙"，最可以理解的具体宇宙现象，即是时间与空间的秩序系统。"在中国的宇宙观中，天或自然，被假定性地化约为时间与空间的秩序系统；因此，春、夏、秋、冬'四时'与东、西、南、北、中'五方'，成为时空认知的中心概念。"参见吕理政：《天、人、社会：试论中国传统的宇宙认知模型》，台北："中央研究院"民族学研究所 1990 年版，第 5 页。
❷ 许倬云：《西周史》，北京：生活·读书·新知三联书店 2001 年版，第 221—222 页。
❸ 郭肇立主编：《传统聚落空间研究方法》，见《聚落与社会》，台北：田园城市文化 1998 年版，第 8—14 页。
❹ "道、法仪式专家拥有'秘密'的能力——包括世代传授的口诀、咒语、手抄的秘本……"参见李丰楙：《台湾民间宗教——煞与出煞：一个宇宙秩序的破坏与重建》，见《民俗系列讲座》（十），台北："中央图书馆"台湾分馆 1993 年版，第 275 页。

序❶，使得人与环境的关系获得重生。

　　而此神圣化仪式的重建过程，即如李丰楙教授所谈："'煞—请、出逐—煞出'的过程，是常民日常生活秩序的回复，怖惧、不安感消失，正常的时空又运作，也就是经由努力调整后，神圣空间得以重新创造，而时间也与过去、未来顺利衔接，重新纳入整个宇宙的运作秩序。这时大—小境间又呈现清净而有活力的情境，而天、地、人的关系又重新和谐而圆满，这就是正常的宇宙秩序。"❷ 聚落的"境"的神圣领域的转化，即是借由神圣化仪式的展演与居民的共同参与加以表征，而突显居存概念下的领域象征❸，然我们常认知建筑实体、构造物为聚落领域主体，其实它们为客体，这使我们忽略了真正的主体，让研究者无法明确认知聚落领域。真正的领域主体对于空间的支配力，则成为社会机制或人为机制下的约束与控制，而领域则成为空间受到支配控制下的一种行为状态。

　　如前述，聚落学研究中所运用的拓扑学概念，所强调的是场所而非抽象的数学空间，亦即地理学上所谈论的地域概念。在笔者的金门聚落探讨中，理解聚落领域的空间组织的基本元素是借由中心（宫庙）、路径（绕境镇符的神圣路径）及所达到领域（空间的围塑）三者连接成一个三向度的空间，此空间在一般我们认识的平面状态的空间领域，并非是单纯几何形体，而是具有拓扑概念的形态❹。笔者探讨的金门聚落领域即透过五营象征符号，建立防御性的领域，虽聚落建筑体、构造物已清楚界定人居的领域界线，但在金门居民透过建构界域的仪式下❺，安镇神圣物所涵盖的聚落空间，即为神圣领域下的四方界域，并在神圣中心与四方界域的结合基础下❻，结构一聚落居民居存领域下所代表的宇宙模型。

　　另根据曾光棣所述："人类的领域性具有私密性、防御性、辨明性三

<hr>

❶ "中国人所建立的宇宙论，是动而运行不息的圆道循环说，《易经》的哲理是既济之后继之以来济，而老子强调的归复观念，也都体认到宇宙在运行中不断要重建。"参见李丰楙：《台湾民间宗教——煞与出煞：一个宇宙秩序的破坏与重建》，见《民俗系列讲座》（十），台北："中央图书馆"台湾分馆1993年版，第329页。
❷ 李丰楙：《台湾民间宗教——煞与出煞：一个宇宙秩序的破坏与重建》，见《民俗系列讲座》（十），台北："中央图书馆"台湾分馆1993年版，第329—330页。
❸ "人类的领域为一种有序的空间形式。"参见陈益仁：《从领域理论试探住宅之空间架构》，硕士论文，台南：成功大学建筑研究所1989年，第6页；"领域性是动物与生俱来的特性。"参见李俊仁：《从领域理论试探建筑环境》，台南：成功大学建筑研究所1973年版，第9页。
❹ 拓扑是具有近接、连续、闭合性等的非纯粹几何形态。
❺ 透过仪式的进行展现出个人与个人、个人与团体下的乡族运作关系。
❻ 五营神军防卫的聚落范围，唯有借由绕境镇符的仪式进行，才能连接串联代表防卫点的营头，而使得聚落的"境"成为一种防御性格的领域。

种内涵特性。（1）私密性：私密性是一种心理辨明过程，兼具'限制交往'，即个体或团体有时期望与外界隔离，有时期望与外界接触的动态过程。（2）防御性：必须借由内、外两种不同层面来解释，从而具有两种不同的意义；其一为透过领域个化的过程❶，满足人类自我认同感与自我意识，称为'自证性'；其二为使个别领域有别于外界，让外人足以辨识，称为'自明性'。❷借由五营构件符号与笔者研究观察居民的信仰、行为活动，金门传统聚落的信仰组织构成可区分为"全金门性"、"乡镇性"、"村里"、"聚落"、"甲头"、"家户"等六个领域层次，依特性分别为：

（1）"全金门性"：以信仰为依据，并不特别以地域或岛屿地形等为界线，而是以全金门性的信仰为基础，例如田浦东岳泰山庙（图1-15）、旧金城古地城隍庙、后浦浯岛城隍庙、田墩西岳庙（图1-16）、山西北岳庙等皆是，上述是以全金门性的祭祀行为为民众平时的祭祀的认知与依据。

图1-15 田浦东岳泰山庙

图1-16 田墩西岳庙

（2）"乡镇性"：乡镇性的领域仍以共同信仰为依据，但其信仰领域未如全金门性信仰领域宽广，故多局限于乡镇性的领域，例如烈屿保生大帝庙、古宁头双鲤古地（图1-17）、新头伍德宫、沙美万安堂、官澳龙凤宫（图1-18）皆是，其中双鲤古地、新头伍德宫、沙美万安堂、官澳龙凤宫虽为聚落宫庙，但因其主祀神（关帝爷、苏府王爷、广泽尊王、妈

---

❶ "所谓个化，是指领域的拥有赋予该空间某些特征，以彰显自我风格。个化的过程愈高愈能增强使持有者对领域的认同感，从而产生归属感（feeling to belonging）。而个化的形式有两种：其一，为个性的赋予，即个人或团体在其领域周围加上自己或团体专属的符号、标志、图案等，以显现该领域的界限；其二，活动的参与，即透过各式行为来传达其持有领域的信息，使外人易于察觉或辨识。"参见曾光棣：《澎湖的五营——以空间角度来看》，硕士论文，中坜：中原大学建筑研究所，1996年，第71页。
❷ 曾光棣：《澎湖的五营——以空间角度来看》，硕士论文，中坜：中原大学建筑研究所，1996年，第71页。

祖）亦为居民认知神格较高之神佛，故成为乡镇性的普众信仰。

图1-17 古宁头双鲤古地

图1-18 官澳龙凤宫

（3）"村里"：相较于乡镇性的领域，村里性的信仰领域规模则再缩减，领域范围多属邻近聚落相互联结而成的共神信仰，如大洋村五乡太子爷❶、莲庵村五吕金王爷、西口村释迦佛祖玄天上帝宫（图1-19）、黄埔村李府将军庙（图1-20）、上林村李府将军庙，以上除为信仰领域的范围界定外，亦透过周期性的绕境镇符的营头围塑共同主祀神与五营神军防御的信仰领域。

图1-19 西口村释迦佛祖玄天上帝宫

图1-20 黄埔村李府将军庙

（4）"聚落"：以宫庙与宗祠为中心，围塑境主与五营神军防御的信仰领域，该信仰领域以营头为基准"点"，配合镇营路径所区隔内外境的"线"联结❷，构成一聚落居民认知境主信仰"面"的防御领域范围，亦

---

❶ 大洋村的五个信仰组织单元（共七个聚落），以一年为周期轮流奉祀，故无祭祀宫庙。
❷ 该"线"多为一封闭的聚合线形态。

专题研究

（5）"甲头"：为聚落信仰领域下的次领域范围❶，地缘聚落多以姓氏或地缘位置作为甲头划分，而血缘聚落则多以房祧为划分依据，每一聚落视其人口条件组成一个至数个不等的组织单位元，而每一甲头下以家户为组成单位，但无固定的家户数组成，而"甲头"领域的突显为，聚落宫庙缴收人口钱、丁口钱、户口钱时，仍以甲头单元为依据。故笔者访谈时常发现，聚落居民虽身处同一聚落，但仍会突显其自身所居处的地域，即"我群"、"我境"的思维。

（6）"家户"：即为甲头下最基本的组成领域单元，多以家户根据的建筑体来认知，宫庙境主与五营所保护的即是每一家户的成员与家户间所形成的领域，故宫庙组织运作的经费来源❷，亦是由各家户为基础单元进行积累，另由于认同境主的信仰，故形成聚落领域及家户领域。而认知家户领域最主要是依据长案桌上的神佛、公妈❸、每月固定祭拜的宅主❹、地基主❺等，如此的信仰不仅存在于血缘性质上，亦使得居处空间领域获得确认，而此领域的构成则存在于有形的祭拜与无形的对象关系上。

笔者初始借由聚落研究的认识，认为聚落建筑体实应为聚落的表征，但在研究议题的探讨下，笔者理解到建筑体只是聚落的表象空间，而仪式行为下的社会单位才是聚落的本质。在聚落宫庙境主的信仰下❻，居民透过心理上期望获得护卫的状态，发展出自发性的集体行为——"仪式"，借由仪式定义出以宫庙为中心的神圣领域，此神圣领域即为居民内心体认的"境"认知❼，吴进喜指出："'境'的空间范域是层层包被的，乡民

---

❶ 笔者发现聚落下的甲头划分，虽以多姓聚落与血缘聚落为区隔依据，但其划分意义在于人口数达到一定的值，故甲头的形成多存在于中型聚落与大型聚落，甚而某些甲头下仍区隔出角头。

❷ "对于财产关系，人类学很强调的一个观念是：财产关系是表现人与人之间的相关性，而非人与物之间的相关性的一种历史形式。"参见 Wikerson James, *Rural Village Temple in the Penghu Islands*, *A Paper Presented in the Conference on Temples and Popular Culture*, Taipei：Institute of Sinology, 1994, p. 7.

❸ 在"丁——基本条件是结婚，一个男性结婚之后，可以说他成为一个'隐性的祖先'，无论他是否有子嗣传下，他的牌位都会有人供奉"（Ahern Emily Martin, *The Cult of the Dead in A Chinese Village*, Stanford：University of Press, 1973, pp. 116–138）与"自家的祖先，就是别人的鬼"的概念下，清楚意味着"家户—血缘亲属—伦理关系"固着于"厝—土地"的关系。

❹ 居民认知居处的"住宅"—"厝"为一"灵"内，故祭拜之。

❺ "厝"固着于地表，而地表有一"地主灵"，若要居住而不受扰动，要常祭拜之。

❻ 宫庙境主与乡民间存在着一种所谓"保护—伺从关系"的认知。

❼ "'境'概念的提出，有助于我们理解这种区域性的祭祀活动，其实是一种神圣空间的观念。在中国哲学的宇宙观中，大宇宙中有小宇宙，彼此对应又各自独立，所以境域也有大小或全部与部分的不同状况。"参见李丰楙：《台湾民间宗教——煞与出煞：一个宇宙秩序的破坏与重建》，见《民俗系列讲座》（十），台北："中央图书馆"台湾分馆1993年版，第132页。

'自我中心'取向的场所是可被感觉或体验出具有'向心'凝聚的'内部',与被称为'境外'的'外部世界'相对,是一个可以被指认、被区划的区域。"❶ 而"内境—外境"的相对领域空间,亦透过居民、仪式专家周期性的科仪进行,得以"内外辩证"聚落"境"领域意涵,并且使得"境"领域的"认同感"反复获得诠释。

(二) 聚落的领域行为

《泉州府志》云:"泉人颇惑于鬼神之说,故疾病、死丧,多未合礼……"❷《同安县志》云:"七月无定日,各里社延僧道设醮、搭高棚,安排祭品以祭四方无主鬼,僧人放水灯、登台念经,备祭品供诸佛,略如荆楚之孟兰会,以五色纸糊普度公,云可制伏鬼,名曰普度。"❸《金门志》云:"惑鬼神、信祀祥,病虽用医,然扶鸾抬神问药、延巫觋禳符烧纸,至死不悟;诬蔽甚矣。"❹《八闽通志》云:"闽俗好巫尚鬼,祠庙寄闾阎山野,在在有之。"❺ 这些志书的记载,可以理解传统闽南汉人对于无形神鬼普遍存在于日常生活环境的认知,面对神鬼以"祭祀"行为达到奉祀或驱离之功效,在周期性或非周期性的祭祀仪式下,使得人们获得宫庙神佛的护佑与不受鬼煞威胁的生活环境❻,借以达到居存"平安"的心理期待,而人类学家通常将人类行为分为三类:(1)实用行为,(2)沟通行为,(3)巫术宗教行为。其中埃德蒙·利奇(Edmund Leach)认为:"三种基础行为中的第二、三种,基本上是利用一套符号或象征表达人类内心感情与欲望的信息,虽然其表达的对象不同,前者是以其他人为对象,后者是以超自然为对象,但实际上都是一种'仪式'(ritual),因此,合称这两类为'仪式行为',不过前者可称为'世俗的仪式'后者则是一般所说的'神圣仪式'❼。"❽

❶ 吴进喜:《台湾南部传统聚落的空间架构:以燕巢乡乌鬼埔和林园乡汕尾庄为例》,见《第一届台湾本土文化学术研讨会论文集》下册,台北:台湾师范大学文学院1994年版,第545页。
❷ 郭赓武:《泉州府志》[1763],台南:登文印刷社1964年版,第15页。
❸ 吴锡璜:《同安县志》,台北:成文出版社1929年版,第607页。
❹ 林焜熿:《金门志》[1882],南投:台湾省文献委员会1999年版,第396页。
❺ 黄仲昭:《八闽通志》,台北:台湾学生书局1990年版,第157页。
❻ "庙宇是村落中不可或缺的'社会元素'。庙宇的宗教活动所反映的不仅是一种祭祀的行为,更是一种祭祀与信仰的网络。"参见吴培晖、徐明福:"台湾传统汉人村落研究之四个面向—迈向聚落建筑学",载《文化与建筑研究集刊》第6期,台南:成功大学建筑研究所1997年版,第19页。
❼ 李亦园:《现代化过程中的传统仪式》,见《文化的图像》下册,台北:允晨文化1992版,第109页。
❽ E. R. Leach, "Two Essays concerning the Symbolic Representation of Time", in W. A. Lessa and F. E. Vogt eds., *Reader in Comparative Religion*, Fourth ed., 1976, pp. 403 – 408.

专题研究

　　"'超自然信仰'是人类普遍存在的精神状态,人类学者经过比较研究发现,人类对待'超自然神灵'的态度,具有拟人化反映现实社会文化的共同现象。"❶ 而金门的汉人社会在血缘性格、地缘性格的人群组成下,建立血缘认同中心——"宗祠"外的聚落信仰中心——"宫庙"❷,并借由人口钱、户口钱与添缘等经费的来源运作组织,符合居民对于宫庙的认知期待,而由居民希望获得宫庙境主、神佛的护佑观点出发,如此护佑观外显的形式则是透过建醮科仪与仪式展演过程❸,突显宫庙境主神圣力量所及之范围,该范围即为"境"的领域认知,是绕境镇符下以宫庙为中心与神圣路径联结所围塑的三向度空间,而此三向度神圣领域所涵盖的有形空间与无形空间的建构,是居民面对未知事物威胁与期待神佛灵力护佑平安下的认知与体现。

　　为宗祠或宫庙聚落血缘中心与信仰中心象征,在血缘关系下,透过宗族组织凝聚认同,以《金门志》为例:"家居二十年,建祖祠、拓祭田,续父所修族谱。倭寇内犯,团结乡社,边方有恃以无虞。"❹ 另云:"读书务通大义,为人重厚质直。处昆季友恭,如兄衮送往来无二视。待里邻,无欺无侮,里族难平之事取决于一言。"❺ 上述皆为于血缘关系下,作为认同乡社与乡社认同的表现。

　　除宗族认同外,宫庙境主的共神信仰亦为认同感的主要凝聚,如瞿宣颖纂辑的《中国社会史料丛钞》有以下记载:"先民资地之利,以遂其生,所到之处,必求其地之神而祀之。奠居之初,宫室未立,或封土焉,或立石焉,或树木焉,以为神灵所寄托,此盖社之由始也。……社为人民结合之所❻,为饮食、宴乐之资。则宗教性渐移入政治性,不渐移入社会性矣。汉氏以来,社为人民活动最有力之表现;始为社交团体继为文艺结合,为乡里自卫组织,为自治机关。"❼ 上述表达宫庙即为人民活动最有力的表现,亦突显人们对于宫庙的认同感。

❶ 宋光宇编译:《人类学导论》,台北:桂冠图书股份有限公司1997年版,第365—375页。
❷ "明清时代政府对于村庙的态度,系为禁门迷信,对塑造邪神像而赛会,则予处罚。"参见戴炎辉:《清代台湾之乡治》,台北:联经出版公司1979年版,第81页。
❸ "就仪式的性质和目的而言,可区分为下列类型:(1)祭祀仪式,(2)神圣化仪式,(3)祈求的仪式,(4)复苏的仪式,(5)通过仪式,(6)忏悔仪式,(7)净化仪式。"参见康豹(Paul R. Katz):《台湾的王爷信仰》,台北:商鼎文化出版社1998年版,第188页。
❹ 林焜熿:《金门志》[1882],南投:台湾省文献委员会1999年版,第216页。
❺ 林焜熿:《金门志》[1882],南投:台湾省文献委员会1999年版,第217页。
❻ "社系村庙,同时亦为社的自治组织。"参见戴炎辉:《清代台湾之乡治》,台北:联经出版事业公司1979年版,第179页。
❼ 戴炎辉:《清代台湾之乡治》,台北:联经出版事业公司1979年版,第179页。

透过宗族、宫庙为中心所产生的认同感、归属感，相对的亦反映领域群体认同关系（表1－2），如古宁头李氏与湖下杨氏、琼林蔡氏与成功陈氏、浦边何氏与中兰蔡氏、吴坑郑氏与西园黄氏、古岗董氏与珠山薛氏、盘山翁氏与昔果山吴氏、内洋大地吴氏与东村吕氏、碧山陈氏与阳翟陈氏，即是以宗族力量为基础来面对经济领域的纠纷，部分宗族寻求邻近宗亲的结盟平息纠纷，另有部分聚落加入邻近宫庙的祭祀组织，壮大其自身力量以抵抗亲族结盟，使得聚落在宗族领域的认知基础下，亦涵盖着宫庙信仰重叠的领域。❶

表1－2　金门宫庙与宗族认同下的聚落领域关系

		领域范围	领域角色	领域认定	领域组织	领域认知	领域功能	领域维系
乡社领域符号	境主	·祭祀圈 ·信仰圈	·神佛	·宫庙 ·砖契 ·五方符	·甲头 ·角头 ·联乡社	·丁口钱 ·人口钱 ·户口钱 ·添缘 ·绕境镇符 ·乡老	·信仰寄托 ·乡社对抗 ·强化认同 ·领导依据 ·对外交涉 ·乡社控制	·宗教位仰 ·宗教活重
	五营	·单一聚落 ·跨聚落	·神军兵马	·营头	·东营 ·西营 ·南营 ·北营 ·中营 ·副营	·五方 ·五色 ·令旗 ·竹符 ·石符 ·三牲	·防御邪煞 ·界定防御范围 ·界定乡社范围	·周期性更换 ·周期性祭拜
	宗族	·血缘聚落 ·多姓氏聚落	·同姓乡民	·家庙 ·砖契 ·五方符	·房桃 ·血缘聚落结盟	·丁口钱 ·进主 ·进长生禄位 ·乡老 ·族长	·团结亲族 ·祭祖 ·对外交涉 ·领导依据 ·血脉相承 ·建立权威	·吃头 ·吃丁酒 ·祖先轮祀
	家户	·厅堂 ·檈头 ·房间 ·天井	·家庭成员	·居存建筑体 ·砖契 ·五方符	·直系血亲 ·单一聚落或跨聚落的亲属结盟	·经济的共同负担 ·产权划分 ·家庭分家	·居存依据 ·祖先祭祀 ·神佛祭祀 ·香火延续 ·家庭认同	·婚姻关系 ·亲属关系 ·空间使用

---

❶ 宫庙信仰领域的扩大，邻近村落对于神佛灵力的认同与邻近血缘宗族聚落的联结皆为主要因素。

专题研究

四、祭祀领域的界定

村落宫庙以其祭祀性格作为联结血缘或地缘群体的自治组织，此自治组织透过宗教信仰下共同体的概念，达到对内或对外的群体或组织作一沟通、协调的功能，而村落宫庙在祭祀行为下义务的履行与交换亦使得村落内部群体借由信仰中心产生人与人、人与宫庙等密切的网络关系，如戴炎辉谈道："这些神与乡村的社会、政治生活，有密切关系，村庙组织即是乡社的自治机关。"❶

血缘群体或地缘群体透过村落宫庙的信仰中心体现村落共同的信仰群体，并借由信仰群体达到某种程度"一致对外"的精神，学者指出："庙宇之兴建为神明信仰的具体表现，同一社群建立一庙宇，奉一主神以其为团结整合之象征及社群之超自然庇佑的灵力来源。"❷ 陈支平谈道："人们信仰宗教的目的也是以维护本家族及其族人、乡人的安全和利益为核心的，他们希望透过对各自所信仰的神只的崇拜，加强家族内部的团结和控制，保护本家族的势力范围和利益，甚至有利于家庭的对外扩张。"❸ 此亦说明宫庙与聚落群体的相互关系。

金门传统村落的五营信仰透过宫庙祭祀的仪式行为，建构村落信仰与村落空间向度的领域性格，林会承在其《澎湖社里的领域》一文中提道："在人类社会中，由个人至规模不等的社群组织多拥有其所认知的领域。关于人类领域的形成动机、性质、认知方式及行为等的观念，一般称之为'人类的领域性'。"并指 Sack 认为的领域性。❹ 个人或群体企图以划分界线或宣称掌控某一地理范围的方式，以使人感知、影响，或控制群众、现象和社群关系❺，因此，透过既有的行政村落区隔与仪式为所呈现的界线而围塑的村落空间，笔者认为可借由"祭祀圈"的概念认知，解析金门村落的领域性，并透过共同参与仪式行为所形成村落的核心价值思维，理解

---

❶ 戴炎辉：《清代台湾之乡治》，台北：联经出版公司 1979 年版，第 180 页。
❷ 余光弘：《妈宫的寺庙：马公市镇发展与民间宗教变迁之研究》，台北："中央研究院"民族学研究所 1988 年版，第 35 页。
❸ 陈支平：《五百年来福建的家族与社会》，台北：扬智文化实业股份有限公司 1994 年版，第 190 页。
❹ Sack Robert David, *Human Territoriality: Its Theory and History*, Cambridge: Cambridge University Press, 1986, p.19.
❺ 林会承："澎湖社里的领域"，载《"中央研究院"民族学研究所集刊》1999 年第 87 期，第 42 页。

村落领域性的构成与村民对于村落领域空间的认知。

从祭祀圈的理论得知祭祀圈原是作为讨论村落祭祀群体的概念，但后引申作为讨论地域群体领域的想法，笔者从金门传统村落宫庙祭祀行为的田野调查中，希望透过祭祀圈来诠释金门村落宫庙祭祀的领域意涵，尤其从笔者所认知的建庙或修庙共同出资、收取丁钱、有头家炉主、有巡境等概念，将有效作为讨论金门村落地域群体的依据，其主要因素为金门村落宫庙信仰存在地域性格，地域性格的信仰亦多为共神信仰。

在同一祭祀圈下，金门村落宫庙的乡老、头家炉主、丁口钱或户口钱的收取为一以"甲头"为单位区隔的领域群体，在部分人口较多的单姓血缘聚落或人口较多的多姓村中❶，亦会出现比"甲头"领域群体更小的领域群体"角头"，因此"甲头"与"角头"则成为讨论金门村落空间构成的村落群体祭祀领域单元。金门区域的宫庙群体单元多以"甲头"与"角头"、"大甲头"与"小甲头"来理解祭祀圈下划分的群体单元与比祭祀圈更小的祭祀领域单元关系。（表1-3）

表1-3　金门村落祭祀群体领域层次关系

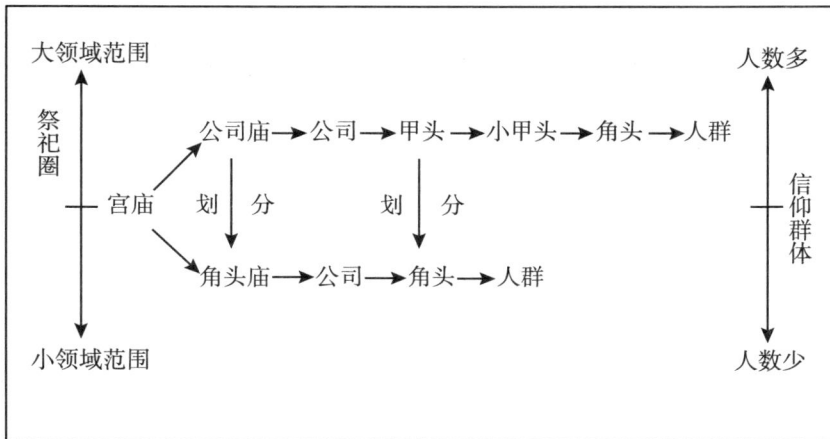

而村落的"甲头"与"角头"关系，不同区域研究者下了不同定义："甲头与角头不同。甲头是在同一主祭神之下所划分之人群组织；角头则

❶　"多姓村在金门为少数，通常出现在复杂分工的城镇、港口码头等地方（如后浦、金门城、水头、官澳），除了各姓氏以其祖先作为认同之外，统慑全村的便是共同奉祀的宫庙，信仰圈的出现扮演了社会冲突的整合性功能。"参见江柏炜："建筑文化的转译：金门与澎湖洋楼的比较研究"，第八届中国民居学术会议发言，香港：香港大学，1997年，第79页。

是各有其主祭神。"❶ "角头或称为角落或部落，是人群聚居的最小单位，常由同姓族人聚居，有时就是一个小庄社，基本上，角头可视为一个村落或一个街镇，或一个市区下面的次级单位。"❷ "村落临的甲又称公司甲，即宗教组织的人群分组，在均等的分组下，从各甲中推举或轮流任派乡老或头家，并均摊宫庙祭祀活动经费。"❸ 笔者借由金门村落宫庙信仰的认知理解金门村落"甲头"与"角头"的差异，"角头"为聚落内因血缘群体或地域群体❹，而有属于其角头性质公司庙（此公司相对为一小公司形态），角头庙的主祀神涵盖领域只为聚落内的特定区域，以此主祀神为祭祀中心的聚落居民，亦只为聚落内的某一血缘群体或地缘群体，当宫庙建醮时其所张贴的榜文亦只有书写该特区域之乡老或户数（人口），而其运作之经费为求公平亦以角头内的每户男丁数均摊（也有以户数或每户人数均摊之情况）。而"甲头"为一聚落内不论血缘或地缘差异❺，其所属的公司庙为全聚落性质（此公司为大公司），则公司庙的主祀神为全聚落居民的共神信仰，其祭祀行为出现于聚落的每一分子，当公司建醮时榜文中书写的乡老公司以每一甲头的人数多寡或群体差异，依公平原则分配，而经费运用亦为全聚落人数、男丁数或户数共同均摊。

造成"甲头"与"角头"的认知差异，笔者认为主要出现于地缘性的多姓聚落，但亦有少数大型的血缘性单姓聚落有此情形。在多姓聚落中，部分姓氏的宗祠祭祀组织无法成为有效整合多姓氏的居民作为一共同的自治单位时❻，只能以认知的共同祭祀中心——"宫庙"作为依据，将全聚落以血缘群体、地缘群体或人口均等的方式划分成数甲头，并借由宫庙的共神信仰凝聚聚落内的各角头，其中主要判断依据为经费均摊的人口钱与乡老的人数分配；在地缘性的聚落中，以血缘为基础的部分宗族组织无法统合全聚落的地域人群时，只能以相对较大的血缘群体为基础，发展

---

❶ 关丽文：《澎湖传统聚落发展之研究》，《建筑与城乡研究学报》第 3 卷，第 1 期，台北：台湾大学土木工程学研究所 1987 年版，第 75 页。

❷ 林美容：《台湾区域性祭典组织的社会空间与文化意涵》，见《人类学在台湾的发展：经验研究篇》，台北："中央研究院"民族学研究所 1999 年版，第 70 页。

❸ 吴培晖、徐明福："台湾传统汉人村落研究之四个面向——迈向聚落建筑学"，载《文化与建筑研究集刊》1997 年第 6 期，台南：成功大学建筑研究所，第 257 页。

❹ 笔者认为，金门传统聚落的"甲头"认知多存在于宫庙祭祀行为下，而"角头"的多存在于聚落内的特定地理区域认知，居民惯以闽南语"这角势"称之。

❺ 血缘聚落内，甲头以房桃作为划分区隔时，因为各房桃的人数不均等，为求公平原则，故宫庙祭祀的乡老代表人数亦因此而有所调整。

❻ 多姓氏聚落内，少数姓氏亦常附属于大姓氏下，作为宫庙的甲头划分依据。

出属于全聚落性的甲头单元❶，并以共神信仰的祭祀行作为统合人群的依据。（表 1 - 4）

表 1 - 4　金门村落宫庙祭祀经费运作关系

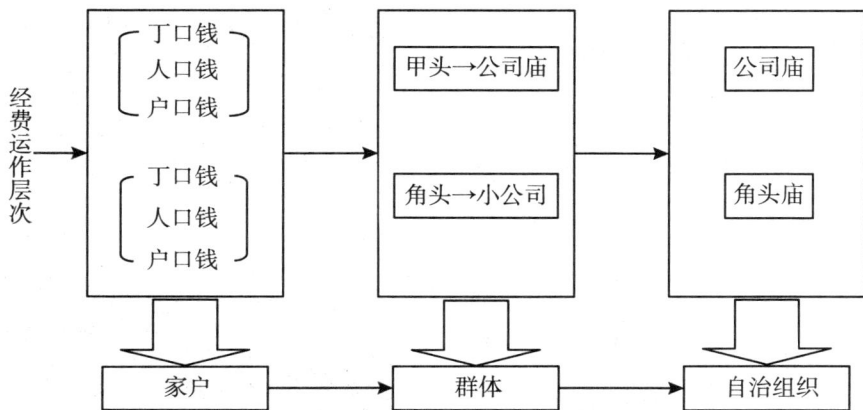

根据笔者的调查，金门村落宫庙的共神信仰呈现出聚落性祭祀圈、村落性祭祀圈、超村落祭祀圈与全镇性祭祀圈层次的祭祀圈类型❷，而不同层次的祭祀圈差异亦反映在乡老的分配参与、人口钱的均摊与不同的绕境范围等特质上，其中以绕境镇符所涵盖的村落领域最能突显村落或跨村落间的祭祀圈领域。祭祀圈的参与在不同的主祀神下会有不同群体的相互结合，不论是血缘或地缘性格，此群体的结合是以受该主祀神庇佑的心态而结合，另亦有分落是以加入邻近的祭祀组织借以对抗周围的村落自治单元情况（如浦边与琼林、浯坑与西园、大地与东村等的关系），其问题多发生于内海牵网权、定置网设立点与紫菜采集权等争夺与纠纷，另亦有本身无宫庙而加入其他村落祭祀群体的情况。

共同祭祀组织下的权力与义务会产生不同群体的划分与分工，此分工多为统合不同地域下的血缘或地缘群体而切割，为使责任分工更趋公平，群体的划分上，笔者将之区隔为跨村落与村落内二者，跨村落性的如六甲西宫的祭祀领域（长福里、刘澳、吕厝、后宅、洋山、浦边），虽无镇符的情况，但其共同绕镇的方式仍为祭祀圈下祭祀行为的认知，另有五乡太子爷的祭祀领域（田浦、大地、内洋、东溪、东山、新前墩、东沙尾）、

❶　金门传统聚落的甲头划分主要以人数、居住区域、姓氏、邻里等作为依据。
❷　此处为以林美容所探讨的祭祀圈层次划分的概念出发。

五吕金王爷的祭祀领域（东村、西村、土楼、庵边、西埔）、双鲤古地的关帝爷祭祀领域（北山、南山、林厝）、景山宫的祭祀领域（内洋、东山、东溪，图1-21）、威济庙的祭祀领域（后盘、西山）、圣侯庙的祭祀领域（西山前、东山前，图1-22）、栖隐堂的祭祀领域（西园、后珩）、回龙宫的祭祀领域（古区、东社）、龙凤宫的祭祀领域（官澳、塘头）、代天府庙的祭祀领域（后园、渔村）、烈屿保生大帝的祭祀领域（全烈屿村落共同祭祀性质）等，而村落性的则存在于单一血缘或地缘群体的村落。

图1-21　景山宫（内洋、东山、东溪）　　图1-22　圣侯庙（西山前与东山前）

　　无论为单一村落还是跨村落的区隔，其"甲头"群体的划分多建构于血缘或地缘的人群基础❶，而群体在共同主祀神下，以共同公平负担义务性祭祀行为与运作经费均摊为原则，根据笔者记录金门村落宫庙的"甲头"划分（表1-5），血缘性聚落会以房祧或地理位置为依据区隔，而地缘性的聚落则会以某血缘房祧与地理位置结合，或纯粹地缘位置作为甲头划分方式。其中沙美街区万安堂祭祀领域，特别处于甲头区隔以聚居于沙美的张氏宗族房祧与其他姓氏的居住地理位置作为划分，另龙凤宫的祭祀领域（官澳、塘头），是杨姓为主，并有黄姓、李姓等宗族聚居的聚落，原以地缘位置作为甲头划分方式，由于聚落人口外流，为求公平原则，故将原地缘位置的甲头改以邻为依据的甲头区隔，另有部分聚落因尺度或人数较少之缘故，而无条件将群体分割成数甲头的情况，故居民多将该聚落视为单一"甲"之认知。

---

❶　笔者"甲头"群体的划分是以"人口钱"与"乡老代表人数"的认知作为切入。

表 1 - 5　金门村落祭祀圈层次与甲头划分类型关系

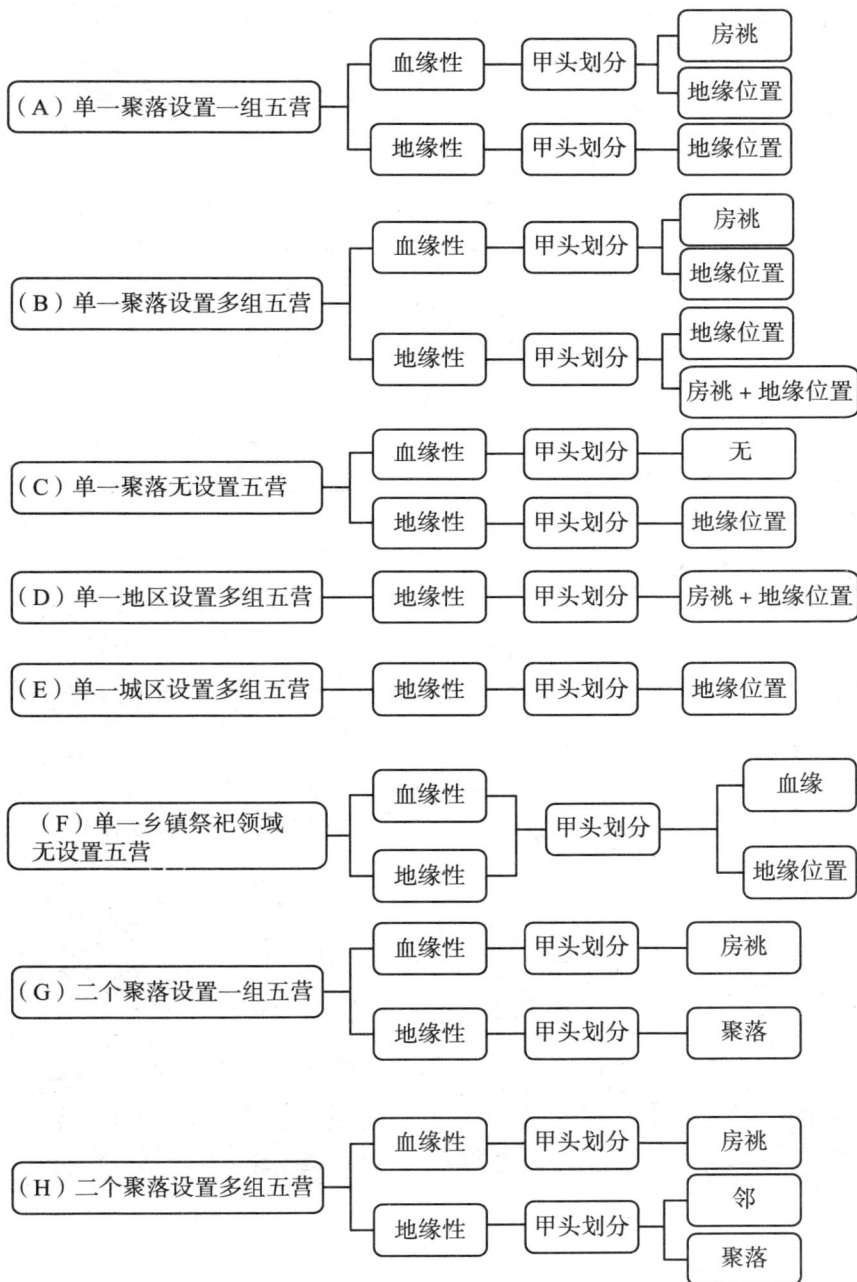

```
                             ┌─ 血缘性 ─── 甲头划分 ─┬─ 房桃
（A）单一聚落设置一组五营 ─┤                        └─ 地缘位置
                             └─ 地缘性 ─── 甲头划分 ─── 地缘位置

                             ┌─ 血缘性 ─── 甲头划分 ─┬─ 房桃
（B）单一聚落设置多组五营 ─┤                        └─ 地缘位置
                             └─ 地缘性 ─── 甲头划分 ─┬─ 地缘位置
                                                      └─ 房桃 + 地缘位置

                             ┌─ 血缘性 ─── 甲头划分 ─── 无
（C）单一聚落无设置五营 ──┤
                             └─ 地缘性 ─── 甲头划分 ─── 地缘位置

（D）单一地区设置多组五营 ─── 地缘性 ─── 甲头划分 ─── 房桃 + 地缘位置

（E）单一城区设置多组五营 ─── 地缘性 ─── 甲头划分 ─── 地缘位置

（F）单一乡镇祭祀领域      ┌─ 血缘性 ─┐
      无设置五营        ─┤           ├─ 甲头划分 ─┬─ 血缘
                          └─ 地缘性 ─┘            └─ 地缘位置

                             ┌─ 血缘性 ─── 甲头划分 ─── 房桃
（G）二个聚落设置一组五营 ─┤
                             └─ 地缘性 ─── 甲头划分 ─── 聚落

                             ┌─ 血缘性 ─── 甲头划分 ─── 房桃
（H）二个聚落设置多组五营 ─┤                          ┌─ 邻
                             └─ 地缘性 ─── 甲头划分 ─┤
                                                      └─ 聚落
```

```
                                ┌─────────┐   ┌─────────┐   ┌───────────────┐
                          ┌─────│ 血缘性  │───│ 甲头划分 │───│ 血缘地理位置 │
┌──────────────────────┐ │     └─────────┘   └─────────┘   └───────────────┘
│（I）三个聚落设置多组五营│─┤
└──────────────────────┘ │     ┌─────────┐   ┌─────────┐   ┌─────────┐
                          └─────│ 地缘性  │───│ 甲头划分 │───│  聚落   │
                                └─────────┘   └─────────┘   └─────────┘

┌──────────────────────┐       ┌─────────┐   ┌─────────┐   ┌─────────┐
│（J）四个聚落设置多组五营│───────│ 地缘性  │───│ 甲头划分 │───│  聚落   │
└──────────────────────┘       └─────────┘   └─────────┘   └─────────┘

                                ┌─────────┐   ┌─────────┐   ┌─────────┐
                          ┌─────│ 血缘性  │───│ 甲头划分 │───│  聚落   │
┌──────────────────────┐ │     └─────────┘   └─────────┘   └─────────┘
│（K）二个聚落设置一组五营│─┤
└──────────────────────┘ │     ┌─────────┐   ┌─────────┐   ┌─────────┐
                          └─────│ 地缘性  │───│ 甲头划分 │───│  聚落   │
                                └─────────┘   └─────────┘   └─────────┘

┌──────────────────────┐       ┌─────────┐   ┌─────────┐   ┌─────────┐
│（L）六个聚落无设置五营│───────│ 地缘性  │───│ 甲头划分 │───│  聚落   │
└──────────────────────┘       └─────────┘   └─────────┘   └─────────┘

┌──────────────────────┐       ┌─────────┐   ┌─────────┐   ┌─────────┐
│（M）六个聚落设置多组五营│───────│ 地缘性  │───│ 甲头划分 │───│  聚落   │
└──────────────────────┘       └─────────┘   └─────────┘   └─────────┘
```

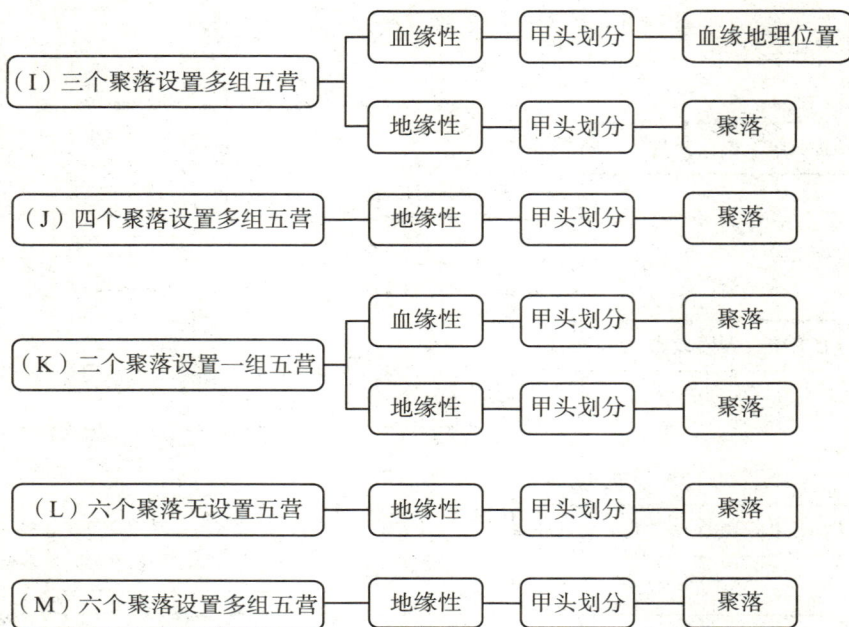

　　一般建筑学谈论聚落空间领域的方式（图1-23、图1-24），多着重建筑体或以实际的硬体作为标的讨论，但其盲点则会发生于聚落间与群体等关系无法深入详尽解析，笔者认为从祭祀圈的概念作为工具，即聚落主祀神或跨聚落主祀神的角度出发，借由居民共同祭祀行为的认知，透过群体组织所传达的祭祀圈域，诠释人群在信仰上的领域，并且表达共同祭祀行为下的共同体概念。

图1-23　闽南传统聚落空间（山后聚落，曾逸仁拍摄）

图1-24　侨乡聚落空间（水头聚落）

　　笔者观察金门村落的血缘性与地缘性差异，常发现以宗祠或宫庙不同组织作为共同体概念，在较大尺度的血缘聚落与地缘多姓聚落差异较为明显，从其群体的结合方式与获得资源方式皆可理解，血缘群体与地域群体作为金门社群基础发展的差异性质。将祭祀圈概念运用于理解村落空间领域，有效分析理出金门村落宫庙甲头结合的情况，无论是血缘聚落以房祧为结合的方式，抑或是地缘多姓聚落以地理位置为结合的方式，皆可理解村落或跨村落的群体组织的运作关系。从笔者初步的分类情况，理出金门村落以绕境镇符作为宫庙祭祀行为而结合的群体，其甲头的分类呈现以房祧、地缘位置、聚落为依据，借此获得村落群体在宗族与宫庙间联结的信息，并以祭祀圈为中介概念结合公司下的甲头群体，并透过绕境与镇五营的仪式展演，形塑共同祭祀行为下的领域认同。

五、防御领域的构成

金门地区居民惯称其聚落为"社"、"乡社"等，从 1915 年独立设县，并于 1935 年施行地方自治，设县后的第一都（后浦保、古贤保、古湖保）、第二都（刘浦保、琼山保）、第三都（阳田保、汶沙保）、第四都（沧湖保）、第五都（烈屿保）共 149 个聚落❶，至 1987 年的金城镇、金宁乡、金湖镇、金沙镇、烈屿乡 37 个行政村，167 个自然村，政府依照原有旧制的行政区划为原则，调整成现今的村落单元，使得金门的单一行政村下包含数个聚落单元，但也因为行政称谓的不同，造成人们对于村等同于聚落的认知差异，此处笔者以"社"、"乡社"的金门传统用语认知来探讨金门的防御领域观。

根据笔者的调查与金门居民的日常口语中发现，人们常以"境"❷、"社"、"乡"、"界"、"乡社"、"社里"的称谓来指涉聚落中某一特定区域范围，故在笔者所探讨的五营信仰在聚落领域的镇符仪式行为下，亦常出现"游境"、"出社"、"巡境"、"绕境"、"出境"、"巡安"、"巡社里"等的居民对于信仰与领域关系上的习惯用语。其中"境"原为地方自治名，王铭铭在其《明清时期的区位、行政与地域崇拜——来自闽南的个案研究》中指出："铺境的空间制度最早由明朝地方官员于 14 世纪 70 年代

专题研究

---

❶ 共六都，但第六都现今不为金门县的行政区域，故笔者不予列入。
❷ 部分居民认为"境"应是指城区对于其内某区域的称谓而言。

发明❶。创设之初境为组织地方民间军事联防（铺兵制）与收集地方信息而设的；此后不久，地方官员逐渐将它用作城市行政控制的工具以及在地方上象征性地呈现帝国国家结构的手段；而在地方社会里，铺境制度被改造为各种不同的习惯与观念，亦转化成一种地方节庆的空间组织。"❷ 亦使得"境"成为行政空间与宗教信仰下的象征领域；另"境"的用语亦常见于仪式专家诵念经忏或书写榜文的习惯用词❸，如"阖境平安"，或一般居民惯用的"巡境"、"出境"用词。而"社"的用语则出现于仪式或区隔居住空间，如"出社"、"社内"、"社外"，"乡社"则常用于形容聚落空间的比拟，如"大乡社"、"小乡社"，"社里"则用于仪式行为下的语祠，如"巡社里"，"界"则用于形容聚落内的某一区域范围，如水头聚落的"顶界"、"中界"、"下界"、"后界"；而"乡"亦用于形容聚落内某一区域，如昔果山的"顶乡"、"下乡"。上述的空间用词多为聚落居民惯用语，为指聚落内、或聚落空间的特定指称，但其皆指向"领域性"的空间意涵，此该意涵除具有对领域的强烈认知外，亦强化了聚落居民对于内部群体的凝聚力。

聚落研究者理解领域具有空间性意涵，但笔者以五营安镇的角度出发所探讨的聚落社群领域，并非为一般居民所能触及的二向度空间认知，其更精确的认识应是指涉三向度的聚落空间，林会承于《澎湖社里的领域》中即谈道："领域的本义为空间范围。在人类社会中，由个人至规模不等的社群组织多拥有其所认知的领域。关于人类领域形成动机、性质、认知方式及行为等的观点，一般称之为'人类的领域性'……人类的领域性以空间为基准，透过标志或行为，一方面凸显其占有范围，另一方面导致其边界线之内外在性挤上性生差异；其次，领域的界定将强化其内部社群凝聚力。"❹ 其中居民期待不受邪煞威胁的心理状态，作为五营信仰的动力，

❶ 《晋江县志》（1842 年，卷 21）记载："铺境由'境'（地方或邻里）和铺（'境'之上的区划）两级城市空间区划组成。"参见王铭铭：《明清时期的区位、行政与地域崇拜——来自闽南的个案研究》，见杨念群主编：《空间·记忆·社会转型——"新社会史"研究论文精选集》，上海：上海人民出版社 2001 年版，第 88 页。
❷ 王铭铭：《明清时期的区位、行政与地域崇拜——来自闽南的个案研究》，见杨念群主编：《空间·记忆·社会转型——"新社会史"研究论文精选集》，上海：上海人民出版社 2001 年版，第 77—80 页。
❸ "道士受到信任乃沟通鬼神的礼仪专家，以所擅长的斋醮仪式与道法，帮助一家、一社乃至一国通过各种关口，达成民众获得济度与洁净的愿望。"参见谢聪辉："道教斋醮仪式与台湾常民生活"，载《当代》2002 年第 175 期，第 30 页。
❹ 林会承："澎湖社里的领域"，载《"中央研究院"民族学研究所集刊》1999 年第 87 期，第 42 页。

由绕境镇符等仪式行为确立营头"神圣物"的设置❶，于其路径所联结而成的界线区隔，重新使得人类的领域性获得重生与净化。

金门居民的居住形态透过血缘或地缘群体的聚集，形成散置土地上一个个大小不一的聚落单元，在血缘、地缘、社会、经济等因素的认知差异下，区隔成异同认知主体的聚落社群，然居民却借由宗教的共神信仰，得以重新建构聚落的主体认同与领域的我境观，现根据笔者分析金门聚落的共神信仰，呈现如下列：

（1）单一聚落的信仰中心，金门聚落多为此类型。

（2）两个聚落共同组成信仰中心。

（3）三个聚落共同态成信仰中心。

（4）四个聚落共同组成信仰中心。

（5）五个聚落共同组成信仰中心。

（6）六个聚落共同组成信仰中心。

而一般聚落宫庙境主所代表的领域，则是透过聚落的甲头、角头与房祧等群体单元下的家户与居民共同均摊宫庙运作经费、共同参与宫庙信仰活动、添缘动作认知等行为加以确立。通常金门聚落在此意义行为，城区部分的宫庙较常见，其所涵盖的领域亦较广，而以其为信仰中心的人口亦较多源，另于各境（北门境、东门境、西门境、南门境）在其代表性的宫庙外（北镇庙、代天府、外武庙、天后宫）❷，也有信仰群众相对较少的小区域性宫庙，其所代表的领域性有着模糊❸、狭窄的情况，但也显现出城区的宫庙信仰为大领域与小领域中组成与相对的特殊关系。另自然村部分，人口较多的大型聚落，因其经费较为充足，故与邻近的宫庙"交陪"关系亦较密切热络，在经济较佳的情况下，通常通过房份群体的原则，另立一角头性宫庙，因此大型聚落普遍会同时存在多座宫庙的情形，而附属于角头宫庙下的居民，亦会出现对于聚落内对等领域认同的认知，亦呈现

---

❶ 笔者认为聚落宫庙建醮仪式行中的绕境、镇符、放兵等仪式，某种概念的转化下亦可视为"游戏"或"表演"的形态，另李丰楙教授指出："根据 Jolian Huizinga 的研究，'游戏'为文化创造的原动，类许多的文化、文明多原本于此，宗教庆典尤其如是具有创造性，只有懂得玩才懂得创造。"参见李丰楙：《常与非常：台南定期迎王地区的两个世界——以癸未科台江内海旧区为主的考察》，见《2003 闽南文化学术研讨会论文集Ⅰ》，金门：金门县政府2003 年版，Ⅶ—5。

❷ 各境的代表性宫庙通常为大家所认知奉祀神格较高的主祀神。

❸ 境下的小区域宫庙多为只建醮但不绕境镇符的情况，故其领域亦较为模糊，通常以宫庙附近家户祭拜的居民作为代表认知。

角头居民拥有较佳的经济能力，以支配宫庙所需之经费与祭祀活动。而人口较少的小型聚落则会因为经济状况或其以血缘认同的宗祠为中心的认知，使得小型聚落多只拥有一座宫庙，该宫庙亦成为聚落居民单一的信仰中心，通过祭祀行为达到信仰领域的确立，借由大型聚落与小型聚落的信仰或角头信仰，得以区划聚落下的甲头、角头信仰领域，并且透过祭祀仪式行为，使得聚落领域获得界定。

金门聚落居民借由人口钱、户口钱、宫庙事务的轮值、社祀神的轮祀与添缘等方式，使得自身与家人成为"宫庙认同的一居存单元"、"宫庙社祀神下的义务一分子"与"能获得神佛护佑的存在认知"的神人防御领域关系，借由明确的神圣构件安置与神圣路径的围塑，产生一个完整、明确且封闭的领域，此领域不仅为居民高度清楚辨识，且亦为他领域者所认知，如此的信仰领域透过空间与存在关系的辩证，清楚传达、突显防御概念下所阐述的领域自明性。笔者试着以五个案例来说明在宫庙、营头与人三者的关系下，如何建构聚落防御领域：

（1）后湖聚落

后湖聚落为许姓的血缘聚落，为笔者探讨金门传统聚落中单一血缘组成，且为单一信仰中心的聚落群体。该聚落信仰中心为昭应庙，主祀六姓府、朱府王爷、池府王爷、广泽尊王、中坛元帅、下坛爷等神佛，宫庙信仰透过血缘房祧为基础，划分为长房、三房、下厝、后东、后西、前七家的六个领域层次群体（图1-25），并将居存空间区分成主要生活领域、次要生活领域，任何祭祀活动与运作经费的收取皆是透过各甲头乡老统一协调运作，借由此一基础建主聚落的信仰中心，使得居民获得神祇的护佑与心灵的慰藉；另在绕境镇符下，以宫庙为中心，构筑防御邪煞侵扰的神圣领域。绕境镇符仪式中，神辇队伍除重新安置营头象征物外，更透过内境的巡境以确保家户平安，呈现净化领域的神圣功能，在绕境的过程中突显：1）后湖聚落透过神圣路径串联，以围塑出神圣领域空间；2）防御功能的认知下，显示神圣领域与宫庙境主间的结构关系。

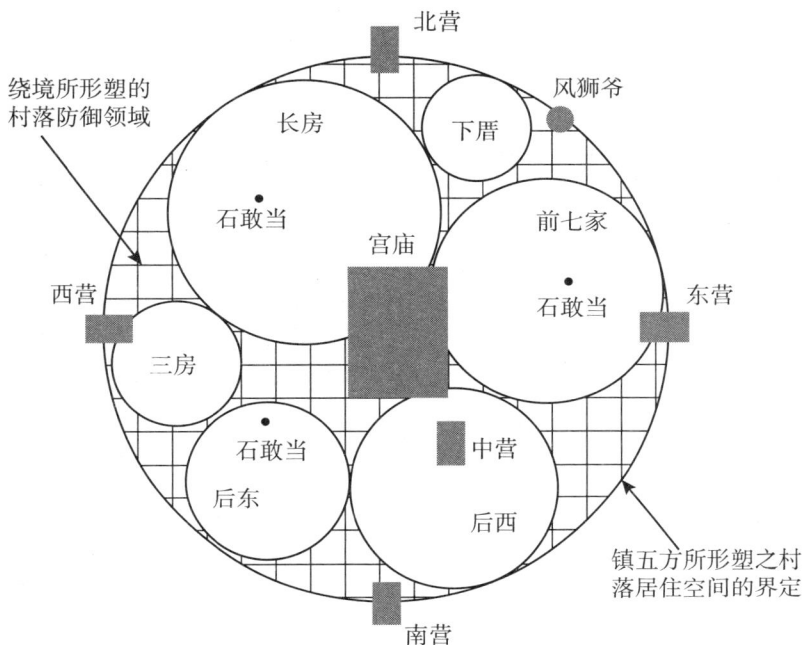

图1-25　后湖聚落五营防御与甲头结构关系

（2）水头聚落

水头聚落为一多姓氏的地缘聚落，该聚落透过黄姓、李姓、陈姓等血缘群体所组成，借由信仰中心划分为顶界、中界、下界、后界的四个地域群体，其信仰中心为金水寺、主祀关帝爷与观世音菩萨，另有角头庙灵济宫、惠德宫，分别祭祀苏王爷、丘王爷、梁王爷、秦王爷、玉王爷，与李王爷、金王爷、朱王爷、温王爷等，而该宫庙的祭祀事务是在甲头单元组织下达到运作功能。笔者透过调查，水头聚落近年较少进行绕境镇符的仪式（图1-26），但仍会于神佛圣诞时进行建醮相关科仪，笔者观察出几项特点：1）部分聚落的绕境镇符由境主示意，因此绕境符非必然的仪式；2）多姓氏群体在信仰中心下各自组成自我中心认同的角头庙；3）地缘群体下的信仰中心强化了姓氏与甲头间的日常生活联系与合作关系；4）透过区域共同的信仰中心联结地域性的群体。

（3）古宁头三乡社

古宁头为一地域性名称，是由北山聚落、南山聚落、林厝聚落等三个具有血缘性质的乡社所组成，其三乡社共同的信仰中心为双鲤古地，主祀关帝爷，宫庙的运作以聚落为单元划分成三甲头，透过联合运作支持共同

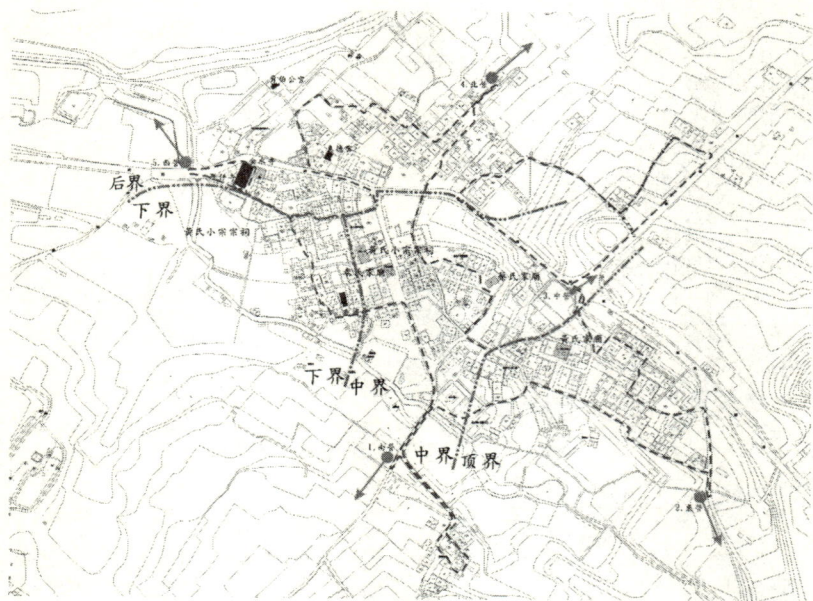

图1-26　水头聚落绕境镇营路径图

的信仰中心，并借由绕境镇符仪式的进行以围塑涵盖北山、南山、林厝三乡社的神圣领域（图1-27）。另于各聚落内亦有其代表的公庙（北山为

图1-27　古宁头聚落绕境镇营路径图

真武殿、南山为保灵殿、林厝为保安庙），在其以自身代表宫庙为基础下，透过建醮的绕境镇符仪式围塑各聚落的神圣领域，并且借由李姓血缘的房祧基础，建立属于各自房祧的角头宫庙，以确立居民自身于各个层次皆能受到神佛的护佑，笔者认为代表几个特征：1）古宁头的代表性宫庙——"双鲤古地"为一立基于血缘聚落联结的跨聚落性宫庙；2）古宁头地区的宫庙建构了一个涵盖房祧、聚落与联乡社性质的三层次信仰领域；3）借由三层次的信仰确立，强化了居民对于"阖家平安"、"阖境平安"的体认；4）古宁头地区建立了一个三阶层的防御圈涵盖着三层次信仰的神圣领域。

（4）东半岛的六甲地区

六甲代表一地理区域，亦是一个信仰领域，六甲地区为依地缘性格而结合的宗教区域，借由邻近地理位置联结刘澳、吕厝、长福里、浦边、洋山、后宅等六个聚落，并以此建构六甲为主体的信仰中心——"莺山庙"，且透过以聚落为单元所划分，六甲莺山庙重建志清楚记载莺山庙为刘澳、吕厝、长福里、浦边、洋山、后宅等六乡社的联合公业，故居民对于此六聚落惯以"六甲"称之，而共同祭祀的宫庙则以"六甲莺山庙"称之❶，借由"舍人公"的圣诞进行建醮，结合六乡社的人群，以共同运作莺山庙的宫庙事务，并由各乡社的绕境串联，围塑属于六甲地区的神圣领域，笔者分析六甲地区的信仰特点：1）为由各血缘聚落为基础，透过地缘性质的联结所建立的宫庙信仰；2）六甲地区为一同时具备聚落层次与超聚落层次的信仰领域；3）绕经某一聚落时，由该聚落代表的神辇作为引导，有着此时以该聚落为绕境中心的形态与该聚落的境主领域认知；4）非同质血缘下，借由共同信仰中心达到建立信仰领域的实际功能；5）没有营头的安镇下，亦能代表绕境的仪式进行有着防御领域性质的功能。

（5）烈屿西方甲

西甲为由邻近的血缘聚落所形成的信仰领域，该领域的信仰中心为释迦佛祖、玄天上帝宫（居民惯称佛祖宫），宫庙主祀释迦佛祖、玄天上帝、观音佛祖、三府王爷等神祇，宫庙下以聚落为单元共同参与祭祀（西方聚落、西吴聚落、下田聚落、东坑聚落、双口聚落、湖井头聚落），但佛祖宫的祭祀行为是共同参与性质，无轮祀的信仰传统，宫庙于农历正月十五日进行刈香、绕境仪式，借由人群、神辇的共同参与以安镇营头，其中先

---

❶ 代表莺山庙为六甲头（聚落）的共有公业，不仅只代表其中某一聚落群体。

专题研究

安镇防御西方甲领域的营头，后安镇各聚落领域的营头，在透过以宫庙为中心下，建构共同主祀神的防御领域，并于绕境、镇符的过程净化、强化宫庙代表的神圣领域，笔者分析西方甲的信仰领域特点：1）透过实质神圣构件的安镇，构筑聚落性与村落性的二层次防御圈；2）借由实际的共同参与，建构西方甲居民认知的信仰中心；3）呈现出聚落性格与村落性格的双重信仰中心；4）同时透过血缘聚落、地缘群体与共同信仰的认知，并建构宫庙的神圣领域。

在祭祀圈概念的主祀神信仰下，透过共同的祭祀组织与祭祀活动，使得金门居民认同、归属主祀神所代表的祭祀圈域与社群团体，并且获得祭祀群体认知防御领域的护佑（表1-6）。通过前述，居民通过绕境镇符所安镇营头而呈现的防御领域观，笔者认为一般聚落在"绕境镇符"与"共同参与"的原则下，居民认知了该聚落通过仪式与界线所产生的领域，但在非仪式参与的原则下，居民通过一般的神佛信仰认知，超越了仪式与界线所产生的领域边界，形成特殊的"信仰领域性"关系，如此的领域性借由信徒的一般祭拜行为、添缘与认做契子的动作下获得确立，如田浦泰山庙、旧金城古地城隍、后浦城隍庙、古宁头双鲤古地、官澳龙凤宫、新

表1-6　聚落信仰形态与防御领域的建构

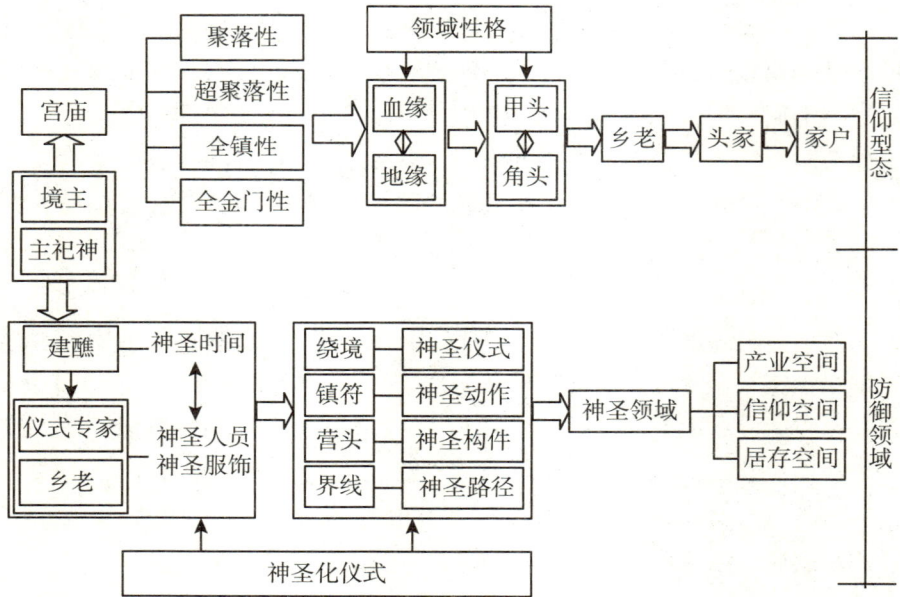

头伍德宫等，上述之宫庙即在城隍爷、关帝爷、广泽尊王、妈祖、苏府王爷等的神佛特殊认同下，形成一异于聚落领域认知下的信仰领域，透过"有形—无形"与"防御—领域—信仰领域"的对比，呈现金门居民在宗教信仰下，对于神佛信仰的"领域性"诠释。

六、仪式下的聚落领域

"宗教使人类的生活和行为神圣化，于是变为最强有力的一种社会控制。"❶ 在聚落的生活空间中，除了供给乡民于居存时所需之生活物质需求外，更须使乡民获得精神上的心灵慰藉，因此通过宗教信仰使乡民得到满足，并且借由仪式行为的参与，使得区域、聚落下的血缘群体❷、地缘群体获得归属❸，通过仪式过程的观察，使得群体的空间获得定位，其空间意涵即群体领域性得以确立。一般聚落对于宫庙神佛的祭祀行为，仅是局限于神佛护佑范围及居民认同宫庙神佛信仰下的社会群体地域，在聚落社会的群体中，多姓氏与多房柤群体差异的融合过程，其志缘性格的聚落宫庙成为凝聚跨人群的信仰场所，甚而借由主祀神神格较高的情况，使得在共同主祀神的信仰下，凝聚的是属于跨聚落、大区域的超人群体的信仰中心，该信仰中心于仪式展演的过程不必然通过神圣物的安置，仍可建构出以此主祀神为中心的信仰领域，并且能清楚区隔异同主祀神所代表的信仰领域，借以满足聚落居民在世俗条件下，对于能够获得主祀神护佑的心灵体认，而该内心的认知是在"信仰—心灵"下，借由主祀神与共同的仪式参与所传达。

（一）公司庙领域的构成

宫庙在公司组织的运作中，透过仪式展演过程参与，展现以宫庙为中心的聚落"境"概念，此概念突显了境所涵盖的领域认知，而乡社领域定义为一个涵盖乡社的空间场域，并能为聚落居民所感知接受宫庙境主的护佑所存有的乡社范围，透过聚落信仰的认同，将聚落的领域性置于聚落社

---

❶ 马林诺夫斯基（B. Malinowski）：《文化论》，费孝通译，北京：中国民间文艺出版社 1987 年版，第 78 页。

❷ "血缘是社会稳定的，缺乏变动；变动得大的社会，也就不易成为血缘社会。社会的稳定是指它结构的静止，填入结构中各个地位的个人是不能静止的，他们受着生命的限制，不能永久停留在那里，他们是死的。血缘社会就是想用生物上的新陈代谢作用，生育，去维持社会结构的稳定。"参见费孝通：《乡土中国》，香港：三联书店 1991 年版，第 76 页。

❸ "地缘关系的维系又虽不及血缘关系来的强，但它却能使人们平等往来，如此即为商业贸易的发展创造了必要的条件。地缘是从商业里发展出来的社会关系。血缘是身份社会的基础，而地缘却是契约社会的基础。"参见费孝通：《乡土中国》，香港：三联书店 1991 年版，第 82 页。

会的文化脉络中加以解读，其领域性在该宫庙主祀神佛的祭祀行为与仪式参与下，深入领域的空间核心，并借信仰理解空间的型塑过程与代表的结构，探讨该社会关系的中心——"宫庙"的聚落信仰领域的建构。如同海德格尔所言："人之为人，即是不断地由'主体'走出而展现'存有'，在此不止息的过程中，围绕着人而有三层的'存在物'。第一层为'现成之物'，是与人之自己无关的存在。第二层是与人之自己有关的'有用之物'，是人可使用的对象，已经加入人的关心，因而与人有关，但只为人之利用之物。第三层为'在此存有'，此即'存有'之本身在人之处不断显现，也就是'开显存有，宏道于此'之意。就一地理空间而言，我们可视之为'现成之物'，即是视一空间为'与我无关'之客体，只是一冷然的点线面几何；也可视之为'有用之物'。而真正的'人之空间'，必须是一个'在此存有'的空间，此即是人在其中的空间，必然是人以'主体性'而恒常地'在那里'、恒常地'在情境'中、恒常地在其'所在'而不停息地'所为'；这所谓那里、情境、所在是乃主体人在其空间里面系乎其情感、钟乎其关怀而产生，易言之，人的'存在空间'，必然是，也唯然是一个不断地自我创造着价值、自我涌现着意义的'在此存有'的空间。"❶ 而聚落内居存空间内的居民在信仰主体下，透过五营营头的信仰符号❷，展现人居存于现有空间的必然体认与居存时冀望于三度空间中受神佛护佑的心灵态度。

宫庙作为聚落社会的信仰中心，透过信仰与社会组织，诠释金门传统聚落人们生活与信仰活动的关系，在传统汉人社会中，宫庙信仰活动于居民生活中为一重要的特质，欲理解汉人社会生活，宫庙信仰的探讨极其重要。在宫庙信仰的探讨下，借由聚落居民的共同主祀神信仰，可以了解宫庙、主祀神与居民的从属关系，并透过宫庙组织的运作，理解主祀神下的聚落阶层性，亦可发现聚落衍进过程中群体间的相互关系，与宫庙信仰于群体区划的领域性代表，如此对聚落社会的结构将具本质性的体认，故学界多以"信仰圈"或"祭祀圈"的宫庙祭祀群体，来理解信仰组织下的聚落象征领域，从而说明聚落居民在宫庙信仰上的认同感、归属感，所形成的一社会群体，反映聚落认同的凝聚与聚落生命共同体的意识认知。

---

❶ 诺伯舒兹（Christian Norberg-Schulz）：《建筑的语言》，见《建筑现象学导论》，季铁男编、陈伯冲译，台北：桂冠图书股份有限公司1992年版，第349页。
❷ 通过日常生活中居民视之为自然的五营符号，探讨五营符号与聚落空间的领域性关系。

金门聚落的宫庙信仰领域，笔者借宫庙信仰阶层的分析，将聚落区分为"乡社—甲头—角头—家户"的四个领域层次，此四个领域层级透过宫庙主祀神的信仰力量达到领域的分界，其中如水头聚落、南山聚落、北山聚落、青岐聚落（含杨厝）少数符合上述四个信仰领域层级，其他如欧厝聚落、后湖聚落、湖下聚落、成功聚落、琼林聚落、山西聚落、官澳聚落为只符合三个领域层级（表1-7），笔者发现部分聚落是以地理位置作领域划分，如顶乡与下乡、大社与小社、顶堡与下堡、湖尾地区（东堡、中堡、西堡）、山后（顶堡、中堡、下堡）等，由此可了解聚落居民对于聚落领域的划分、区隔方式存在于居民自身面对环境的认识与理解，然而笔者也察觉多数聚落仍多以房祧作为宫庙甲头、角头的划分方式。除金门聚落为的血缘聚落因素外，透过房祧乡老达到组织宫庙运作的功能，并且约束、掌握房祧内人群对于宫庙事务之责任，产生对于宫庙事务的共同参与，体认境主神灵借由五营神军、营头构件等具象、非具象的象征，赋予聚落领域空间新的本质与聚落领域覆始的场所生命。如同诺伯舒兹（Christian Norberg-Schulz）于《场所精神》中所言："'场所精神'是罗马的相法。每一种'独立的'本体都有自己的灵魂，守获神灵这种灵魂赋予人和场所生命，自生至死伴随人和场所，同时决定了他们的特性和本质。即使是众神也都有他们自己的神灵，这事实说明了这种想法主要的本质……在场所精神的发展过程中保存了生活的真实性，虽然它不曾被如此命名过。"❶

表1-7　"乡社—甲头—角头—家户"领域层级分布表

编号	1	2	3	4	5	6	7	8
区域	金城	金宁	金西聚落数	金沙	金湖	金东聚落数	烈屿	全区域聚落数
三领域层级涵盖聚落	古岗 欧厝 后丰港 林厝 贤厝	顶堡 湖下 西山 榜林 西浦头	14	沙美、碧山 何厝、官澳 后浦头 山西、斗门 塘头、阳翟 浦边、西园 青岐、 后水头、 营山、后珩	湖前 琼林 溪边 成功	19	西宅 西路 西方 东林 黄厝 东坑	39

❶ 诺伯舒兹（Christian Norberg-Schulz）：《场所精神——迈向建筑现象学》，施植明译，台北：田园城市文化事业有限公司2002年版，第18页。

035

专题研究

编号	1	2	3	4	5	6	7	8
四领域层级聚落 涵盖	水头	南山 北山	3	×	×	0	×	5

（二） 角头庙领域的构成

聚落居民所居存的空间是没有定形❶、不具象的，虽一般以建筑实体作为认知依据，但笔者认为无法符合、贴切于居民生活，因此提出具体化的空间意涵将对于居民生存空间作一适切分析，笔者将居民居存空间转化为地方的认知将有助于诠释地方空间的意涵，如同透过对生活于地方的认识来理解何以聚群而居的居民须在境、主祀神的护佑下维持生存领域的圣洁。如同梅尔帕斯（J. E. Malpas）所言："地方观念包括了透过特定地方结构而表现出来的社会活动和制度的观念，也包括了限制且有时受到于那些社会活动和制度的世间自然物体与事件的观念。毫无疑问，特定地方的秩序——以及社会安排空间和时的特殊方式——并非独立于社会秩序之外。然而，这并不能正当化地方、空间或时仅仅是社会建构的宣称。事实上，社会并不失于地方而存在，而且除非是在地方之中、并透过地方（透过空间化、时间化的秩序），否则社会也无法呈现……社会的可能性本身源于地方结构❷。"❸

作为聚落社会的最小群体——"角头"，被居民视为日常聚落空间中的一个角落，并视为领域联系的管道，然笔者认为五营信仰下的角头极具地方意涵的领域认知，通过角头群体的血缘或地缘性格，使聚落社会区隔成一代表性的角头领域，并且于宫庙组织的运作中，角头领域意涵则被转化为一个具有代表性的信仰群体。根据笔者的调查，金门传统聚落拥有角

---

❶ "空间没有定形且难以捉摸，也不是能够直接描述和分析的实体。然而，我们可以感觉得到空间，或能够解释空间，几乎总是会有一些相关的地方感或地方概念。一般说来，空间似乎为地方提供了脉络，却从特殊地方来引申其意义。"参见 Relph Edward, *Place and Placelessness*, London：Pion Limited, 1976, p. 8.

❷ 克瑞兹威尔（Tim Cresswell）：《地方：记忆、想象与认同》，徐苔玲、王志弘译，台北：群学出版有限公司 2006 年版，第 53—54 页。

❸ Malpas J. E., *Place and Experience：A Philosophical Topography*, Cambridge：Cambridge University Press, 1999, pp. 35 – 36.

头层级的聚落中，只有水头聚落为地缘聚落，其余皆为血缘聚落，而水头聚落虽为地缘属性，但其角头的组成仍以血缘姓氏作为依据，该角头宫庙则以角头群体的联系来强化角头主祀神"境"的事务运作，另南山聚落、北山聚落与烈屿青岐聚落为血缘聚落，其角头的组成则以血缘的房祧作为其依据，形成各房祧皆有其宫庙、主祀神的情况，使得聚落内的宫庙信仰区隔为数层次，笔者亦发现不论地缘或血缘的上述聚落，皆有其以宫庙为主体切割成数角头的情形，笔者认为角头宫庙主祀神的领域达到相当的人数或家户数时，以分隔成数群体的方式，将便于角头宫庙日常的祭祀与信仰活动，如此将解释上述聚落于金门传统聚落中皆为大尺度聚落之列❶，其聚落人口数达到分割为角头或宫庙信仰群体的条件，此为金门聚落角头宫庙领域的构成。

笔者亦观察城区的角头异于聚落角头，一般城区区分为东门境（灵济古寺、昭德宫、昭德宫）、西门境（武庙、宏德宫、福德宫）、南门境（五岳庙、福德宫、禹帝庙、睢阳庙）、北门境（将军庙、福德宫）等四境，而四境人口组成地缘社会❷，由于城区为商业市集，使得人员汇集于此，固着于此后遂以邻近宫庙作为其信仰中心，四境以各甲头宫庙为代表，甲头宫庙下则又区分为数角头宫庙，一般甲头宫庙为全境境主所属的宫庙，另乡社聚落的角头宫庙多以血缘姓氏或房祧作为角头的分隔依据，然城区的角头宫庙则多以宫庙居住附近的居民为信仰对象作为依据，另地区的角头宫庙为地缘的信仰形态，此为乡社聚落与城区的角头宫庙信仰领域构成差异之处，但亦反映出城区社会的宫庙信仰为多层级情况，而城区的甲头宫庙于建醮时的绕境镇符过程，亦使得会以经过角头宫庙为路径的基准，以作为强化甲头庙与角头庙的联结关系，而笔者亦观察到城隍庙的绕境前夕❸，会先由各境人员组成锣鼓队行经境内的各甲头或角头宫庙，某种程度也意味着"境"之内不同层级的宫庙透过仪式的进行作为强化联系的意涵，因此，林会承指出："在台湾传统聚落单元中，组织与活动是不可分割的，两者共同凝聚了社群的认同感及向心力。"❹

---

❶ 笔者亦思考如湖下此等大型聚落何以未于甲头下分割成角头，而形成角头宫庙信仰中心的情况。
❷ 金城地区虽为商业性的地缘社会，但仍以许姓、陈姓为人口主要组成。
❸ 另城隍绕境时，亦会由执事人员、仪式专家、乡老等绕经四境甲头宫庙与角头宫庙。
❹ 林会承：《台湾传统汉人村庄的领域界定》，见《2000年亚太传统艺术论坛学术研讨会论文集》，宜兰：传统艺术中心2002年版，第8页。

在角头领域的探讨下，笔者借由"地方"的概念来谈论"角头领域"，以借由对于居民日常生活的面向来诠释聚落领域意涵；后在信仰领域层级的"乡社—甲头—角头—家户"层次下，理解城区与聚落于地缘性格或血缘性格的差异，所造成不同的聚落群体分隔形态，探讨以"人"为主体的聚落，在宫庙信仰下所呈现的地方群体信仰与领域性，另"领域性为个人或群体企图以划分界线或宣称掌控某一地理范围的方式，以使人感知、去影响，或控制群众、现象和社群关系❶。"❷

七、结语

笔者透过"境"、"乡社"、"房祧内"、"甲头"、"角头"、"家户"等乡民认知其具有领域意涵的用语，初步建构金门传统聚落的领域性，并借由聚落本身的仪式观察，及神佛、乡民在仪式行为上的互动关系的理解，构筑金门传统聚落在宫庙与领域空间的特性、意义与价值，以理解金门传统聚落领域的界定与聚落社群的联结、互动关系。

金门传统聚落中，人与土地有着不可分割的关系，此紧密的联系关系不仅仅存在于相互依存、长久的历史文化上，也建立于生活上人们长久深着于土地所孕育出的情感中。在生命的短暂历程中，乡民为求得生活上的平安、心灵慰藉与不受侵扰的环境，借由聚落信仰中心与神佛灵力寻求，宫庙作为聚落信仰中心，透过仪式的进行与营头象征物的安镇，使得聚落领域呈现出鲜明的防御意涵，即乡民居存的空间、转化成超自然界的安全领域，透过仪式的共同参与及神圣路径的围塑，诠释金门传统聚落乡民冀望的"阖境平安"的领域认知，不论其是否具象、是否可信，这样的信仰领域构成不再是虚构、不切实的，而是真实、确切地烙印于乡民内心，成为一种居存根着的信念。

❶ Sack Robert David, *Human Territoriality：Its Theory and History*，Cambridge：Cambridge University Press，1986，p. 9.
❷ 林会承："澎湖社里的领域"，载《"中央研究院"民族学研究所集刊》1999 年第 87 期，第 42 页。

The Constructing of Village Sacred Space in Jinmen, Fujian:

Investing on a Territorial Deity Belif

Lin Jianyu

Abstract: From the perspective of settlements, the formation of settlement space does not only contain a territory of living and existential space but also outside agricultural land and fishery sites relied by the territory. Among the traditional settlements of Quemoy, the so-called "chia-t'ou," a basic unit of settlements, of temples is defined to ensure that the participants correspond with their obligations in the ritual process and ritual acts can be proceed successfully. For example, according to Tai Yen-hui's "Qingdai Taiwan Zhi Xiangzhi (Civil Administration in Rural Taiwan during the Qing Dynasty)", the delimitation of chia-t'ou stipulates strict control of the number of participants, and the main functions of chia-t'ou is to maintain local safety and manage household affairs, together with taxation and coordination of local affairs. As a result, it is very clear that chia-t'ou is not only a locality but also an identity for the communities in the settlements.

Chia-t'ou, as a symbol of the ethnic groups in the social structure of settlements, primarily maintains the regular operations of temples for religious purposes. In this way, temple corporations can achieve a certain degree of social significance for settlements. On the contrary, the lineage groups of single-surname villages originally constitute a chia as a class alone by combining segments into a chia or a segment, hence resulting in another interpretation for lineage groups from the perspective of chia-t'ou. Moreover, among multi-surname villages, some primary or secondary surnames are consolidated, thus adjusting the formation of communities in the temples to a certain degree. In addition, the spatial relationship of residence will be considered when delimiting chia-t'ou. In other words, the delimitation of chia-t'ou is based on geographical location, resulting

專題研究

in the interrelationship between religions and lineage groups in the settlement space.

On the basis of the physical space types of existing settlements in Quemoy, the special styles of lineage settlement and lineage development give the formation of community a connotation of locality, for example the settlements of lineage groups or the same segments. The term "chia-t'ou" has thus been transformed into an implication of space for the region of a certain chia-t'ou, giving chia-t'ou a sense of settlement territory in terms of blood relationship and developing chia-t'ou into a constituent of settlement space.

In summary, lineage groups and religions have underlined the cultural characteristics and social dimensions of traditional Chinese settlements in Quemoy. During the process of formation of settlement, rituals have transformed the created space into a major constituent of traditional settlements in Quemoy, thus expressing the social structures and spatial significance of traditional settlements in Quemoy.

Keywords: Southern Fujian; Jinmen; Wuying; territorial field; sacred space; circumstantial view

Han Xin's Revenge, a Taoist Mystery
韩信复仇记❶
——一个道教神话

范华（Patrice Fava❷）［法国］

While I was investigating Taoism and polychrome sculptures in the centre of Hunan, I witnessed the Duchangyuan ［都猖愿］, the most important ceremony from the repertoire of the Taoist masters in this region. The Duchangyuan recounts the story of the murder of Han Xin ［韩信］, his apotheosis and his revenge❸. Chen Demei ［陈德美］ re-enacted this great liturgical drama for the first time in 2001. Called the yuanhuang ［元皇］, this local Taoist tradition had not been practised for half a century. Chen Demei is both a zhengyi Taoist master ［zhengyi daoshi 正一道士］ and a ritual master practising yuanhuang liturgy ［yuanhuang fashi 元皇法师］.

The Duchangyuan ceremony, also known as Huan duchang da nuoyuan ［还都猖大傩愿］, is four days long and is made up of around thirty rituals. The

---

❶ 本文是作者深入湖南新化地区以长达十余年的田野调查为基础写就，详细记录了一个道教仪式——"还都猖大傩愿"。不仅对仪式的内容和过程进行了详细描述，而且将仪式的历史渊源娓娓道来。在此基础上，作者还将这一仪式与法国汉学家葛兰言（Marcel Granet）《中国古代的舞蹈与传说》（*Danses et légendes de la Chine ancienne*）（1926）一书中记载的神话和仪式进行了对比，并加以回应。

标题《韩信复仇记——一个道教神话》的灵感源于莎士比亚名著《哈姆雷特》的中文译名《王子复仇记》。更难能可贵的是作者还拍摄了同名电影，并荣获"国际人类学与民族学联合会第十六届世界大会电影节"的优秀奖，已被收录于大会纪念性出版物《流动的印象》（电影＋影评），即将在知识产权出版社出版。在阅读欣赏时不妨将文本和电影结合起来，文字和形象的互补无疑将能更好地呈现这一当地经典的道教仪式及其意涵。

❷ Patrice Fava 的中文名字是范华，法国远东学院（Ecole Française d'Extrême-Orient）的研究员，对中国的道教、古代文论等方面都深有研究。本文译者为 Claire Parfondry。

❸ The film *The Revenge of Han Xin, a Daoist Mystery* was produced under the aegis of the Ecole française d'Extrême-orient and financially supported by the Chiang Ching-kuo Foundation as part of an international research program called 'Daoism and local society: liturgical structures in central Hunan'. Running time: 1h35 mn, broadcasting by C. N. R. S. Versions in French, English and Chinese. Website: http://videotheque.cnrs.fr

filming, achieved with only one camera, recorded thirty hours of ritual. This was edited into an hour-and-a-half-long film. The film is aimed at preserving the format of the ceremony itself. The film editing lasted one year and was done in collaboration with Wan Yilin ［万益林］, a disciple of Chen Demei. Master Chen prepared for me a set of books on the rituals of those four days-the purpose of the books being to both analyse Duchangyuan and to help in the editing of the film. The film title, The Revenge of Han Xin, a Taoist Mystery, is modelled on the Chinese translation of Hamlet: The Revenge of the Prince ［Wangzi fuchou ji 王子复仇记］.

The book represents ten years of research in Hunan's centre❶ and includes a chapter devoted to Duchangyuan and a DVD of the film.

Following on from my first visit to the Xinhua district in 1999, I have had several opportunities to attend ceremonies conducted by Chen Demei. He practises twenty-eight kinds of jiao ［醮］ and four yuan ［愿］ of yuanhuang tradition❷.

Master Chen Demei has a fashi name ［faming 法名］: Fa Hong ［法鸿］ and a daoshi name ［daoming 道名］. He also has an ordination name ［zhiming 职名］ that he uses during important rituals: 'I, your servant Chen Kuanren, disciple of the celestial masters, have received from the highest Heavens the ordination title of: keeper of the books and registers of the three caves and the five thunders, grand secretary for the Ministry of Earth, of true jade, of the golden door, of the Nine heavens, liturgical master of the Ancient heavens and the original emperor, keeper of the North and South Heavenly Ways, judge of divine matters and heterodox spirits of the three worlds' ［谨依天台品格敕旨旌封奏受，上清三洞五雷经箓，九天金阙，玉真土部尚书，行先天元皇兼南北二院，考判三界不正鬼神事，小臣陈宽任］. His altar is called Puzhao fa

---

❶ Aux portes du ciel, la statuaire taoïste du Hunan, éditions Ecole Fran？aise d'Extrême-orient (forthcoming in 2011).

❷ For specialists, here are the names of jiao and yuan that can still be seen in Hunan. 二十八醮：1. 罗章大醮 2. 太平清醮 3. 水火醮 4. 回关醮 5. 迎龙谢屋醮 6. 天章雷醮 7. 解冤释罪醮 8. 延生寿醮 9. 奏职陛衔醮 10. 祈晴祷雨醮 11. 会兵醮 12. 万民金锁醮 13. 童关度煞醮 14. 点眼开光醮 15. 水府龙王醮 16. 收虫灭蝗醮 17. 上元醮 18. 中元醮 19. 下元醮 20. 曹官醮 21. 血湖醮 22. 谢恩醮 23. 辞瘟阻疫醮 24. 地母醮 25. 观音醮 26. 五岳醮 27. 城隍醮 28. 神灵寿诞醮。四大愿：1. 都猖大愿 2. 行傩大愿 3. 冲傩愿 4. 求嗣良愿。

tan［普照法坛］, Altar of Universal Radiance. He considers himself to be the heir of Zeng Faqi［曾法奇］, a Taoist from the Tang period（7ᵗʰ Century）, a native of Shandong province. Zeng Faqi accompanied the envoys of the Emperor Li Shimin［李世民］（627－649）, whose mission was to civilise［开化］the region of Meicheng［梅城］（today known as Anhua［安化］）.

Zeng Faqi was the exorcist［治邪治怪］in the mission led by Zhang Ding［张丁］, one of the great ministers of the emperor. Master Zeng Faqi's line of descent has perpetuated to Master Zeng Fasheng［曾法盛］of whom Master Chen Demei is the disciple. He therefore belongs to the thirty-third generation of a Taoist line of descent whose patriarch［zushi 祖师］lived 1,300 years ago.

Of all the Taoist masters in the region, it is often said that he is the one with the biggest xianghuo［香火］. This term is omnipresent in the documents for the consecration of statues. It designates the prosperity of a cult, but also applies to the notoriety of a Taoist master where the size of his community of followers is directly related to his fame.

Master Chen Demei gradually resumed his activities in the 1980s. It is only in 2001, however, that he organised the most spectacular and the most expensive ceremony from his repertoire: the Duchangyuan［都猖愿］. He had carried out this ceremony earlier with his father, in the year prior to 1949. Furthermore, I had found in an earlier visit to Hunan Han Xin's golden-eyed mask. Given the state in which I found it, in the stockroom of a bric-a-brac trader in Xinhua, it had probably been buried for several years.

Some of the manuscripts that I collected in Hunan refer to this Duchangyuan. They date from the 38ᵗʰ year of the Republic and were copied by Master Ouyang Hongqing［欧阳洪庆］. The manuscripts include a myth of creation, the description of the Cave in the Mountain of Tea, as well as long lists of divinities present in the yuanhuang pantheon, to which Han Xin belongs. An entire volume contains a succession of dialogues between the Taoist master and several gods: the demiurge who opens the mountain［Kaishan 开山］, the female scout［Yinlu Xianfeng 引路先锋］, the God of Earth［Tudi 土地］, the god of the city［Chenghuang 城隍］, the four celestial emissaries［Sizhi Gongcao 四值功曹］, the Five Furies［Wuchang 五猖］, the Taoist from the mysterious Capital

[Xuandu Daoshi 玄都道士], the priest [Fangong Heshang 凡宫和尚], the judge Baogong [Baogong Shizhu 包公师主] and Zhong Kui [钟馗], the great exorcist. These form the principal characters of Nuo, which is a play in which the characters wear masks, that has recently been rediscovered. Specialists like to describe it as a 'living fossil', but it actually is a Taoist dramatic form from the Song period. Even though books on ritual are precious documents for a written history of Taoism, it is practically impossible, when reading them, to know how they were staged or even sometimes to understand them. Master Ouyang Hongqing's books do not escape this rule and he did not imagine, when copying them in 1949, that his activities would soon be forbidden and that the Duchangyuan would not be enacted for half a century.

On an April morning in 2001, all the characters of this great ritual drama that narrate Han Xin's story returned and regained possession of the place from where they had been banned. 'Without a priest to practise it, writes Anne Lombard-Jourdan, a cult declines. Without bards to narrate or sing it, a people gradually forgets its past'[1]. This would have been a pity, as Han Xin's story is a fabulous epic that could have become as famous as Water Margin [水浒传] if it had found a writer of Shi Nai'an's calibre to tell it[2].

This is how Chen Demei summarises the story: 'At the time when the principalities of Chu [楚] and Han [汉] were fighting, Xiang Yu [项羽] from Chu and Liu Bang [刘邦] from Han were fighting over the throne. Xiang Yu set up his capital in Chang'an [长安], Shaanxi province [陕西], and Liu Bang (the future Emperor Gaozu [高祖] who later founded the Han dynasty) set up his in the West of Shu [西蜀], in the city today known as Chengdu. Xiang Yu is the very powerful hegemon of Chu [楚]. No one can defeat him. The Han principality troops lose all the battles. Zhang Liang [张良], Han

❶ Lombard-Jourdan 2005, 28.
❷ Shi Nai-an, Luo Guan-zhong 1978.

minister, infiltrates the Chu territory to spy on his rival and to find accomplices❶. In Chu, he discovers a remarkable man called Han Xin ［韩信］, but he only occupies a lowly position. Zhang Liang exhorts him to join Liu Bang's army, and he eventually agrees. Very quickly, his value is recognised and Xiao He ［萧何］, Liu Bang's right-hand man, sings his praise three times during a council of war. The soldiers ask him to be their leader and, eventually, he takes command of the Han army and attacks Xiang Yu. In less than five years, from East to West, from North to South, the whole territory is under Liu Bang's control, thanks to Han Xin. He thus takes credit for laying the foundations for an empire that will last four centuries. His name will be engraved in the bronze of bells and tripods for eternity. But the new Emperor Gaozu seeing how Han Xin has become a hero loved by the empire, starts to distrust him, and plans to eliminate him. His two ministers Xiao He and Chen Ping ［陈平］ draw up plans. The Empress Lü ［吕］, known for her cruelty, develops a plot. She invites him to a big feast in the Weiyang Palace ［未央宫］ (the Chang'an imperial residence mentioned in Sima Qian's Historical Memoires). After forcing him to drink until very drunk, Han Xin is carried into the bedroom of Han Gaozu's sister. There, his boots are taken off and he is laid on her bed. As soon as he wakes up, he is accused of committing lese majesty and condemned to decapitation. He is beheaded there and then. But as Heaven, which sees everything, witnessed the scene, it immediately sends two phoenixes to find Han Xin's head and re-attach it to his body. The heavenly birds fly into the palace, each holding

---

❶ Zhang Liang is a historical figure often mentioned in Duchangyuan ceremonies. His biography is in Sima Qian's Historical Memoirs (Shiji 55) and History of Han (Hanshu 40). Ge Hong ［葛洪］ uses him as an example. He says that he climbed the pathway to Heaven and that Huang Shigong ［黄石公］ had passed on to him not only his stratagems but also his recipes for immortality (see Philippe Che 1999, 101 – 102). He is also featured in numerous stories and several plays (see Lévy 1978, 45 – 48). In the Contes de la Montagne sereine's ' Histoire de Zhang Zifang, adepte du Tao', translated from Chinese to French and commented by Jacques Dars (1987, 375 – 386), Zhang Liang openly condemns Han Xin's assassination and goes to live the life of a recluse in the Mountain of White Clouds ［白云山］. Taoists also venerate him as the ancestor of the first Celestial Master Zhang Daoling ［张道陵］. The episode of the handing down of the strategy book called ' Taigong bingfa' ［太公兵法］ is in children's books instructive stories. Zhang Liang was challenged by a knight who asked him to pick up the shoe he had lost. The young man, very politely, went to get his shoe and helped him put it back on. Five days later, the old man, who was actually an immortal, invited him to the same place and gave him a strategy book, which would soon make of him Liu Bang's right-hand.

one ear in their beaks, until they find the body. At the same time, the Imperial Palace of the Golden Gong is covered in a thick fog. Han Xin then goes to Heaven where he becomes a divine star and at the same time on earth, he becomes the god of a mountain and, in the underworld, he becomes a judge of hell.

Emperor Han Gaozu then becomes seriously ill. No doctor is able to cure him, no medicine has the slightest effect. His life is in danger. Therefore, everywhere in the country, notices are posted calling for the best doctors, the most renowned Taoists, the greatest masters of ritual. The reward for the who can cure his Majesty is one thousand ounces of gold and he will receive a fief with the title 'Marquis of Ten Thousand Homes'. A master of ritual named Zhu He ［朱鹤］, originally from Chengdu, happens to see the notice. After reading it, he takes it with him. Wasting no time, he goes to the capital where he is welcomed by the emperor in his residence of the Golden Gong Palace. The Great Master Zhu informs Han Gaozu that he needs to prepare a ritual known from the Shang dynasty called Huan chongnuo yuan ［还冲傩愿］ （a votive offering for the great Nuo）, which he himself had learned from two great masters: Gao Faxing ［高法兴］ and Wang Fasheng ［王法胜］. Two great divinities are involved in this ritual: the Lord of the East Mountain, who records births ［Dongshan shenggong zhusheng fujun 东山圣公注生俯君］ and the Lady of the South Mountain, who solves misfortunes ［Nanshan shengmu jiunan furen 南山圣母救难夫人］. In the imperial palace, Master Zhu performs the rituals as taught by his predecessors, but when the time comes to pray for recovery ［gouyuan 勾愿］, he asks for a specially prepared meat offering to be brought in; however, when the cook lifts up the lid, the pot is empty. Master Zhu does not let this bother him and carries on with the ritual. Again, he asks the cooks to prepare another piece of meat. As he gets ready to pray for a second time, he asks for the meat offering, but while the cook is preparing it, a small pale man who could easily be mistaken for a scribe or a bookworm, climbs out of the furnace and grabs the piece of raw meat. The cook screams. It is strange that a demon ［妖］ would come to steal meat in the kitchen during daylight. Master Zhu wonders if it is an evil spirit ［邪］, a ghoul ［怪］ or a demon ［精］. He asks for another piece of meat to be prepared, but this time he stays in the kitchen. Suddenly, from behind the furnace, a man appears with a yellow face and two fangs protruding from his mouth. It grabs three pieces of meat. Master Zhu realises that he will not easily solve this problem. He decides to go to the Tiger and Dragon Mountain [龙虎山] to ask the Heavenly Master how to exterminate this demon. The emperor gives him an escort and when the time comes to leave, the gongs and the drums of the imperial palace resonate. The troop of soldiers walks day and night without rest. Stars serve as their coats and the moon serves as a hat. As soon as they arrive at Longhushan, Master Zhu asks to see the Heavenly Master, but the latter was already waiting for him. An omen had told him that an emissary would want him to pass on the recipes and liturgical instruments necessary to defeat a demon.

"The Emperor Han Gaozu," he says, "has had Han Xin murdered and denied his merits. Heaven cannot be indulgent with him. A demonic force has possessed the emperor in order to punish him. It is Han Xin who has sent it. You have travelled one thousand leagues to find the remedy for the emperor's illness and drive out the demon that is living inside him. I will give you the Brocade Room recipe so that you can catch the demon. When you get to the Wuyun Cave Prefecture [乌云硐府], you will invite the Ten Furies that are called the Great Chang [大都猖] to help you catch the demon. You must bring them an invitation and give them the order to leave with their armies to hunt the demon. The cave entrance is guarded by a woman."

The Celestial Master then gives Master Zhu a commandment flag, a chain and a sealed letter in which he gives the order to capture the demon, decapitate it and to accomplish, in honour of Han Xin, the sacrifice of a pig, a goat and an ox. With these instructions, Master Zhu returns to the capital to replenish the imperial altar. He must put back the tablets of Han Xin; the Holy Emperors of the Five Peaks and their spouses; Dongshan Shenggong and Nanshan Shengmu; and the master of Duchangyuan. He must then resume the ceremonies. A podium is erected on Tiechashan Mountain [铁叉山], and, in accordance with the ritual instructions of the Celestial Master, an altar is built for the divinities of the five peaks. Then a ditch is dug in order to kill the demon and eviscerate it. Ten flags are raised in order to warn the gods of the Three

Worlds, the Four Prefectures, the famous caves and mountains, as well as the earth spirits, that they can participate in the capturing and the killing of the demon.

On completion of the task, the emperor recovered immediately. In atonement for his sins, he promised that every year Han Xin would rule the kingdom in his place for ten days. The date had even been chosen: it would start from the geng [庚] day, which falls three days before or four days after the so-called "White dew" period [白露].

Some of the elements of Duchangyuan re-animated by Chen Demei are found in Sima Qian's [司马迁] Shiji [史记]❶, but the Duchangyuan performed today by Taoist masters is more related to a mythical story than an ancient play. While reading the Duchangyuan story, you must first visualise it as a physical performance recounted by a storyteller, accompanied with tap-dancing, frowning eyebrows and a speeding up or slowing down of the tale according to the action. There must still be in existence, in the remotest parts of this province or the Jiangxi province, a few troubadours who know this story and still know the songs. The Taoists themselves have turned it into a fable of the Nuo Exorcist tradition. Nietzsche regarded tragedy as the highest form of art to come out Ancient Greece and saw in it the expression of Greek genius. We could say the same about the Taoist ritual in general and the Duchangyuan in particular. It is the great ex-machina theatre of ancient China: its dances and its legends; its myths and its fables.

---

❶ Edouard Chavannes translated and commented on the first 52 chapters under the title *Les mémoires historiques* de Se-ma Ts'ien, six vol., Ernest Leroux, 1895 – 1905, reprinted by Adrien Maisonneuve, Paris, 1967 – 69. Jacques Pimpaneau completed his work by translating a number of biographies: *Sima Qian, Mémoires historiques, Vies de Chinois illustres*, Editions Philippe Picquier, 2002, then by Sima Qian, Vies de Chinois illustres, You Feng editions, 2009. It features the first French translation of Han Xin's story, p. 417 to 437. You may also refer to Burston Watson's translation, Records *of the Grand Historian of China, translated from the Shih Chi of Ssu-ma Ch'ien*, 2 vol. New York and London, Columbia University Press, 1961. Under the Yuan and Ming dynasties, Han Xin's exploits have also inspired playwrights and novelists. Furthermore, opera enthusiasts can listen to Xiao He Chases Han Xin under the Moon [Xiao He yuexia zhui Han Xin 萧何月下追韩信] with Zhou Xinfang 周信芳 (Xiao He), Liu Shaochun 刘少春 (Han Xin) et Zhu Chunlin 朱春霖 (Liu Bang) playing the three leading parts. According to a general public book similar to Reader's Digest, Han Xin is among the 100 most famous characters in Chinese history, from the Huangdi (2600 years BC) to Hu Shi (1891 – 1962), (Zhongguo mingren [中国名人] 2004, 66 – 67).

The first two days are dedicated to the rituals of invitation and purification that are part of the common liturgy of jiao. Each time, you must prepare a sacred area, prepare the lustral water and write the letters and memoirs that will be carried to the different Celestial spheres. But from the third day, once all the celestial authorities are present and the sacred area has been cleansed of its impurities, the drama of Han Xin can finally start. It does not take place on a separate theatre stage, but is totally integrated into the rituals. Here, time and place are the ruling factors. The rituals take place both on the altar and in the sacred area of more than 1 000 square metres that is prepared especially for this occasion. The audience is free to come and go on this gigantic stage, depending on what is happening, and participate in the action, as did the audience of the Passion of Christ in the Middle Ages.

Taoist masters also enact the ritual of the re-attaching of the head by the two phoenixes and the apotheosis of Han Xin. They invite the Ten Furies Chang〔十大都猖〕to capture the demon and decapitate it. The Chang also carry out the sacrifices of the pig, the goat and the ox in honour of Han Xin. The Chang belong to the family of 'seizing' spirits〔zhuzhe 著者 or zhizhe 执者〕.

Han Xin, peacemaker of the Empire's non-Chinese regions, has locked up the ancient aboriginal kings〔十大蛮王〕whose task was to guard the border and patrol the mountain, in the cave of the black clouds〔Wuyun dong 乌云洞〕. They turned into the Ten Furies Chang and were made to serve Han Xin against their will. In the afterlife they became his militia. The Celestial Master then uses their hunger for vengeance as a means to defeat the demon that lives inside the emperor.

The Chang Furies form therefore the central core of the drama of Han Xin's vengeance. Each one has a story and comes to relate it to the Taoist master who has set up his altar on the Tea and Iron Mountain. He teaches them the mudra and passes on to them his magical powers as well as the liturgical instruments of the celestial master of Longhushuan❶.

The term Duchangyuan, that I could not translate for a long time, is composed of yuan 愿］'wish' and duchang ［都猖］'all the Chang'. The full title: Huan duchang da nuoyuan ［还都猖大傩愿］ therefore means: 'Making a wish during the Nuo ceremony of the Chang'. Duchangyuan belongs to local Taoist tradition and the Nuo theatre. For that matter, we find Han Xin featuring amongst Celestial marshals in the Nuo temples of Jiangxi province. In Hunan, he has become the great divinity of the fashi and he is present on their Altars. Ma Shaoqiao, a Hunanese and literary man, recollects in an article in the journal The songs of the country of Chu ［楚风］ how Ma Fa Qinggong ［马法清公］, apparently the fashi of his family, would carry Han Xin's sculpted head in his hands all the way to the sacred area where the ceremonies were held. At the same time, he would put the other divinities and his liturgical tools in his basket. This was the only time he would make Han Xin come down from his Altar. Ma Shaoqiao also gives a slightly different version of the tragedy that happened right at the beginning of the Han dynasty: after having him beheaded, he writes, Han Gaozu had his head exposed on a pole at the South Door of the city. Shortly afterwards, however, his ears became wings and started flying towards the Imperial Palace where he hung himself, howling, to the ridge tile beam for three days and three nights. The Emperor Han Gaozu, to calm the turbulence of his victim, let him rule the empire in his place for one month each year and gave him the title of King Han, Son of Heaven ［韩王天子］. At the end of Autumn, in the season that is called zhantian ［沾天］, the peasants know that Han Xin is on the throne when the air is humid, it starts to drizzle and there is fog. According

---

❶ Mudra is a Sanskrit term that refers to secret finger signs to capture the conjured divinity by featuring one of its attributes (trident, sword, lion...) or representing an action that demonstrates his power. Through these sacred gestures, the officer seals an 'agreement' with the divinity. Samaya, 'agreement' (literal meaning) also refers to this designation agreed between the offier and the divinity, that he considers the demonstration under its symbolic form ［sanmeixing 三昧形］. Mudras are accompanied by divine invocations ［shenzhou 神咒］, a term that appears in Chinese language Buddhist texts from the 3rd century as an equivalent to mantra and dharani. Some of these incantations are written in an understandable Sanskrit and the first translators often managed to convey the meaning, but from the 5th century on, on the account of preserving their original 'purity', their successors strove hard to transcribe them syllable by syllable through the phonetic sound of characters, making them purely unintelligible to non-initiated people (see Duquenne, 430 – 431).

to Ma Shaoqiao, Han Xin replaced the local god tanshen［坛神］, whose name was tanwang tianzi［坛王天子］. Sacrifices made in his honour would normally be, he says, a reenactement of his decapitation. This explanation probably has little foundation, but a depiction of him shows that the sacrifice carried out in his village was carried out the same way in Yangqi, Chen Demei's village. 'A ring in the ox's nose is attached to the end of a flexible bamboo pole firmly planted in the ground. When the ox's head is sliced off with a sword, the pole slackens and the head immediately rises to the heavens, leaving a long streak of blood in its path' ❶ .

The sacrificial problem is a real mystery, indeed a headache for Taoism specialists. Taoists, in fact, since the foundation of the body of Celestial Masters, as Kristofer Schipper rightly explains, have fiercely opposed sacrifices of blood. That which takes place in Hunan therefore disturbs our beliefs and contradicts the fundamental truths of Taoist theology. How can one interpret this anomaly and this atypical action? One explanation we can offer is that this sacrifice is part of the yuanhuang liturgy, which has kept shamanistic and blood traditions alongside zhengyi Taoism. On the other hand, we know that Taoist masters became, from the Tang dynasty and mostly under the Song dynasty, the guardians of local cults and, in this respect, had to take over the sacrificial rituals of the people's religion. Kenneth Dean sees in it a sign of tolerance. They were able to adapt to the realities without having to renounce Taoism's founding principles. 'Taoism, he writes, does not impose its dogma' ❷ . We also know that Taoists from the court who lived alongside the emperor and conducted rituals also took part in the great imperial sacrifices of the Temple of Heaven in Beijing. In this sense, Anna Seidel's statement: 'What Taoists condemn often resembles what they do' seems perfectly right. Heresy and orthodoxy are not as diametrically opposed as one might think. One can also mention that, as in all religions, there are always old beliefs ready to resurface. Has not Christianity itself, though continuously opposed to blood sacrifices and pagan gods since Constantine, repeat-

---

❶　马少侨 Ma Shaoqiao 1989, 101.
❷　Dean 1993, 13.

edly returned to paganism. Taoists continue to condemn licentious cults [yinsi 淫祀], raw meat offerings and possession cults, but they take part in them depending on the context and the circumstances. We also need to remember that, from the viewpoint of those who practise sacrifices, 'to sacrifice is not to kill'.

Here, we could return to Anna Seidel's argument which brilliantly shows that at the end of the Han dynasty, the Taoists appropriated the emperor's lost mandate from Heaven [天命] and offered a social and political alternative to Confucianism. The Celestial Master becomes the guarantor of values from the past and through ritual (jiao), Taoists maintain great peace [taiping 太平] and communication with Heaven [tianren he yi 天人合一]. 'The decline of the Han dynasty and the establishment of Taoism in Sichuan', writes Anna Seidel, 'are two consecutive events which we know are linked. As R. A. Stein has shown very well, we can interpret the establishment of the Celestial Master's Taoism as the re-creation, spiritually, of cosmic unity lost by the Han emperors. After the failure of the Han administration, Celestial Master and his priests are perceived as the spiritual administrators of the Chinese people. Moreover, Taoists in the centuries that followed, considered their charisma and their position in the same terms that have defined the emperor's religious authority, as 'those who have received their investitures from Heaven'❶. Under the two great Chinese dynasties, Tang and Song, Taoists were the guarantors of imperial legitimacy and virtue, and they have permanently marked Chinese history, despite setbacks and rivalry from Buddhists and Confucians. Even today, when Taoist masters officiate in their voluminous, square, brocaded robes with dragon effigies, they ostentatiously confirm that they are the true agents of the Heavenly mandate. In Yangqi, the sacrifice of the buffalo, formerly the emperor's domain, this can also be seen as one of the many imperial prerogatives assumed by the Taoists.

Duchangyuan ceremonies also remind us of the process of establishing chiefdoms, superbly reconstituted by Marcel Granet in his Dances and legends in

---

❶ Seidel 1989 – 90, 223 – 347.

Ancient China❶. With the Duchangyuan we also enter a mythical time. Marcel Granet writes that Yu the Great, founder of the Xia dynasty, brought together the vassals in the Guiji campaign after gaining power and establishing peace in the empire. Fangfeng was late so Yu killed him. Two dragons came to him from Heaven. He harnessed them and sent one of his ministers, Fan Chengguang to explore the country's boundaries (other versions say that Yu himself got into the chariot). On the way, they were attacked by two of Fangfeng's vassals, who wanted to avenge their lord. The elements suddenly flew into a rage and the two dragons flew off. Fangfeng's vassals, frightened, pierced their hearts with their swords. Yu the Great, out of pity, pulled out the swords and healed them.

We can find in this story, themes such as, the conquest of power, assassination, revenge, the role of mythological animals, healing, repair and divine death. However, the difference between these two myths is the inverse relationship between the conqueror and the conquered. Whereas Yu the Great gained prestige from killing a vassal, Han Gaozu only remains in Chinese history as an upstart. Granet, in a short, succinct phrase, describes him as 'an ambitious person who emerged from the masses'. In many mythological fights, the minister is a copy of the monarch himself, but also his rival.

Han Xin was canonised, as was his counterpart Fangfeng who was described as a monster with the ears of an ox. Similarly, with Han Xin, Fangfeng, from being a local hero, became a god. In Guiji, Fangfeng, having become the God of Wind, has a place of worship, even though the mountain, overall, becomes the centre of worship of Yu the Great. Conqueror and conquered are celebrated side-by-side. In Pingxiang, one of Jiangxu province's centres for Nuo, we also find the masks of Liu Bang and Han Xin next to each other. Marcel Granet adds that it was customary to pay tribute to Fangfeng with an ancient dance, during which three performers, their hair awry, would go into a trance, while one would blow into a three-foot-long-piece of bamboo; the noise imitating the howling of the wind. Fangfeng's effigies, made of clay and wood, resemble a

---

❶ Granet and Matthieu, 1994. We may indeed compare Han Xin's assassination with Guiji's famous congregation.

dragon with the ears of an ox, with joining eyebrows over one single eye. Gods of Wind are often either portrayed like this or bearing the features of a bull.

Granet goes on to interpret this dance as a commemoration of a combat between Fangfeng and Yu the Great, and that it is associated with thunder. The fight between wind and thunder is the epilogue-taken from the mythical country of the Guiji community. Fangfeng appears to have been executed after a ritual combat or a dance contest. Part of Yu's prestige arises from this dramatic battle.

Taoists from Hunan play what Granet calls 'a ritual drama'. Han Xin's myth did not just happen, it is part of a much older process. The sacrifice of the herald, the minister, the rival, all point to the arrival of a monarch and the foundation of a kingdom. Between Yu, who becomes venerated as one of the great Taoist ancestors, and Han Gaozu, who is reviled by posterity, there is the same inverted symmetry as the one between Fangfeng the rebel and Han Xin the false traitor and the false conqueror. Their deaths, however, elevate both to divinity. Comparing the drama of Han Xin and Yu is particularly valuable because the Duchangyuan appears to come directly from the 'Dances and legends of ancient China'. It is thus another mythical story employed by Marcel Granet in an endeavour to reconstitute the system of beliefs in ancient times. The hero who dies and then rises from the dead is a universal religious theme that, depending on the context, accompanies the renewal of nature and the cycles of the seasons. It can also be construed as having a redemptive purpose associated with the forces of good and evil. It is more under this exorcist angle that the Taoists staged the Drama of Han Xin.

In the army of ghosts and spirits led by Han Xin, there is also a small, raw meat-eating demon who is the principal cause of the emperor's illness. In the Song dynasty exorcist rituals taught in the orthodox way from the 'Inner Heaven' (Tianxin zhengfa), we also find the theme of the capturing and killing of a demon. This is very closely associated with shamanistic practices. In Pingxiang, there is also a Nuo drama called 'The capture of the demon' ［捉小鬼］ that is enacted by masked actors. The same scene is found in the ritual of altar purification ［敕坛］ where Master Chen Yung-sheng chases a little devil in a tiger skin with his sword, during the process of it stealing the temple's incense burner[1]. The fight ends with the demon being converted into the God of the Earth and the Guardian of the Altar. Kristofer Schipper likens the story to that of the pacified tiger that was mounted by Zhang Daoling. He specifies, though, that he was wearing a greenish mask with boars' horns and fangs. This brings to mind Chiyou [蚩尤], the leader of the aboriginal tribes of Antiquity. These tribes had been crushed by Huangdi [皇帝], the Yellow Emperor, the so-called founder of the Chinese nation around 5 000 years ago.

The killing of the demon is seen by the whole community as a way of driving out evil forces and establishing peace in the land. It is, for the ordinary man, the culminating point in the drama. Indeed, Taoists masters, through this jiao, repair the injustice of which Han Xin was a victim and re-establish the natural order of things that have been upset.

In addition to this conciliatory role that is specific to drama in general, Duchangyuan ceremonies also have a role in the fulfilment of wishes. As far as this ceremony goes, a certain Mister Chen Hui contributed the most, financially, to its organisation. All this with the purpose of making a wish come to fruition. This evokes the aurobolium sacrifice-one of the initiatory rites of the Ancient Greek religion of the gospels. It is a very expensive ritual to spread the blood of a golden-horned bull on the ground and on oneself, but this would guarantee the fulfilment of one's wishes for the next twenty years. Chinese religion, similarly with Greek religion, is dedicated to the fulfilment of wishes. Gods are there to grant wishes.

There is another way of interpreting ritual drama. According to Mister Su Hai [粟海], an aged scholar who was maltreated during the Cultural Revolution, it is a hidden form of political criticism. After his accession to the throne, Su Hai explains, the Emperor Han Gaozu distributed fiefs to his most valiant brothers in arms, amongst whom were Han Xin, Wu Rui [吴芮] and Mei Juan [梅鋗]. The latter strongly disapproved of the assassination of Han Xin and seceded. His descendants continued indirectly to fight against the emperor,

[1] Schipper 2008, 305 – 327.

using in particular, Nuo theatre. The Taoists later took over Mei Juan's satire. This probably started under the Han, when Mei Juan was King of Changsha. In Nuo, a character with feline features called Maogong〔猫公〕or Sha Maogong〔杀猫公〕is the demon of the Taoist Duchangyuan. He is sometimes also called the Duke of Pei〔沛公〕, who is no other than Liu Bang, who was from Peixian〔沛县〕in Shanxi province. The demon would therefore actually be the emperor, and the Taoists would stage his killing. Furthermore, the Taoists added, without any ambiguity, the character 'King'〔王〕on the cat's forehead. As for the Furies, the officers and soldiers from Meishan〔Chang bing Chang jiang 猖兵猖将〕enact a role to honour Han Xin and commemorate his combats, as in Nuo. Duchangyuan, similarly, is therefore a dissident work-a satirical form of theatre.

This interpretation is linked to a literary tradition where everything is seen as the result of History. It underlines, however, that even in sacred theatre there can be a strong political dimension. This corroborates Kristofer Schipper's idea of the 'Double State', with the Emperor on one side and the common people and their celebrations on the other. The celebrations of the people, in their various forms, can be used as a medium to disseminate ideas. Myths, as Dumézil writes, 'do not have a meaning if they do not have a direct influence on the lives of the men who relate them. Even though myths eventually take their proper place in literature, they are not fictitious, dramatical or lyrical inventions, with no social or political basis and no bearing on traditions, law and customs. Their role is, on the contrary, to justify these-to express through images the great ideas that organise and support all of these'❶ . In this respect, Duchangyuan is a unique piece of work where history and mythology come together. Indeed, Han Xin is an extraordinary strategist and features among the hundred most famous figures of Chinese history. However, he also has another face, the one of a hero with a tragic fate, as in Greek drama. The Taoists have incorporated him into their cosmology and their pantheon and they made of this king without a crown an emblematic figure that looks like them and is used as a

---

❶ Dumézil 1968, 10.

spokesman. This 'anti-emperor' is an image of themselves. The Duchangyuan of the Xinhua District is in fact the 'fable' of this region, in the sense of the fable of Christ or the fables of Ancient Greece. Elsewhere, in Pingxiang [萍乡], in the Province of Jiangxi, the fable of the Generals Tang, [唐] Ge [葛], Zhou [周] is enacted. However, in the neighbouring Wanzai District [万载], General Ouyang Jinjia [欧阳金甲大将军] is the great local holy figure. He visits all the villages escorted by twenty-four masked attendants. In the city of Wenzhou [温州], the fable of its founder, Wen Qiong [温琼], is enacted. He is one of the four great celestial marshals of the Taoist pantheon. In Jingzhou [荆州], in Anhui province, John Lagerwey's description of the great festival organised in honour of Zhang Xun [张巡] and Xu Yuan [许远] who died in the battle of Suiyang [睢阳], resembles in many aspects Han Xin's Revenge and also resembles a fable❶. We could also cite Mazu [妈祖], the Goddess of the Sea or Baosheng Dadi [保生大帝], the doctor who became the Heavenly Emperor of Fujian province. Each locality has its fables. Some are still alive and let us see the important role played by the local cults. The tremendous celebrations organised in honour of the gods are opportunities to discover, from one region to another, the diversity of the culture that remains in spite of the numerous bannings that have been enforced since 1949.

Each of these Fables implicitly expresses the philosophy and the vision of the world that characterise Taoism. The Duchangyuan is an example of the way in which Taoists try to win the favour of the court by coming to Han Gaozu's rescue and, at the same time, free themselves from it by condemning the behaviour of the emperor. We are here at the heart of the confrontation between the representatives of the unofficial China and the authority to which they are subjected. The intervention in the form of a demon, who is the third character in this story, and who is Han Xin's ally and antidote at the end of the tragedy, makes up the demonological and therapeutic background specific to Taoism and its fight against evil forces. In Indonesia, Clifford Geertz depicts the mythological fights between

---

❶ Lagerwey 2010.

Rangda and Barong as the most powerful expression of Balinese aspirations and fears❶.

The Wuchang

Not long after attending the Duchangyuan, I found a very old statue of a Chang riding a tiger in Hunan.

I did not think that there could be statues of these famous figures ever-present in the folklore of the people. The ten Chang who capture the demon are modelled on the Wuchang in South China. Several of these statues still exist.

The story goes that a lumberjack married a woman who was actually a tigress. Together, they had five sons. The tigress terrorised the neighbourhood and would regularly devour a few inhabitants. Local officials offered a large reward to the person who captured her. One of the sons, who was very familiar with his mother's movements, killed her at the scene of one of her crimes. As a result of this, he and his brothers were canonised. Since this time, they are represented as riding tigers.

The Wuchang cult is omnipresent in Southern China. The cult was recently examined in a brilliant thesis by Qitao Guo❷. The thesis, of course, does not take into account the role of the Wuchang in the Taoist tradition of Hunan. According to the author, the Wuchang cult comes from the Nuo theatre. They represent the Officials of the Five Departments of the Infernal Administration [wufang guishi 五方鬼使] in Song exorcist drama. They are accompanied by Zhong Kui, the God of Earth, the God of Doors and the Judges of Hell. They are associated with the tales of Mulian, who saves his mother from hell, a famous theatrical saga with a strong Buddhist content. They have a place in the register of Imperial Cults and have an important role in the new liturgy known as the Five Thunders [wuleifa 五雷法]. Under the Ming, they were dominant figures in the Jiangnan region and were depicted as being under the orders of Marshal Zhao Gongming [赵公明]. They can also be recruited in the

---

❶ See Geertz 1973, 116.
❷ Qitao Guo 2003.

058

Five Emperors's army or in the army of the City God. Their role in the army is that of Officials of the Infernal World. They could even serve various local gods to help fight floods or epidemics.

The Myth of Zhang Wulang

In Hunan, the Chang are in the service of Zhang Wulang［张五郎］, another enigmatic and comical figure known for his wide-ranging supernatural powers. Zhang Wulang, who belongs to the yuanhuang pantheon is systematically placed under the fashi altar. Similarly to the Wuchang, he also receives his offerings on the ground. They belong to the same world. However, under the fashi's 'Altar of Thunder'［雷坛］there is often, in a tub of earth, the flags that represent the Celestial armies of the Five Battalions［五营］, that belong to the troops and knights of the［五猖兵马］Wuchang.

The Five Battalions are, in the pantheon of the Infernal World, the equivalent of the armies that were stationed outside the palace and numbered thousands of knights. The Taoists, we can see again, have included a number of elements from imperial bureaucracy and military organisation into their liturgy.

Zhang Wulang therefore commands the Wuchang and the armies of the Five Battalions. He is portrayed upside down with a knife in one hand and a rooster that he is about to sacrifice, in the other. This is in honour of his Chang soldiers who enjoy fresh blood. A bowl is placed on his left foot. On his right foot there is an incense-burner❶.

He is thought to have been an excellent hunter. However, one day when he finds himself facing a tiger, he moves back and falls from a cliff top. In his fall, his foot gets caught on the root of a tree. That is why, according to popular belief, he is portrayed upside down. He became the Patron Saint of Aboriginal Hunters. Those who go hunting must prepare offerings for him and pray.

During the enactment of the Duchangyuan, Chen Demei and his troupe dance and sing the tales of several great aboriginal heroes from the yuanhuang

---

❶ Its name varies depending on the regions: Fan tian dao di zushi 翻天倒地祖师, Fanshan dao miao shenjun 翻山倒庙神君, Fantan daogua 翻坛倒挂, Fantan daoli 翻坛倒立, Fantan daozu 翻坛倒祖, Fantan damiao 翻坛打庙, Fantan zushi 翻坛祖师.

pantheon-notably Zhang Wulang's story. This magnificent show staging Taoists in scarlet outfits blowing into buffalo horns and dancing in a sacred space while miming combats, two-by-two, is, for me, one of the film's most extraordinary sequences. I am the first to witness this through my camera lens. I am indeed in the process of recording a mythology together with its ritualistic way of staging. By incredible chance, I also managed to obtain a fifteen-minute sequence shot that I will edit as is in the Chinese version of The Revenge of Han Xin. Unfortunately, Jean Rouch, the master of this type of cinematic exploit, will not be there to see it.

While leading his troops to the altar, Chen Demei invites Zhang Wulang to come down.

Sound the horns three times,

On the third attempt the sound should reach the doors of Heaven.

Which god are you calling, calls a voice from elsewhere.

I am calling the one who is upside down and walks on his hands: Zhang Wulang.

O Master Ancestor, Master Initiator, come down from the throne.

At the age of twelve, you went to learn the arts of Tao

At the age of thirty-six, you returned home.

On the way, passing by Longhushan,

You found an ideal place to rest

And you spent the night at the foot of the east side of the mountain

Where you can see a bright light above the Emei.

This is a really excellent place, you said

And decided to set up your Altar there.

In the mountain, there is a camphor tree,

When you blow your horn, its leaves turn yellow.

With your bucket and your yoke, you look for water

To purify the Altar.

In each sacred area, you are present.

For you, precious incense is burnt.

I, who do not fear any god, not even the God of Earth,

I do not fear your coming down from the throne.

On your left foot, there is a bowl of water,

On your right foot, there is an incense-burner,

In your left hand you hold a dagger, light and sharp,

In your right hand you are clenching a rooster for the Five Chang sacrifice.

The Jade Emperor has sanctified you and has written your name on red paper,

While giving you the task of being below the thrones and decapitating demons.

Tonight, we sincerely invite you.

Our deepest wish is to see you come down to us.

I later discovered a very similar text to the one sung by the Taoists, written in a document for the consecration of a statue of Zhang Wulang. We have the mythology and the ceremony. We now have the work of art. The conjunction of these three elements is an ethnologist's dream. Jean Rouch, in his film on the Dogons, magnificently reunites masks, myths and dance. Claude Lévi-Strauss also combined masks with the story of their supernatural origins and the rites in which they were involved[1]. Taoist rituals have preserved, in a unique way, memories from the past. Kristofer Schipper, besides, defines Taoism as a written tradition where local events are recorded. The mythology of Zhang Wulang and the way in which it became a ballad that was played and sung, is a good example. It is present in the books of secret incantations〔zhouyu 咒语〕of the Taoist masters.

We find more-or-less, a similar incantation style in this consecration text, however the mountain in this text is called Emao Shan〔鹅毛山〕instead of Longhushan. We wonder, indeed, how, in Chen Demei's sung version, we can see a light on Mount Emei〔峨眉〕in Sichuan, when we actually are in Longhushan in Jiangxi province, a thousand kilometers from there. Emaoshan, however, is a moutain in Hunan province, in today's Dongkou District〔洞口县〕, and it is tempting to use this version as is and to believe that Zhang Wulang

---

[1]　Lévi-Strauss 1975.

might have been there for his training. The crowd of people behind him are his troops of soldiers and knights from the five empires.

Zhang Wulang was thought to be born on the 9th day of the 9th month of a bingzi year, unless it was in the yuanhe ［元和］ era of the Emperor Xianzong ［宪宗］, which was at the beginning of the 9th century. Different versions disagree on the age at which he started his initiation – 7 or 12 years old, as well as the age at which he completed it and returned home – 15 or 36 years old. The texts that mention his passing through Longhushan and deciding to set up his Altar on this mountain, suggest that he received the teachings from the Celestial Master and was probably ordained in this sacred place for Taoism. One sees him again in Nuo drama enacted by Taoists where he embodies the 'elder' of the place, that is, the one who 'opened the mountain' ［Kaishan wulang 开山五郎］.

Documents on the consecration of statues, that researchers up to now have not thought of using, have turned out to be, once again, very valuable ethnographic documentary sources.

What the texts do not say, is that Zhang Wulang is a loser. He incessantly pits himself against masters who are stronger than him and each time ends up losing gracefully. The first time occurs when he wants to study the arts of Tao ［学法］ with Laozi: he is told that he should start by challenging his teacher. This, in fact, turns out to be a misunderstanding. Instead of xuefa ［学法］, 'to study', young Zhang Wulang understands doufa ［斗法］, 'to fight'. Laozi finds him quite arrogant. 'You must be very strong,' he says, 'to want to pit yourself against me!' In one version, it is said that he takes him home, in another version it is said that he sends his daughter to him-an exceptionally gifted girl called Jiji ［急急］. His first test is to plant, within three days, one measure-sometimes called 'three measures and three decilitres' ［sandou sansheng 三斗三升］-of sesame seeds in the mountain. Nothing would be easier, he thinks. He returns the following day, saying that he has completed his task. But Laozi lets him know that he was mistaken and that it was not in the mountain that he was supposed to plant these seeds. All he needs to do is to get them back. Zhang Wulang feels rather incapable of doing that. The young Jiji, who seems to like him, fortunately comes to his assistance. She gives him something to eat and tells him not to worry. After the meal, Jiji calls in the birds of the mountain and asks them to bring back all the sesame seeds. In next to no time, the seeds are there, but, unfortunately, three handfuls are missing. She asks the birds which one ate the seeds, knowing very well whose wrongdoing it is: a rooster's. As the rooster does not own up, she takes out her stick and hits it. This is actually why roosters and chickens are condemned to fly at ground level. Laozi notices that three handfuls are missing; but Jiji, who always has a ready reply, answers 'when you carry something from the East, there is always some missing when you reach the West'. Laozi decides to wipe the slate clean. The following day, he sends Zhang Wulang to cut down some trees, but to do this, hands him a wooden axe. Once again, he is at a loss. Jiji cooks a meal and says 'eat, I will take care of this problem'. When they finish the meal, she calls in Lu Ban [鲁班], the carpenter from Heaven, and asks him to cut the trees. This, he hastens to do. When Zhang Wulang comes back, Laozi knows very well that it is not him who cut the trees, but congratulates him nonetheless. You are very strong, he tells him. You do not need to stay here to study with me, you can go home. Zhang Wulang leaves. He has lost his parents at the age of three and has only an uncle left. When he arrives home, his uncle asks him to show what he learned from the great master Taishang Laojun. Zhang Wulang cuts his head off, puts it on the ground and with a somersault falls straight on it and stands up. The uncle asks him: 'Can you do that faster' Zhang Wulang does it again ten times, but the tenth time, he misses and his heads stays glued between his legs.

The person who tells this story is a Taoist from Yangyuan Village. He adds that the red headband that the fashi wear during their rituals is the cloth bag from Jiji's period. One day when Taishang Laojun was about to throw a knife at Zhang Wulan's head, she pressed the cloth that was between her legs on his forehead[1].

To understand this myth, one must, as Claude Lévi-Strauss has taught us, compare different versions and relate them with others of the same kind, as

---

[1] This version was collected by Mark Meulenbeld.

myths interact with each other.

In other stories, Zhang Wulang is challenged with different tests. One day, Taishang Laojun gives him a bill hook to cut wood for heating. When he returns, he is unable to light the fire. To calm him, Jiji cooks him a meal and tells him that she will light the fire. While he eats, she writes down the secret name of the Five Thunders〔五雷讳〕and the fire lights instantaneously.

Taishang Laojin, as we can see, does everything to eliminate Zhang Wulang who takes too much interest in his daughter, but it is she who has an infatuation with him. In every story, she comes to his aid. When Laojun asks him to go to the mountain to cut bamboo, she takes care to give him boots. Taishang Laojun, in fact, can transform bamboo into snakes and is about to get rid of his troublesome follower this way. Fortunately, thanks to his boots, Zhang Wulang steps on the snakes and they immediately change back into bamboo. When Taishang Laojun sees him come back alive, he tells him: 'You really are very strong; with such talents, you do not need to stay here any longer, you can go home. ' Before he leaves, they have a last meal together. The old master prepares another dirty trick but Jiji, once again, outsmarts him. She grabs Zhang Wulang's bowl of rice and throws it to the dog under the table. Taishang Laojun, in fact, has put a powerful aphrodisiac in the rice hoping that Zhang Wulang would jump on his daughter in a beastly manner. This would give the teacher a pretext to kill Zhang Wulang. Meanwhile, the dog eats the rice. This is why, when dogs copulate, they cannot break away. When they part, Taishang Laojun gives Zhang Wulang a little money and a sunshade. With so little money, he knows that he will not be able to go very far and wonders if there is not something extra in the sunshade. After a few steps, he opens it and O surprise! Jiji is hiding inside it. You should not have opened it so early, she reproaches him. Now Taishang Laojun knows that she was about to leave with him. He sends seven flying daggers towards Zhang Wulang, but Jiji grabs a rooster, cuts its head off and daubs the daggers with its blood. Taishang Laojun at first thinks that Zhang Wulang is dead, but very quickly recognises the smell of chicken blood. He takes out two other daggers and throws them again. This time, Zhang Wulang's head is cut off. Jiji picks it up and puts it back on, but back-to-front.

Some versions say that Zhang Wulang married Jiji and that he is therefore Laozi's son. If his head is below, it is because he competed against an immortal Taoist [shenxian 神仙] who immobilised him in this position. It also could be Jiji herself who, using a qi trick learned from her father, punished him for not listening to reason.

Nevertheless, he is always overtaken by events and has endless blunders. His naivety makes him a comic character. However, that does not stop him from being a great magician.

One has linked Zhang Wulang with Xu Jia [许甲], the patriarch of the 'Red Headed' [红头] fashi from Fujian province who belong to the Lüshan Order [闾山]. No one has really managed to locate a mountain of this name. Between these two legendary figures there are obvious differences in spite of the fact that they are both followers of Laozi❶ and that they are major divinities in two different fashi Orders.

New versions of Zhang Wulang's mythology are to be collected, particularly from Hunan's aboriginal populations. In the meantime, an old sculptor from the Pingxiang District, in the neighbouring Jiangxi Province, has a completely different conception of the character's identity. To him, Zhang Wulang is Zhang Daoling's fifth son. The sculptor, incidentally, has scultures of the whole family in his workshop. Each is carrying a weapon: spear, sword, trident and sabre. That the fifth son of Zhang gradually left the family picture to become the anti-hero of a new story while his brothers' pictures gradually faded, reflects quite well the division between daoshi and fashi. On the one hand, Zhang Daoling, founder of the Taoism of the Heavenly Masters, is a direct representative of the daoshi and, on the other hand, his fifth son, the family's failure, became the

---

❶ Kristofer Schipper gives different versions of Xu Jia's story, that he compiled from oral tradition as well as written sources. He analysed these in the context of the two specialist bodies that are the daoshi and the fashi. See Schipper 1986, 21–57.

patron saint of the fashi of the yuanhuang Order❶.

In addition to these numerous versions, there is a number of quite disconcerting statues of upside-down characters that, at first sight, can be mistaken for variants of Zhang Wulang, but are actually animal divinities. One of them has a cat's head with horns. Since it is common knowledge that a large number of divinities used to be animals, one can wonder if Zhang Wulang, before becoming a hominoid god, did not belong, in former times, to the monkey species who, as we know, walk on their hands. Objects, once again, turn out to be keepers of myths and traditions. Their original meanings may be lost but are nevertheless preserved in some way, in these paintings and sculptures.

In a remarkable analysis of the Wutong ［五通］ cult, Ned Davis has recently made a major contribution to the identity of these spirits that have played a dominant role in Southern China since the Tang Dynasty. With various sources and testimonials, he shows that they come from a Yao myth related to mice❷. As the Wutongs are also known under the name of Wulang ［五郎］, we may wonder whether Hunan's Zhang Wulang does not share the same origins as the Wutong wulang of Jiangxi's Yao. Based on the pattern of Ned Davis's investigation, one can most likely find within the Yao the existence of a monkey god that would have given birth to the guardian of the Taoist altars.

In support of this theory on the ape-like origin of Zhang Wulang, one might compare representations of him to tantra illustrations that picture skull-shaped libation cups. Zhang Wulang also has objects shaped like bowls on the soles of his

---

❶ According to the older sculptor from Jiangxi Master Zheng Renwei 郑人伟, Zhang Daoling's five sons each have a different coloured face that tallies with the different Easts. The first son ［yi lang 一郎］, whose duty was to catch demons, carried in his right hand a sabre ［gouguidao 勾鬼刀］ while his other hand does a mudra called taohuajie ［桃花结］, with his index and little finger raised. He is in the middle and has a yellow face. The second son, ［erlang 二郎］, who decapitates demons, has a red face. His right hand holds a sabre ［zhanguidao 斩鬼刀］ and his left hand is open and makes a gesture of exorcism. He guards the South. The third son, ［sanlang 三郎］, on the west side, carries in his left hand a sword to decapitate demons ［zhanxiejian 斩邪剑］ and his left hand thumb makes cyclic signs to identify spirits to destroy ［suan guixie 算鬼邪］. The fourth son's ［silang 四郎］ face is blue, and he stands on the east side. He brandishes a trident ［chaguiqiang 叉鬼枪］ and the blue ball that he holds in his left hand symbolises the souls hun and po that he captured. The fifth son ［wulang 五郎］ has a black face, which is the colour of the north. He holds a sword ［gangjian 钢剑］ in his right hand, and in his left hand a borer ［gangzuan 钢钻］. He has supernatural powers and he is called 'Upside-down destructor of temples' ［fantan damiao 番坛打庙］.

❷ Davis 2010.

feet. One could say that the bowls are there to receive fresh blood to feed the Chang soldiers.

Zuo Hanzhong, referring to a batch of wooden xylographical boards from the Ming dynasty found in the early 1980s in the village of Tongfang ［同方村］ in the Lianyuan District ［涟源县］, observes that, in this region which was pacified by Mei Juan ［梅鋗］ – one of Han Xin's old companions, 'the god of Meishan, which is always depicted upside-down, has, unlike humans, its hands and feet turned towards the inside' ［梅山神总是倒立着的，他的足掌也与人不同，是往后倒生的］. Some of its depictions therefore seem to have kept some of its non-human origins❶. As to Meir Shahar, who was probably the one who put an end to the questions asked for nearly half a century regarding the origin of Sun Wukong ［孙悟空］❷ by comparing the novel 'Journey to the West' ［Xiyouji 西游记］) and more ancient tales regarding the monk Huili 慧理］, founder of the Lingyin Monastery ［灵隐寺］ in Hangzhou, points out that, though he may be a monkey, Sun Wukong is a Buddhist follower ［猴行者］ (in the same way that Zhang Wulang's model is Laozi). However, since the Tang dynasty, there have been a number of stories referring to supernatural exploits of primates. One of the monkeys imitated the inhabitants of the monastery so well that its master, Vasumitra, had it ordained as a monk. Zhiyi ［知一］, as well, had a white gibbon amongst his followers and Huiyuan ［慧远］, another great Buddhist figure, was breeding a monkey that could sing. Colonies of monkeys lived in the mountains of many sacred places and were venerated. Zhang Wulang could very well have been adopted by Taoists who, as time went by, would have made him more human by reinventing his story-in the same way as these mystical anthropoids. What we do know, is that the god of the Meishan hunters-depicted walking on his hands-of whom the Taoists later depicted as a powerful destroyer of demons-who was trained by Laozi or by Zhang Daoling according to other versions-is in fact a character with several identities. He could also have been a cousin of Wuzhiqi ［巫支祁］, the monster of the Huai river,

---

❶ Zuo Hanzhong 左汉中, Luo Haibo 罗海波 2007, 89.
❷ Shahar, 193 – 224.

专题研究

067

that Poul Anderson describes as a monkey❶. Other sources might throw more light on Zhang Wulang's origins. In any case, researchers are not finished with him❷.

The Duchangyuan ceremony, in addition to its spectacular side, which, according to specialists of drama, evokes Shakespearean or Greek tragedy, demonstrates an overflowing creativity and imagination. During the days of this ceremony, the yuanshai, the Wuchang, the Ten Chang and Zhang Wulang have grown in dramatic intensity, they have acquired a new stature that one cannot see in books and that one cannot glimpse from their statues, except in the context of a ritual.

Bibliography

Andersen, P. (2001), *The Demon Chained under Turtle Mountain: The History and Mythology of the Chinese River Spirit Wuzhiqi*, Berlin: G-und H-Verlag.

Chavannes, E. (trans. and commented) (1895 – 1905, reprinted in 1967 – 1969), *Les mémoires historiques de Se-ma Ts'ien*, Paris: Ernest Leroux, reprinted by Adrien Maisonneuve, Vols. 6.

Che, P. (translator) (1999), *La voie des divins immortels*, Series Connaissance de l'orient, Gallimard.

Dars, J. (transl. from Chinese to French and commented) (1987), "Histoire de Zhang Zifang, adepte du Tao", *Contes de la Montagne sereine*, Connaissance de l'Orient, Gallimard, p. 375 – 386.

Davis, N. (Oct. 2010), "Buddhism, Daoism, and the Origin of the 'Wutong' Spirits in Tang and Song Dynasty", presentation prepared for the symposium on Buddhism and Taoism that was held at Princeton University, pp. 8 – 10.

Dean, K. (1993), *Taoist Ritual and Popular Cults of South-East Asia*,

---

❶ Andersen 2001.

❷ See Ye Mingsheng 叶明生，[共生文化圈的巫道文化形态再探讨——从张五郎信仰探讨闾山教与梅山教关系]，A Reexamination of Wu-Dao Culture Forms in a Symbiotic Culture Circle—Exploring the Relationship Between Lüshan Sect and Meishan Sect based on Zhang Wulang Faith, 宗教学研究，2005 年 4 期.

Princeton University Press, p. 13.

Dumézil, G. (1968), *Mythe et épopée*, Paris: Gallimard, Vol. 1, p. 10.

Duquenne, R., *Cahiers d'Extrême-Asie*, Vol. 14, pp. 430 – 431.

Geertz, C. (1973), "Religion as Cultural System", in *The Interpretation of Cultures*, New York: Basic Books, p. 116.

Granet, M. (1926, repulished 1959), *Danses et légendes de la Chine ancienne*, Félix Alcan, repulished by P. U. F., Vols. 2.

– Matheu, R, corrected and commented a new edition in 1994.

Lagerwey, J. (June 2010), Village Religion in Huizhou: a Preliminary Assessment (unpublished investigation report).

Lévy, A. (1978), "Histoire de l'aspiration vers le Dao de Zhang Liang", in *Inventaire analytique et critique du conte chinois en langue vulgaire*, Collège de France, Institut des Hautes etudes chinoises, part 1, Vol. 1, pp. 45 – 48.

Lévi-Strauss, C. (1975), *La voie des masques*, A. Skira.

Lombard-Jourdan, A. (2005), *Aux origines de carnaval*, Odile Jacob.

Ma Shaoqiao [马少侨] (1989), Qianqi baiguai de "Meishan" shenhua (Strange stories from Meishan) [千奇百怪的 "梅山" 神话] in Chu feng [楚风], n. 5 – 6, 101.

Pimpaneau, J. (trans.) (2002), "Sima Qian, Mémoires historiques", *Vies de Chinois illustres*, Editions Philippe Picquier.

– (trans.) (2009) Sima Qian, *Vies de Chinois illustres*, You Feng editions.

Qitao Guo (2003), "Exorcism and Money, The Symbolic World of the Five-Fury Spirits in Late imperial China", China Research Monograph 55, Institute of East Asian Studies, University of California, Berkley, Center for Chinese Studies.

Shahar, M., "The Lingyinsi Monkey Disciples and the Origins of Sun Wukong", Harvard Journal of Asiatic Studies, Vol. 52, n. 1, 199, 193 – 224.

Schipper, K. M. (2008), "Comment on crée un lieu saint local", in *La religion de la Chine*, La tradition vivante, Fayard, pp. 305 – 327.

专题研究

– (nov. 1986), "Vernacular and Classical Ritual in Taiwan", in *The Journal of Asian Studies*, XLV. 1. , pp. 21 – 57.

Seidel, A. , Strickmann, M. (ed.) (1983), "Imperial Treasures and Taoist Sacraments—Taoist Roots in the Apocrypha", in *Tantric and Taoist Studies II*, Brussels: Institut Belge des Hautes Etudes Chinoises, p. 291.

Shi Nai'an ［施耐庵］, Luo Guanzhong ［罗贯中］, Au bord de l'eau ［水浒传］, translated, introduced and commented by Dars, J. (1978), Bibliothèque de la pléiade, Gallimard.

Watson's, B. (transl.) (1961), *Records of the Grand Historian of China*, translated from the Shih Chi of Ssu-ma Ch'ien, New York and London: Columbia University Press, Vols. 2.

Ye Mingsheng ［叶明生］ (2005), A Reexamination of Wu-Dao Culture Forms in a Symbiotic Culture Circle: Exploring the Relationship Between Lüshan Sect and Meishan Sect based on Zhang Wulang Fait ［共生文化圈的巫道文化形态再探讨——从张五郎信仰探讨闾山教与梅山教关系］, (《宗教学研究》, 2005 年 4 期).

Zhongguo mingren ［中国名人］ (2004), Zhongguo shuji chubanshe ［中国书籍出版社］, pp. 66 – 67.

Zuo Hanzhong ［左汉中］, Luo Haibo ［罗海波］ (2007), Huxiang muke banhua (Wooden xylographic boards from Hunan) ［湖湘木刻版画］, Hunan meishu chubanshe ［湖南美术出版社］, p. 89.

Anna Seidel, (1989/1990), "Chronicle of Taoist Studies", in *Cahiers d'Extrême-Asie*, n. 5, pp. 223 – 347.

"模仿"与"扮演"

——汉人社会神灵信仰的模式研究

张猷猷

摘要：半个世纪以来，海外学者关于汉人社会神灵信仰模式的研究陆续出现了"官僚模式"、"个人模式"与"异端模式"，这三种模式可以基本概括汉人信仰的模式及其背后的政治权力与社会关系，笔者将这三种模式统称为"模仿模式"。本文通过对木偶文化及其演剧内容与仪式之民族志材料发现，木偶可以扮演汉人社会神灵信仰的各种神祇，亦可同时涵盖这三种信仰模式，旨在凸显信仰模式作为其行为性的一面，将僵死的文化结构指向动态的"社会生命"。

关键词：模仿模式；扮演模式；木偶文化

人类学对于宗教研究的旨趣一直是支撑学科特色的重要基石。然而，这门学科的独特性在于我们既探寻自己也研究别人，即在我与他、个体与群体之间辩证地构成人类学的一个核心。这个"他"是谁？通过宗教如何理解我们的文化与社会？信仰的力量是外在的动力或者能量的反映，还是人类的发明与投射？

总体来说，人类学、社会学与社会史等学科关于宗教信仰问题的研究比较偏向于通过信仰世界来看社会文化本身，并不在信仰逻辑的内部进行问题的阐释。而关于汉人社会神灵信仰模式之研究，人类学与社会史学界一般对其有三种类型的归纳：第一，是以武雅士（Arthur Wolf）为代表的美国人类学家们，他们在 20 世纪 60 年代通过"康奈尔计划"（Cornell Projects）对台湾进行了"实验室"式的人类学研究，其宗教人类学的研究成果认为，中国汉人社会神灵信仰存在着一种模式，即官僚模式，中国社会的神祇及其运转模式都是在模仿帝国时代的官僚系统。武雅士的研究得到了一些外国学者的追随与强调。❶ 第二种是韩明士（R. Hymes）通过

---

❶ Emily Ahern, *Chinese Ritual and Politics*, Cambridge：Cambridge University Press, 1981.

讨论宋代江西抚州道教天心派与三仙信仰所抽象出的理论模式，该模式认为，三仙之间的关系是通过师徒纽带所联系起来的，其中两个弟子是堂兄弟或是亲兄弟，他们并不是武雅士所解释的"官僚模式"，而是亲属关系与师徒关系，这是他对"个人模式"的集中阐释。第三种模式是魏乐博（Robert Weller）在一本横跨大陆与台湾的历史、信仰与政治空间话题的书中所阐释的"异端模式"，认为汉人社会神灵的权力也并不是来源于官僚系统，神祇的反常行为被一再地强调。

这三种模式具有怎样的特点？三种模式之间是如何关联的？有没有不同于这三种模式的其他模式？这些问题是本文所要阐述的主要内容。

一、木偶戏的演剧：时间与空间

川北大木偶游走与演出主要集中在川北、陕南和甘南一带，并且与这些区域的宗教信仰和民俗活动密切相关。从文化的角度来看，这块区域并没有像中国的行省制一样被机械化地割裂开来，而是有机地形成了一个整体的文化结构区域，类似于莫斯（M. Mauss，也译作毛斯）所言的"礼物"所形成的交换、道德、契约与经济的圈子。[1] 在此，笔者将重点放在大木偶戏所游走的文化区域，并对其民俗、演剧形式、象征、信仰崇拜模式给予研究与阐述。

巴斯（Kate Buss）早在 20 世纪 30 年代就曾指出，要理解中国戏剧就必须要懂得中国有关宗教信仰与鬼神崇拜的知识。中国戏剧不仅吸收了许多宗教仪式，而且它的主体、角色和象征领域都反映了儒教、道教与佛教的思想。[2] 这一情状也适用于大木偶的演剧特色。

从演剧时间上来讲，各种"老爷"、菩萨的生日，重要的人生转折或重要的宗教事件都是木偶演剧的重要时间点，演剧的时间也依据地方传统节日和庆典的重要性而持续，一般来说，都要一连几天或十几天，一年下来断断续续地从正月初开始，一直可以持续到年末。

古县志中描述人们在某个节日中的场景是"每日远近诣庙拜跪者，香烟如雾，彻夜不息"[3]。这些宗教性的节庆至今仍然是以农历为依据来推

---

[1] 马塞尔·毛斯：《社会学与人类学》，佘碧平译，上海：上海译文出版社 2004 年版，第 107—226 页。

[2] Kate Buss, *Studies in the Chinese Drama*, New York：Jonathan Cape and Harrison Smith, 1930, pp. 38 - 44.

[3] 《仪陇县志》（卷二），光绪三十三年（1907），第 44 页。

算时日的。渡边欣雄解释说："乃是因为'农历'与汉民族的农耕生活密切相关。或以为与农耕生活密切不可分的宗教性节庆，随着农历安排乃是十分自然的。"❶ 从传统的演剧方式来看，人们随着农耕时节安排演剧时间，出则为伶入则为民。每到农闲和节庆的时候，他们会临时组织到一起演出，被人们戏称为"揪皮戏"、"条纲戏"，也就是大家凑在一起商量着如何演、演什么内容、演多长的时间等。所以也没有固定的剧本可寻。直到现在，还有老人们常常拿当时的演剧开玩笑说："木脑壳戏就是'揪皮戏'、'条纲戏'，那根本就看不得，不像现在，有的戏都是乱唱，有一句话叫做'张飞杀岳飞，杀得满天飞'。"

当然，农闲的时候观众也会增加，附近的农人有了时间才能像学术概念里说的一样根据"婚姻圈"、"祭祀圈"或"市场圈"等走到一起，交换商品，男女幽会，欣赏演剧。依据节庆的特点，葛兰言（M. Granet）也曾准确地指出，古老的中国节庆是季节性质和乡村性质的。❷

仪陇县的人们从正月初一开始就开门祀神，"正月元日，家家于天未曙时开门祀神，名曰初天行。上元节前五日，沿街之灯鱼龙曼衍或狮灯相往，还如古傩者。凡衙署、祠庙及内外城铺，户开不闭，历火树银花争辉炫采，环而观者如堵，人声爆声鼓声乐声错杂不可复辨。"❸

多数情况下，戏班子会在寺庙的对面戏台，即"万年台"演出。若是没有永久性的戏台建筑，他们就在庙子前广场的空地上搭建临时的戏台子，人称"二十八曲"❹。所谓"二十八曲"就是用 28 根竹子围成一个矩形，在各连接处用绳子或是铁丝固定起来，上方用篷布盖住可以遮风挡雨。戏台子长有 2 米，宽有 3 米左右，高也有 2 米左右，在四周立上四根竹子，正前方和两侧大约有 1.6 或 1.7 米高的帷帐遮挡，演员们和乐队可以藏在帷帐的后面。木偶挂在两侧进出的"马门"位置，演员的衣服和木偶的服饰则挂在两侧伸出的竹竿子上，方便演员挂、取。

这个临时的舞台组装和拆卸都很方便、灵活，背起来就走，在遇到没有戏台或是戏台租金过高的地方，搭建这样的戏台对于他们而言是十分经

❶ 渡边欣雄：《汉族的民俗宗教：社会人类学的研究》，周星译，天津：天津人民出版社 1998 年版，第 27 页。
❷ 葛兰言：《中国古代的节庆与歌谣》，赵丙祥等译，桂林：广西师范大学出版社 2005 年版，第 151 页。
❸ 《仪陇县志》（卷二），光绪三十三年（1907），第 44 页。
❹ 即使用 28 根竹子所搭建的临时性戏台，这样的戏台子不仅方便携带，而且无须交付租金，况且当地人的看法是竹子可以辟邪。

专题研究

济的。

　　在寺庙、戏台的周围还经营着一些茶馆和店铺，在节庆的特殊的时间里，店老板们会在门面披红挂彩，招揽生意。前来赶集的人们走在街上和广场中，孩子们穿梭在人群中，杂耍班子、耍猴戏的以及各种江湖班子中也游来穿去，小商小贩们不停地叫卖着自己手中或篮子里的商品：香烛、手工制品和各种特色小吃。李家班的人就混在这些来自不同村落或集镇的人中，比如戏班子的创始人李约之的儿子——李章木的妻子、儿媳，她们也扯着嗓子向过往的行人和游客兜售货物，以期待贴补家用。

　　庙会的时节里，人数会激增，魏乐博把中国社会这种节庆氛围称之为"热闹的仪式"❶（heat and noise），仪式或演剧是高潮，广场被人流和车流堵得水泄不通，庙宇被装饰一新，以烘托这热闹的氛围。他描述了在节庆中，人们会把庙宇直接称为帝国时代的"衙门"，院落中心是古代官署人员或神像的居所。这些建筑体现了中国人的意识形态，皇帝作为道德的表率以其所居住的宫殿为中心向外扩散。❷ 在传统社会中，这样的节庆场景并不陌生，以至于县志中的形容、描写比魏乐博的文字还要生动。各种庙会上，特别是与地方民俗相结合的演剧中，演剧之前都要上演各种各样的仪式，以祭祀各种各样的神祇，这些仪式在不同时间与空间语境中具有不同的政治与文化意义。华英德（Barbara Ward）指出，至少在某些观众们的眼里，上演一场戏剧不仅仅是一个精心制作的娱乐节目，它的话外之音还含有宇宙论的象征主义，同时，演剧也是贡品，观众不仅有人还有神。❸

　　传统戏服与当下相比虽然缺少美学主义者欣赏的目光，但更具象征主义的元素。具体来说，红、白、黑不同的颜色在中国传统社会中代表着不同的道德品质与人物性格，这些颜色成为把小小的舞台和人生观、宇宙观联系起来的重要线索。红色，是中国人喜欢的颜色，代表好事、吉祥、勇敢无畏，它通常用在武将的身上，如关公；黑色，代表对帝国的忠诚、耿

---

❶ 人们参与社会活动的过程也是社会化的过程，但这一过程离不开人类感官的生产，中国人在参与宗教活动或者是节奏紧凑的社会活动时，将世界感官化了。所谓的"热"，并不是指温度、体感的感觉，而是对社会热度的指向。参见：Chau Yuet, Adam, "The Sensorial Production of the Social", in Ethnos, Vol. 73：4, 2008, pp. 485 – 504.

❷ Robert P. Weller, Resistance, Chaos and Control in China：Taiping Rebels, Taiwanese Ghosts and Tiananmen, Seattle：University of Washington Press, 1994, p. 119.

❸ Barbara Ward, "Not Merely Players：Drama, Art and Ritual in Traditional China", in Man, London：Royal Anthropological Institute of Great Britain and Ireland, 1979, p. 25.

直，张飞通常会被用这种颜色装扮；白色，则象征了人物的奸诈、阴险、诡计多端，曹操是人们比较熟悉的白色面孔的人物。颜色不仅与人们的品性相互对应，而且与方位吉凶也密切相关。

演剧讲究阴阳五行、风水吉凶，依据方位吉凶的判断，南方是吉祥的，所以庙宇的大门通常对着南方，象征阳气迎门。而舞台和演员面向着庙门，即朝向北方，北方代表着冷和阴气。神像面朝南方，那么它的左边是东面右边是西面，东边代表着吉祥、阳刚之气、生机勃勃、青龙、属阳；西边正好相反，象征着不吉、死亡、煞气、女性、白虎、属阴。所以对于庙宇来说，它的左侧要高于右侧，戏台以及神像位置的摆放可以将风水的不利转化成有利。而从演员的角度出发，他的右手显然比左手更有优势，阴阳的力量也发生了转化，所以，华英德注意到，后台的右手边是男演员的更衣室，因为它是在阳的方位上，而女演员的更衣室在左侧也即阴气的一方；兵器，如矛等，摆放在右侧，以镇淫邪。❶

涂尔干（Emile Durkheim）与莫斯也注意到了"原始社会"存在着特殊的分类学。在《原始分类》中有这样一段话，区域、季节、事物和物种的分类支配了中国人的全部生活，这种分类是家喻户晓的风水信条的原则，通过风水，它决定着建筑的朝向、村庄和房屋的建筑以及坟墓的位置。❷ 涂尔干和莫斯对于中国这个"原始社会"的分类和知识体系讲解得十分清晰，他们注意到中国传统社会中时间、空间、动物、颜色、星体以及各种自然现象之间的联系，对于空间的认识，这本书提道，"该体系依据的最基本原则之一，是在四个基本方位上的空间划分"❸，但可惜的是，他们也忽视了一点，即传统中国知识对于空间方位的划分不是四个而是五个。

通过相关研究我们发现，中国传统社会的城市中心往往是神圣与政治的中心。以上海为例，19 世纪，上海的运河与河流交错贯穿城市，房屋的布局依据的是自然弯曲的巷道。和所有的中国古代城市一样，城墙围绕着城市的中心被修建起来，县政行署即衙门，孔庙、城隍庙和其他仪式性

❶ Barbara Ward, "Not Merely Players: Drama, Art and Ritual in Traditional China", in *Man*, London: Royal Anthropological Institute of Great Britain and Ireland, 1979, p. 25.
❷ 涂尔干、莫斯：《原始分类》，汲喆译，上海：上海人民出版社，2005 年版，第76 页。
❸ 涂尔干、莫斯：《原始分类》，汲喆译，上海：上海人民出版社，2005 年版，第72 页。

专题研究

的和政府建筑物象征着权力的中心。❶ 在另一本介绍中国古代城市的著作中，作者表达了对中国古代城市空间社会化思考的努力，像商代城市犹如"网状"的类型，中心人口十分繁茂而边缘人口则相对稀少，皇室的庙宇和宫殿都建在城市的中心。所以，中国早期城市的设计和制造者的逻辑是把仪式与政治生活放在中心的位置，而不是边缘，城市的设计表明了他们依赖于宇宙结构的原则，所以当新的朝代出现时，人们通过建筑来指向从乱到治之现象的更替。最重要的是，建构的中心象征着内与外、天与地的联系，如祭坛和城墙；其次，突出强调四个主要方向，南北向和东西向的街道组成了一系列的格子，不同方位的对立在仪式过程中被一遍遍地强调着；再次，天宫的宏大宇宙和天下的微观宇宙并行不悖，而皇帝就位于中心这个恰当的位置上；最后，数字作为阴阳分类的手段包含着万事万物。❷ 所以，处于中间位置的观众占据了更加有利的风水位置。

的确，无论是中国古代城市空间和建筑的象征性安排，还是庙宇和戏台之间信仰和仪式的时空组合，中国传统社会的象征意义都是不言而喻的。在庙宇和戏台所组成的具有神圣与幻想的空间内，节庆的特殊性又给它增添了不少的人情味。华英德说道，在神面对的南方和演员面对的北方分别受到阴阳关系的相对性影响，而在其中心位置的是观众，他们像中间的国王一样，在天之下，宇宙的中心。❸ 中心的地位会随着周围地形和建筑物的变动而变动，时有时无。无论方位和五行如何变化，在他们的观念里，始终不变的是天、地、人的和谐。这种和谐的思想不仅表现在阴阳关系的转化上，同时在建筑的样式上，当地人认为，庙子和戏台其实是一回事儿，它们是极其相似的，而且都具有相当的神圣性。

木偶也具有阴阳的属性，一位仪陇当地的巫师曾经告诉笔者：

木偶戏和"皮大子"（皮影戏）是戏曲的起源，他们是两口子，木偶是丈夫，皮大子是他的老婆。唱大戏的人把木偶戏称之为"爹"，皮大子戏称之为"娘"，男的在外面唱，女的在灶子里唱——戏娘，为啥皮大子戏唱的时候要隔层布，因为她是女的。以前唱大戏的都要把木脑壳和皮大

❶ Christian Henriot, *Prostitution and Sexuality in Shanghai：A Society History，1849 – 1949*，Edinburgh：Cambridge of Press，2001，p. 204.
❷ Angela Zito，*Of Food and Brush：Grand Sacrifice as Text/Performance in Eighteenth-Century China*，Chicago and London：Chicago University Press，1997，pp. 133 – 134.
❸ Barbara Ward，"Not Merely Players：Drama，Art and Ritual in Traditional China"，in *Man*，London：Royal Anthropological Institute of Great Britain and Ireland，1979，p. 28.

子供起来保佑他们。

木偶戏在地方特殊的节庆与庙会上演出时，脸谱的颜色、方向、位置都十分讲究，演员们对周遭的文化环境都十分熟悉，这一切已成为他们的精确知识。当然这些知识不仅与实用目的有关，而且与中国传统的宇宙论有关。除了一般性的时空安排之外，一些更加特殊性的时间与状态也需要木偶戏的演剧服务，在这些场合下更能够反映木偶戏的文化位置与艺人们的生活状态。

二、特殊的演剧内容与木偶的文化位置

木偶戏班子游走于江湖之中，每当走到一个地方，在开戏之前，他们向当地的士绅或"码头大爷"表示祝福，就要表演仪式——"打加官"。或称"跳加官"。如果不这样做，当地的士绅就会收走道具或欺负演员。李家班此次来到一个陌生的地方演出，当地请戏的会首或行会会长告诉李章木，在开戏之前要举行"打加官"的仪式，当地有头有脸的人物都会到场。

晚饭过后，演出即将开始，伙计们提着仅有的两盏煤油灯走进"二十八曲"，将灯挂在前台，李章木早已站在后台，虽说不知道这已经是人生中第几场演出，但为了避免以往木偶被收走的事儿再次发生，他还是不敢怠慢，看着后台的演员们忙乱而又有序地准备着，他稍稍松了一口气，拿出烟袋点着了。会首和"码头大爷"姗姗来迟，等他们坐好之后，只听锣声一响，两个木偶分别从上马门闪出，一男一女，"男子"手持朝笏和喜条，身着天官蟒服，"女子"则身穿女儿蟒，手中只拿喜条，他们俩上台之后不唱不说，配合着仪式音乐做出各种身法，喜条分为三张：第一张是"天官赐福"；第二张是"吉祥如意"；第三张是"福禄寿喜"。每当出示一张喜条就配合着乐器的声音做出各种步法和身法。

"跳加官"的仪式结束之后，会首和"码头大爷"看得还算满意，他们也不想太为难这些过路的戏班子，只要不是对他们无理，失了他们的面子，就算过得去了，一般来说，这些地方士绅不会对他们有过多的苛求。今晚的开场仪式比较成功，李章木坐在后台抽着烟，把心放到了肚子里，他知道这些大爷们不会对今晚的演出又出其他的挑剔，可以安心在此演上几天了。

除了在公共场所演戏需要表演"跳加官"之外，当地的士绅们在摆宴席时很有可能也请戏班子来唱戏，过去叫做"酒戏"。

当地一个姓侯的老爷要在家宴请朋友，和李章木说好第二天让戏班子去他家演出，侯家在当地有权有势，因此李章木带着戏班子踏进侯家时，心里忐忑不安、七上八下。但这并没有使戏班子的人乱了手脚，他们依照前几日仪式的程序把"跳加官"重复了一遍。虽然侯家看着还算满意，但他们却不是善男信女之辈，侯老爷想故意为难这个外地班子，给他们一个下马威，以增加他在当地的威望。侯老爷想到了"关公战秦琼"，于是把管事的叫来。

李章木问："侯老爷您有啥子事情？"

侯老爷不客气地说："你们这个小戏班子会演啥子戏啊？"

李章木不敢怠慢，忙答道："侯老爷，我们啥子都会演，最拿手的是三国戏。"

侯老爷看了一眼李章木说道："哦，你们会演三国戏，那好啊，我也喜欢看三国戏，更喜欢看精忠戏。"

李章木仍然客气地点头道："这两个我们都会唱，您看先唱哪一出？"

侯老爷道："管事的，我问问你，是张飞的本事大还是岳飞的本事大啊？"

这可难住了李章木，他知道这是个不好伺候的主儿，于是更小心翼翼地说："侯老爷，这个我们不知道，我们只管唱戏。"

"好，今天你们就唱'张飞杀岳飞'。能唱吗？"侯老爷甩出狠话将了他一军。

李章木把眼睛转了一下，心想揪皮戏的功夫还是没有白练，急忙应承下来："会唱，会唱，出门在外的，啥子不会唱啊。"

一场"双飞杀"就此开始，那优美的旋律、熟记的唱词和配合的默契使侯老爷等辈大开眼界，没想到本是要为难李家班，却反让"双飞杀"一举成名，扬名乡里。大家都听说李家班不仅唱得好，而且十分机智，善于随机应变，一传十，十传百，以后来请戏的人更络绎不绝了。

在以上两种情况里，戏班子需要表演"打加官"或"跳加官"的仪式，笔者认为，这些仪式也是艺术的一部分，更是木偶戏的组成部分，他们被社会的权势阶层所控制，成为戏班子游走过程中必不可少的表演内容，而与此同时，这些仪式也一再被"文化地标准化"❶，某些神被提升

---

❶ James L. Watson, Rubie Watson, *Village life in Hong Kong*: *Politics*, *Gender*, *and Ritual in New Territories*, Hong Kong: The Chinese University Press, 2004, p. 270.

到国家权力认可的地位，同时，在传统的文化标准化过程中，权势阶层的地位也一再被这些仪式和庆典所巩固和强调着。

"跳加官"和"双飞杀"让我们看到木偶艺人表演的变通性、灵活性、适应性，戏班子可以根据演员性格特点和木偶戏的表演特征，十分灵活地在复杂的生活环境中转变，以及机敏地处理危机与意外。

李家班在此演得十分成功，开始收入挺丰厚，但随着演出时间的延长，大木偶新、奇、真的特点越来越不能得到较好的体现，它的魅力、"板眼"和陌生感随着当地人与它不断地接触、熟悉而变得日渐稀薄，后来除了几个小孩子嚷嚷着要来看之外，人们对它都见怪不怪了，它的吸引力正在逐次递减。李章木知道到该离开此地的时候了。他心里正在筹划下一个"台口"的候选地时，一个年轻人行色匆匆地跑过来，神情紧张地对李章木说："我家出事了，有人死了，请你们去一下。"

李章木急忙应承下来，带着两个打扮成神像的木偶跟年轻人来到他家，道士们比他们提前一步先赶到了，已经摆开了"道场"。在当地，有钱的人家有丧事，必会请木偶戏班热闹一阵子，俗称"打亲辞"❶，大概的意思是把亲人热热闹闹地打发去该去的地方，而田仲一成在研究中把葬礼时的演剧称为"葬戏"❷。它和之后的在特殊"忌日"举行的仪式、艺术活动以及道士、法师们的活动的都是为了超度亡者。田仲一成详细描述了丧葬中的道教礼仪，依据不同的时辰，道士们举行各种科仪项目，他强调了外坛的戏剧与内坛的科仪相提并重的特征，并且在道士们念诵的"意文"中发现，科仪的"醮文"与戏剧的"戏文"是作为同等的事物来看待的。❸

显然，田仲一成描述的是"人大戏"而非木偶戏的葬戏活动，在李章木所主持的葬戏中，遗族每祭拜一下亡者，他都要唱一段戏文，戏文非常简短、精练，诸如"今供香浮宝箓、赐福延禧、请福消灾、皈依真仙"等，这些戏文所要表达的意思是承情天宫玉帝派下仙官指引亡灵前往"仙境"。在道家学说中，这些仙境大多是在帝国版图的边缘地区，如海外的岛屿、峡谷和无人企及的山脉、洞府等，这些地方是道教心中遥远的幸福边地，

---

❶ 吴应学：《川北大木偶艺术》，重庆：重庆出版社1989年版，第59页。
❷ 田仲一成：《中国的宗族与戏剧》，钱杭、任余白译，上海：上海古籍出版社1992年版，第385页。
❸ 田仲一成：《中国的宗族与戏剧》，钱杭、任余白译，上海：上海古籍出版社1992年版，第397—398页。

即"洞天福地"。❶ 不仅这一个案例，华生（James Watson）在香港地区的田野经验表明，"醮"这种象征着重生的道教仪式与过去村落共同体之间的械斗有着密切的联系，似乎要重新扮演历史中的现实争斗，如宗教的节日再次实现了神与半神圣性的生物创造神圣历史的远古事件，他们模仿神，生活在时间的原点——神话的时间当中，那是一种"永恒的回归"❷。它们代表着地方社会的文化与理想，以文化的方式进行神圣与事件的时间追溯，无论是镇抚亡灵还是回到"起点"，都是人们使用智慧在理想与现实之间架起的可以通行的桥梁。笔者一直不解的是，在川北、陕南或华南为什么用以超度或是镇抚亡灵非用木偶戏不可？其中是否涉及人类学所关心的意义转化的旨趣？

中国人比较熟悉真假美猴王的故事，孙悟空从大闹天宫到取经成佛即是文化转化的成功案例，他从一个具有革命性和反叛性的人物转变成为一个符合稳定中国官僚体系和佛家道德要求的真神。而假的美猴王则不符合由反叛角色向正统文化转化的符号，在文化中给予了死亡的处理。

真假在此形成了一个互为关系与对反的结构，那么以此继续推理亡者的分类我们会发现：在中国传统社会里，刚死去的人不好进行文化的归类，即亡者的魂魄有可能暂时还附在身体上或是被阴间的差官带走变成厉鬼❸，这时通常会出现两种情景，一种是亡者的魂魄被带入阴曹地府交由阎王爷审判后发落；第二种是阎王觉得此人阳寿未尽，让差官在他身体还没有腐蚀之前带着魂魄速速还阳，这一类故事最典型的可能要算"游地府太宗还魂"，讲述的是唐太宗李世民被摄了魂魄到了幽冥地府，遇见磁州令、礼部侍郎崔珏，被其增了 20 年的阳寿，遂还阳。

所以，新亡之人在结构上处于非人非鬼的一个尴尬和模糊的界限。一方面，他已经魂魄出体；另一方面，他还未直接受地府管辖，需要阎王爷对其公正判决之后才能下定论——而地府也未必清正廉明，所以，道教《鬼律》专门制定了法律条文用以控制阴间的官僚主义陋习❹，所以人们

❶ 鲍吾刚：《中国人的幸福观》，严蓓雯、韩雪临译，南京：江苏人民出版社 2006 年版，第 113 页。
❷ Lehmann, Arthur and Myers, James eds., *Magic, Witchcraft, and Religion：An Anthropological Study of the Supernatural*, Mountain View：Mayfield Publishing Company, 1993, p.40.
❸ 鲍吾刚：《中国人的幸福观》，严蓓雯、韩雪临译，南京：江苏人民出版社 2006 年版，第 107 页。
❹ 韩森：《传统中国日常生活中的协商》，鲁西奇译，南京：江苏人民出版社 2009 年版，第 203 页。

要散发纸钱用于打发阴间的衙役。韩森（Valerie Hansen）教授的著作更进一步地表明：官府、百姓和神鬼之间存在错综复杂的关系，三者之间相互协商、讨价还价，在这个角力场中民间信仰体系发挥自身的智慧，以求得共生。赫兹（R. Hertz）的观点也与此十分类似，他说："在死之后，灵魂不能马上抵达阴间❶，他必须经历一个类似于缓刑的阶段。"❷

木偶本身一定和阴阳两界有着某种密切的联系，所以在传统中国的祭祀仪式中非用木偶戏不可。在川北大木偶的新、奇、真的特点中，前两个都是为了吸引观众而煞费苦心的表演特技与机关的制作，而最后一个特点"真"则表明，大木偶要做得和人一样大、一样真才行，仿真的意义指向了迷惑性、引诱性，同时有可能也是为了处理要避开人或普通人不能做的事。根据大木偶的这个特点来推断，情况就比较明朗了，木偶也正好处于非人非偶、非神非鬼、非假非真的位置上，而这个位置对于赫兹来说，它表现的特质是既模糊又难以确定、既怜悯又危险，是怜悯与恐惧混合的不均衡阶段。❸ 如果从这种亲缘性的视角来看民间的民俗与仪式，那么木偶正好与新亡之人有着类似的特点，都处于文化中的共同位置。同样，在《猞猁的故事》中，列维－施特劳斯（Lévi-Strauss）分析了北美西北海岸神话里对于雾的自然与文化逻辑。在文化的意义范畴里，雾有着与蒸汽浴、土灶所对应的三角关系；而另一方面，又与尿、胡须构成了一个自然的范畴。❹ 雾是一种将天地融为一体的独特现象。❺ 书中的印第安人如同莎士比亚的戏剧里描述的那样：具有最智慧的疯狂、光明的烟雾、寒冷的火焰、吵吵闹闹的相爱、永远觉醒的睡眠等❻，混乱而又真实。同时，这种对木偶模棱两可的态度或多或少地沾染到演员们身上，人们对待演剧人员也表达出一种含糊与复杂的语言和心态。

虽然木偶戏的戏目演出和仪式部分都可视为艺术，但为了避免一些不必要的障碍，偶尔的分离也不失为一个好选择，对观众的吸引力来说，木偶戏新、奇、真的特点会随着演出时间的递增而减弱，即"边际递减效应"，可作为对地方社会的民俗、服务、仪式来说，它可以"无限地"实

---

❶ Robert Hertz, *Death and Right Hand*, London and New York：Routledge, 2004, p. 35.

❷❸ Robert Hertz, *Death and Right Hand*, London and New York：Routledge, 2004, p. 34.

❹ 列维－施特劳斯：《猞猁的故事》，庄存燕、刘存孝译，北京：中国人民大学出版社 2006 年版，第 8—9 页。

❺ 列维－施特劳斯：《猞猁的故事》，庄存燕、刘存孝译，北京：中国人民大学出版社 2006 年版，第 10、90 页。

❻ 高宣扬：《弗洛伊德传》，北京：作家出版社 1986 年版，第 46 页。

专题研究

现其功能，其逻辑暗含着：它的内部的前后一致性和实际上无限扩展的可能性。❶

三、文化的媒介：以"锁韩林"为例

仪陇县的自然环境情况虽然也可以称得上河流交错，但或许是特殊的山地构造使得水资源得不到及时和较好保存的原因，干旱的次数与频率很多，古时人们对于天气的感慨是"十年九旱"。笔者查阅古代地方的史料和县志中，发现有证据支持当地灾情严重之实情。最近几年地方政府和文人编撰的县志中也记载了频发的灾情，从中我们可以看到最近二三十年的灾害天气以及对历史进行侧面的了解。

从清代皇帝的诏书中，可知：清康熙二十五年、三十三年、四十三年、五十年，总计4次朝廷颁布特诏免除仪陇县的钱粮。仅以康熙二十五年为例：仪陇县遵照特诏，应征地丁各项钱粮全行蠲免。❷ 雍正六年也颁布过类似的旨意但略有不同，仪陇县遵照恩诏，将庚戌年额征地丁银两悉行蠲免。❸ 之后，乾隆帝又于乾隆十年、三十五年、四十一年、四十二年、四十五年、五十五年和六十年，总计7次免除仪陇县的地丁银。此外，嘉庆帝在位25年中也曾4次蠲免仪陇的火耗银，其在第五年的诏书中曾这样说："特诏，应征本年地丁银正闰火耗银米全行蠲免。"❹ 由此看来，即使是在"康乾盛世"——大清帝国最繁盛的时候，朝廷还总计12次全免当地的钱粮或银两（不计嘉庆朝的4次），由此可知，当地的自然灾害是比较频繁的，而且对于当地而言，最有可能导致庄稼全面减产甚至绝收的是旱灾。

然近况何如？前两年地方政府编撰的县志中有更加确切的记载，其中讲到从1986年到2003年年间，当地发生各类旱情31次，其中春旱8次，夏旱9次，伏旱8次，冬旱6次。1990年12月到1991年5月，冬、春、夏连旱，全县共有2 743个农业社缺水，人数达42.4万人，占到全县人口的47.7%。全县秧田缺水25.2万亩，秧母田缺水3.7万亩，无法栽秧的社、户占40%以上。当年，水稻严重减产，小麦7 000亩和油菜8 000亩

---

❶ 列维－施特劳斯：《野性的思维》，李幼蒸译，北京：中国人民大学出版社2006年版，第237页。
❷❸《仪陇县志》（卷二），光绪三十三年（1907），第57页。
❹《仪陇县志》（卷二），光绪三十三年（1907），第58页。

绝收，玉米死苗率高达30%。❶ 1994年，县政府成立了抗旱服务队，由县水电局管辖，人员在水电局内部调剂解决。抗旱服务队以防旱、抗旱为宗旨，坚持以抗旱服务为主，积极开展综合经营，实施有偿服务。水电局为抗旱服务队配置了价值十万元的抗旱机具。至2003年，抗旱服务队先后出动人力5 000多次，启动抗旱机具300多台次，为农民挽回经济损失1 500多万元。❷

仪陇的旱灾对农作物的种植与收获造成了严重的影响，以至于现有的水利工程不足以解决这个棘手的问题，县里要特别成立抗旱队来应付此事。在过去，木偶戏班子也扮演着如同当下抗旱服务队的角色，他们游走于不同的村落，给当地人提供演剧和仪式服务。

"锁韩林"正是处理这一问题的典型案例。有一次，李家班翻山越岭赶往秦岭深处的一个叫做秦村的地方，根据他们几年前的经验，最近几日那儿将要举办庙会，李章木不想错过这个演戏的黄金时间，赶路的这几天天公不作美，烈日炎炎烧烤着秦巴大地。

李家班赶路的这几日滴雨未下，李章木看到天边的麦子已经直不起腰，农田也已经干涸得开了口子，就预感到此地已经旱了一段日子，而且到了秦村可定会有"大活儿"要办。果不出其所料，李家班刚找到一个庙子安顿下来就有人找上门来，一个会首上前向李章木说道："班主，这里已经有近一个月没有下雨了，一定是鬼王作怪，要请班主唱上七七四十九天的大戏为本村驱灾辟邪。"李章木急忙答应，遂一面安排班子成员速速搭建舞台，准备纸人，一面向会首耳语。

不久，"雨戏"❸ 开始，会首带领村民坐在台下，一些演员则在村落的街道上开始打锣敲鼓，把热闹的氛围烘托出来。李章木一副道士打扮，发髻竖起，手持拂尘，身着八卦图，另一些演员则戴着面具蹲在台上，李章木喝道："秦村连日干旱、民不聊生是何缘故？定有鬼神作怪，五猖听令，令尔等下界捉妖不得有误。""五猖"听到"教主"的吩咐之后，急忙跑下舞台敲锣打鼓在街上寻找由当地人扮演的鬼王——韩林。

据说，韩林是一个武举子，生前没能求得功名，便在三台县落了户，

❶ 仪陇县志编纂委员会：《仪陇县志》，成都：四川科学技术出版社2007年版，第106页。
❷ 仪陇县志编纂委员会：《仪陇县志》，成都：四川科学技术出版社2007年版，第400页。
❸ 川北、陕南地区用以解决旱象的方法，演剧内容多以精忠传为主，辅之以"药王成圣"、"观音得道"、"灵官得道"等。

成为当地水陆码头的舵爷。他为人仗义、爱打抱不平，因而受到当地人的敬重，他死后成为鬼王，与镇江王爷一道享受人间香火。❶ 今天的绵阳市三台县就是鬼王韩林发迹和丧身之地。据杜建华讲，她曾亲自去三台县寻找过韩林的庙宇。三台县城边有个牛头山过去称作官山，山下有一块空地，清代是一个养马的地方，当地人称为马壕，马壕的一边就有一座韩林庙，过去听说庙子里有一个韩林的塑像，香火不断，但是"文革"时期被捣毁了，1992 年笔者去找过韩林庙，发现当地人又在原址上搭建起一个小棚子，里面供着韩林的牌位，棚外面堆满了厚厚的纸灰，一些老人还遵照过去的旧俗在秋冬之交给"韩大爷"送纸衣。

按照习俗，韩林一般由当地人扮演，扮演者必须是一个运气十分不好的人，或死了老婆，或生意赔本，或赌输了钱，家财散尽，总之是运气特别背的人。这样的人也十分愿意扮韩林，因为扮演者可以在街上随意吃饭店里的食物，可以拿摊位上的东西不要钱，吃了、拿了立刻就跑店主也拿他没办法。❷ 戏班子里诸位报道人的话与杜老师的意思也基本一致，他们说，那些扮韩林的人是村落里不喜欢的人，他们讨厌这些人而又希望不要威胁到社群（community）的秩序和自己的生活，所以一旦有戏班子来唱"雨戏"，会首就会找这些人来假扮韩林，通过仪式来转化这些人的命运和社群的命运。

"道士"放出的"五猖"发现"韩林"在一个饭馆吃饭，便敲锣打鼓地来捉拿他，生怕"韩林"不知道这突如其来的"危险"，好像现在的警车开道。围观的百姓跟随着"五猖"，像是一场发动了人民群众的抓捕活动。"韩林"见状不妙赶忙起身丢下还没吃完的美食，撒腿就跑。在"人民战争"的包围中，"韩林"无处可逃，只好束手就擒，被"五猖"敲锣打鼓地押解回戏台。扮演"韩林"者在这个"剧场社会"中，与社会的其他人之间的互动关系，时而表现为他可以随意地吃喝，即过分亲昵；时而又被"五猖"追赶而显得十分疏远。

此时的戏台子俨然像是个临时的法庭，作为审判长的道士形象威仪、不苟言笑，"五猖"则个个面目狰狞，"韩林"面带畏惧之情，他们几个凑到一起真像是一场活脱脱的司法审判——阴阳庭，这表示传统艺术的威

❶ 杜建华：《巴蜀目连戏文化概论》，北京：文化艺术出版社 1993 年版，第 8 页。
❷ 杜建华口述，张猷猷整理，未出版。

慑力量的表现形式必须与神灵有关才算正确。❶

李章木早已在台上等待多时，他要将把这台仪式推向高潮。"五猖"把"韩林"押到台上之后将他捆绑在早已准备好的木板上。李氏口中念念有词儿，在"韩林"的额头上贴上降妖灵符，此时"韩林"一动不动。李章木拿出打神鞭对着"韩林"一顿抽打，制造出惊天的声响以吸引观众和神的注意，当人们已经注意到他的祈求和表演时，他顿然一声喝道："鬼王在此祸乱人间，被我法术降服，今日制服韩林，保佑秦村风调雨顺，太平安康。"接着，更加惊险的一幕发生了，李章木从袖口抽出飞刀对着"韩林"飞来，双眼被灵符盖住的"鬼王"不知发生了什么，五把飞刀分别钉在"韩林"的手臂、腰部的两侧和两腿之间，他将刀一边飞出一边念念有词：一刀定乾坤、二刀定阴阳、三刀定鬼神……被法术定住的"韩林"又被"五猖"放了下来，压到"二十八曲"的下面，戏班子的演员早已将纸制的"韩林"替身放在那里，他们举着这个纸质的替身穿过人群，放入戏台对面的庙子❷里，随即李章木也亲自进入庙宇，在"韩林"面前点上香，又点上一盏"长明灯"，并且告诉会首："这盏灯在唱戏的这段时间不能灭，也不能让其他人靠近这里，要不会犯煞。"会首点点头，完全明白李章木所说的意思，他知道仪式和演剧将会给村落的运气带来戏剧性的改变，正如华英德（Barbara Ward）所言，戏曲的展演不仅仅是象征层面的意义，而且会带来实际上的好运气和繁荣。❸

"韩林"是鬼王，他被锁在戏台对面的庙子里，"长明灯"和"鬼王"都由专人看管，会首给看管庙子的人管饭。据报道人讲，除了戏班子里掌阴教的人之外，其他人特别是妇女和儿童不敢接近这个庙子，如果惊动了鬼神就会生病或是带来不好的运气。

扮演韩林的人可能从此会改变人生的命运，村落里的所谓"熟人们"会就此改变对他的看法，从而时来运转。扮演者也十分乐意此事，一来可以改变自己落魄的命运，使生活更有希望；二来，长期生活的孤寂和无助使他慢慢地脱离了原有的生活，也使人们对他愈加疏离，更可怕的是这种

❶ 王铭铭："艺术威慑：形象、仪式与'法'"，载朱晓阳、侯猛编：《法律与人类学：中国读本》，北京：北京大学出版社 2008 年版，第 171—188 页。
❷ 据笔者田野考察的情况来看，这种庙子一般都是临时搭建的，并不是上文中所提到的道观和寺庙，它专为韩林所置，并非永久性建筑。
❸ Barbara Ward, "Not Merely Players: Drama, Art and Ritual in Traditional China", in Man, London: Royal Anthropological Institute of Great Britain and Ireland, 1979, p.29.

疏离之情会变成一种双向的，因此，重建"熟人社会"的相互依赖关系和情感是处于社会结构中心和边缘的人都愿意看见的结果。

列维－施特劳斯笔下的猞猁和"韩林"一样，也是通过文化的净化程序而改变了自己的运气。一个故事版本是：在一个动物村庄里，猞猁老态龙钟，身上长满了疥疮，但他会控制浓雾，用蒸汽浴治好了自己的皮肤，使自己变得年轻英俊。但是由于他的妻子不知道其中的原委，所以在治疗的过程中把门打开，于是猞猁脸上特别是眼睛周围的皱纹没有消散。在不同的神话版本中，猞猁几次被它的对手郊狼打死，但是通过"整体即部分"❶的原理，它复活康复。外形方面，猞猁变成了英俊的小伙子；经济方面，他成了狩猎能手；社会地位方面，他当上了村长。❷

李德三曾告诉笔者一个略微不同的故事，可能会反映当时社会生活的另一面。

过去，生活条件非常不好，我们戏班子在冬天都只穿草鞋，大部分人身上只有单衣。1954年我和幺爸❸去北京怀仁堂小礼堂演出的时候，省里给我发了西装和皮鞋，但是我舍不得穿，我还是穿的草鞋。到了北京很多外国人都对我的草鞋很好奇，不知道这是什么。原来演戏很苦，扮"韩林"时，会首会和扮演的人提前商量好价钱，因为打叉的时候很危险，说不定就会被飞刀打死，价钱基本上是一副棺材本的钱。我为了挣那点钱也扮演过"韩林"，被打死了就挣个棺材钱，没有死你就得了那些钱。

老人说得很动情，讲完之后，把左手伸出来让我看，他的手背上有一个白色的十字伤疤，老人说这是当年他扮演韩林，班主师傅失手打上去的，当时流了很多的血。

"韩林"被锁在庙子里，仪式基本上就算结束了，接下来，是以《精忠传》为主的演剧的内容，还有观音和地方神灵得道成仙的传说故事以及孔明这类象征着智慧化身的人物，悉数亮相，有限数量的木偶轮番扮演神仙和古代大贤们，他们不仅仅是在特殊的时间、空间中单纯起到娱乐效果，更是感召天和演神灵的"替身"。

这些演剧包含着儒家的忠、孝、节、义的伦理道德和礼法思想，以此

---

❶ 萨林斯："整体即部分：秩序与变迁的跨文化政治学"，刘永华译，载王铭铭主编：《中国人类学评论》（第9辑），北京：世界图书出版公司2009年版，第127—139页。
❷ 列维－施特劳斯：《猞猁的故事》，庄晨燕、刘存孝译，北京：中国人民大学出版社2006年版，第8页。
❸ 指的是李章祥。

来感动上苍降下甘霖。在川北、陕南以及甘南的高地地区，由于山势地形造成的特殊地理与政治环境，一直被认为处于中华帝国的边界❶，加之连年旱灾和其他自然灾害的多发，世俗的政治权力已经无法消除这些灾难造成的社会混乱和无序。在象征层面上，权力出现了让渡状态，会首、乡长、保长等社会精英要按照班主的安排与吩咐来行事，确保仪式和演剧能够正常顺利进行，舞台和庙宇变成了比以往更加神圣的空间，除了以上谈到的阴阳五行的象征意义之外，在权力维度方面，它也暂时凌驾于世俗社会的权力之上，达至社会精英与戏班子的合谋，以满足愚人、娱人、娱神和请神的多种目的。

在此有必要澄清一下用词，"让渡"并不是说国家或地方的政治权力出现了减损或真空的状态，而是这些权力的发挥和实施被转化到了象征维度，如：在醮仪中对庙宇的控制权力从世人转向了道士，然后再回归。❷这种权力发挥渠道的变通性和灵活性需要借助于世俗权力之外的媒介来展现和落实，在不同的地方这些媒介有所不同，比如：萨满巫师、占卜师、道士以及其他一些物品等，而笔者研究的川北木偶戏正是在这个媒介意义的位置上。通过地方精英与戏班子的协商、合谋，展演了整个仪式过程，而演剧的内容则正好为观众重现了古代社会精英的道德力和法力。在社会秩序正常的状态中，看似关联不那么紧密的老百姓、社会演剧机构（木偶戏班）、地方社会精英、道士和神像（神偶、庙里的鬼王）形成了一个"横式"的文化饱满的"象征空间"。武雅士的分析可以说明官僚机构和权力的象征力量在中国社会的穿透能力，而必然会发生在"纵式"的分析角度里，而空间安排、仪式过程与演剧内容也体现了社会等级的秩序，根据阴阳观念的空间安排，戏台、庙宇、观众被象征性的等级化，祈禳的参与者既是国家性的也是地方性的，既是现实的也是想象的，天下即宇宙，地方即国家，个人即群体。

唱戏的时间没有硬性的规定，一般是 10 天到 49 天，在这期间唱到哪一天下雨了就算演出结束。

笔者忧虑地问道："如果唱了 49 天之后还是不下雨怎么办？"

---

❶ Daniel McMahon, "Qing Reconstruction in The Southern Shanxi Highlands: State Perceptions and Plans, 1799 – 1820", in *Late Imperial China*, Vol. 30, No. 1, 2009, pp. 86 – 88.
❷ 韩明士：《道与庶道：宋代以来的道教、民间信仰和神灵模式》，皮庆生译，南京：江苏人民出版社 2007 年版，第 298 页。

专题研究

李泗元❶笑着对笔者说:"不可能,哪有唱了49天还不下雨的,不可能那么长时间不下雨。"

笔者恍然大悟,这就是一条"脱刀计"。如同赫兹所言,新亡者有一个被称之为缓刑的时段,在仪式过程中这个新亡者既可以是一个个体也可以是一个群体或社会,在不同的社会需求、文化、仪式和历史语境中它处于一个变化的状态。我十分钦佩戏班子的智慧,同时也感慨他们当年谋生的辛酸。

"雨戏"中锁韩林的仪式在1950年之后被认为是"封建迷信活动",大概从"土改"时期开始就很少再表演了,但干旱的问题却直到现在也没有得到很好的解决。仪式虽然没有再复演,但木偶的象征意义并没有因为社会思想观念的变革和政治运动的影响而消减。1976年,戏班子曾在陕南一带演出,受到了当地观众的热烈欢迎,反响极大。当地人之所以如此欢迎木偶并不只是因为他们的演剧精彩,而是另有隐情。

1976年,全国上下掀起了"反击右倾翻案风"的政治运动,由于社会秩序的混乱,文艺市场也跟着遭了殃,是年5月底,李章祥带着戏班子游走在陕南的勉县、西城、西乡、汉中等地,演出收益十分可观,在汉中,连当地的"革委会"主任都喜爱大木偶——当然是作为娱乐的大木偶。但到了陕西城固则有所不同。以下是赵德成的回忆:

7月初,我们到达城固,据说这里是汉中的故城,由于战乱等原因后来搬离了这里。我们到达的当日正好城固的剧团放假,没有人看戏,却给我们留出了演出的舞台,所以我就开始卖票。第一天就卖了900张,还送给了当地的县革委、公安局一些票,演到第二天就不行了,几乎全县轰动,这是我们剧团最辉煌的时候之一——最辉煌的另一次是去莫斯科。县城周围的农民纷纷涌入城固要看木偶戏,为了满足观众的需要,县革委决定剧团一天演5场,每场1个小时,两场之间休息半个小时。当时把剧团里的演员们都搞得很辛苦,每天7点就要起床去卖票,8点要到舞台上去布置,9点就开始演,演到晚上10点才能回招待所。中午和晚上,招待所的人把饭送到剧院里来,演员们有的时候一边吃饭一边准备节目。我在街上听到行人打招呼第一句话就是问:"你今天搞到票了没?"县革委的人没办法办公,大量的农民都往县城里涌,他们到后台来找我们要票,因为他

❶ 李章木的小儿子,李德三的胞弟。

们的亲戚也都进城了。我们招待所旁边住了一个教师，她晚上过来找我们要票，说她的13个亲戚在她家已经住了3天了，她父亲说："你今天再搞不到票就不要回家了。"没有办法，最后我们给她解决了2张坐票2张站票。

早上7点起来，我们的人根本不敢去票房里卖票。人早就在门口排满了，连屋顶上都站着人，县革委派了一个民兵排的人在那维持秩序，在票房门口打木桩子，把农民隔开，但由于人太多，第二天就把木桩子都挤坏了。一天晚上演出回来，我们商量卖票的事情，大家考虑既然不敢再去卖票了，干脆把票都拿给招待所的人算了，但龙从志提意见说，把票拿给招待所的人去卖不好，会搞得票房里一张票都没有，让大家在门口排队白等。于是龙从志第二天早早地带着包去票房，还没等走进票房，他就被围起来了，开始时大家伸手要票，后来就开始抢票、打人，他没办法，于是丢下包就跑，后来演员们和民兵把他从人群里救了出来。剧团在城固还受到了特殊的待遇，陕西的特产是金丝猴香烟、木耳和冰糖，平时这些都是要靠票来标准供给的东西，现在大家都超量送给剧团，为的就是换到门票。

剧场外面人山人海，里面更是没办法动，中途散场的时候时间只有半个小时，一个老头带着一家5口人买了2天的票才搞到手，看完戏出门的时候外面的观众向里面挤，把铁门给挤坏了，正好压在这个老头身上，人群就踩着铁门进来了。他被送到医院里不治身亡。为什么我们在陕西那么受欢迎呢？我后来才知道，第一，陕西没有"木脑壳"，我们演的这些"板眼"他们都没看过；第二，当地有一个谣传，说是看了木偶之后今年的庄稼不生虫子。

田仲一成讲述了在"外神系演剧"中，明代江南存在着"安苗"的演剧，人们认为，孤魂野鬼是禾苗受灾害的根源，作为镇抚演剧与道教的仪式受到特别的重视，它们被用于每年的六月二十日在地方社会迎接农作物成熟的时期求神保佑作物安全。❶ 在川北地区，木偶戏演出一种叫做"秧苗戏"的演剧类型，一般是在春夏之交，庄稼遭了虫害，几家或几十家农民就会联合起来，筹集资金请木偶戏班子唱上几台，以求菩萨的保

❶ 田仲一成：《明清的戏曲：江南宗族社会的表象》，云贵彬、王文勋译，北京：北京广播学院出版社2004年版，第52—53页。

佑。● 在演剧的过程中，农民会摸一摸木偶以求带来好运，不仅如此，女人们还会抱着孩子过来，让孩子们摸摸大木偶，据说这样一来孩子就不会生病，以后的日子会平平安安，和他们的庄稼一样。在明清的江南宗族社会里，人们筹钱请戏和道士的法式，请来"周王"于祭祀场所，通过奉演戏剧的形式来愉悦神灵，使他保佑庄稼丰收，据说十分灵验，禾苗得以顺利成长。❷ 而在川北，神的化身或是神本身变成了大木偶，通过唱戏和触摸来保佑自己的庄稼和子女平安、顺利。

李德三说：

有人家生了病就找我父亲去治病、驱鬼。他在屋里头要"敬老爷"，烧纸，还要给灶王爷烧纸。点上香、灯，舀一瓢水，把米丢在水里面，可以分出七十二煞。然后，要敬祖师爷，口里念："某某人，姓谁名谁，犯了啥子煞，路边一口池，池里九条龙，九龙十八尾，不分金银铜铁锡，万物化成水，舀了一瓢九龙水，来给某人治病，太上老君，急急如律令。"

李章木可以清楚地区分七十二煞，再弄清病因或是鬼神的凶险程度。在诸多降魔驱鬼的道具中，木偶自然少不了，在最后的关键时刻，李章木在木偶的手中放入一些大米，操纵着木偶将"手里"的大米打在病人的身上，口中念叨："妖魔鬼怪，退完退尽，退完退尽。"

在一般的汉人社会对神灵的信仰类型和想象中，神灵、仙官一般居住在天宫或道教所指的洞天福地之中，他们的化身一般也被供奉在单神庙和多神庙之内，这些庙宇的意义为何？"定居"的神灵与"游走"的神偶之间的关系究竟如何？汉人社会神灵模式的内部逻辑是怎样的？社会文化变迁对文化逻辑究竟产生了怎样的影响？笔者在下一节中将尽量地为读者了却这些疑云。

四、汉人社会的神灵信仰模式：模仿与扮演

在笔者阐发理论之前，还有三个民族志细节需要向大家交代。第一个是"愿戏"，所谓的"愿戏"就是当地人认为，人生的吉凶祸福都受上天神灵的主宰，要是家里的成员一旦发生了不幸的事儿，最主要的是疾病和意外事故，都要到庙宇里去烧香祈愿，以求神灵的保佑和眷顾，为他们解

● 吴应学：《川北大木偶艺术》，重庆：重庆出版社 1989 年版，第 60 页。
❷ 田仲一成：《明清的戏曲：江南宗族社会的表象》，云贵彬、王文勋译，北京：北京广播学院出版社 2004 年版，第 53 页。

除灾祸，永保平安。如果她们在祈愿之后，事情有了好的转机就要还愿，还愿不仅是到庙子里跪在地上，烧香烧纸向菩萨祷告还愿，而且还要请木偶戏班唱上几天的戏，以表示对神灵之恩德的回报。

一次，李章木带着戏班子在何家唱了三天三夜的"愿戏"，在最后一场戏目结束之后，他拖着疲惫的身体走到台前手持一个小丑模样的木偶——愿神或了愿菩萨面前，口中念念有词道："一出门来笑呵呵，你不笑我笑谁个？一来笑我人才丑，二来笑我衣服破，衣服破了缝一件，人才丑了没奈何，没奈何啊没奈何，了愿离不得木脑壳。"❶

遗憾的是，笔者并没有弄明白为什么愿神或了愿菩萨非得要小丑的木偶来扮演？它们之间的关系究竟如何？但我相信，它们之间肯定存在着文化逻辑上的直接关联。笔者推测，愿神在地方文化的历史上应该是一个"丑角"，就像八仙中的铁拐李、韩湘子或是济公那样的人物，他们要么是酒鬼，要么是色鬼或赌徒。

第二个故事发生在节庆活动中，这和汉人社会的习俗也有着直接的关联。在川北地区，每年新年的正月初一到十五家家户户都要迎接财神，人们把发财的希望寄托在神灵的身上。

今年已经是李家班第三个春秋没有回仪陇老家过年了，他们指望着在春节期间能够举行更多的仪式，参加更多的节庆，以维持戏班子的生计。李章木带着戏班子停停走走来到木门县，他们打算去一户有钱的人家要点钱过年，李章祥已经把自己打扮成武财神——关公，他身穿绿色蟒袍，脸涂成大红色，右手持演出时使用的大刀，左手持鞭；李章木则手里举着木偶扮演的文财神——赵公明，他头戴金相刁，身穿大红蟒袍，腰系玉带，手持朝笏，然后顺着村间的小路走去。他们的打扮像是穿越时空从历史的角落里走来的古代队伍，李章木在前领着这队人马来到一个大门前，敲开了门之后主家走了出来，他并没有问他直接要钱，只是嘴里念道："一进门来喜洋洋，主家修座好华堂，金作柱来银作磉，栋梁用的广沉香，前面一对石狮子，进门一堵屏风墙，珍珠玉器摆堂上，俨然一座五府堂。"此外还有其他一些吉祥话，李章木可以根据自己对主家的判断临时编出很多应景的吉祥语，直到把主家唱到高兴为止，之后主家就拿出喜钱赠送给戏班子，李章木、李章祥谢过他们之后再去别的人家。这个行术叫做"打财

---

❶ 吴应学：《川北大木偶艺术》，重庆：重庆出版社 1989 年版，第 60 页。

神"。

笔者好奇地问李德三，为什么用"打"呢？

他回答道："打就是打发嘛，就是主家用钱把财神打发走。我以前跟过父亲他们去大户人家'打财神'——我们一般都去大户人家，他们有钱。有时候主家高兴了还可以在那吃一顿，吃得很好；有时候也去普通的家庭，那就没那么多钱了；有时候主家会给你一些米作为喜钱。"

"打财神"主要是木偶装扮财神，也可以这几天装扮文财神，等过几日走到其他地方再装扮武财神，没有固定的讲究，唯一注意的是要看当地更喜欢文财神还是武财神，随机应变。通过扮演神灵角色这一特殊的方式，我们可以试想，神灵不仅仅是地居在庙宇中，而且可以通过戏班子或其他方式使神灵"走动"起来，成为连接地域、文化和宇宙观图式的方式。如此看来，对于这些居住在天宫、洞天福地中的仙官、老爷们来说，庙宇只是他们在凡世间的临时住所或行宫，等有人给他们发出帮助的信号时，各路神祇才会下凡相助。

最后一个案例也与扮演有关，但和前两个故事有所不同。笔者的报道人之一刘勇医生告诉笔者，他没有见过木偶戏，但是听人说过，镇子上或村里要是有戏台子建成、桥梁落成或是修路等公共建筑工程的完成都要请戏班子来镇邪和演出。

现在被称之为"封建迷信活动"的"跳灵官"仪式对扮演神灵这一话题对笔者很有启发性。据说，灵官是道教的护法天神，道教里有五百护法灵官❶，其中最有名的可能算是"王灵官"。在许多道教的宫观里，第一殿多供奉"王灵官"，他是镇守道观山门的护法神，还有一些曾经是道观后来变成寺院的地方，山门的护法神仍然是灵官；另一种说法是，灵官的地位十分高，他是玉皇大帝面前的大将，专司天宫和人间的纠察之职，属于玉帝身边的猛将。明代宣德年间（1426—1436），皇帝下诏加封王灵官为"隆恩真君"，后又加封为"玉枢火府天将"，所以灵官是一副火神的模样，在有些火神殿里也供奉灵官，湖南省祁东县南部也有一个叫做灵官的地名，或许也与"灵官"有关。

斗门的戏台子建成之后，当地会首请了李家班来驱鬼镇邪，李章木事先在野外化妆，办成灵官来到戏台前，旁边有金童玉女立于两侧，戏台旁

<hr>

❶ 五百灵官像在湖北武当山南岩宫。

边摆放着一个灵官的轿子，他开始焚香念咒请比他的等级更高的神灵来坐镇于此。李德三扮成马童，跪倒在父亲面前，"灵官"对着"马童"道："你去前方打探，看看天宫的大神已到何处？"李德三不敢怠慢，急忙起身沿着戏台前的乡间土路跑去，不一会儿消失在人们的视线中。又过了一会，"马童"来报："大神已在南天门起驾。""灵官"环视了一番指着"马童"言道："再探。"不一会，"马童"再次跑到"灵官"面前，单膝跪下说道："大神离此地只有十里路程。""灵官"继续焚香烧纸说道："再去探来。"过了一会，"马童"急匆匆地跑过来说："大神已到花台。"李章木走向轿子，稳稳地坐在里面，几个人将轿子抬起来放入戏台的中央（如果是桥梁落成则放在桥梁的中央），李章木走出轿子唱道："头戴八宝紫金冠，身穿梭子连环扣，双脚踏着风火轮，手中拿着打神鞭❶，三十三天都尉司，斗口星君下凡来，香烟渺渺锣声阵阵，吾大开慧眼一观，今有斗门众信士，演唱神戏迎接吾的金身来此镇守花台，永保此方清泰平安。"唱罢之后，李章木退场，李章祥把早已准备好的大木偶拿上台前开始了演剧的部分。

人类学有两个关注点：第一，关于亲属制度的研究；第二，对宗教的解释。❷ 在这两方面上对汉人社会的亲属关系贡献最大的要算弗里德曼（M. Freedman），人们一提到他的名字就会想起宗族研究，但弗里德曼晚些时候发表的文章里却表明了他对这一偏见的驳斥，他强调对中国继嗣体系的研究不能简单地停留在亲属关系的研究上，家庭虽然与继嗣有着高度的相关性，但也存在内部的多样性以及这个模型和其他继嗣体系之间的关联。❸ 而在中国汉人社会民间信仰与仪式的研究领域，与弗里德曼具有同等地位的，学界公推美国人类学家武雅士，他的经典论文《神，鬼与祖先》集中阐发了其对汉人民间信仰之类型的文化解释。

在这篇文章里，武雅士明确地指出："传统中国政府和宗教之间都与帝国的官僚体系有着密切的联系。"❹ 神是官员，鬼是土匪、乞丐和其他

---

❶ 在有些唱词中是：左手持风火轮，右手持钢鞭。

❷ 威廉·亚当斯把人类学的两大主题"亲属制度"和"宗教与仪式"归结到摩尔根和泰勒及其他们的作品：《古代社会》开创了对非西方世界的亲属制度研究；《原始文化》则开创了以宗教为代表性的文化研究之路。

❸ Maurice Freedman, *Chinese Lineage and Society*: *Fukien and Kwangtung*, Oxford and N. Y.: The Athlone Press, 2004 (1966). 43.

❹ Arthur Wolf ed., *Studied in Chinese Society*, Stanford: Stanford University Press, 1978, Introduction 2.

危险的陌生人，❶ 祖先是自己的父母、祖父母。他主要研究的神灵是灶神、土地公和城隍老爷，在中国汉人社会里，灶是家的象征，家是社会的基本单位，而灶神是超自然体系中职位最低的官员，一般人们把灶神当作告密者或秘密警察；在社会的村落或社区（community）范畴与层面上，土地公是超自然官僚体系的代表，他负责对社区内鬼的管理以及记录人们的行为定期向上级官员汇报，他的职责和角色像警察；土地公的上级官员是城隍，他被认为是士大夫或学者－官员（scholar-official）❷，穿着官服，旁边站着秘书与扈从，他的庙宇（the temple of the city god）❸ 通常与衙门在同一条线上，红墙绿瓦，门口立着旗杆。

城隍在一年中要举行三次"过境"仪式，巡视他的疆界。尽管有些神起源的传说故事会给他一定的特性，但是大部分人还是认为城隍是一个职位而不是一个人。❹

在武雅士的影响下，海外人类学家关于汉人社会关系与信仰是对于官僚体系模式的模仿研究比较有影响力的还有：马芮丽（Emily Martin Ahern）关于符纸和公文在仪式过程中的运用和意义，民众通过对仪式过程的操演与观察从而熟悉现实的政治过程❺以及王斯福关于帝国权威和地方性崇拜之间的联系之研究。❻ 此外，戴瑙玛（Norma Diamond）在台南一个村庄的研究❼发现，这个渔村有巡官神灵（inspectors gods），他被玉皇大帝周期性的派到这里巡视，人们认为他对应着古代社会的巡吏，要是不祭祀他就会回去向他的上级报告，给当地带来疾苦和灾祸。❽

这些不同的论述有一个共同旨趣，即认为在汉人社会的宗教模式里不论是对神灵的偶像崇拜还是仪式过程，都是对现实社会官僚体系和政治过

❶ Arthur Wolf, "Gods, Ghosts and Ancestors", in *Studied in Chinese Society*, Stanford: Stanford University Press, 1978, p. 134.

❷ Arthur Wolf, "Gods, Ghosts and Ancestors", in *Studied in Chinese Society*, Stanford: Stanford University Press, 1978, p. 139.

❸ Christian Henriot, *Prostitution and Sexuality in Shanghai: A Social History*, 1849 – 1949, Edinburgh: Cambridge University Press, 2001, p. 204.

❹ Arthur Wolf, "Gods, Ghosts and Ancestors" in *Studied in Chinese Society*, Stanford: Stanford University Press, 1978, p. 140.

❺ Emily Martin Ahern, *Chinses Ritual and Politics*, Cambridge: Cambridge University Press, 1981.

❻ 王斯福：《帝国的隐喻：中国民间宗教》，赵旭东译，南京：江苏人民出版社 2008 年版。

❼ 王建民、张海洋、胡鸿保：《中国民族学史》（下卷），昆明：云南教育出版社 1998 年版，第282 页。

❽ Arthur Wolf, "Gods, Ghosts and Ancestors" in *Studied in Chinese Society*, Stanford: Stanford University Press, 1978, p. 143.

程的模仿，或许，人类生命的职责可以被总结为对 kosmon 的模仿。❶ 在面对中国问题时，武雅士曾一再强调，所有的神都是官员，他们是超自然社会的管理者，一些非正统的神被帝国官僚体系中的掌权者所鄙视。❷

那么，官僚模式是不是解释汉人社会神灵信仰的唯一解释模式呢？汉人信仰的神祇世界是不是对世俗官僚制度的模仿呢？在武雅士之后，人们开始对这一论点提出了不同的看法。

哥伦比亚大学教授韩明士（Robert Hymes）对宋元时代江西抚州地区的华盖山天心派和三仙信仰之研究为笔者打开了观察汉人社会神灵信仰模式的另一扇大门。韩明士的研究表明：三位仙人的关系本质不是对应着中国社会的官僚系统，而是以师生和血缘关系为纽带联系起来的，其中的两名弟子是堂兄弟或者亲兄弟，他们的法术和权威不是来自于他们的上级而是依靠自身的修行。在韩明士看来这显然是一种"个人模式"而不是之前的学者所得出的结论，他把这一模式的特点表述为：（1）神祇是"异人"；（2）他们纵式的等级关系和横式的社会关系表现为：师傅、弟子、宗族、亲属等；（3）他的能量和法术不是依靠他的上级或外部；（4）世人与神祇之间不需要中介、是直接性的；（5）神祇与地区、居民之间的关系式内在的。人们会发现，作为神明崇拜的大木偶特别是神话传达的文化意义与功能与韩明士总结的"个人模式"之观点十分相似，但事情还并没有那么简单。

笔者欣赏韩教授的地方在于，他并没有把目光仅仅停留在神灵模式的内部逻辑，而是把视线转向了对抚州社会关系的考察与思索层面上，即庄孔韶所表明的，中国传统文化中，人事是中国人关注的重心。❸ 相当多的证据表明南宋抚州地方精英越来越多地将注意力转向共同的血缘纽带，以及推动宗族组织和制定族规。这就使成年兄弟、堂兄弟和从兄弟之间的联系纽带变成身份认同和行动的基础。❹ 总之，将三仙、三仙与国家、三仙与悠久的国家传统联系起来的纽带，也正是南宋抚州人越来越乐意用来界

❶ 布拉格：《世界的智慧：西方思想中人类宇宙观的演化》，梁卿等译，上海：上海人民出版社 2008 年版。

❷ Arthur Wolf, *Studied in Chinese Society*, Stanford：Stanford University Press，1978，Introduction 2.

❸ 庄孔韶：《银翅：中国的地方社会与文化变迁》，北京：生活·读书·新知三联书店 2000 年版，第 492 页。

❹ 韩明士：《道与庶道：宋代以来的道教、民间信仰和神灵模式》，皮庆生译，南京：江苏人民出版社 2007 年版，第 140 页。

专题研究

定或称赞自己的那些纽带。❶ 笔者认为最重要的是：韩明士指出了，"官僚模式"和"个人模式"并不矛盾，两种类型赋予中国文化之上，使其富有弹性，我们可以在一位神祇那里看到两种模式的并用或重叠，中国人根本不必把个人和官员分开。

那么，除了"官僚模式"和"个人模式"之外，还有其他模式可以解释汉人社会的神灵信仰吗？

不论是"官僚模式"还是"个人模式"，只能是对中国神祇多样性特征的部分解释，中国道教、佛教、国家崇拜与民间宗教之间可以互相借用和共同分享同一个神灵的资源，以及神灵背后的复杂社会权力关系。一般认为，道教神灵具有官僚属性，但一些逍遥自在、无忧无虑的神仙的权力（灵力）并不是来源于"官僚系统"，而是可被视为"异端模式"，即他们的幸福状态恰恰是因为逃离了世俗的政治舞台，如八仙和济公等。在民间宗教中，有些神仙的反常行为常常被强调，如灶神、玉皇大帝等，这说明，正统文化秩序的边缘正创造出自己的对立力量，即汉人信仰的超自然界一方面反映了现实的政治结构，同时也颠覆了基本的社会秩序。

在武雅士那里，神作为祖先和官员得到了崇拜；而鬼作为外人和陌生人遭到了驱赶和打发，但有些神既被崇拜也被驱赶、打压。我们在台湾看见，"十八王爷"❷ 就处于这个地位模糊的文化位置上，人们在对他祈求一些与正统的道德无关的心愿❸时经常找这位王爷神，而当心愿被满足时，人们又必须超过对正统神灵的回报规制，比如在他的庙宇之外奉献演剧、木偶戏、脱衣舞表演或电影❹，而并非按照马芮丽的观点，神祇更像是自己的父母、朋友或主人，不必享用太多的祭品就会帮助人们。❺

不管是"官僚模式"、"个人模式"还是"异端模式"，它们均可视为宗教与民间信仰维度对于汉人社会关系和权力运作的模仿，这些神祇的关系和力量来源恰好象征了社会关系的结构及其不稳定性的特征。

---

❶ 韩明士：《道与庶道：宋代以来的道教、民间信仰和神灵模式》，皮庆生译，南京：江苏人民出版社 2007 年版，第 140—141 页。

❷ 类似的个案还有很多，可以参见石峰："汉人民间'神灵'的解释模式及其与中国社会的复杂关联"，载中国宗教与社会高峰论坛暨第五届宗教社会科学国际研讨会（下卷），2008 年，第 379—384 页。

❸ 比如在赌博中赢得更多的赌金，或者是可以顺利地进行偷盗等。

❹ Robert Weller, *Resistance, Chaos and Control in China：Taiping Rebels, Taiwanese Ghosts and Tiananmen*, Seattle：University of Washington Press, 1994, p. 141 – 142.

❺ 韩明士：《道与庶道：宋代以来的道教、民间信仰和神灵模式》，皮庆生译，南京：江苏人民出版社 2007 年版，第 294 页。

从武雅士、马芮丽、戴瑙玛、王斯福、韩明士、魏乐博等人的研究来看，不管是哪一种神祇模式，它的内部逻辑必定包含着另外一种模式的可能性，就像列维－施特劳斯神话学中的"俄罗斯套娃"，一层套着一层，一种模式配合着另一种模式，一种观念配合着另一种观念，一种实践配合着另一种实践。而模仿本身如同天地之间的火、雨等在天地之间适度沟通两种模式，对白昼、黑夜的调和而反映到社会学层面的意义在于近亲和疏远的两种婚姻类型之对立与转化，以及不同语系民族之间的冲突与重叠。❶

我们再次把信仰模式的类型抽象出来审视发现：这些模式可以被称之为模仿类型，那些被模仿的神灵经过造型、雕刻、开光等其他仪式被高高地供奉在庙宇里或者是房屋的神龛之内，他们作为中华帝国的象征等级体系依据不同的权力与关系模式被建构出来，作为象征的等级他们可能依据地域的等级和高低被安排在不同的地理位置上，而作为文化秩序及其实践，他们也被应用在不同的参与者、信仰者和变动的历史语境中，但这个象征的等级只是一个结构（structure），对于扮演神灵的大木偶而言，他是一个"游走"的文化秩序和象征体系，从而激活了整个文化体系，列维－施特劳斯所言，仅有逻辑的确定性是不够的，机器必须能够开动才行。❷

五、结语

"官僚模式"、"个人模式"与"异端模式"这三个模式的归纳与概括历经了半个世纪的理路，代表着海外汉学人类学对神祇信仰模式研究的结晶。从时间上来说，南宋的三仙信仰到当代的社会文化观察跨越了八百年左右；从地域视角出发，从大陆的江西抚州到台湾地区也横跨了台海两岸。海外学人对汉人社会神灵信仰的研究的兴趣之广、跨度之大、探究之深、理论之精细，将成为我们可以学习与使用的学术资源。

本文所展现的有关木偶文化及其演剧仪式，涵盖了海外学者对这三种模式总结与归纳。我将这三种模式统称为"模仿模式"，因为他们所观察到的这些神祇大多居于庙宇之内，享受着香火供奉。但理论模式的弊病在于过于"结构化"，并没有形成一个游动式"信仰之网"，且时间与空间

---

❶ 列维－施特劳斯：《神话学：餐桌礼仪的起源》，周昌忠译，北京：中国人民大学出版社 2007 年版，第 196—204 页。
❷ 列维－施特劳斯：《结构人类学》（2），张祖建译，北京：中国人民大学出版社 2006 年版，第 472—473 页。

专题研究

的跨越也使得人们很难观察到这三种模式的集中展现。

而在木偶所扮演的神祇中，"打财神"的故事表明：木偶是作为汉人信仰之"正统模式"；"愿神"的故事很可能是一个"异端模式"的扮演；最后，"跳加官"仪式和"锁韩林"仪式则更具有普遍性，即可用人也可用偶来扮演鬼神，分别代表着"正统模式"与"个人模式"。更依据其神圣性、灵活性、适应性与游动性的文化特征，笔者将之统称为"扮演模式"。

所以，"模仿模式"与"扮演模式"同时兼具中国汉人神灵信仰模式的三个模式，即"官僚模式"、"个人模式"和"异端模式"，由于木偶数量和制作的结构性限制，它不能像"模仿模式"那样具有众多的神祇以及他们居住的"行宫"——庙宇，但作为以上三种模式的游动型特征，其强调的正是"他们"的行为性、变通性、灵活性的一面，这种模式所衍生出来的反映社会伦理道德、法律、艺术、地域等方面的力量凌驾于社会之上又存在于个体之中，个人即社会，地方即世界，部分即整体。

其通过具体的人的智慧与实践与"模仿模式"分享着同一文化价值体系。需要指出的是：同一文化价值体系之分享并不是政治地理学意义上的行省制区域划分或者是施坚雅所强调的地理经济学的区域模式之归属，而是以文化为区划标准所构建的文化区域地理概念，从大木偶戏的演出区域来看，至少涵盖了：四川北部、陕西南部、甘肃南部和湖北西北部地区。

反之，作为其行为性的一面又激活了整个汉人神灵模式信仰之结构，指向了活态的"社会生命"。在此，我之所以抛弃"结构"、"功能"之类的概念，是因为西方人类学易于将文化之固态化、单位化和功利化，从而违背了我对汉人神灵模式信仰"静"与"动"的整体性强调以及对生命本真的探索。

Imitate and Performing:

Modes of Han Chinese Religious Belief

Zhang Youyou

Abstract: For more than half a century, foreign scholars who studied the modes of Han-Chinese deities or religious beliefs, have developed three theoretical models, "the bureaucratic", "personal mode" and "heresy". These models could be a framework to understanding Han Chinese belief modes, the political power and social relations hidden underneath. And I referred the models collectively as "imitate mode". Based on ethnographic findings, I hereby propose that puppet culture and its drama ceremony content these three beliefs modes. Puppets can perform all kinds of deities in Han-Chinese society. I also found that the models developed by foreign researchers tend to be static, or more of a structured culture, while puppet drama actually emphasizes on "social life", in a more dynamic way.

Keywords: imitate; perform; the role of Puppet Culture

信仰、家庭与社区的再造

——对一个西北村庄的考察

黄剑波

摘要：基督教对于吴庄这个乡村社会来说，所影响和改造的不仅仅是信徒个人及其家内生活，也包括对一些公共生活中的基本伦理概念的重塑，甚至从一定意义上来说，对这一特定的社区也是一种"再造"，至少，它改变了之前的村庄信仰及人口构成，当然也对社区内人际交往网络和规则产生了一定的影响。

换言之，一方面来说，吴庄的基督教本身已经是一种被糅合、建构过的文化体，既有对地方原有文化系统的断裂和改造，也有对原有资源的借用和沿用。断裂与变化可以说是吴庄的（中国）人在强化基督徒这一信仰身份，而不变与延续则是吴庄的基督徒们在强调其中国（汉）人的文化身份。在已有的研究中，很多人注意到了基督教的异质性，即断裂这个方面，最近一些年也开始关注延续性，而在这里我们则强调要关注在这两个断点之间的来回过程，因为无论变还是不变，都是作为行动主体的地方民众在更大的历史结构性场景中生成自己的意义世界的努力。就基督教这个议题来说，则是在具体的地方文化中落实自己的信仰的过程。

另一方面，我们也注意到，吴庄的所谓传统文化也处在不断被构建的过程中，是在新的历史和社会场景中生发出来的一种"新传统"。换言之，不能简单地将基督教进入吴庄时的地方文化传统等同于百年后今日当下的文化系统，更不能假定宋代以降的那个传统仍然如当时那样继续扮演完全相同的角色，因为，此传统并非彼传统。

关键词：乡村基督教；文化变迁；地方传统；断裂；延续

在对汉人社会的研究中，需要涉及而尚未得到充分讨论的一个问题是，在近代中国主动或被动地与外部世界开放和相遇的过程中，一些新的元素被引入并带来一些新的变化，其中尤其值得注意的是基督教在西方强权进入的同时，也广泛地流入到中国腹地。在近代中国的发展轨迹中，基督教是一个或隐或现的角色，无论是强调它对诸如国民教育、医疗卫生、女子权利、报纸杂志、政治民主等多方面的积极推动作用，还是将其作为"文化侵略"的力量致以强烈批评，都无法改变它在中国历史进程中的作用。但是，过去的一些相关讨论，或是以基督教为中心，考察它是如何进入中国各个层级的社会和地区的；或是以地方社会为中心，讨论地方社会是如何应对基督教等"外来者"的。因此，我们常能看到的相关研究，或是"宣教士或宣教史研究"，或是教案研究。而这两类研究都有着一个共同的基本思想框架，即传统与现代的二元叙事，具体来说，就是以费正清等人为代表所提出的冲击—回应模式。❶

在这种基本叙事模型中，无论是以西方为中心的考察，还是以中国为中心的反思，都存在着一个对"他者"的想象。❷ 从这个意义上来说，我们在这里所探讨的个案，是试图在东方与西方、传统与现代的叙事模式之外寻找一种可能的进路，将基督教作为一个世界宗教来考察其普遍性是如何在不同的地方社会中落实为一种地方性的信仰和文化表达的。这里有两点需要特别说明，首先，我们认为把基督教对等于西方文化是有待商榷的，尽管确实它们之间有深厚的历史渊源，因此，我们这里实际上已经把西方的基督教仅仅作为普世基督教的"一个地方表达"来处理。❸ 其次，当我们试图采用另一种叙事框架的时候，也绝不是说这种传统与现代的叙事完全失效，事实上，它对于我们理解当代中国社会的变迁仍然具有强大的解释力。

在我们所考察的吴庄个案中，在内地会宣教士的直接和间接影响下，部分吴庄人归信基督教，从"四人堂"的简朴开端开始，经百余年的起伏发展而成为如今全面渗入村庄日常生活各个层面的吴庄主要信仰之一。就家内关系来说，基督教的进入使得部分吴庄人从传统汉人的父子纵向轴心，（至少是部分地）转变为《圣经》教导的夫妻横向轴心。与此相关，人际关系也从传统的"差序格局"，（至少是部分地）转为接受试图抹平人际地位差异的"上帝面前人人平等"的观念。

在此，我们可以观察到文化变迁过程中的断裂（discontinuity）和延续（continuity）的同时存在。如果说上述的两个转变是关于汉人家庭或家族的断

❶ John King Fairbank ed. , *The Missionary Enterprise in China and America*, Cambridge, MA: Harvard University Press, 1974.
❷ 就如对所谓东方主义（Orientalism）的批评一样，其基本策略仍然是东方主义的进路。
❸ 吴梓明、李向平、黄剑波、何心平等：《边际的共融——全球地域化视角下的中国城市基督教研究》，上海：上海人民出版社2009年版。

专题研究

裂的话，其实在吴庄基督徒的实际生活中，仍然可以看到他们也大量沿用汉人传统观念和符号，例如，在姻亲关系中表兄妹的取名沿用了父系传承关系中的"辈分"概念，以及吴庄基督徒对于对联超过其他非基督徒村民的热情。

正是在这种"变"与"不变"之中，我们可以说文化绝非一种静态的结构性框架（structural framework），而是一种不断流动的过程（process）。吴庄的"基督徒汉人"文化就是这样一种地方性的文化混合体（cultural hybridity），同时对于理解普遍性的文化变迁具有参照的意义。❶

简言之，对于吴庄基督教的考察的意义不仅仅在于这是一项"宗教或基督教研究"，更是旨在理解近代中国社会的急剧变迁过程中所凸显的"传统"与"现代"的议题，是以基督教这个"他者"为切入点来看所谓的"我们"，为中国（北方）汉人社会研究的已有成果提供另一种视角。

一、认识吴庄

农历二○○一年二月十五，卦台山伏羲庙会正日。一大早，山上就热闹了起来，秦腔粗犷豪放的唱腔经过几支高音喇叭的传送响彻了整个三阳川，山脚下的吴庄听得更是真切。笔者抓住一个上山进香的年轻人和他攀谈起来，原来他正是吴庄人，谈起吴庄，他笑着说："嘿，我刚才还听附近村里的一些人在议论说，吴庄信什么的都有，做什么的都有，三教九流都齐全了。"看得出来，他对自己是吴庄人非常认同，也相当骄傲。

他的骄傲其实也有道理。吴庄确实是一个文化底蕴深厚的村庄。村里到处可见的各式对联显明了这里文风的盛行，几乎每家大门都有一副对联，有些家庭的院子里各个房间还有门联。这些对联大都出自村里老学究的手笔，不少人以一手好字为村人所普遍尊重，皆以"先生"来称呼。吴庄还有一些看风水、掌民俗的"阴阳家"，吴耀彰即是其中之佼佼者。而且，据不完全统计，自1978年恢复高考以来，吴庄已经有大专以上学历者100余人，其中还有6人拥有硕士学历。对比当年笔者上大学时，全村人等奔走相告"某某家出了第一个大学生"的景象，吴庄完全当得起"文化村"的称号。

吴庄在行政建制上隶属于甘肃天水❷，地处中国西北内陆。天水之得

❶ Joel Robbins, *Becoming Sinners: Christianity and Moral Torment in a Papua New Guinea Society*, Berkeley, Calif.: University of California Press, 2004.
❷ 作为一个地级市，天水市下辖秦城、北道二区，秦安、甘谷、武山、清水、张家川（回族自治县）五县，总人口332万，主要为汉、回两族，面积1.43万平方公里，是甘肃东部的经济、文化中心。

名来自"天河注水"的美丽传说，据《水经注》记载，"上圭北城中有湖，水有白龙出，风雨随时之，故汉武帝改为天水郡。"天水的历史非常悠久，传说中国的人文始祖伏羲及女娲均生于此。❶ 天水素有"陇上明珠"之称，其地东连秦岭与陕西宝鸡相邻，北接六盘山与平凉及宁夏相毗，西望祁连山经定西而襟带兰州，南望岷山从陇南而直通四川，渭河由东而西穿越而过，冲击出一连串的小平原，当地人称之为"川"，成为陇右一带的粮仓。❷

吴庄所在之三阳川是天水市北道区主要的大"川"之一，南北两山，绵延不断，遥相应对，渭河东西横贯，葫芦河由北来汇，交相冲积形成一个巨大的盆地形平川。这片南北宽3至5.5公里，东西长15公里，面积达60平方公里的肥沃土地养育了3个行政乡（渭南、中滩、石佛），10多万的人口。在民国时期，这一带一般统称为"北乡"，是天水传统上最为富庶的地区。三阳川最西端就是远近闻名的卦台山，状如龙首，北插渭河，相传当年伏羲据此台放眼三阳，象天法地而妙悟八卦。❸

---

❶ 马天彩：《天水史话》，兰州：甘肃人民出版社1985年版。
❷ 文长辉：《陇上明珠：中国历史文化名城天水》，兰州：甘肃人民出版社2000年版。
❸ 吴庄阴阳家吴耀彰精通堪舆之学，对三阳川的地理更是熟谙于胸，曾专门撰文《伏羲卦台地理验证》，节选如下：

渭河由西而来，在三阳川蜿蜒东流，在卦台山和东西峡口的马嘴山之间形成一个巨大的"S"形；而南北山脉，呈外弓形，若抱若合，整个三阳川犹如一幅巨型的太极图，阴阳的分界就是渭河。雪后登卦台遥望，图形格外显明。卦台山如龙首（即上龙头），南山众脉如龙身，至马嘴山形成南山卧龙；导流山（和马嘴山相对）如龙首（即下龙头），北山众脉如龙身，至卦台对面的刘家爷山形成北山卧龙；两龙首尾包围构成太极图的边缘。乾南坤北，与伏羲先天八卦之乾坤两卦暗合；定乾坤即定天地，阴阳六驳互相变换，生成整个卦体。整个三阳川象天而圆，渭河、葫芦河盘绕交流，暗合天体之银河，而峰峦、山脉分布犹如星座。由太阳黄道经北回归线的夹角是23.27度，而三阳川最南端早阳寺（即善家寺）至最北端郭家寺直线距离是22.8里，符合"上象下形"，可见三阳风水与天象对应。勘察南山地脉，由三阳川最东马嘴山向西延伸，依次有马王、马鞍子梁、上脯池、下脯池、细尾子沟，止于滴水崖，构成一个马体形象，正是先天卦象乾卦"金化马"的验证。乾卦象天，因可谓之天马。卦台西北新阳之北山，从牛耳山开始向东延伸，依次有牛蹄湾、牛领上等，构成一个牛体形象，正是先天卦象坤卦"土化牛"的验证。卦台山居三阳川之西北，方位合先天卦之艮卦，正是地理上的"天市"；导流山居川之东南，方位合先天卦之兑卦，正是地理上的"三吉六秀"。卦象相对，关住全川内局，使真气藏而不泄。卦台之下渭河滩头矗立的分心石，正是地理上的大禽星，禽星塞水口，是吉祥之兆，一可使真气不泄，二可阻挡邪风恶气的侵入。因此，三阳川自古以来，很少受冰雹等自然灾害的侵袭，充分享受地理之利，三阳川村民都喜欢在春节时贴这样一副对联：安居即是羲皇里，乐岁还同富贵春。

勘察卦台山之来龙，起自凤凰山（即古圭山，为秦州镇山），直下圭山，翻转东行五龙城堡，构成地理上的罗帐，浮浮沉沉、吞吞吐吐延落卦台，结为地理上的武曲星，如龙首伸于渭河中，而卦台钟灵毓秀，四面八方山脉层层卫护，重重环抱，如紫微垣内，合卦象，应天体。龙头入水，则是生生不息之象。卦台山上伏羲先天殿坐北朝南，应卦象坐地观天，庭院布置暗合宫位明堂，古柏按九宫八卦排列。登卦台东向远眺，但见三阳大地莽莽苍苍，雾气腾涌，灵气袭人；两条银汉，一川星月，八面云出，千家烟村，三阳开泰，万里春光。

卦台山东侧山脚下就是吴庄。500 余个院落沿着山脚的一道引水渠南北向展开。北侧是潺潺流过的渭河。南侧是运输繁忙的陇海铁路。一条笔直的大道从村口由西而东连接新修的国道 310 线，距离不过 1.5 公里而已。国道 310 线与陇海铁路相交的附近设有一个小型车站，从那里乘汽车到秦城不过 16 公里的路程，10 多分钟就可以到。反倒是到直辖这一片的北道区还要经过秦城，再走上约 15 公里的天北高速公路。每天有两趟通勤列车会停靠这个小站，早上的时候由定西开往天水，下午的时候由天水发往定西，到天水（北道）火车站不过 1 个小时。笔者前两次到吴庄的时候（2000 年 1 月及 2000 年 12 月），由于新的国道还在修建过程中，只有原来的盘山道，到秦城需要将近 2 个小时，所以笔者每次都是乘通勤列车来往于吴庄与天水。图方便之外，还有机会在火车上与邻座的人攀谈❶。2002 年 3 月笔者第四次到吴庄的时候，小站正在扩建，规划为天水西站，作为天水的货运车站，建成后将极大地推进三阳川地区的城市化进程。事实上，根据《1995—2020 年天水市城市总体规划》所绘制的城市发展蓝图，到 2020 年，天水的城市规划范围将达到 74 平方公里，人口规模达到50 万人，用地规模达到 55 平方公里，三阳川、南河川为未来城市发展用地，在城市发展布局的四大组团❷中，三阳川是未来发展的重点组团。

卦台山西侧山脚下是张村❸，离吴庄最近的村庄是陇海铁路南侧的霍村（以霍姓为主），都隶属于渭南乡。逢阴历单日的时候，乡上都有集市，人头涌动，非常热闹。但村民们都更喜欢在阴历双日的时候去赶中滩的集市，那里更为繁华，而且距离也稍近一些，6 里多路。赶集的人大多步行，或骑自行车，最近几年越来越多的人也开始坐小面的或中巴，1 块钱的价格对很多人来说已经不算什么了。

从卦台山俯瞰吴庄，最为显眼的就是基督教堂的大红十字架，然后是其正对面的村委会房顶的四支大喇叭，村民们大大小小的院落就以此为中

---

❶ 来往的人大多是农民，也有做小生意的，还有的则是家在农村、但在城里工作的，各色人等，和他们的交谈一直是笔者的乐趣。即使笔者第三次到吴庄，发现新的国道已经通车，汽车比火车方便得很多，笔者还多次专门去坐火车。

❷ 四大组团分别为，秦城组团，保持全市政治中心和商贸中心，保护古城特色，积极发展科教事业，形成全市科教中心；北道组团，作为区域性重要物资集散地，是主要对外出入口；社棠镇组团，作为市工业发展的主要区域，适当发展轻纺、仪器制造工业；三阳川组团，近期建设蔬菜、副食品基地。

❸ 本为 3 个村庄，张新村、柳滩村、马营村，合称张石村，因其以张姓为主，故本文简称为张村。

心往南北绵延。教堂南侧是水井的出水龙头，从早到晚都有村民来来往往担水，在等水的时候彼此交谈，俨然一个村民活动中心。村委会北侧是小学，是孩子们的圣地。引水渠以西，紧靠山脚坐落着一座小小的元君庙，据说她是伏羲的女儿，村里人把她当作"家神"来看待。旁边是一个未完工的佛堂，只有两间房，常年在屋外挂着一幅布帘，写着"募捐"的字样。

吴姓在吴庄的人口优势是不言而喻的，据《吴庄户口底册·2000年8月》的数据，吴姓人口占全村人口87%以上。不过，吴姓虽然是绝对的大姓，却没有统一的族谱，也没有宗族祠堂一类在福建、广东等地常见的大家族表现形式。一般来说，北方汉族移民社会的特征比较明显。但这并不是说吴姓人没有宗族观念。事实上，每个成年男人都很清楚辈分排行和各房的系谱分支，谁亲谁疏，关系远近，他们一清二楚。其中辈分和房分是最为重要的两个概念，这与陈其南对台湾汉人社会的观察是一致的，"辈分的法则和同一世代均等分房的法则分别构成中国人系谱坐标的横轴和纵轴。"❶ 吴姓人没有族谱和家谱，或许正是因为他们的生活中根本就没有拟出这么一个成文的"文件"的必要，辈分和房分的原则和内容早就印在同族人的脑子里了。他们无须去翻动族谱就能对长幼、房分说得清清楚楚。这个看起来松散的家族体系之所以能够出现并持续地延续下来，儒家礼制的高层文化理念成功地活化于汉人民间社会生活中显然是一个根本性的因素。

尽管就吴庄而言，我们看不到家谱、族谱、乡约之类从宋代以降宗法教育的重要手段（因为族谱不仅排列了人伦位置和秩序，在其序跋中还经常会出现儒家礼法和理念的简明表述），但以儒学人伦教化为主的对联却相当普及。其外，吴庄也广泛地承继了祭祖和墓祭的习俗。这在"文革"时期作为"四旧"残余而被禁止过一段时间。但当国家控制稍为放松之后，以家庭为单位的祭祖和墓祭就再度盛行起来。林耀华早在1935年就指出，"儒家高唱孝的学说，愈助长拜祖风俗，不祭祖宗就是不孝，不立神主，更是不孝，我国祠堂的普遍，拜祖的盛行，儒家大有功焉"❷。可见，中国人的祖宗崇拜仪式确实已融入了儒学的理念，并与民间风俗结合

❶ 陈其南：《家族与社会》，台北：联经出版事业公司1985年版，第134页。
❷ 林耀华：《义序的宗族研究》（附：拜祖），北京：生活·读书·新知三联书店2000年版，第50页。

专题研究

在一起，在民众中深深扎根。李亦园在考察日常以及世代交替时的祭祖所表现的亲子关系时，也指出，这"不仅是日常生活关系的投射，而且也是儒家伦理思想的表达与肯定"❶。庄孔韶在对"金翼之家"进行重访性追踪研究时，归纳指出，"祭祖和墓祭是儒家理念的仪式化"❷。概括而言，吴庄社会通过张贴对联、实行墓祭以及对辈分、房分的清楚界定而将儒家的思想和理念成功地与民俗生活捏合在一起，儒家礼制渗透于吴庄人生活的方方面面。

　　根据民国二十五年（1936）编撰之《天水县志》❸记载，当时天水人口约为 34 万人，其中佛教（以临济正宗派为主）僧尼盛极一时曾达 4 050人，道士（以全真教为主）也达百数十人。2001 年所编撰的《秦城区志》❹提到国家承认的佛教寺庙不过 16 处，道观也仅 5 个。单从这些数据上来看，佛教、道教似乎对当地社会生活无足轻重，但是我们不能忘了，以上的数据仅仅包括"建制"内的"正宗"教派，诸多的个人/家庭修行场所，以及居家修士和"建制"外道士并没有被涵括在内。吴庄就有一个正在修建中的念经堂，尽管只有 10 余户吴姓人家卷入较深，但这个经堂和这些居家修士显然并没有被纳入国家编撰之方志之内。事实上，真正对民众生活产生直接影响的正是那些"建制"外的民间佛教和民间道教形式。❺因为，虽然在中国的制度结构中，"宗教和道德属于两个分开的方面"，而"西方宗教是把道德系统与超自然崇拜连接在一个单一的结构之中"❻，但庄孔韶指出，"在实际民俗生活中，道教的传统相当地借助了儒家伦理道德和卷入了日常生活礼制中"❼。

　　多数吴庄人参与的伏羲崇拜正是这样的一个儒、道、佛思想的融会贯

❶　李亦园："中国宗族与其仪式——若干观察的检讨"，载《"中央研究院"民族学研究所集刊》，No. 59，1985 年，第 53 页。
❷　庄孔韶：《银翅：中国的地方社会与文化变迁》，北京：生活·读书·新知三联书店 2000 年版，第 253 页。
❸　贾瓒绪编撰：《天水县志》，国民印刷局铅印，1938 年版。
❹　天水市秦城区地方志编撰委员会：《秦城区志》，兰州：甘肃文化出版社 2001 年版。
❺　日本学者渡边欣雄认为汉族宗教的基础及核心，是不属于任何宗教派阀的"民俗宗教"。他接受奎德忠的观点，认为所谓民众道教和民众佛教其实都应该称为"民俗宗教"。参见渡边欣雄：《汉族的民俗宗教：社会人类学的研究》，周星译，天津：天津人民出版社 1998 年版，第 1 页。
❻　C. K. Yang, *Religion in Chinese Society*：*a Study of Contemporary Social Function of Religion and Some of Their Historical Factors*，Berkley：Univ. of California Press，1961，p. 291.
❼　庄孔韶：《银翅：中国的地方社会与文化变迁》，北京：生活·读书·新知三联书店 2000 年版，第 385 页。

通。伏羲庙❶并不是佛寺，也不是严格的道观，但农历二〇〇一年二月十五的卦台山伏羲庙会上，主持仪式的却是道士。而一副写着"×××县兴国寺捐款×××元"字样的红色字条，夹杂于"×××乡政府捐款×××元"、"×××局捐款×××元"之类的庙会捐款名单中，显得颇为显眼。更为有趣的是，笔者在鼓楼下发现了一副非常有意思的对联：

儒教道教佛学教教教化民，

钟声鼓声赞歌声声唱爱国。

尽管从文学角度来说，这副对联并不算工整，但却正是三教合流进入民众生活这个理念的完美写照。对联撰写者准确地看到无论是儒、道，还是佛，这些"教"与"教"可以是不同的，但却都是志在"教化民"。也就是说，这些不同的宗教传统有着同样的目标"教化"，并在功能上呈现一种独特的互补性。

仔细考察这副对联，我们还可以发现它显然在有意无意之间将附近一带拥有众多信徒的基督教信仰排除在外。事实上，自 19 世纪末内地会将基督教带到天水一带地方，最先发端就在吴庄和张村，这里也一直是天水境内基督徒群体最为集中、基督教影响最为深刻的地方。笔者在吴庄的 10 个多月时间里，只要天气允许，几乎每天清晨或黄昏的时候都要爬上卦台山，一为放松和休息，二为锻炼身体。此时卦台山顶总是非常安静，在沉迷清幽古风、享受清新空气的同时，每每举目而望，最先进入眼帘的，总是吴庄和张村的两个高高的大红十字架。再往远眺，可以隐隐约约看到其他村落最为显眼的也是村庄上空的十字架。吴庄最早的几位基督徒同时也是天水地区最早的西医大夫，建立了天水最早的西式医院。

有意思的是，尽管教堂及十字架是吴庄最引人注目的建筑，基督教在当地社会已经在相当程度上作为一种信仰和生活方式取得了民众的接受，而且还有为数众多的家庭认同了这种"外来"的"异质"信仰，但是非

---

❶ 景军提到，中国传统上称佛教寺庙为"寺"，道教称"观"，纪念伟人和先祖之所称"祠"或"祠堂"。但是在中国民间宗教里，供奉医药之神、生育女神、水神以及其他超自然存在的地方通常被称为"庙"（参见 Jun Jing, *The Temple of Memories*：*History*，*Power*，*and Morality in a Chinese Village*，Stanford Univ. Press，1996）。供奉伏羲之地也称"庙"，据《甘肃文史资料选辑》第 41 辑载，全国现存伏羲庙 2 座，一在天水，一在河南淮阳。显然，这里没有包括修建于卦台山的伏羲庙。事实上，卦台山伏羲庙还要早于天水城区的伏羲庙。前者始建于金章宗明昌年间（1190—1196），后者始建于明朝成化年间（1483—1484），前后历 9 次重修，到清光绪时（1885—1887）方形成规模宏大的建筑群（参见刘雁翔：《伏羲庙志》，兰州：兰州大学出版社 1995 年版）。

常明显的是，无论是作为撰写对联的"民间知识分子"或"先生"，还是作为最广大的民众心理，所接受的仍然是将儒、道、佛的理念杂糅之后的民间信仰和生活哲学，基督教对于多数人来说仍然显得有些陌生。从这个意义上来说，基督教或许已经成为中国众多宗教中的一种（one of the religions in China），但却还不能说已经成为一种被多数人群和社会心理接受的"中国宗教"❶。

　　吴庄人一般都知道吴庄有 500 多户、3 000 多人，但至于具体情况如何谁也弄不清楚。负责管理吴庄户口底册的村秘书对笔者交底说："说老实话，就连我都搞不清楚，这里头复杂得很。反正是报一个大概的数字给乡上就行了。"笔者仔细查阅户口底册，又询问村里的"灵通人士"，才算整理出个大概。吴庄户口底册是以院落门牌号为序进行登记，全村共有院落 503 个，其中空号 2 个（已划地，但尚未建房），2 户共享 1 院 14 例，3 户和 4 户共享 1 院各 1 例，因此实际总户数为 513 户。户口底册的全村总人口为 3 128 人，但考虑到一些计划生育特殊挂户现象，有人无户的情况❷，有户无人的情况❸，以及户口迁移及农转非等种种情况，这个数据显然是不准确的，因此，笔者只能采用全村约有 3 100 人这个笼统的说法。

　　吴庄的家户大小不一，大至 10 人以上，小则 2、3 人，也有单身户，一般则为 5—7 人。吴庄的大户情况不多，仅 6 例，全部为吴姓。这样的家庭结构正好符合传统中国社会的大家庭理想，但其愈见稀少也正好反映了大家庭理念逐渐被核心小家庭取代的现代化过程。

　　从以上这些对吴庄的地理、人口以及宗教和文化的简要介绍中，我们可以看到吴庄深厚的历史沉淀及多样化的信仰和文化资源。简言之，吴庄是西北内陆的一个普通的汉人村庄，既有沉淀于家庭日常生活的儒家宗法理念，也有佛、道、耶等宗教信仰以及其他民间信仰形式；既有影响大多数村民的伏羲信仰和元君信仰，又有多达 1 000 余人的基督教信徒；既是一个历史厚重的汉人村庄，也正处于城市化、现代化的高速变迁进程之中。

---

❶　参见 Bays, Daniel H, "Protestantism in Modern China as 'Foreign Religion' and 'Chinese Religion': Autonomy, Independence, and the Constraints of Foreign Hegemony", Paper presented in Beijing Summit on Chinese Spirituality and Society, 2008。

❷　共有 13 例，其中 1 例是超生女，尚未上户，其余 12 例则是近期嫁来的外村媳妇，也未入户，土地关系仍在娘家，在吴庄没有土地。

❸　这种情况以上学、参军为主，1 户中有 1 人不在的情况有 37 户，2 人不在的有 4 户，3 人不在的有 1 户，共计 44 人。

二、吴庄基督教的历史过程

1876年，正是清王朝摇摇欲坠、社会动荡不安、列强坚船利炮横行之际，一个名叫庞克（或名巴格道，George Parker）的英国传教士奉基督教在华最大差会内地会❶的差派来到天水，是为新教宣教之第一人。当时信者甚少，老百姓对这个"洋教"根本不了解，对之敬而远之，几年的宣教努力，几乎没有留下什么成果。❷

1880年，内地会又差派两个英国宣教士马殿成（John B. Martin）、丁秉衡（Douglas A. G. Harding）前来天水。他们在天水站住了脚跟，在北关泰山庙对面（今人民路路南）购置地产，建立"福音堂"，是为天水最早的基督教堂。从此，他们开始了颇为成功的传教项目。他们主动接近群众，冬天给穷人施舍棉衣，春荒时给贫民救济粮食，取得一些群众的了解和信任之后，再进一步登门拜访，很快就赢得了一批信徒。除了利用福利传教之外，他们还直接到街头、集市、庙会散发传单，赠送单本《圣经》、画片等，进行直接布道。几年之间，信徒就达到了100人以上。1894年还专设女教堂一处，并在中城新建福音讲堂一座。

传教士除了在城区进行布道工作外，还努力在乡村开辟工作。1895年，马殿成先后带领三阳川张村的张尊三、张峰和吴庄的吴步一、吴去非信仰基督教。很快，吴等人在吴庄就带领了30多人接受基督教新信仰。1898年，成立吴庄基督教会，1900年建立教堂，为陇南地区第一个基督教乡村教会。3年前刚去世的吴庄教会原长老吴生荣，这样讲述这段历史：

我们吴庄教会创始于1898年，当时陇南除了甘谷有一所教会外，再没有比我们教会更早的。先是张村张尊三（张霞龄父亲）由英国传教士马殿成传说信了主，再由张尊三传给张峰和我们庄的吴步一（吴洁天父亲）并我父亲吴去非等人。那时我们张、吴两庄因教友人数不多，都在一起礼拜。最先是在吴步一家中，后在我家中，后来教友发展到30多人时就开始着手建造礼拜堂。我父亲原是个念经的道教徒，我家有一间念经堂。我

---

❶ 内地会是由英国人戴德生（James Hudson Taylor）于1865年创建的一个基督教差会。它本身不是一个教会组织，也不具有宗派的性质，但信仰上基本属保守的福音派（参见蔡锦图：《戴德生与中国内地会1832—1953》，香港：建道神学院，1998年）。内地会于19世纪晚期在甘肃建立的传教点有秦州（1878）、宁夏府（1885）、西宁府（1885）、兰州府（1885）、凉州府（1888）、泾州（1895）、平凉（1895）、镇原县（1897）、伏羌（1898）。
❷ 参见天水市基督教两会：《天水市基督教志》，1993年；甘肃省基督教两会：《甘肃省基督教志》，1998年。

专题研究

父亲信主后就将这间经堂和三分地基都捐给了教会，其他教友捐了现金和木料，就这样于1900年盖了四间平房做礼拜堂。经常来讲道的先是马殿成和李春雷，后来还有英国人任守谦。教会的长老由我父亲吴去非和吴步一、张尊三三人负责。❶

　　1900年所建的这座简易教堂主要由张尊三、张凤、吴步一、吴去非等人主持，信徒也主要是其家属或亲邻，一般村民都称之为"四人堂"，是吴庄最早的教会模型。"四人堂"建立以后，教会逐步扩大，信徒日益增多，10多年时间中就达200人之众，"四人之堂"当然容纳不下了，教会不得不考虑修建新堂。吴生荣如此描述新堂修建的过程：

　　蒙神祝福，教会日渐兴旺，悔改归主的人日渐增多。到1919年教友已发展到将近200人。四间平房礼拜已经容纳不下了，大家就商议盖厅子。盖厅子初，由大家乐捐，在紧挨原礼拜堂的东边购置地基半亩，在众教友的同心协力下，动手担土填置平整。接着又自己烧了一窑砖瓦。一切准备工作做好之后，于第二年1920年动工建造。蒙神祝福，一切顺利，到6月间就竣工了。在陇南地方，像我们吴家庄这样的教会，当时还是第一所。因此大大地彰显了神的荣耀，我们的教会也得到了大大的兴旺，神使我们吴家庄教会的名声，传遍了陇南各处。❷

　　1920年，大礼拜堂建成，"四人堂"也正式改称"吴庄福音堂"，时为陇南一带第一间，一时间吴庄教会声名远播陇南各地。

　　吴庄教会发展的同时，基督教福音也陆续传到同在三阳川的其他村庄，先后成立了乡村教会。最早建立教会的是与吴庄一丘之隔的张村，张村的信徒本来一直在吴庄教会聚会，后来人数增长以后，于1922年修建了自己的礼拜堂，正式建立自己的教会。离吴庄最近的霍村的情况也与张村相似，他们在信徒增长到一定程度时，于1928年也修建了自己的礼拜堂。这样，到1949年，仅三阳川地区就有教堂11座，信徒1 100多人，

---

❶ 参见吴生荣口述，吴永仑笔录：《吴庄基督教会简史》，1983年。这份文本是1983年吴庄教会为了向政府要回一间礼拜堂而写的材料，其中很多细节都语焉不详。口述者吴生荣自己在材料结尾处这样谈及写这份材料的动机："感谢主，我们教会创办的经过、成立年月及教友名册都由老前辈述于书，给我们作纪念、借鉴，这些都由老前辈存于我家中。1958年，因自己胆怯小信，我把教会简史以及各种文约地契都交了上去。自觉在主面前有罪，今受圣灵感动，觉得自己的一生，真像一声叹息，很快就要过去了，所以我们愿意趁着还有今天，将自己所知道的有关教会事工留给后来，好在我度尽自己年岁的时候，稍得安慰。愿主祝福，阿门！"

❷ 吴生荣口述，吴永仑笔录：《吴庄基督教会简史》，1983年。

成为天水基督教信徒最为集中的地区。

自 1898 年起，吴庄基督教基本上维持内地会为主导的保守福音派的信仰，无论在教导、礼仪和群体生活上都有着比较强烈的外来文化的意味。这其间尽管也有着一些当地信徒领袖试图通过掌握教会权力来进行一些本地化的努力，但真正带来比较大的冲击的是来自山东的一个中国土生土长的一个基督教教派：耶稣家庭。❶ 1933 年冬季，耶稣家庭派出传道人段彩炬、胡天恩二人从山东马庄来到吴庄教会，举行"奋兴会"❷，教会得到很大的复兴。据吴生荣记载：

由于这二人的传讲，神在我们教会大大地动工，各个信徒痛哭认罪，悔改前非，教友增加了不少。紧接着天水地方各教会都聚了"奋兴会"，各教会都得到奋兴，爱主的心大为激发。尤其在我们陇南地方有名望的四大夫吴洁天、卢见原、刘洪基、龚守仁，为主大发热心，在我们陇南地方发起创办了"陇南基督教联合会"，这使天水各地教会都得到了坚固和发展。❸

耶稣家庭的到来一方面带来了教会的发展，同时也由于在教导和信仰实践方面的差异而与之前的内地会为主的宣教士"传统"出现冲突，最终分裂为"新"、"老"两个教会，各自聚会，发展信徒，直到 1958 年停止礼拜。据吴庄教会现存年纪最大的吴奠福长老回忆，到 1949 年，吴庄教会已经相当成形了，"老会"有近 100 多人，"新会"也有近 100 多人，共计 200 多人。

1956 年，天水市"基督教三自爱国运动委员会"正式成立，在"三自运动"过程中，吴庄教会也在名义上合并成为一个统一的教会，但由于人数较多，还是按照过去的"新会"、"老会"分别聚会，并没有真正按照上级"三自"的要求实行"联合崇拜"。不过一些信徒出于安全和各自利益的考虑，不再公开到礼拜堂，聚会人数明显在逐渐减少。1958 年，反宗教特权运动开始，取缔"一贯道"反动会道门，当时的吴庄大队在工作组的领导下收缴了教会各教友的《圣经》以及教会的各种文约。同时公社占用"新会"的厅子，大队占用"老会"的厅子，都作为办公室，不久

❶ 陶飞亚：《中国的一个基督教乌托邦：赫苏斯家庭的历史研究》，香港中文大学宗教学系博士论文，2001 年。
❷ 基督教术语，指意在使信徒灵性和信心得到"奋兴"的聚会，内容主要包括富有号召力的讲道、情词恳切的祷告以及感情真挚忘我的敬拜等。
❸ 吴生荣口述，吴永仑笔录：《吴庄基督教会简史》，1983 年。

专题研究

公社搬到渭南,"新会"的厅子就成了小学校的校舍,教会的礼拜也就被迫停止了。信徒们看到当时严峻的政治环境,不再进行任何公开聚会,教会似乎消失了。但据吴恩德回忆,"(当时)私下里还是有些小的家庭聚会。其实也就不过是一两家人借着串门的机会一起交通交通❶,也不再唱诗,祷告的话也不能太大声"。1961 年到 1963 年期间政治环境有所放松,吴庄教会也恢复了聚会,但参加聚会的信徒不过几十人。

1964 年春,天水县统战部召开宗教会议,吴庄教会派吴兆璠、王进院、刘洪基三人为代表去参加。之后,一切宗教信仰活动被制止,吴庄教会似乎再次从人们的视野里消失了。1966 年"文化大革命",横扫一切"牛鬼蛇神",吴庄教会受到了最猛烈的冲击:

(当时)我们庄里基督教被作为重点打击对象,两位长老中吴兆璠戴了"反革命分子"帽子,吴生荣戴了"富农分子"帽子,6 个执事中吴友灵、刘洪基二人戴了"反革命分子"帽子,"法办"❷ 了吴恩德。另外给教友吴更新、张真香也戴上了"反革命分子"帽子,还给杨金菊戴上了"地主分子"的帽子,对《圣经》及其他一切"封资修"的书籍进行了搜查、捣毁,从此我们的教会彻底绝迹。教友之间再无人敢提说信主之事,信仰现出灭绝现象,各人只在内心活动,外在的一切形式都没有了。感谢主,在这和以后一段时间里,许多神的儿女为主的名受尽了逼迫、凌辱、患难,这也是神的恩典,是神对他众儿女的造就、洁净,使众教友经过了一次火的洗礼。❸

1978 年三中全会以后,宗教政策得以再度放宽。1980 年,全国三自会得到恢复,其后,天水各地的教会先后得以恢复公开的聚会,聚会重开以后,各地又开始重建各级三自机构。1982 年,在中央确定了宗教问题和政策的基调之后,天水市责成吴庄归还教会 3 个礼拜堂中的一个,而另外一个较大的由于已经作了小学校舍,还有一个较小的已用做大队办公室,

---

❶ 交通是基督徒的一个专用词汇,有些类似通常所说的沟通、交流,但被赋予了独特的信仰内涵。似乎给人一种感觉:如果一个基督徒用沟通或交流来表述基督徒之间的分享,显得有些不够"属灵"。

❷ 笔者一直没弄清楚"法办"是指什么,还以为是枪毙,直到笔者见到吴恩德本人以后才明白。当时他被判了 7 年劳改,1973 年他 43 岁时才刑满释放结婚。现在他已经 73 岁了,身体还非常健康,从 1980 年开始他四处步行传道,跑遍了整个甘肃以及部分陕西和青海。他家里从他爷爷开始信基督教,现在全家差不多 60 口,全都相信,其中还有 2 个长老,5 个执事,8 个可以做讲道人,是一个名副其实的"基督化的家庭"。

❸ 吴生荣口述,吴永仑笔录:《吴庄基督教会简史》,1983 年。

就不再归还。从这个时候开始，吴庄教会才正式公开聚会。当年 12 月，吴庄教会举行了盛大的圣诞节聚会，会期 3 天，这也是 35 年来第一次公开举行圣诞聚会。

这之后的 20 年间，吴庄教会迅速成长，信徒中间也不再区分"老教"与"新教"，但以主张方言祷告、医治异能等灵恩倾向的"新教"显然占据了绝对的优势，并成为方圆几百里闻名的"求圣灵"的"圣地"。许多热心寻求特别的"属灵"经验（spiritual experience）或有特殊的身体和家庭需要的信徒纷纷慕名而来，参加吴庄教会名目繁多的聚会，以求得到说方言、"摸着神"的神秘经历。不仅四乡信徒慕名而来，刘长老还介绍说甚至一些更远的人也慕名前来。1998 年 7 月，香港福音杂志《桥》的一个编辑专程前来教会参观，尽管只有一天，但对吴庄教会来讲也是一件大事。2000 年 8 月，马来西亚一个教会的牧师慕名而来参观，他本来希望能讲一次道，可惜因为吴神选长老担心这样违反了三自会的规定，被上面知道了以后不利于教会的工作，只是简单介绍了一下他"得救的见证"和"蒙恩的呼召"❶。

据北道三自委员会 1999 年上报给宗教局的数据，吴庄的受洗信徒为 471 人，约占全区总受洗人数 6 146 人的 8% 左右。对于这些数据的真实性，北道三自委员会主席李牧师很直白地指出："这些数字都是经过处理的，我自己原来也是耶稣家庭出来的，对吴庄教会很熟悉，他们的信徒人数绝对要超过 1 000，就是受洗人数也一定不会少于 600 人。这事大家心里都清楚，就是我自己在汇总最后的数据的时候都要掂量一下，是多说一点，还是少说一点。我自己估计，北道受洗的信徒怎么说也不会少于 1 万。"不论具体的数据如何，但今日的吴庄教会已经远不是当年"四人堂"只有了了几个信徒的景象了，吴庄现在的教堂也已不是当年的那个"堂"了，目前使用的教堂原先是 1946 年建成的"老会"的新堂，1982 年政府发还之后，几经修补，到 1995 年因为信徒增多而扩建成现在的样子，主要包括一个东西向的主堂（"厅子"）和一个南北向的副堂（主要用于教会接待以及书籍存放等）。

尽管吴庄教会的负责人刘长老认为吴庄教会有近 1 000 人的信徒，但

---

❶　这分别指的是一个信徒如何成为基督徒的过程，以及他如何感受到神的带领而愿意奉献做传道人的经历。

笔者发现就连这个平常只能容纳500人左右的教堂也显得比较空，一般只有100多人，而平常晚上的查经聚会则只有五六十人，少的时候甚至只有二三十人。比较稳定地参加聚会的信徒主要是女性，大约要占75%，信徒的年龄结构也大大失调，30岁以下的非常少，不到20%，而且这些年轻信徒一般只参加主日聚会，其他聚会都是很少去的。❶ 笔者每次聚会时都会强烈地感觉到基本上就是一个中老年女信徒的聚集，当然讲道人还都是男的。❷ 笔者曾请教刘长老为什么聚会的人这么少，而且弟兄很少，年轻人很少，他认为这其中原因很复杂，很多人是因为打工去了，打工的也是男的比较多，留在村里的人事也太多，忙着挣钱。不过，他觉得最大的问题还是因为他们在信仰上"软弱"了。

转眼间，"四人堂"已经百年有余，这百年也正是中国社会、政治、文化大变革的时期，尽管它偏居一隅，却也见证了其百年的沧桑。现在的"四人堂"已经几乎感受不到最初内地会宣教士的味道了，倒是耶稣家庭的痕迹依旧。尽管如今的教会已经不可能采取当年"家庭"式的组织结构，但它在吴庄的成功植入和复兴却无可置疑，吴庄上空高高矗立的鲜红十字架和散布各地号称上千的信徒都是这个对传统汉人社区来说的"新"信仰的见证。

三、"我们"与"他们"

基督教的一个显著特征就在于要求信徒有比较明确的委身（commitment），或信仰归属（belonging），而这对于吴庄普通民众来说是一件比较陌生的事情，因为按照秦家懿和孔汉思的观察，中国人在信仰方面的一个特点正是多重归属，或者说不强调归属。❸ 因此，当一部分吴庄民众归信基督教时，一个必须完成的过程就是建立起自己信仰的独特性，其中的一个基本策略就在于在家庭及社区生活中构建一个群体边界。这个分群的过程最为集中的呈现就是在对于是否以及如何参与作为社区公共活动的卦台山伏羲庙会，甚至以一个相对激烈的方式表达出来，在基督徒看来可以被

---

❶ 吴庄教会没有专门开设青年聚会，秦城和北道虽然从2000年3月开始每礼拜一次举行青年聚会，但参加的人并不多，分别只有20多人。而且实际上，青年聚会在相当大程度上是"娃娃"聚会，基本上是小学生和中学生，由父母或祖父母带着去参加聚会，"学点圣经"。
❷ 秦城和北道的信徒基本上也是以中老年为主，而且女性居绝大多数，约占聚会人数的80%。
❸ 秦家懿、孔汉思：《中国宗教与基督教》，吴华译，北京：生活·读书·新知三联书店1990年版。

归结为"信主的"与"拜鬼的"之别，而在其他吴庄民众看来则是作为自己人的"我们"以及作为另类的"他们"。

无论是政府、村庄精英、传统势力，还是进入商品交易系统的商人和普通庙会参与者，都认为卦台山庙会是个多赢的活动，因而是值得支持和推广的。从政府来说，政治教育的作用和推动经济、发展旅游等都是支持庙会举办的决定因素。村庄精英从自身利益考虑也愿意积极参与，甚至领导这个过程。在吴庄及附近村庄中，唯一不安的是那些不安分守己、不来参拜老祖宗的异己分子：基督徒。唯一不同甚至反对的声音也来自他们，他们竟然祷告要去除一切偶像，当然伏羲或元君都在去除之列。事实上，由于信仰上的这个分野还导致了另一个更为直接的冲突，即基督徒不仅不参加庙会的活动，甚至不同意和抵制村委会按人头进行的摊派。这样的事情早在 1940 年代就发生过，杨懋春记载了发生在山东抬头的一个类似的故事："在分担村里演戏费用的为体上，基督教群体和其他村民发生了争执。每年一次的演戏是最重要的娱乐，所有家庭都按收入捐款，但基督教徒拒绝交付他们的那份费用。他们认为演戏是对龙王的一种感恩，不符合基督教教义，因此基督徒不能够出钱。但他们又不阻止家庭成员及其亲戚观看演出，也享受和其他人同样的娱乐。这一行为大大激怒了其他村民，他们不再把基督教徒完全看作本村人。当村民得知基督徒还受外国势力保护时，他们更加气愤了。"❶

应该指出的是，总体上来说，吴庄基督徒们对庙会活动的态度非常冷漠，在事实上执行一种三不策略，即不干涉、不参与、不关心。然而，这只是基督徒们处于村庄弱势的情况下采取的折中策略，因为按照吴庄教会一直强调和坚持的复原主义式的《圣经》教导，凡偶像之物都是要除去的，这在十诫中已经明确地予以了规定。吴庄基督徒们也承认他们经常为这庙会祷告，求神除去，不过他们也认识到这在客观上是不大可能的，因此，就有了另一个解释来面对这个情况，神之所以不除去，乃是因为要试验信徒的信心，看看信徒是专心一意地敬拜上帝，还是像当初以色列人那样随从当地的风俗而去敬拜巴力、亚斯他录❷。尽管基督徒不愿意与庙会

❶ 杨懋春：《一个中国村庄：山东抬头》，张雄、沈炜、秦美珠译，南京：江苏人民出版社 2001年版，第 160 页。
❷ 例如《旧约·士师记》就多次出现类似这样的句子："（耶和华说）因为这民违背我吩咐他们列祖所守的约，不听从我的话。所以约书亚死的时候所剩下的各族，我必不再从他们面前赶出。为要借此实验以色列人，看他们肯照他们列祖谨守遵行我的道不肯。"

专题研究

活动牵扯上任何关系，但由于他们仍然生活在原来的社区中，又无法完全脱离关系，尤其是涉及庙会费用的分摊问题。应该说，庙会费用主要是请秦腔剧团的费用，道士主持祭祀的费用、香烛、鞭炮、供品的费用其实都不多。对于多数村民来说，他们愿意缴纳庙会摊派除了觉得这是社区的集体性行为，也有为秦腔这个娱乐活动买单的意思。尽管基督徒也认为秦腔本身是娱乐，但他们自己也喜欢听，可是由于这是"庙会戏"，与"鬼"拉上了关系，如果参与到里面，就是与"鬼"沾上了边，而这是基督徒最不愿意的。因此，当1984年庙会正式重开、吴庄开始摊派庙会费用的时候，基督徒与庙管会就发生了直接冲突，没有一户基督徒愿意缴纳。伏叔说："如果是救灾或者做别的，我们都愿意交，拜偶像那是绝对不行的。"

这一年的冲突在基督徒和非基督徒之间留下了一道极深的伤痕，但当年也就不了了之。次年开始，作为庙管会负责人的老书记巧妙地改变了原来临时到每家去收取庙会摊派的做法，而将每人5元的摊派放进了其他提留、收费里，然后暗地里将钱转给庙管会。这个做法基督徒也就没什么办法了，一来在村委会里没有一个人是基督徒，就是这种转收的方式他们也一直只是猜测，同时农村收费本来就很混乱，普通村民根本就搞不清到底收了哪些钱。但关于摊派的冲突并没有得到根本性的解决，基督徒们仍然对村委会和庙管会抱有微词，而非基督徒们则在这件事上更清楚地看到了基督徒们与他们的不同。由此，基督徒与非基督徒的区分得到最明显的表达，从而使得宗教信仰成为划分吴庄社区人群分类的一个区别性特征，并形成了"我们群体"（we-group）与"他们群体"（they-group）的社会分类和群体意识。❶ 基督徒们认为自己是"上帝的选民"，是"圣徒"，是"信主的"，是属"天国"的，而将非信徒们归类为"罪人"或"俗世之人"，是"拜鬼的"，是属"世界"的。反过来，非基督徒则认为自己是传统文化的承继者，是"真正的吴庄人"，而基督徒则是一群"异己"，是祖先的"不孝子孙"，是"信洋教的"。潘守永在对山东抬头村的回访式研究中也指出，"这个'信仰圈'与'族群认同'交互作用的个案对于我们认识族群性有特别重要的意义。俗话说，物以类聚，人以群分。分类

---

❶ 杨懋春：《一个中国村庄：山东抬头》，张雄、沈炜、秦美珠译，南京：江苏人民出版社2001年版，第158页。

是人的天性，而人类分群的标准却是多种多样的。抬头社会糅合'宗族'和'宗教认同'，将内在的经验（宗族经验）和外在伦理实践（宗教经验）完美结合的例子，无疑是族群认同的一项创造。"❶

不过需要指出的是，这种"创造"却对原来社区的集体认同发出了挑战。庄孔韶指出，"无论地方士绅集团，还是乡村农民共同体，都因部分中国人传统信仰的改变而发生了分化。在中国地方原生文化（儒学礼制、民俗信仰）群体的坚强壁垒之外，渐渐形成了试图打碎和超越宗族与家族'原生情感'❷的具有共同的基督教族群意识的群体。"❸ 不仅如此，基督教所主张的"凡信徒皆主民"的教导对中国传统的家族和谐与血缘纽带延续的家系纯洁体系也是一个极大的威胁，詹姆斯·里德说："这些属于上帝之国的人们，不管他们是什么人，都能结成一种比血缘关系更紧密的友谊，属于一个'信仰的家族'比属于一个出生的家族更富有，更具有意义。因为属于一个'信仰的家族'没有空间、时间、国家和民族的限制。属于'信仰的家族'就意味着在天堂我们属于伟大朋友之一员，在地上，我们的朋友数不清，我们'所有的人都在耶稣基督里合而为一'。在'信仰的家族'中，我们都成了上帝的儿子，因此，我们之间的关系都是兄弟般的关系，正是在这一点上，家庭与朋友之间的关系才找到了它们的真正意义。"❹

笔者在对吴庄基督徒的深入接触中发现，基督徒用来区分"我们"与"他们"时，不仅是在作为心灵内在的信仰经验，更直接的则是一系列宗教禁忌或行为方式构成的符号系统。人类学对人类利用象征体系进行社会分类已经做了许多的研究，最著名的有玛利·道格拉斯的《洁净与危险》，以及奥克莉（Judith Okeley）对吉普赛人的研究。❺ 她们都特别注意到了在区分"我群"与"他群"时分类禁忌的使用。吴庄基督徒的分类禁忌最显著的除了前面提到的是否参与伏羲庙会以及是否参与墓祭及其他祖先

---

❶ 潘守永：《重访抬头：中国基层社会文化变迁的田野研究》，中央民族大学博士论文，1999年，第72页。

❷ Primordial Sentiments，见克利福德·格尔茨：《文化的解释》，纳日碧力戈等译，上海：上海人民出版社1999年版。

❸ 庄孔韶：《银翅：中国的地方社会与文化变迁》，北京：生活·读书·新知三联书店2000年版，第428页。

❹ 詹姆斯·里德：《基督的人生观》，蒋庆译，北京：生活·读书·新知三联书店1989年版，第188页。

❺ 参见 Fiona Bowie, *The Anthropology of Religion：An Introduction*，Blackwell Publishers Inc，2001，Chapter 3。

专题研究

崇拜方式之外，还包括是否参与洗礼和圣餐❶。这两个仪式性活动之所以重要，就在于前者乃是一个基督徒对自己身份的确认和公开表明，后者则是通过领受同一个"饼"和同一个"杯"而对自己基督徒认同的再加强以及与其他信徒在仪式上获得的一致性。这也正是基督徒经常用来教导关于基督徒的合一时所用的经文所要表达的："身体只有一个，圣灵只有一个，正如你们蒙召，同有一个指望。一主，一信，一洗，一神，就是众人的父，超乎众人之上，贯乎众人之中，也住在众人之内。"❷

与犹太人和穆斯林类似，基督徒也采用一些饮食禁忌来帮助进行分类识别。吴庄的信徒们是不沾烟、酒的，特别是长老和执事更是绝对不能。尽管《圣经》没有说不准吸烟，对酒也只是说"不可醉酒"，原因是"酒能使人放荡"，而并没有绝对禁酒，但无论是保守福音派的"老会"，还是耶稣家庭这个"新会"，他们都不约而同地站在了严格禁止烟、酒的立场上，因为这在社区中是一个非常有效的分别方法。靖玖玮在云南福贡的观察❸与吴庄甚为类似，"这里的基督徒，不但不吸食毒品，对烟、酒的要求也极为严格，基督徒开铺子也不准出售烟、酒，若一个传道吸烟、喝酒，就不要想在信徒中传道了。"❹ 在烟、酒之外，另一个主要的饮食禁忌是血。吴庄基督徒是绝对禁止吃血的，认为血里含有生命，而且这是《圣经》不论《旧约》、《新约》都反复强调的禁令❺。他们甚至把吃不吃血提高到是否承认你是"弟兄"的高度，如果一个基督徒主张并承认自己吃血，那么吴庄教会就会不再将这个人视为基督徒来看待。

基督徒婚姻圈及优先选择基督徒为配偶也是吴庄基督徒的一个识别和分类的方式。吴庄基督徒都表达了希望自己的子女能够"找一个信主的"这样的愿望，尽管他们也意识到由于自己的人群始终是有限的，要绝对地限制只在基督徒圈子中寻找配偶是不现实的，但他们都表示"最好"能是

---

❶ 基督徒通常把洗礼与以色列人的割礼作类比，认为都是人因信而蒙上帝接纳之后的一个标记，是对自己的信仰向上帝、向天使、向世界及向他人的一个宣告，因此也常有将洗礼比作婚礼的说法。而基督教传统上对圣餐领受资格的限定也是一种分类，只有受过洗礼的人才能够领圣餐，尽管这在《圣经》里并没有记载，而只是教会传统。

❷ 《新约·以弗所书》4 章 4—6 节。

❸ 据他的调查，认为福贡县可以说是一个基督教化的县，全县总人口 8 万，基督徒就占了 6 万。

❹ 靖玖玮："滇西行"，载《天风》复总 154 号，1995 年 10 月。

❺ 不吃血的《圣经》根据主要在《旧约》，但在《新约·使徒行传》中的记载（15 章）则更为权威。当时的耶路撒冷会议决定对于那些归信耶稣的外邦人（非犹太人），不再要求他们遵守犹太人繁琐的各种诫命和律法，只有 4 条要求，即禁戒偶像、奸淫、勒死的牲畜、血。其中后两个都是与生命即血有关的，是反复强调的。

信主的。吴恩德说："我的孩子都还没结婚，我还是很想让他们都找信主的。因为我当初虽然也是找的一个不信主的，但是后来，感谢主，她也信了。不过，我还是想，如果对方本来就是信主的，相处起来应该更容易一些。当然了，现在要找合适的对象本来就不容易了，他们的年龄都不小了，何况还要信主的，哎，实在没办法的时候，不信主的也行。"吴正能在成为信徒之后，就鼓励儿子以后一定要找基督徒，尽管他儿子还不足10岁，"我现在就经常对我娃娃说，长大以后找媳妇一定要找个像你妈这样的，一定要找个信主的，你不晓得信主的媳妇是个多大的福气。"

吴庄基督徒还将日常道德行为也作为一个分类的标准，按刘长老的说法就是，不干坏事、努力进取的就是信主的，反之则是非信徒。伏叔也说："信主的娃娃还是好得多，至少该干什么就老老实实地去干，不像那些不信主的娃娃，一天到晚游手好闲。昨天庙会说是又有打架的，还说是打死了一个。"吴姨在一旁补充道："山上拜的实在是个大魔鬼，每年庙会期间都要死一个人，年年都有打架的事。"吴庄也确实存在这个现象，在全村100余大专以上学历人口中，包括6名硕士，其中约一半为基督徒家庭的孩子，其比例显然比基督教徒的人口比例要高得多。基督徒对此的解释也有不同，或者是完全超自然的解释："完全是神的恩典，神所预备的。"或者是更为社会学的解释："因为管得严格一些，做正事，不去胡搞。"但这些解释无疑都是在为基督徒作定义，即"信主的"就是与众不同的，"我们"的概念在此也得到体现。

在基督徒与非基督徒之间进行分类的同时，基督徒内部也存在着分类。其中既有按照是否"说方言"的标准以分别"新会"与"老会"，也有按照是否积极聚会以分别"信得好"与"软弱"，以及按照是否禁食祷告以分别"属灵"与"不够属灵"。但是，尽管他们自己内部有这样的区分，并形成一定的派系和小群体，但当他们面对外部的非信徒群体时，他们又清楚地表现出"我们"是个整体这个概念。

四、信徒共同体中的女性

到底吴庄哪些人走进教会了呢？除了笔者的主要报道人伏叔一家，他

专题研究

的连襟姚家也全家归信❶，吴庄 6 个单姓户中只有 1 户没有归信。霍（4户）、雷（3户）、田（2户）等小姓户也在教会里，倒是毛（13户）、刘（18户）、王（16户）等几个稍大的姓氏中归信的不多，比较著名的有刘归主长老一家以及天水市三自委员王进院一家。教会中仍然是吴姓为主，但其中绝大部分都是原本处于社区生活边缘的家庭。即使是建立"四人堂"的张尊三、吴步一、吴去非等人后来由于学习西医的缘故，社区地位得到极大的提升，但最初的时候他们在当时社会也没有掌握村庄权力，在家族事务中也极少有影响力。目前家庭相当庞大的吴恩德一家以及吴召仁一家，也是这种情况。简言之，吴庄教会的信徒呈现出主要以弱势群体归信的现象，一个映证就是教会中大量女性信徒的现象❷。这与庄孔韶在福建黄村的发现是一致的，在那里的"一个共同现象是年轻妇女基督徒数量大大超过男人数量"。刘长老给我提供的解释是，"姊妹们爱心好，信主后生命改变很大，又愿意传福音，和其他女人家长里短聊天的时候就把福音传开了，时间长了，当然是姊妹多了。"这个说法应该说是有一定解释力的。

李沛良在其对华人社会心理与行为的研究中就指出，"在许多世纪以来，华人社会一直是男性占优势的地位，为了维持这种优势地位，男性被期待表现坚强，而不可轻易向别人诉苦。有谚语这样说：'大丈夫宁死不屈'，'大丈夫流血不流泪'，因为男性必须向别人证明他是个真正的大丈夫，故努力压抑内心的感受，绝不可能随便为任何身心毛病而诉苦……相反来说，女性在华人社会扮演被动的角色，她们被期待应该软弱和温柔，即使是女性本身也接受'女人是弱者'的想法……既然女人接受自己不如男人（的观点），而且自己的一生是不幸的，那么她就顺理成章地没有不承认自己的毛病或困难的理由了，总的说来，女性身心有毛病是很正常的现象……（因此）在华人社会，女性比男性更容许把自己的毛病或困难向别人倾诉。"❸ 庄孔韶在这个观察的基础上也指出，"考虑（到）乡村妇女

---

❶ 有趣的是，姚家原本也不是吴庄人，也是上一代逃荒到这里来讨生活的。姚叔在市里的工厂上班，周末轮休才回来。两个孩子，大的是男孩子，刚上天水师范学院，小女还在上中学。

❷ 女性信徒众多是普世基督教的普遍现象，而弱势群体的归信在《圣经》中也可以看到一些例子，无论是耶稣所主动接触的那些为犹太人所鄙弃的税吏、妓女及外邦人，还是保罗在宣教旅程中最先得到的信徒，相当多的是当时社会中的边缘群体或等外人。

❸ 李沛良："在香港的城市地区性别角色：社会地位与心理状况的关系"，见林宗义、Arthur Kleinman 主编：《文化与行为：古今华人的正常与不正常行为》，香港中文大学出版社 1990 年版，第 237—239 页。

闲暇时间多，而且家务可以与邻里妇女凑在一起做，便造就了女人易向姐妹、邻里诉说心中琐事的机会……或大或小的妇女同侪团体是排解女人心中积郁的良好场合。带着生活中的叹息、挫折、悲伤、怨气以及归结于命不好的心情听取宣教，终于在引人入胜的《创世记》和令人同情的《路得记》中找到答案。女人罪的羞耻以及全心全意地听从神的命令才能受恩惠的宣教，使那些有软弱传统的中国妇女获得了力量……基督教倚重的团契活动如今刚好填补了一些妇女思想沟通场合的空缺，故今日星期聚会处中妇女团契已是最重要的力量。在团契中引证《圣经》、做物质与道义上的互相支持、逢时互相感化，吸引了更多的妇女入教，即团契之结合刚好是一个'妇女倾诉过程'或'传道与信奉过程'，也是文化传统、女性心理和宗教有机结合的过程。"❶

妇女的归信基督教并不等于她们就可以获得更多的权利和更高的地位。事实上，无论是在家里，还是教会中，妇女的角色都是文化限定的。桑戴通过对"跨文化的标准样本"❷ 所列举的186个当代及历史上的样本研究后，发现有156个样本都提供了足以对性别角色的文化场景进行比较研究的资料。❸ 她指出，神圣符号并不是世俗权力角色的对应现象，相反它是决定世俗权力的首要因素。事实上，世俗权力角色乃是从神圣权力的古老观念中衍生而来的。代表神圣权威的《圣经》教导对女性角色作了不少的界定，女性在被确认为与男性同为上帝所造因此具有同等地位的同时❹，有更多的经文及故事透出其劣势的实际。《路得记》如果不从神超然的拯救计划的角度来阅读的话，那位顺服、温柔的路得怎么看都与中国古代故事中的才德女子的形象相近。同样，《以斯帖记》中的犹太女子以斯帖也仿佛犹太政治史上的一个牺牲品，与中国历代的"和亲"政策神似。尤其在《新约·以弗所书》5章22—33节中特别强调妻子要顺服丈夫，而丈夫则要爱妻子，甚至把这提高到了"你们做妻子的，当顺服自己的丈夫，如同顺服主"的高度，"因为丈夫是妻子的头，如同基督是教会

❶ 庄孔韶：《银翅：中国的地方社会与文化变迁》，北京：生活·读书·新知三联书店2000年版，第440—441页。
❷ G. P. Murdock and D. R. White, "Standard cnss-cultural Sample", *Ethology*, 1969, 8：329–369.
❸ Peggy Reeves Sanday, *Female Power and Male Dominance*, Cambridge Univ. Press, 1981.
❹ 最常用作证据的经文是《创世记》1章27节："神就照自己的形象造人，乃是照他的形象造男造女。既然男女都是照神的形象所造，一个自然的推论就是男女生而平等。"另外一处较常使用的经文是《以弗所书》5章21节："又当存敬畏基督的心，彼此顺服"。

的头";而"教会怎样顺服基督,妻子也要怎样凡事顺服丈夫"。中国基督教协会 2001 年出版的《主题汇析圣经》就丈夫对妻子的责任列出了 8 个方面的相关经文:亲近妻子;安慰妻子;与妻子快活度日;爱妻子;讨妻子喜悦;称赞妻子;忠于妻子;敬重妻子。相应的,就妻子对丈夫的责任也列出了 6 个方面的经文:亲近丈夫;爱丈夫;讨丈夫喜悦;忠于丈夫;敬重丈夫;顺服丈夫。两相比较之下,不难发现,就妻子对丈夫的责任而言显然多了一条"顺服"。

谈到这个家庭中男女角色的问题,一位未婚男信徒用很不确定的语气说:"家里谁说了算?应该是我吧。不过我会先问她的意见的。我不觉得这有什么不平等,只是角色不同而已嘛。我作头,爱她,照顾她,她呢,应该是顺服我,帮助我。唉,不过,这些是我的理想罢了,到时候如何谁知道呢?"一位已经结婚多年的女信徒则频频摇头,感叹道:"这说来容易,真做起来就太难了。"她说已经这么多年了,还是没有学好怎样去顺服,经常是与丈夫口角之后,就知道自己不对,赶紧认罪祷告,但要向丈夫主动和解总是太困难,没法开口,觉得太没面子。

女信徒在家庭内的文化规定如此,在教会生活中也极为类似。《哥林多前书》14 章 34—36 节这样说:"妇女在会中要闭口不言,像在圣徒的众教会一样,因为不准她们说话;她们总要顺服,正如律法所说的。她们若要学什么,可以在家里问自己的丈夫,因为妇女在会中说话原是可耻的。神的道理岂是从你们出来吗?岂是单临到你们吗?"这段经文成了基督教会传统上不允许妇女讲道的直接《圣经》根据,尽管后来一些教派开始放松这个限定,并且还按立了少量的女牧师❶,但总的来说,妇女在教会事务上的角色是与男性不一样的。吴庄教会亦是如此,尽管也有 5 位女执事,但却全是妇女事工方面的,在其他方面没有一个人列为主要参与者。至于讲道则更是非常严格,妇女唯一带领聚会的时候就是礼拜三的妇女查经班,由于与会的全是妇女,带领、讲道的也是女信徒,但教会明确限定此次的讲道人不能上讲台,只能在讲台下讲。

这个女权问题在一些比较现代的大城市里的信徒中,尤其是年青一代

---

❶ 中国三自教会里的女牧师比例与国外相比之下算是很高了,但仍然还是"少数群体"(minorities)。而且这些神职人员中担任教会主要负责人的更是寥寥无几,这与整个社会的大环境正好一致。可见,神圣(sacred)与世俗(profane)并不是想象中的那样界限分明,可作类比之处甚多。

的知识分子信徒中，显得问题比较大，"凭什么女的就要顺服男的"？一些女信徒就此提出疑问，"难道这么说来，在家庭中，男性就是要比女性优越吗？这不是与'人人生而平等'的教导直接违背吗？"应该承认的是，这个问题是城市教会尤其是受过高等教育的年轻人群体中颇受关注的问题，在吴庄教会几乎觉察不到，很少有人关注这个问题，也很少有女信徒对这个问题提出质疑。导致这种情况出现的一个因素就在于信徒的年龄结构，吴庄信徒的年龄普遍偏大，年轻人比较少，而这一代人中大部分还是深受传统儒家伦理的影响，"夫为妻纲"的想法、"三从四德"的观念体系在一定程度上还在发挥作用。天水师范学院退休的李景沆（秦城教会长老）的看法可以说有一定代表性："丈夫在家庭里是头，这在我们这里都是这样的，《圣经》上就是这么说的。《圣经》怎么说，我们就怎么遵守。况且，《圣经》说女人要顺服丈夫，但同时要丈夫爱妻子，要是丈夫对妻子不好，你想妻子也就很难顺服丈夫了，对不对？我觉得这不是一个地位高低的问题，而是家庭角色不同的问题，丈夫在家里需要的就是尊重，妻子最需要的是体贴和关怀。我觉得《圣经》将丈夫和妻子的角色这么分配非常有智慧，与男人、女人的天性正好相配。"

　　吴庄信徒之所以对这个妻子顺服丈夫的教导接受得比城市年轻信徒容易的原因就在于，他们采用了原来所熟悉的儒家观念体系来理解和阐释基督教的教导，使用了传统文化的"旧皮袋"来盛放基督教的"新酒"。这样的策略产生了3个方面的效果：首先是基督教的教导得以被信徒接受并执行；其次，反过来说，传统文化观念也借着新的信仰形式得以在一定程度上保存下来，基督教成了盛放传统文化"旧酒"的"新皮袋"；其三，无论是基督教的经典教导还是地方传统文化观念，都在一些内涵和意义上出现了不同程度上的变化，与原来的经典体系出现一定的偏差。吴庄信徒在接受和执行"女人要顺服丈夫"时很少想到"教会要顺服基督"这个属灵的层面，将这个本来具有群体性属灵意义的教导化约为简单的个人性的生活指导。同时，"夫为妻纲"和"三从四德"之类的传统观念又被基督教"人人生而平等"、"神造世人"的教导所修正和改造，至少在理论上不再具有地位差别的政治色彩。

五、家内关系的重新阐释与构建

　　归信基督教之后的村民发现，自己的家庭观念及其组织方式发生了一些微妙的变化。家庭权威的角色界定和实施，亲子关系与夫妻关系的平衡，乃至信徒家庭与非信徒之间的互动关系都要重新认识。

（一）家庭权威的形成与转移

基督徒认为，家庭是神所设立的三大制度中的基础❶。既然是制度，显然就有结构，有角色的分配和权威人物的出现。在吴庄，体现家庭权威的一个符号是住房的分配。在南北朝向的三间正房中，中间一间一般是最宽大的，谁占有这一间正房就表明谁是家中的实际权威。这反映了民间住房平面配置上的儒家礼制理念，客厅符号所指代的是代表家庭与外界交涉，占据客厅者就等于是一个家庭的外交官，表明他具有代表整个家庭决策的权力。传统来讲，中国家庭里的权威一般是长者，在其年老时权威主要来自道德伦理的文化规范，而不是实际的经济权力。

吴庄是一个移民社会，尽管是一个大姓村庄，但并没有形成如福建、广东一带那样的完整的宗族体系❷。吴庄的吴姓与兰林友描述的后夏寨❸类似，尽管是一个姓，却并不是一个来源，此吴非彼吴。吴庄的长者对这个区别还很清楚，到伏叔的儿子灵强这一代就几乎没什么概念，只是隐约知道哪几家是最亲近的，哪些则更远一些。吴庄也没有严格的取名辈分规则，借吴召仁的话说，"我们取名字都是乱取，没那么多讲究，只要不与本家长辈同名同字就行。"1949年后几十年的政治运动强行消除各种传讲儒家宗族理念的文化形式，尤其是"扫四旧"把吴庄的川地坟墓都全部铲除推平以助规模耕种❹，在事实上禁止了传统的墓祭仪式❺。在这样一个家族/宗族组织不完全、势力相对比较弱小的社区里，家庭权威形成及转移的经济因素就格外显著。Sung认为，家产来源不外乎两种，继承与个人

---

❶ 三大制度分别指家庭、教会和国家。

❷ 莫里斯·弗里德曼：《中国东南的宗族组织》，刘晓春译，上海：上海人民出版社2000年版。

❸ 兰林友：《庙无寻处——华北村落的人类学研究》，中央民族大学博士论文，2002年。

❹ 笔者在吴庄的第一个感觉就是见不到几所坟墓。过了一段时间，才知道吴庄原来的坟墓主要就在川地里，"扫四旧"时全部铲平了，现在见到不多的坟墓是20世纪70年代末期以后的新坟。而且由于人口的增加，土地压力越来越大，越来越多的人选择将坟墓埋在山地，不至于占用易于灌溉、产量高、收成能保证的川地。吴庄一带的坟墓非常简单，只是一个锥形土堆子，几乎没有立碑记录名讳及其后裔的，倒是在霍村附近看到4座水泥浇铸的坟墓，还立有墓碑。这是一个1949年逃到台湾的吴庄人前几年回来给父母和祖父母新立的，因为他在庄里已经没有别的直系亲友，无人照料坟墓，立这个墓碑是为了以后自己及子女回来看望时还能辨认。

❺ 这种早已渗入村民血液的民俗是无法长期禁止的，20世纪80年代以后又开始了清明时节的墓祭，有些坟墓已经消失在田间地头了，村民们就照着记忆在田头点烛、焚香、化纸，以表心意。

创造。如果分家时继承性财产（如土地）占主导部分，那么父亲的权威就会较大，反之，如果家产是由父亲与几个儿子共同创造而来，其权威就会大大削弱。❶ 虽然由于伏叔是唯一的儿子而没有分家，但确实由于家产的创造是由他与父亲共同创造的，甚至可以说主要是由他创造的，家庭的权威天平显然更倾向于伏叔。因此我们就更能理解这个事实，当伏叔一家还住在老院子时，正房是属于爷爷的，而到1986年迁入现在这个院子的时候，由于当时出资出力的主要是伏叔夫妻俩，很自然就由这对年轻夫妻享有了正房。正房居住权的这次转移成了一个象征性的家庭权力转换的事件，具有年青一代接管家庭权威的象征意义。❷

但基督徒的权威形成与转移还有一个独特的因素，即与超自然的神的关系，其表现方式一方面在于对《圣经》的熟悉程度，以及祷告中的"方言"恩赐，另一方面也需要信徒之间及教会的承认（这主要见于基督徒所讲的生活见证）。这种权威的来源不是经济的，也不是儒家式的伦理的，而是超自然的，其神圣性使得这个权威更加不容置疑。这种权威的体现是多方面的，最显著的就是饭前的祷告，每个家庭成员都有向神祷告的权利，但只有作为权威的家长才能以"奉主耶稣之名祷告"来宣布结束。这个"仪式"是每天重复的，渗透于日常生活中，其效果是植入了每个家庭成员的血液里。每天的饭食在满足自己身体的需要的同时，还起到了提醒自己所面对的最上级的权威上帝及与家庭中的权威（通常是父亲），同时也在这样的定位中得以确认自己在神—人关系中及家庭中的角色和位置的作用。

（二）亲子—夫妻关系

费孝通曾准确地指出："我们的家既是一个绵续性的事业社群，它的主轴是在父子之间，在婆媳之间，是纵的，不是横的，夫妇成了配轴。"❸吴庄这些接受基督教信仰后的农人发现新的信仰使得他们的理想家庭模式受到了根本性的改变。核心家庭的趋向越来越取代了传统的大家族的几代

---

❶ Lung-Shen Sung, "Property and Family Division", in Emily Ahern and Hill Gates eds., *The Anthropology of Taiwanese Society*, Stanford Univ. Press, 1981, p. 337.

❷ 在一定意义上来讲，这次的搬迁过程也是一个范杰内普所谓的"通过仪式"（rites of passage），也经历了分离、过渡与重新整合这三个阶段（参见 Arnold Van Gennep, *The Rites of Passage*, London: Routledge and Kegan Paul, 1960），或者特纳术语库中的结构——反结构——结构三重过程（参见 Victor Turner, *The Ritual Process: Structure and Anti-Structure*, Chicago: Aldine, 1969）。

❸ 费孝通：《乡土中国》，北京：生活·读书·新知三联书店1985年版，第42页。

同居的方式，尤其是在理想家庭形式上已经发生了根本性的变化。虽然后革命时期的中国人家庭走向核心的简单家庭主要是因为社会主义革命带来的社会变革，但在一些传统农人的眼中那仍然被认为是"世风不古"的无奈体现，他们对传统的"四世同堂"依然心向往之。因为根据基督教的经典教义，每个人在基督里都是"一辈"的，如果全家人都归信了，都得救了，根据基督教的教导，每个人都是上帝的儿女，是基督里的"弟兄姊妹"，是一个完全平等的关系。有人说，"基督徒没有女婿"，意指基督徒的信仰首先乃是个人性的，而不具有中国民间传统意义上的"一人得道，鸡犬升天"。尽管《圣经》也有"一人信主，全家得救"的类似记载，但正统基督徒教会的传统解释是"一人信主，全家蒙福"，并不一定带来全家的"得救"，但会"蒙福"，当然首要之福就是听到福音之福，至少有机会得救之福。同时，由于基督教强调"那人独居不好"❶，"因此人要离开父母，与妻子同住，二人合为一体"❷。显然更为重视夫妻这一横向的家庭关系，并且取代中国传统的父子这一纵向的家庭关系而成为家庭关系的核心轴❸。

这其实在一定程度契合了 1980 年代以来社会经济发展带来的家庭社会关系的重组，或者说基督教的信仰与以基督教理念建立起来的资本主义经济模式与运作方式之间❹，在一个远离西方的村庄得以重叠。阎云翔在东北下岬村的研究❺也印证了这一点，尽管那里并没有基督教势力的直接影响。他同意经济改革之后 20 年里中国的分家习俗已经发生了一些重要变化，如分家的时间已被提前，从父居的时间相应的缩短❻；兄弟之间平

---

❶ 《创世记》2 章 18 节。
❷ 《创世记》2 章 24 节。
❸ 事实上，在基督教的讲台教导中，家庭的核心关系既不是纵向的，也不是横向的，而是呈一个独特的"三角形"，即夫妻双方与所信仰的上帝建立一个关系。如果两个人与上帝的关系"正确"了，那么两人之间的关系也就"正确"了。而且，三角形从几何学的角度来讲显然是最为稳定的一种结构，况且，根据信仰，上帝的性情是不改变的，因此是有保障的，不像作为凡人的丈夫或妻子难免有情感上的波动和变化。但这显然是理想的家庭形态，从表现上来说，基督徒家庭仍然主要以夫妻关系为主轴。
❹ 马克斯·韦伯：《新教伦理与资本主义精神》，于晓、陈维纲等译，北京：生活·读书·新知三联书店 1987 年版。
❺ 阎云翔："家庭政治中的金钱与道义：北方农村分家模式的人类学分析"，载《社会学研究》1998 年 6 期。
❻ William Lavely and Xinhua Ren, "Patrilocality and Early Marital Co-residence in the Rural Area, 1955–1985", In *China Quarterly*, 1992, 130: 378–391; Mark Selden, "Family Strategies and Structures in Rural North China", in Deborah Davis and Stevan Harrell eds., *Chinese Families in the Post-Mao Era*, Univ. of California Press, 1993.

分家产的传统分家方式有被新的"系列分家"方式所取代的趋势❶；分家之后的家庭之间的合作不断增强，从而使得家产之间的界限模糊不清，形成"网络家庭"❷。但他指出，这些变化仅仅被视为家庭变迁中的鼓励现象而尚未得到应有的重视，事实上，"这些变化之间有着紧密的内在联系，构成了家族制度的重要发展"。他在《礼物的流动》中进行更详细的论证指出，这些变化导致了财产观念及理想家庭模式的改变，而"个体性（individuality）和夫妻关系（conjugality）的上升，自然地显示出了父权制的衰落。这是中国传统社会的一个结构性变迁"❸。

阎云翔在下岬还发现，"社区的团结和家庭内部的合作是通过亲属关系纽带和非亲属关系共同来维持的。"❹ 社区关系与亲属关系一并被纳入到私人网络中，形成"实践的亲属关系"（practical kinship）。布迪厄认为正式亲属关系和实践亲属关系并不完全一样，纯粹基于宗谱关系的亲属关系只在正式情境中使用，执行使社会秩序化的功能。而实践的亲属关系的运用则是情境化的、灵活的，并且代表了"功利性地利用人际关系的一种特定情况"❺。与下岬村类似，吴庄关系网中的多数关系如姻亲、朋友、同事等，是靠村民自己建立和培养起来的，而非从其父母或先祖继承而来的。只不过，吴庄村民用以建立和培养这种关系的途径是信仰，也就是说，如果两个家庭具有相同信仰，尽管他们没有任何正式的亲属关系，他们仍然愿意"结盟"，成为实际意义上的"互助小组"。一次伏叔准备重新粉刷一下房子，自己到中滩集市上购买了石灰、刷子等材料后，就和吴召仁忙活起来。两人都是老师，召仁在张村，还需要走20分钟的路，每天放学回来后就开始做，干得很辛苦，终于趁一个周末才算赶完。笔者私下里问伏叔，这要给召仁多少钱才合适。"给什么钱！"

❶ 系列分家模式的重要特征是整个分家过程包含着数次财产分割，每个已婚儿子只能从中得到一小部分分家产，参见 Myron L. Cohen, *House United, House Divided: the Chinese Family in Taiwan*, Columbia Univ. Press, 1976; 及 Myron L. Cohen, "Family Management and Family Division in Contemporary Rural China", *China Quarterly*, 1992, 130: 357-377.
❷ Networked family, 克劳尔称之为"聚合家庭"（aggregate family）（Elizabeth Croll, "New Peasant Family Forms in Rural China", in *Journal of Peasant Studies*, 1987, 14: 469-499), 参见曾毅、李伟、梁志武："中国家庭结构的现状、区域差异及变动趋势", 载《中国人口科学》1993 年 2 期。
❸ 阎云翔:《礼物的流动：一个中国村庄中的互惠原则与社会网络》, 李放春、刘瑜译, 上海：上海人民出版社 2000 年版, 第 190 页。
❹ 阎云翔:《礼物的流动：一个中国村庄中的互惠原则与社会网络》, 李放春、刘瑜译, 上海：上海人民出版社 2000 年版, 第 112 页。
❺ P. Bourdieu, *Outline of a Theory of Practice*, Cambridge Univ. Press, 1977, p. 34.

专题研究

伏叔看着笔者笑了，大概是笑话笔者的问题太市侩，"都是主内的，就是帮忙"。显然共同的信仰成了建立和维系他们之间关系的一个重要维度。

阎云翔另一个观察也很有见地，他指出在过去20年中，姻亲的重要性有了相当大的增加。许多人将姻亲看得比直系宗亲还重要，宁愿与内兄弟合作而不愿意与自己的兄弟合作。❶ 不仅如此，姻亲概念还包括连桥（连襟）和干亲家之类的拟制关系。Judd 的研究指出，连桥与兄弟不同，他们之间没有继承的利益冲突；而且，相互的扶助和合作能够很容易地由他们的妻子来维持和促进。❷ 这在吴庄也极为类似，只是仍然增加了信仰的纬度。伏叔与姚叔是连襟，也都是基督徒，因此他们约定在为孩子取名时中间全以"灵"字排序。伏叔的孩子是灵强、灵刚、灵娜，姚家的则是灵应、灵歌（女儿）。这种排序与传统家庭中的辈分形似而神非，仿佛有传统取名方式的模样，却表达了完全不一样的信仰和内涵，尤其还发生在两个没有正式的父系宗族血亲关系的家庭中。

（三）"爱"上帝与"恨"父母？

吴庄的基督徒在归信后还发现在家庭生活中出现了一个新的忠诚的问题。詹姆斯·里德❸说："在家庭生活中，还有一种危险比这种家庭的不和更可怕。这就是对家庭的忠诚阻碍了我们去追求对上帝及其目的的忠诚。在基督生活的时代，要做一位基督的门徒，最大的障碍之一就是家庭。因此，做基督的门徒就意味着要放弃家庭生活。"在新约《圣经》里就记载了这样一个故事，一位向耶稣表示愿意跟随他的门徒，向耶稣提了一个对强调照顾年迈父母的义务观的中国人来说非常合宜的请求，"主啊，容我先回去埋葬我的父亲。"没想到的是，耶稣的回答显得相当粗暴，"任凭死人埋葬他们的死人，你跟从我吧。"❹ 这个回答似乎非常冷酷无情，使人不可理解。

尽管传道人试图对这段经文作出一个合理的解释，认为耶稣之所以不

---

❶ 阎云翔：《礼物的流动：一个中国村庄中的互惠原则与社会网络》，李放春、刘瑜译，上海：上海人民出版社2000年版，第95—118页。

❷ Ellen Judd, "Niangjia: Chinese Woman and Their Natal Families", in *Journal of Asian Studies*, 1989, 48 (3): 525–544.

❸ 詹姆斯·里德：《基督的人生观》，蒋庆译，北京：生活·读书·新知三联书店1989年版，第179页。

❹ 《新约·马太福音》8章21—22节。

同意这个门徒的请求，是因为这个人的父亲在没死之前不准他的儿子做基督的门徒，而在他死后，通向基督的门才得以打开。但耶稣的这个回答显然是在强调一个跟随他作门徒的要求，在爱自己的父亲之前必须先爱上帝，上帝是第一位的，必须先向上帝表示更高的忠诚。事实上，耶稣在另一个场合更为严厉地指出，"来跟随我的人必须恨他的父母和他的妻子"。对于吴庄这样的中国农村基督徒来说，这是一个相当大的挑战。詹姆斯·里德对此的解释是，"这里所说的'恨'字，只是因为要表达同世俗的家庭关系作彻底决裂而采用的一种强调方式，如果人们只爱自己的父母、妻子而不爱上帝的话。基督徒就像应征入伍的战士一样，随时准备离开故乡与家庭，违背家人与朋友的愿望。要求这种最高的服从就会丧失大量与家庭的联系。"❶ 大部分我所接触的吴庄教会的信徒并不能完全理解和接受这个爱上帝竟然要"恨"家人的概念，但他们基本上都能接受对上帝的爱应当优先于对家人的爱。不过，就我个人的观察而言，这似乎只是一种理想的状态，在上帝与家庭之间真正要作出或此或彼的选择的时候，常常会出现一些个体性的解决策略和方式，理想与实践之间存在着一定的差距。

六、作为"旧皮袋"的对联

笔者到吴庄的第一个晚上就注意到了伏叔家门上贴着的对联，全是白纸，因为时间久了已见风吹雨打的痕迹。灵强告诉笔者他奶奶两年前去世，丧事的对联当然得用白纸了，而且还要保留 3 年，取戴孝 3 年之意。3 年期满后，再用红纸对联覆盖原来的白纸，并标明为"三周年纪念"。"新酒装在旧皮袋"这句话一下子出现在笔者的脑海里，尽管这并非耶稣当初的意思。次日一早，笔者赶紧记录下这几副对联。院门是：客旅昨日离客店，天民今朝归天家。横批：天堂相聚。客厅是：神前喜乐复生，主怀平安入睡。横批：安然见主。其他 4 个房间分别是：

灵归乐园：终生虔诚事奉主，一世淳朴厚待人

永享安息：安睡主怀别尘世，被提云中登圣城

神前复生：年尽辞世人别离，寿满归天主接引

❶ 詹姆斯·里德：《基督的人生观》，蒋庆译，北京：生活·读书·新知三联书店 1989 年版，第 180 页。

专题研究

荣归天家：信望爱爱心及四邻，真善美美名传八方

抄录完伏叔家这几副后，灵强带着笔者到村里转悠，笔者惊喜地发现这是个文风盛行之地，非常流行对联，大约80%的院子都贴着各类的对联。如果只是常见的对联的话，这与其他汉族村庄相比似乎并没有特别之处，最多就是显得有点多而已，但这里的对联的内容和表达形式却有着独特的风味。笔者花了几天的时间在村里转悠，发现这些对联绝大部分都在表达基督教信仰，大约占全部对联数量的80%。这让笔者多少有点奇怪，通常被认为是背离中国传统文化的基督徒们不但大量使用了本土文化的表达形式，而且比自认为持守传统的非基督徒们用得更多。而在实际上，基督徒不过占全村人口的1/3，按家庭来论差不多也是这个比例，因此按道理应该是非基督徒对联更多一些。笔者突然冒出一个想法，这是不是可以说作为外来信仰的基督教，尽管通常被视为传统文化的威胁，却在事实上承担了一部分保存乡土传统文化、教育下一代的作用呢？同时，笔者感觉到基督教在吴庄由于人数众多，基础比较雄厚，已经在事实上形成了一股相当强大的村庄势力，他们敢于，并在客观也能够通过对联的形式来公开表明自己的基督徒身份，而不被认为，或至少自己不认为是一件不光彩的事情❶。

（一）基督徒对联的主题分析

笔者仔细检阅了一遍伏叔所抄录的基督教对联，大致可分为7类，按从少到多排序为：寿联（11条）、乔迁与建房（12条）、圣诞节（38条）、春联（41条）、丧事（46条）、婚事（49条）以及普通的福音门联（159条）。显然，这些对联除了圣诞节是因新信仰而带来的重要节日，福音门联主要是劝导信徒信仰实践和日常道德行为外，其他几个类别则体现了农民生活中最重要的几个方面。这之中除了春联主要强调节庆意义外，寿联、乔迁与建房、婚事、丧事莫不是农村信徒人生中的关键事件。

在这些对联中，可以看到几个重复出现的关键词，如"恩"、"爱"、

---

❶ 据笔者在城市知识分子基督徒中的了解，相当部分人在归信后，仍然害怕被同事或同学知道自己的信仰，更不用说公开自己的"新身份"。这当中一方面是因为知识分子普遍认为宗教或信仰是非理性甚至反理性的，因此一般持蔑视的态度，而这在吴庄这样的农村则没有这个顾虑，因为按照唯物主义的观点来看，大家都一样"迷信"，只不过对象不同罢了。另一方面，在城市还存在一定的政治风险和潜在的利益要害，即如果一个学生或职业人士宣布自己的信仰，通常会受到学校或单位的劝阻，对其将来的就业或升迁都会不利。对于这个方面，吴庄基督徒同样也几乎不用考虑。从这个意义上来说，农村的信仰环境要比城市宽松、有利。

"平安"、"喜乐"等。从主题上来看，这些基督教对联无非在界定四个关系❶，即人与神、人与人、人与自然界、人与自己❷。当然其主要焦点是前两者，正如耶稣所指出的，"你要尽心、尽性、尽意爱主你的神。这是诚命中的第一，且是最大的。其次也相仿，就是要爱人如己。这两条诚命是律法和先知一切道理的总纲。"❸ 如果说人与神的关系是纵向的，人与人的关系是横向的，那么这一纵一横正好构成了基督徒在世上生活时的"十字架"。纵向来说，这些对联界定了基督徒与神之间那种施恩—受恩的关系，因此人当知恩，并感恩，"凡事要谢恩，因为这是神基督耶稣里向你们所定的旨意。"❹ 而"春阳照大地神立大地无人晓，东风吹万物主造万物有谁知"、"世界永变主计划变前无人先知晓，宇宙恒动神安排动中有谁令止停"这样的联语一方面阐述了上帝造物这个神学教导，同时也界定了人与自然界的关系，即同为上帝所造，故人当善待万物❺。这与创始记中耶和华神让亚当"安置在伊甸园，使他修理看守"讲的是同样的道理，即伊甸园或世界万物乃是神造的，其目的是让人可以在其中"安置"，而人的责任就是"修理"和"看守"。

横向来说，无论是春联、喜联、丧联、圣诞联、乔迁联、寿联，这些专用联语都可看到"和睦"、"恩爱"这样的字句。春联中"善言见善行善善善，新人逢新年新新新"、"美言不如美行美，新年难比新人新"这类的联语则表达出基督教对"善言"、"美行"的关注，而这些又直接和人与人的关系相关。丧联中在纪念和表达对逝者的哀思的同时，"信望爱爱心及四邻，真善美美名传八方"、"八德充足光耀当世，九果硕累香益后人"、"为人如盐和睦邻舍，行事若光普照乡里"、"英魂灵气升天上，光盐德风留人间"这样的联语则将基督徒的处世、生活之道阐释得明明白白。普通的福音门联中这种教导就更为多见，可以说是其最大的主题，例

<hr />

❶ 此说出于基督教的救赎论教导，认为人在亚当和夏娃犯罪之后，在根本上破坏四个方面的关系，而当人愿意回转，接受耶稣的时候，这四个方面的关系就得到恢复和重建。

❷ 基督教认为人与自己的关系包括三个层次，即按照神造自己的本相接纳自己，正确地认识自己，不高看，也不低看；在生活患难中欢欢喜喜，因为这些外在的环境不会改变自己在上帝眼中的身份和地位；既然认识了自己，也知道环境不会改变自己的身份，在生活中就会满有盼望。这样，基督徒就恢复了神最初设立的人与自己的正确关系，重建了良好的自我形象，免于出现自卑、骄傲、自责、忧虑、烦恼等心理问题。

❸ 《新约·马太福音》10 章 37—40 节。

❹ 《新约·帖撒罗尼迦前书》5 章 18 节。

❺ 这也是一些基督徒主张环保的《圣经》根据，也成为他们反驳人们对基督教重人轻物从而掠夺自然界并造成环境破坏之批评的说辞。

如"处事求圣洁，待人讲谦卑"、"忍一句有情有意，让三分无事无非"、"抱子应念母怀暖，饶人要体主恩宽"等。

在界定这些重要关系的同时，基督教对联还阐述了基督徒当有的人生观、世界观、财产观、末世观、婚姻观以及生死观等重要的理念。"健康强如富贵，平安胜似金钱"、"有信何惧粮粒少，相爱不嫌人口多"、"只求心灵美，不美衣履华"、"赚得全世益何在，赔上生命损无穷"、"约瑟步步吃苦终为埃及宰相，财主天天享福卒为地狱囚徒"❶ 这样的联语表达了基督教对财产的基本看法，即这些事物都是短暂的，于人生并不是最为重要的，因为"这世界和其上的情欲都要过去，唯独遵行神旨意的，是永远常存"❷。丧联更是集中体现了基督教的末世观和人生观，"叹人生转瞬即逝，感主恩永久不移"、"人间劳苦终有尽，天上福乐永无穷"、"谢绝尘世苦，永享天上福"等对联阐明了基督教对人生的基本态度，以及乐观的盼望和等候的未来观❸。在"欣听主声召主怀平安入睡，静候神号响神前喜乐复生"、"哀哉今日主怀安睡，乐兮明朝神前复生"这些对联中，我们则可以看到逝者家属面对亲人离世时的心情和态度，一方面是感情上的悲伤，但同时却因为有亲人不过是"入睡"、必将"喜乐复生"这样的确信而得以有"欣听"、"乐兮"这样的态度。而在如新婚喜联第14副中提到的"迦拿"、"拿鹤"这样的故事则可以说是对信徒的一个《圣经》教育，同时也把基督教的婚姻观表达出来了，即婚姻乃是神所设定的，"神所配合的，人不可分开"，同时，神也对人的婚姻很高兴，他愿意祝福人的婚姻，并满足他们的需要。

简言之，吴庄基督教巧妙地采用了对联这一本是用于传递儒家伦理的手段，表达和重申了基督教的信仰。通过这种容易为吴庄村民接受的方式，基督教把神的爱和恩典、耶稣道成肉身的救赎、基督徒得救后的行为规范等诸多神学内容讲解了出来，成为讲台传道、聚会分享之外的另一个重要传递形式。

---

❶ 上联中约瑟的故事记载于《旧约·创世记》37—50 章。下联中的"财主"指的是耶稣所讲的一个比喻中与乞丐拉撒路作对比的那个财主，见《新约·路加福音》16 章 19—31 节。

❷ 《新约·约翰一书》2 章 17 节。

❸ 经常有人批评基督教的末世观是悲观的，因为世界都要被毁灭，但基督教末世观的真正意义在于，在这个毁灭之后，将会有"新天新地"、"新耶路撒冷"，"一切都要便成新的了"。在那里"神要擦去他们一切的眼泪，不再有死亡，也不再有悲哀、哭号、疼痛，因为以前的事都过去了。"见《新约·启示录》21 章 4 节。

（二）对联中的文化断裂与延续

吴庄的对联基本分为三个类型，传递传统道德理念的儒家对联、歌颂政府和党的政治性对联以及基督教对联。第二类出现的情况并不多，我所见到不过一例，因此对话的双方主要发生在儒家对联和基督教对联之间。庄孔韶指出，家谱、族谱、乡约等民间文本是从宋代以降宗法教育的重要手段，因为族谱不仅排列了人伦位置和秩序，在其序跋中还经常会出现儒家礼法和理念的简明表述。尽管我们在吴庄见不到这类文本，但以儒学人伦教化为主的对联却还是相当多。❶ 村里不少人家的院门上都有写着"忠义第"、"祥和第"、"福德第"、"瑞祥第"、"依龙居"之类字样的门楣。一些人家还有门联，如其中一家的门楣是"映南极"，上下联分别是：东来紫气西来福，南进祥光北进财。另一家的门楣是"耕读第"，上下联分别为：户纳东西南北财，门迎春夏秋冬福。这类对联的关键字有"财"、"福"、"耕读"、"忠义"等，与儒家传统的宗法社会关系和理念相吻合。正如林耀华对福建义序黄氏宗族对联的观察，"其他对联甚多，记不胜记，概括言之，都是那些尊祖敬宗，光前裕后，孝悌忠信，睦里收族，一套千篇的句子，然而，就因这种千篇一律、反复重读的名词，造成了中国宗族社会中尊重名教的特殊文化"❷。

一个显而易见的事实是，吴庄的这些基督教对联有不少与儒家传统伦理道德相合的教训。"抱子应念母怀暖"、"敬老长示范晚辈，孝父母教育儿郎"之类的对联与儒家重孝的传统极为吻合。在家庭关系上，也可以看到"和睦同居蒙主爱，相亲合一享神恩"这样的联语。在涉及人与人之间的处世之道上，"忍一句有情有意，让三分无事无非"这样的基督教对联听起来与中国传统的观念没什么太大的差别。事实上，从利玛窦开始，不少基督教宣教士和中国基督徒就曾多次试图"以儒入耶"，提倡所谓"国学化的神学，神学化的国学"，何世明则称之为"融贯神学"❸。他们认为基督教信仰应当吸收儒家学说中的优秀营养，并尽可能地寻找两者之间的

❶ 庄孔韶：《银翅：中国的地方社会与文化变迁》，北京：生活·读书·新知三联书店 2000 年版，第 248 页。
❷ 林耀华：《义序的宗族研究》（附：拜祖），北京：生活·读书·新知三联书店 2000 年版，第 29 页。
❸ 参见何世明：《融贯神学与儒家思想》，北京：宗教文化出版社 1999 年版；何世明：《基督教儒学四讲》，北京：宗教文化出版社 1999 年版；何世明：《基督教与儒学对谈》，北京：宗教文化出版社 1999 年版。

专题研究

相似因素，然后予以适当变化，以被中国人所熟悉的方式传递出来，以便接受起来更为容易。

　　但是，需要看到的是，他们在坚持基督教信仰应当吸收儒家因素的同时，也希望能用基督教信仰来改造中国传统文化中的弊端。何世明作品中的一贯写法就是先将中国儒家文化的特点和优点描绘出来，然后再指出其弊端，最后则呼吁要用基督教信仰对这些弊端进行分别的改造和超越❶。因此，基督教对联与儒家理念这两者之间在一些重要领域和立场上也必然会出现冲突和相悖之处。比如与前面提到的"耕读第"正对的院门上就张贴着"信望爱"这样的基督教门楣，上下联则分别为：数算神恩赞美不尽，思念主爱喜乐满心。两相比较之下，"神恩"、"喜乐"与"财"、"福"构成了一对富有意味的哲学话题。最有意思的是在两家临近的院子分别张贴着这样的联语，"忠厚持家福自多"与"人信耶稣福自多"。这两个联语非常准确地反映了儒家哲学与基督教信仰的根本性差异，即所谓的"福"或其他好处的来源和途径到底是什么。单从这个对联来看，儒家的"福"来自"忠厚持家"，通过的是自己的努力。相反，基督教的方式不是通过自己的努力，"福"的最根本来源是从神那里而来，通过"信耶稣"而"自多"❷。詹姆斯·里德指出，"认为通过我们自己的努力就能够达到基督教的人生则是一个巨大的错误。我们仅仅只是下决心按照基督的人生方式生活，并不意味着我们就开始获得了基督教的人生，仅仅只是凭我们意志的力量，并不能保证我们不断向着基督教的人生理想努力。即使我们能够以一种正确的态度来对待上帝，基督教人生的形成也需要上帝的引导与养育……基督教的人生凭借着上帝的力量得以成长，是上帝的行动在我们身上产生的结果。上帝是基督教人生的源泉，是克服一切困难的力量，是自存之爱的恩典。上帝赐予我们的这些礼物超过了我们自身所拥有的一切优点，胜过了我们自身所具有的一切力量，如果认识不到这一点，只想通过自我奋斗去获得基督教的人生，那一定会失败。"❸

　　就以基督教对联和儒家传统对联都经常表达的"孝"为例。我们知

---

❶　参见何世明：《从基督教看中国孝道》，北京：宗教文化出版社 1999 年版。
❷　此即基督教所讲的"恩典观"，他们认为人之受造和得救等一切之事都是出于神的恩典，如果人因好行为或好品格或任何其他自己的好而得救的话，那是人应得的工价。如果人不配得，但神因爱的缘故而赐予，这才是真正的恩典。这种"唯独恩典"的观点与"唯独圣经"、"唯独耶稣"、"唯独信心"一道构成了福音派信徒所强调的判断基本信仰的四个"唯独"。
❸　詹姆斯·里德：《基督的人生观》，蒋庆译，北京：生活·读书·新知三联书店 1989 年版，第 33—34 页。

道，中国以儒家为主的传统伦理的核心是家庭伦理，也发展得最为完善和系统，并赋之以仪式化的祭祖和墓祭来帮助实现理念的内化以至沉积为一种民族心理❶。孟子"五伦"这样予以表达："父子有亲，君臣有义，夫妇有别，长幼有序，朋友有信"，而整个体系的核心和基础就是纵向的"孝"（孝顺父母）和横向的"悌"（尊敬兄长），其中的孝则更为重要。孝本身含有两层意义，即以顺从所表达的孝（孝顺）和以尊敬所表达的孝（孝敬）。中国传统伦理中，对顺从的强调过于对尊敬的强调，即所谓的"父为子纲"。基督教十诫的第五条就是"当孝敬父母，使你的日子，在耶和华你神所赐你的地上，得以长久"❷。《旧约》律法甚至还对以色列人作出这样的规定，"凡咒骂父母的，总要治死他。"❸《新约》里的经文更加清楚，"你们作儿女的，要在主里听从父母，这是理所当然的。要孝敬父母，使你得福，在世长寿。这是第一条带应许的诫命。"❹ 看到这里，《圣经》的教训与儒家的教导似乎没有差别。但显然，基督教的孝道观所强调的更多是"尊敬"，而非儒家伦理更为重视的"顺从"。而且"听从父母"并不是绝对的命令，而是"要在主里"，《圣经》上也有"丈夫是妻子的头"、"要听从你父母的管教"之类的教导，但确实从根本上来说，那只是一种尊重的关系，而非主从的关系，也许正是这一点造成了基督教意义上的"孝"其实重在"敬"，而不是如中国传统意义上的"孝"之所重在于"顺"。耶稣甚至还说，"人到我这里来，若不爱我胜过爱自己的父母、妻子、儿女、弟兄姊妹和自己的性命，就不能做我的门徒。"❺ 也就是说，基督教所谈的孝主要是对父母（延伸为对长辈）出于爱的尊敬。

笔者在吴庄认识了一位成长于基督徒家庭的大学生——吴正恩。他在西安上学的时候因为接触到一些宣教士，灵性得到复兴，积极参加教会活动，而父母尽管也是信徒，却担心这会带来一些安全问题。他这样描述他与父母之间关系的变化：

---

❶ 参见林耀华：《义序的宗族研究》（附：拜祖），北京：生活·读书·新知三联书店2000年版；李亦园："中国宗族与其仪式——若干观察的检讨"，载《"中央研究院"民族学研究所集刊》，No. 59，1985年；庄孔韶：《银翅：中国的地方社会与文化变迁》，北京：生活·读书·新知三联书店2000年版。
❷ 见《创世记》20章12节。十诫中，前四诫是规范人与神的关系，后六诫都是在规范人与人的关系，而"孝敬父母"处于人与人的关系之首。
❸ 《旧约·利未记》20章9节。
❹ 《新约·以弗所书》6章1—3节。
❺ 《新约·路加福音》14章25—26节。

从小到大都觉得对父母就应该是凡事听话，这是天经地义的事。不过后来牧师讲道说"当在主里孝敬父母"，叫年轻人对父母要尊重、爱和关怀，并不是说盲目服从，特别是当父母所要求的与信仰相背时。我父亲就认为我信是可以的，他不赞同，也不反对，但不能信得太深。所以他不断劝我不要参加聚会，偷偷信就可以了，而且绝对不要和外国人来往。像这个，我就不能完全照办。除了减少和外国人来往外，聚会还是照样参加。

这种冲突很常见，特别是当非基督徒父母在劝说基督徒孩子不要去信"洋教"的努力失败之后，常常是求其次，要求他们"在心里信就可以了"，不允许他们去参加聚会。笔者在大连做田野工作时就见到这样一位年轻女孩，刚刚开始工作，在成为基督徒后不久，她自己还犹豫着不敢给做大学党团工作的父母讲时，她父母就发现了。在轮番劝说不要去信还不奏效之后，他们就给她定下三个要求：不准参加聚会，尤其是不准参加"非法的小聚会"；绝对不准与外国人来往；绝对不准参加教会的任何服事或带领的工作。她很苦恼，因为正是外国人给她传的福音，她也参加外国人所带领的查经小组，而这显然不是国家建制的教会，同时她虽然信的时间不长，但却已经开始参与一些帮助聚会的工作。作为独生女，她从小就习惯了听从父母的建议，更别说要求了，可是同时她又不愿意放弃参加聚会。无奈之下，她去找教会牧师寻求帮助，传道人一方面告诉她要"在主里听从父母"，因为这是理所当然的，另一方面他又说，在根本信仰问题上"顺从神，不顺从人，是应当的"❶。于是他这样建议，让她暂时不与外国人来往，也不去参加家庭小聚会，以此来向父母表明自己对他们的顺从和尊重，但是一个星期至少还要坚持参加一次大教堂的主日礼拜，因为这乃是顺从神。于是她照此去做了，她这样对笔者说："没有办法，我只能这样做，我爸爸妈妈见我做了这些让步，他们也就默许我去参加主日礼拜了。"当笔者问到以后打算怎么办时，她还是用很无奈的语气说："再说吧，暂时先就这样吧。"

在她这件事中，可以看到存在比较大的张力，是绝对地顺从父母来表达自己的孝呢，还是带着尊重的态度部分地顺从呢？当然在她的这个个案中，似乎是两者之间取得了妥协。然而，不可否认的是同为一个"孝"字，基督教伦理与儒家伦理使用起来却有不同的内涵和相应的实践。这实

---

❶ 《新约·使徒行传》5 章 29 节。

际上是基督教孝道观对传统中国孝道的改造和置换，虽然仍以"孝"字出现，但价值趋向已发生改变，乃是在借用中国原有的观念来表达新的价值体系。而且我们看到，这个改造和差异不仅是理念上的，还带来了家庭关系的变化。

七、结论与讨论

经过百余年的沉淀，基督教在吴庄已经成为一个社会事实，不仅是因为它拥有差不多三分之一的信众基础，也可见于这些信徒对于如何在自己的日常生活中落实超然性的信仰的种种努力。

需要承认的是，在本文的讨论中，比较多的容纳进了吴庄的基督徒对于这一历史过程和当下生活的解释，而对于当地非信徒的关注不够。但是，这个缺陷并不影响我们在这里以乡村汉人基督徒为中心的考察。我们可以看到，基督教对于吴庄这个乡村社会来说，所影响和改造的不仅仅是信徒个人及其家内生活，也包括对一些公共生活中的基本伦理概念的重塑，甚至从一定意义上来说，对这一特定的社区也是一种"再造"，至少，它改变了之前的村庄信仰及人口构成，当然也对社区内人际交往网络和规则产生了一定的影响。

换言之，一方面来说，吴庄的基督教本身已经是一种被糅合、建构过的文化体，既有对地方原有文化系统的断裂和改造，也有对原有资源的借用和沿用。而这个变与不变的过程构成了一个富有意义的来回转换：对中国（的）基督徒（Chinese Christian）的关注以及对基督徒中国人（Christian Chinese）的强调。断裂与变化可以说是吴庄的（中国）人在强化基督徒这一信仰身份，而不变与延续则是吴庄的基督徒们在强调其中国（汉）人的文化身份。在已有的研究中，很多人注意到了基督教的异质性，即断裂这个方面，最近一些年也有赵文词、张先清等人对于延续性的关注❶，而在这里我们则强调要关注在这两个断点之间的来回过程，因为无论变，还是不变，都是作为行动主体的地方民众在更大的历史结构性场景中生成自己的意义世界的努力❷。就基督教这个议题来说，则是在具体的地方文

---

❶ 参见 Richard Madsen, *Morality and Power in a Chinese Village*, Berkeley: Univ. of Calif. Press, 1984。

❷ 在这里主要列举的是以中国基督教为主体的研究，其他讨论中国社会变迁中的文化延续与断裂议题的人类学研究可以进一步参考萧凤霞、波特、庄孔韶、麻国庆等人的著作。

化中落实自己的信仰的过程❶。

　　另一方面，我们也注意到，吴庄的所谓传统文化也处在不断被构建的过程中，是在新的历史和社会场景中生发出来的一种"新传统"。换言之，不能简单地将基督教进入吴庄时的地方文化传统等同于百年后今日当下的文化系统，更不能假定宋代以降的那个传统仍然如当时那样继续扮演完全相同的角色，因为，此传统并非彼传统。

❶　黄剑波：《地方性、历史场景与信仰表达》，北京：中国戏剧出版社 2008 年版。

Belief, Family and the Changes of a Community:

The Case of a Village in Northwest China

Huang Jianbo

Abstract: To a rural community like Wuzhuang, the introduction of Christianity impacts not only individual's belief and their domestic life, but also changes some basic conceptions in terms of communal life. To some extent, it brings "transformation" to the community. In other words, Wuzhuang Christianity itself is a constructed cultural complex, which both breaks some local traditions and carries on some other local cultural resources. On the other hand, it is notable that the local tradition of Wuzhuang itself is a process. It is a renewing tradition rather than a stagnant status.

Keywords: rural Christianity; cultural change; local tradition; discontinuity; continuity

专题研究

山参之"野"

——关于意义与价格之生成的人类学研究

孙晓舒

摘要：本文以"东北野山参"为研究对象，以"物的生命史"为线索，利用人类学的"手术刀"剖开纵、横两个切面：纵向的是宏观"人参史"的历史切面，横向的切面则关注清朝和现代人参完整的社会生命过程，即生产、流动与消费等环节。

在方法论方面，本文借用阿帕杜莱（Arjun Appadurai）关于"物的人类学"（anthropology of things）的研究框架，采用"方法论上的拜物教"（methodologial fetishism），并结合历史人类学的研究方法，对清朝和现代的东北野山参进行研究，试图用人类学的方法展现东北野山参的"社会生命史"。

狭隘意义上的东北野山参资源在现代几近枯竭，但贴有"东北野山参"标签的人参却依旧大量出现在市场中，故本文的研究重点便是揭示现代山参之"野"的建构过程，以及背后的文化动力与商业逻辑。

通过笔者的田野调查发现，东北农民在国家制度的影响下，模拟野山参的生长环境，培育"林下人参"及"缸参"，并将其认同为"野山参"。在当代东北野山参的流通地，笔者考察了人参被商人层层赋予文化意义的详细过程，并且着重介绍"国家检验"与"山寨检验"的标准、程序。

本文最后的结论是：第一，中医思想对东北野山参的文化建构是现代"野山参"经济发展的动力；第二，"野"的文化意义与价格在现代被制造与消费；第三，在东北野山参的社会生命史中，生态资源、国家制度、民间行为、社会需求与市场行为形成一个相互连结的联动模式。

关键词：东北野山参；人类学；物的生命史；意义的建构

一、研究对象与研究目的

严格意义上的东北野山参是指产于东北、在自然环境中生长、没有任何人为干预、生长于林下的人参。它们的种子通常被鸟类吞食后排出而自然传播，也就是说，真正的野山参是由野山参种子萌生的、又在野外生长若干年的人参。❶ 但是，在清朝末期，东北野山参资源已几近枯竭，实物形式的东北野山参几近消失，民间多用人工培育的方式种植人参，被称为"园参"或"家参"，与野山参相比，它们在生长方式上已经有了本质的区别。但是，"东北野山参"的概念却一直延续至今。目前，东北长白山山脉的确存有少量野山参❷，但数量远远没有达到市场上流通的所谓"东北野山参"的数量。实际情况是，在市场中流通的各种并非完全自然生长的人参被冠以"东北野山参"的名义，附以华丽包装，作为礼品出售。这部分"概念"上的、被贴上"东北野山参"标签的、礼品形式的东北野山参就是笔者在现代民族志中的调查对象。

本文以清朝和现代的"东北野山参"为研究对象，对其作生命史的纵向和横向考察。本篇论文重点是在对比清代人参产业的基础上，揭示现代山参之"野"的建构过程，以及背后的文化动力与商业逻辑。

二、研究方法

人类学向来都是研究"人"、"人性"及"文化"的学问❸，如此看来，"物"并不是人类学研究的常规论题。然而，人类学针对物的研究并非仅仅局限在"物"本身。面对具体"物"的时候，人类学往往要透过"物"，聚焦"物"背后的文化含义，并试图通过对文化层面的了解和研究，解决如下两个问题："物"如何传达社会关系，如何经由"物"来理解文化或社会。❹ 也就是说，人类学关注的并不是"物"本身，而是要借助"物"来挖掘"物"背后的深层文化内涵。

（一）"拜物教"与"物的生命史"

马克思对商品的研究为我们提供了一个敏锐的视角。《资本论》一开篇便围绕"商品"展开，在对"交换价值"、"价值"等基本概念作了详细的介绍之后，马克思总结性地揭示出了"商品的拜物教性质及其秘密"，认为表面上看似简单、平凡的商品，实际上却"充满形而上学的微妙和神

❶ 此概念是由"吉林省人民政府，吉林省人参资源整合开发推进工作组"于 2006 年下达的"关于统一人参商品分类的通知"中规定的，参见 http://ginseng.jlagri.gov.cn/info.asp?id=199。
❷ 据专家介绍，这种"纯野山参"每年的产量在 20 公斤左右。
❸ 庄孔韶主编：《人类学通论》，太原：山西教育出版社 2002 年版，导言。
❹ 林淑蓉：《物/食物与交换：中国贵州侗族的人群关系与社会价值》，见黄应贵主编：《物与物质文化》，台北："中央研究院"民族学研究所 2004 年版，第 212 页。

专题研究

141

学的怪诞"❶，商品之所以神秘，并不在于它的使用价值，而在于它的"形式"：

商品形式在人们面前把人们本身劳动的社会性质反映成劳动产品本身的物的性质，反映成这些物的天然的社会属性，从而把生产者同总劳动的社会关系反映成存在于生产者之外的物与物之间的社会关系。❷

也就是说，当物品处于商品形式时，物与物之间的关系便取代了人与人之间的社会关系。为了让读者更好的理解，马克思启用了拜物教的概念：

……要找一个比喻，我们就得逃到宗教世界的幻境中去。在那里，人脑的产物表现为赋有生命的、彼此发生关系并同人发生关系的独立存在的东西。在商品世界里，人手的产物也是这样。我把这叫做拜物教。劳动产品一旦作为商品来生产，就带上拜物教的性质，因此拜物教是同商品生产分不开的。❸

用宗教词汇作比喻，马克思实际上是想说明，在商品形式中，物与物之间的关系正如人脑中各种宗教人物之间的关系一样，是虚幻的。而商品背后凝结的社会劳动，和劳动中的人与人之间的关系才是最真实的。

人类学家阿尔君·阿帕杜莱（Arjun Appadurai）在马克思"商品拜物教"的基础上作了充分的延伸和发挥。在他编著的《物的社会生命：文化视野中的商品》（*The Social Life of Things*：*Commodities in Cultural Perspective*）一书中，阿帕杜莱认为，物的意义蕴涵在它们的形式、用途和轨迹之中，所以我们必须跟随物本身，通过对物的轨迹的分析，才能解释人的行为。因此，在理论层次，是人的行为赋予物以意义，但是在方法论层次，却是运动中的物说明了人和社会的内涵。他总结道："没有一种物的社会分析（不管分析者是经济学家，还是艺术史学家，或者人类学家）能避免被称之为方法论上的拜物教（methodologial fetishism）的东西。"❹ 这一方法在人类学研究"物"的历史上具有重要的学术意义和研究指导意义。在方法论上的拜物教的指导下，他将商品视为物的生命史中的一个阶段，发起了物的人类学（anthropology of things）。

❶ 马克思：《资本论》，第 1 卷，北京：人民出版社 2002 年版，第 88—89 页。
❷ 马克思：《资本论》，第 1 卷，北京：人民出版社 2002 年版，第 88—89 页。
❸ 《马克思恩格斯全集》，第 23 卷，北京：人民出版社，第 89 页。
❹ Arjun Appadurai, *The Social Life of Things*：*Commodities in Cultural Perspective*, New York：Cambridge University Press, 1986, p. 9.

阿帕杜莱将商品视为处于特定情形下的物，这种"商品情境"（commodity situation）意味着：（1）社会生活中的任何物都有成为商品的阶段；（2）商品同时也可能变成物；（3）商品的概念可以涵盖任何物。❶阿帕杜莱对商品的界定意味着他已经完全背离了马克思对商品的界定规则，他认为"物品能够进入、走出商品阶段，并且这种运动可以慢、可以快、可以反复，或者一去不复返，可以是正常的，也可以是反常的"❷。由于处在商品情境下的物同时可能出自各自不同的社会生活，所以我们要把物看作和人一样，关注它的整个生命过程，包括从生产到交换、分配以及消费等各个环节。因此，物的人类学的目的就是要追溯物的商品化、去商品化的路径、方式及其背后的社会文化动因。

阿帕杜莱所提倡的"方法论上的拜物教"为本篇文论的调查和写作提供了丰富的灵感和指导，促使笔者追踪东北野山参的"生命史"，从生产阶段到流通阶段，再到消费阶段。

（二）历史人类学中关于"物"的研究

人类学家明茨（Sidney W. Mintz）在《甜与权力》一书中对糖的考据、分析已经成为人类学研究某一具体物品的典范。他将现代日常生活中再常见不过的糖放到一个更深远的历史中考察，运用12世纪以来英国的各种文献资料（其中包括菜谱、食谱、购物清单、药方、书信、小说、遗嘱、游记、各种专门史等）来说明糖的经济发展史。糖最初于公元前8000年在新几内亚被消费，但是直到公元1000年才为欧洲人所知。十字军东征时，欧洲人才从战利品中得到并运送回家，而且糖最初是被当作异域的、来自东方的药品或香料使用的。到了中世纪，糖在欧洲成了一种奢侈的进口产品，只有国王、贵族和商人才有能力消费得起，对糖的大量消费显示了主人的富有、权力和地位。而到了17世纪50年代，糖已经令一些人上了瘾，17世纪晚期到18世纪末，糖逐渐失去它的象征地位，同时向日常生活渗透，成为每个人都能够消费得起的产品。

明茨之所以能够把糖这样一件普通的日常生活用品写得有声有色、耐人寻味，除了运用大历史的视角，把糖放入深远的历史背景中去考察之

---

❶ 阿尔君·阿帕杜莱：《商品与价值的政治》，见孟悦、罗钢主编：《物质文化读本》，北京：北京大学出版社2008年版，第21页。

❷ Arjun Appadurai, *The Social Life of Things*：*Commodities in Cultural Perspective*, New York：Cambridge University Press, 1986, p. 9.

外，还有赖于应用"内在"意义与"外在"意义的方法分析物质资料的文化属性。他认为，"内在"意义与日常生活相关联，是个人为自己及周围人的行为赋予的意涵；而"外在"意义与社会组织、体制、权力等相关联，是"社会组织与族群造成的改变带来的影响……那些任职并管理较大型经济与政治结构的人，就是使这些机构运作的力量"❶。明茨认为，"内在"意义的变化只能发生在"外在"意义限定的范围内。"与外在意义有关的变迁开始进行之后，内在意义便随之产生"❷。人类学家的研究就是要考察人们接受、使用"日常生活各种行为的意义"，并将其内化的过程。在此方法的指导下，明茨分开讨论以下两个议题：一是让糖变得容易取得的环境重大变迁；二是在日常家庭生活中与工作里，消费者如何让糖成为他们的日常例行事务。所以，在明茨的研究中，我们看到的并非只是简单的糖的消费，还有整个社会的变化，其中最为惊心动魄的就是资本主义经济的成功。殖民主义的种植业和工业革命后英国的城市消费则可以分别看作影响糖的消费的外在意义和内在意义。从 17 世纪 50 年代开始，英国开辟了大量的海外殖民地与半殖民地，后者的产品开始广泛地进入英国，如茶、咖啡和巧克力。随着英国大众对这三种产品（特别是茶）的普遍接受与认同，糖的消费量也明显增加，成为大众消费品。

明茨将内外意义结合的这种研究方法，既探索一种社会的整体性形貌，观察其中参与者的能动特征，同时又分析外在整体与内在因素之间的互动关系，还把整个世界的视野也纳入其中，使人类学的研究不再断裂、孤立。

（三）本文研究方法与田野点的选择

由以上两部分研究方法的梳理，我们可以看到，追踪物的生命史倾向于在同一时期对某一具体物品的横向研究，而历史人类学的方法则更倾向于在不同时间对某一具体物品的纵向研究。

本文将结合这两种研究方法，对东北人参同时做横向与纵向的考察。纵向方面，是广义上的人参史，本文将选取清朝❸和现代两个大的时代背景，考察人参的社会史，观察东北人参长期以来的起伏变化与意义改变情况；横向方面，是狭义的人参生命史，文本将分别追踪在清朝和现代东北人参横向的生命过程，即生产、流通与消费等环节。记录东北人参在不同

---

❶ 明茨：《吃》，林为正译，北京：新星出版社 2006 年版，第 37 页。
❷ 明茨：《吃》，林为正译，北京：新星出版社 2006 年版，第 35 页。
❸ 之所以选取清朝，是因为清朝是东北人参大规模兴起的时代。

人群中的特殊文化传记。如果说纵向的比较提供了对比的框架和范围的话，那么横向的生命史比较则提供了对比的基本内容。

将物的生命史划分为生产、流通、消费三个阶段，实际上是假定物本身的形态、功用不变，只是所处的社会环境发生了变化。例如，如果将人参视为补品，则无论是在生产阶段、流通阶段还是消费阶段，人参都以补品的形态出现：参农认为他种植的是补品，药商认为他加工和出售的是补品；消费者认为他买的是补品。但是根据田野调查所得到的实际情况是，人参在其不同的生命阶段对于相应社会环境的人来说，是截然不同的。因此笔者更加倾向于关注事物本身对于社会环境的意义，即处于不同生命阶段的物对于相应社会环境下的人来说有着不同的意义。此研究视角不仅仅关注物周围的社会环境的变化（如生产、流通、消费三个阶段），而且回归物本身，探讨在物品生命史的不同阶段自身形态、功用的变化，以及被赋予的不同意义。根据历史文献及田野调查，笔者将东北人参的"物"、"商品"和"补品、礼物"三种社会形态与属性分别对应于其生命史中的"生产"、"流通"与"消费"阶段。

本文以东北野山参为研究对象，研究其生产、流通和消费的过程，无论是在清朝还是在现代，这三个不同的阶段都分别发生于不同的地域。关于当代人参的社会生命史调查，本文分别选取了辽宁省抚顺市清原满族自治县的甲屯村、河北省安国市和浙江省杭州市作为东北野山参的生产地、流通地和消费地。

自后金开始，清原县便是东北野山参的产区，距今已经有近四百年历史。当时清原并没有设县，其实际的地理位置位于当时的开原、兴京两县之间，而兴京地区在后金时代就是产参区，归属建州女真的统治。当时建州女真还因朝鲜族越境至兴京地区偷采人参而多次与朝鲜王国引发纠纷。❶而抚顺自明朝末年就已经是女真人与明王朝进行人参互市交易的关口之一。可见，人参的生产和交换在抚顺地区都有较深远的历史。

本文的第一个田野点甲屯村，位于吉林省哈达岭余脉，至康熙十六年（1677）此处还有产人参的记载。❷甲屯三面环山，有林地两万多亩，据村中老人介绍，新中国建国前，还有少数人到山中放山采参。新中国建国

---

❶ 参见丛佩远：《东北三宝经济简史》，北京：农业出版社1989年版，第3章第3节。
❷ 参见贾弘文：《铁岭县志》[清康熙丁巳年（1677）刻本]，卷下"物产志"，转引自丛佩远：《东北三宝经济简史》，北京：农业出版社1989年版，第139—140页。

以后，村中曾以生产队的名义定期组织村民到山上种人参。可以说，甲屯村的人参生产也有着较长的历史。现代，甲屯村更因为种植林下人参而在附近的村落中小有名气。笔者于 2009 年 4 月、5 月和 8 月三次到甲屯村以及临近的两个村子做田野调查，每次调查不少于一个星期，且借住在主要报道人家中。

本篇论文的第二个田野点是河北省安国市，选取安国市作为人参流通地是因为它是中国历史上四大药都❶之一，如今是全国第二大的中药材集散地，每年中药材的成交额均达到数十亿元。单在一年一度的"国际药材医药保健品交流会"❷上，便有三天成交二十多亿元的记录。可见，安国是一个重要的中药批发市场，非常适于在此地进行人参流通过程的考察。笔者于 2009 年 5 月和 9 月分两次到安国做田野调查，借住在人参专营小区内的药商家中，走访了小区内大部分出售东北野山参的商户。

从对人参史的梳理中，我们知道，在清代，东北人参销路最好的地区是两浙地区，即今天的浙江省。而且，仅浙江地区，不同县市对人参的喜好都有着地区差异。为了与清朝时人参的消费情况作对比，本文的第三个田野点便选在了浙江省杭州市。如今浙江省依旧是东北野山参销量最好的地区，杭州市是浙江省内销售最好的城市❸，拥有全国第一家也是唯一一家野山参博物馆，市内的河坊街更是以出售野山参和其他名贵中药材而闻名。因此，笔者选取杭州市作为本篇论文的第三个田野点，并于 2009 年 4 月和 2010 年 1 月两次到杭州市进行田野调查。

三、人类学对"物"的理论研究

（一）早期研究

在人类学的研究传统中，始终没有脱离过"物"的研究，只是不同时期的研究重点有所不同。早期的人类学研究"物"的主要目的是探讨社会结构本身，"物"只是用来证明社会结构或社会发展状态的附属物，并没

---

❶ 安徽亳州、江西樟树、河南百泉、河南禹州、河北安国、湖北蕲春都是中国公认的获得"中国药都"称号的城市，历史悠久，药业交易发达，每年都有上千万乃至上亿元的药品交易额，当地的药品交易收入也是地方主要财政收入之一。每年当地都要举办药交会，是药品交易的集散地。至于哪几个是四大药都，则说法不一。
❷ 安国市国际药材医药保健品交流会，简称"药交会"，每年 5 月举行。截至 2009 年，已经举行了 18 届。
❸ 引自杭州市某人参专家的访谈，在全国范围内，东北野山参在浙江省的销量最大，其次是上海、广东。在浙江省内，销量最好的城市是杭州，其次是宁波。

有独立存在的价值。但是，正是早期学者对"物"的研究和探讨，为后来的学者奠定了理论方向。台湾人类学家黄应贵在《物与物质文化》❶ 一书中，将早期人类学对"物"的研究划分为以下三个理论方向。

1. 主客体二分

该理论方向以进化论为开端，用物质被开发程度用来衡量社会文化的进化程度，进而勾画出不同社会、文化的发展历程。

摩尔根（Lewis Henry Morgan）在1877年发表的《古代社会》❷ 一书中，以物质生活、生产资料为标准，判断社会发展的程度。摩尔根分别将人类进化的蒙昧阶段和野蛮阶段划分为初期、中期和晚期。并且以某些物品或生存技术的出现作为划分社会发展阶段的标准。如：

（1）蒙昧阶段

低级蒙昧社会：以水果和坚果为生

中级蒙昧社会：鱼类食物和用火知识的获得

高级蒙昧社会：弓箭的发明

（2）野蛮阶段

低级野蛮社会：制陶术的发明或陶业的流行

中级野蛮社会：东半球饲养动物，西半球用灌溉法种植玉蜀黍等作物，用土坯和石头建筑房屋

高级野蛮社会：制造铁器

（3）文明社会：字母的使用和文献记载的出现❸

摩尔根所提到的"物"，是人类对自然界开发的结果，用以判断社会的发展程度。其中暗含了主体与客体相分离的观点。

2. 人与物不分

法国社会学家、人类学家马塞尔·莫斯（Marcel Mauss）在其著作《礼物》❹ 中，出色地阐述了蕴涵在礼物交换体系中的复杂社会意义。莫斯的研究从具有普遍意义的原始社会的"夸富宴"开始，将其看作为"竞技式的总体呈现体系"，他认为在"总体呈现"的"礼物"交换体系

---

❶ 黄应贵主编：《物与物质文化》，台北："中央研究院"民族学研究所2004年版。
❷ 本书全名为《古代社会或人类从蒙昧时代经过野蛮时代到文明时代的发展过程研究》。路易斯·亨利·摩尔根：《古代社会》，杨东莼、马雍、马巨译，南京：江苏教育出版社2005年版。
❸ 参见路易斯·亨利·摩尔根：《古代社会》，杨东莼、马雍、马巨译，南京：江苏教育出版社2005年版，第7—9页。
❹ 马塞尔·莫斯：《礼物》，汲喆译，上海：上海人民出版社2002年版。

专题研究

中，人们具有三种义务：送礼的义务、接受的义务和回赠的义务。即不仅送人礼物是义务性的，对方接受礼物同样带有义务性。而且，接受方必须在一定时间内回馈相等甚至是更多的礼物作为回报。这三种义务是礼物交换体系的基础，它普遍存在于各个社会以及同一社会的不同社会制度或社会活动中，比如政治、经济、宗教、法律、艺术、道德等。

然而，是什么原因导致了送礼、接受和回礼的义务呢？莫斯从罗伯特·赫茨（Robert Hertz）❶ 提供给他的关于毛利人的民族志中，找到了 hau 的概念。莫斯认为 hau 是一种精神力（pouvoir spirtuel），所有严格意义上的个人财产都有 hau，hau 总是想要回到它的诞生之处，与人"混融"（melange）在一起：

总之，归根结底便是混融（Melange）。人们将灵魂融于事物，亦将事物融于灵魂。人们的生活彼此相融，在此期间本来已经被混同的人和物又走出各自的圈子再相互混融：这就是契约与交换。❷

莫斯认为，正是混融的状态使得物权和人权不分，事物、事物的灵魂、个人、个人的灵魂、群体、群体的灵魂是浑然一体的。物品通常被赋予所有者的精神特质、灵魂，事物本身是有灵魂的。送出礼物的同时，也是将自己的精神特质送了出去。接受礼物就等于接受了送礼者的一部分灵魂；若不接受礼物则表示挑衅；若不及时回礼，或者回礼在数量、质量等方面明显低于对方，就等于承认在经济、政治等方面输于对方。从中可以看出，是事物的所具有的 hau 导致了送礼、接受和回礼的义务。

在与涂尔干（Emile Durkheim）合著的《原始分类》❸ 中，莫斯也涉及物的研究。涂尔干和莫斯将分类定义为："人们把事物、事件以及有关世界的事实划分成类和种，使之各有归属，并确定它们的包含关系或排斥关系的过程。"❹ "我们对事物进行分类，是要把它们安排在各个群体之中，这些群体互相有别，彼此之间有一条明确的界限把它们清清楚楚地区分开来。"❺ 他们认为包含着等级秩序的分类绝不是自然而然的事情，因

---

❶ 罗伯特·赫茨（1881—1915）34 岁时在第一次世界大战的战争中丧生，埃文斯－普里查德曾认为赫茨也许可与涂尔干齐名，如果他活着，他会和莫斯一起成为社会学年刊派的带头人，有可能改变社会学的思想。赫茨仅留下了三篇发表了的论文，其中一篇是著名的《右手的优越》。

❷ 马塞尔·莫斯：《礼物》，汲喆译，上海：上海人民出版社 2002 年版，第 45 页。

❸ 马塞尔·莫斯、爱弥尔·涂尔干：《原始分类》，汲喆译，上海：上海人民出版社 2000 年版。

❹❺ 马塞尔·莫斯、爱弥尔·涂尔干：《原始分类》，汲喆译，上海：上海人民出版社 2000 年版，第 4 页。

为它既不存在于自然世界，又不源于人类心灵，所以，《原始分类》要解决的问题便是找出分类的原型。他们试图用二手的人类学资料❶来论证自己的发现，探索分类形式这一人类认知基本结构的起源。他们最后的结论是：

> 社会并不单纯是分类思想所遵循的模型；分类体系的分支也正是社会自身的分支。最初的逻辑范畴就是社会范畴，最初的事物分类就是人的分类，事物正是在这些分类中被整合起来的。因为人们被分为各个群体，同时也用群体的形式来思考自身，他们的观念中也要对其他事物进行分门别类的处理，这样，最初的这两种分类模式就毫无差别地融合起来了……事物被认为是社会的固有组成部分，它们在社会中的位置决定了它们在自然中的位置。❷

莫斯在与涂尔干认为是社会的分类决定了事物的分类，两种分类模式是融合在一起的。

3. 交换

列维－施特劳斯（C. Levi-Strauss）从结果立场认为，人类对事物的分类源于人类心灵的认知图式，是人类心智的二元对立结构决定了事物的分类原则。他在《图腾制度》❸一书中论述图腾制度就是"原始"的分类方式，它在自然物种和社会群体之间建立起一种逻辑等价关系，根据区分性对立原则组织起来的自然物种系列，与同样原则下的文化系列之间形成一种同态关系。氏族成员相信他们和自己的图腾动物之间存在着某种形体和精神的相似性。

列维－施特劳斯认为，无论进化论者将人与物分离的二元论，或是莫斯认为的人与物不分，都只是在处理现象的表面。他认为，在人与物的现象背后，交换才应当是人类学讨论的重要议题。因为交换才是社会的再现和繁衍的机制，是超越人的意识存在的，属于潜意识的深层结构，可以被客观地加以研究。并且根据交换的内容和形式，可以掌握不同类社会的运作机制。

以上早期人类学对于"物"的研究，主要目的还是讨论社会的发展状

---

❶ 这些资料并不是涂尔干和莫斯通过实地调查得到的，而是借鉴了人类学家关于澳大利亚土著、北美祖尼人、印第安纳人以及中国人的民族志。
❷ 马塞尔·莫斯、爱弥尔·涂尔干：《原始分类》，汲喆译，上海：上海人民出版社 2000 年版，第 89 页。
❸ 列维－施特劳斯：《图腾制度》，渠东译，上海：上海人民出版社 2005 年版。

专题研究

况和社会结构，并没有人类学家以"物"为核心展开研究。因此在40年代以后，物的研究就已经没落，很少为人类学者所重视，这种状况直到80年代才发生重要的改观。❶

（二）八十年代以后的研究

80年代以后，一些人类学家、考古学家和博物馆学者开始强调物质文化本身的不可取代性，完全可以将物质文化可以作为一个独立的领域展开研究。丹尼尔·米勒（Daniel Miller）在 *Material Culture and Mass Consumption* 一书中阐述了上述观点。米勒从黑格尔的精神现象学提出的主体/客体或人/物不是二元性关系为分析的起点，并进一步设定主体与客体是辨证与动态的关系，并且强调二者的关系是过程的产物，主体并不是先验的，而是在与客体互动的过程中形成的，因此，主客体都不是独立存在的，是相互构成的关系。由此，他认为"物"具有独立的逻辑与性质。

米勒的这一论点奠定了当代物质文化与消费研究的理论基础，使之成为超越学科的研究课题。但是在人类学内，主要研究成果却是将物与社会文化结合，讨论物如何塑造和凸显文化，以呈现人类学在这个领域上的独特贡献。❷

前文已经提及的人类学家阿尔君·阿帕杜莱在他编著的《物的社会生命：文化视野中的商品》中，将物的生命史作为研究的主要切入点，使物与经济、历史、社会文化结合，使物有了独立的生命、独特的价值和重要性。阿帕杜莱认为，在理论层次，是人的行为赋予物以意义，但是在方法论层次，却是运动中的物说明了人和社会的内涵。他总结道："没有一种物的社会分析（不管分析者是经济学家，还是艺术史学家，或者人类学家）能避免被称之为方法论上的拜物教（methodologial fetishism）的东西。"❸ 这一方法在人类学研究"物"的历史上具有重要的学术意义和研究指导意义。在方法论上的拜物教的指导下，他将商品视为物的生命史中的一个阶段，发起了物的人类学（anthropology of things）。

然而，物品并不仅仅处于"商品情境"和"非商品情境"两个非彼即此的阶段，商品和非商品并不能完整地描述物的所有存在状态。伊戈

---

❶ 黄应贵主编：《物与物质文化》，台湾："中央研究院"民族学研究所2004年版。
❷ 黄应贵主编：《物与物质文化》，台湾："中央研究院"民族学研究所2004年版，第1—159页。
❸ Arjun Appadurai, *The Social Life of Things: Commodities in Cultural Perspective*, New York: Cambridge University Press, 1986, p.9.

尔·科普托夫（Igor Kopytoff）认为物应当有自己的文化传记（cultural biography），在历史过程中，每个物的生命都处于特殊化和商品化两个极端之间，在不同类型的社会中，文化对物的生命史特征的制约有所不同，文化和个体有力量将物品神圣化、特殊化。

以上几位学者的讨论侧重对物自身的研究，将物作为因变量，将文化、社会、个体视为自变量，考察后者对物造成的种种影响。但是人类学关注的核心概念是"文化"，在人类学学科范式内，对物的研究也应当围绕文化展开。正如黄应贵所说："物与物质文化研究最大的贡献，也许不在物自身性质的探讨上，而是对文化本身的探讨。"❶ 米勒也有同样的看法，他认为，物质文化研究在学术创新上的各种可能性，"并不在于研究方法上，而更在于对文化基本性质（the nature of culture）的认知上"，"作为学界成员的我们，透过对人们如何看待与运用各种不同对象（objects）的具体研究"，尽最大努力去认识这些人群的日常生活世界，并对其"发挥同理心"，毕竟，这些物质文化正是"我们所研究的人群赖以创建（他们自身）真实世界的（具体）方式"。❷ 因此，一些人类学者开始重新关注交换、社会象征、分类、社会文化性质等人类学主题。

尼古拉斯·托马斯（Nicholas Thomas）在 *Entangled Objects* 一书中认为，莫斯提出的 hau 的概念远不足以解释复杂的交换过程。托马斯将更广阔的历史与政治背景带入交换研究，并凸显出交换物性质的重要性。物的重要性并不只在于它过去是如何被制造出来的，而是它不断被赋予了许多新要素后才变成了纠结物（entangled objects）。❸

古德利尔也认为莫斯的《礼物》并没有回答礼物本身如何成为整体社会事实之谜，同时也反对列维-施特劳斯强调交换是礼物的本质的观点。古德利尔认为不能把社会化约为人们之间所有可能的交换形式的总和，因而，社会不可能仅仅从交换、契约或象征物中产生，也不可能只建立在它们之上。所以，交换和不交换都要考察，甚至不交换才是更重要的基础。社会的形成因素，除了交换以外，还有传承，赠礼和回赠并不能完全支配

❶ 黄应贵：《物的认识与创新：以东埔社布农人的新作物为例》，见黄应贵主编：《物与物质文化》，台湾："中央研究院"民族学研究所2004年版，第443页。
❷ Daniel Miller, "Why Some Things Matter?" in Daniel Miller ed., *Material Cultures: Why Some Things Matter?* Chicago: The University of Chicago Press, 1998, pp. 3–21.
❸ Nicholas Thomas, *Entangled Objects: Exchange, Material Culture, and Colonialism in the Pacific*, Cambridge, MA: Harvard University Press, 1991.

专题研究

一个社会，对神进贡的不平等交换才是社会形成的基石、文明的动力。

（三）人类学对食物的研究

在人类学对物的研究中，有一部分是专门关于各种食物的研究。20世纪70年代，人类学家将关于饮食文化和饮食行为的人类学研究归结为人类学的一个分支学派——"饮食人类学"（anthropology of food/ foodways anthropology）。张光直在《中国文化中的饮食——人类学与历史学的透视》（*Food in Chinese Culture*：*Anthropology and Historical Perspective*）一书的序言中提出研究饮食人类学的方法。他认为"制作食物的基本原料，保存、切割和烹调食物的方式方法，每一餐饭的量和种类，受喜欢或被人厌恶的味道，食物摆上桌的习惯，器皿，有关食物性质的信念"❶等因素都是"饮食变量"，研究饮食人类学的方法，就是以文化作为划分依据，对食物变量进行分类和辨别，有系统地安排这些变量，并解释为什么其中有些变量结合在一起或不结合在一起。最后系统的组合起来的各种饮食变量可以从时间的视角加以展示。人类学探讨的问题是饮食习惯是如何变迁的，其背后的种种原因和结果是什么。

陈运飘、孙箫韵认为，饮食人类学的研究内容有以下几个方面：作为人类本能需要的饮食和作为文化的饮食之比较研究、食物的研究（包括食物的获得和调制、从生食到熟食的发展过程、菜系研究、仪式上的食物、食物禁忌）、饮食习俗研究、饮食文化的符号象征意义、饮食文化变迁、饮食文化与文化其他方面的关系等。在理论探索方面，主张采用人类学整体论的视角，将饮食文化放入整个社会文化体系之下研究，并且认为，建构主义理论能够为饮食文化研究，特别是市场化的饮食现象提供解释和理解的视角。❷

张光直认为，中国人关于饮食的观念和信仰积极影响着做和吃食物的方式和态度。其中最为核心的观念是"食品也是药品"，中国人认为一个人所吃食物的种类和数量与他的健康密切相关。作为一般性原则的食物不仅影响人的健康，而且在任何一个特定的时间，正确食物的选择也必须以一个人在那个时间的健康状况为转移。在中国人的观念中，机体的运行遵

❶ 张光直：《中国文化中的饮食——人类学与历史学的透视》，郭于华译，见《中国食物》附录一，南京：江苏人民出版社 2003 年版，第 249 页。
❷ 陈运飘、孙箫韵：《中国饮食人类学初论》，见《广西民族研究》2005 年第 3 期，第 47—53 页。

循着基本的阴－阳原则，食物也可以被归为阴性的食物和阳性的食物。当身体内的阴阳不平衡时，可以吃适量的食物来抵消人体内的阴阳失衡。类似的观点，在陈有平的论文《中国的保健品与补品》（*Chinese health foods and herb tonics*）中也有论述，陈认为食用适当的食物有助于人保持身体的平衡或恢复平衡状态。食物可以防止疾病，而一旦患病，食物则可以起到治疗作用。食物在防病治病方面的重要性使得中国人自古以来就关注滋补品和保健品。❶

明茨关于糖的研究已经成为历史人类学研究物的社会史的经典。在《甜与权力》一书中，他将现代日常生活中再常见不过的糖放到一个更深远的历史中考察，展示糖如何被传播、接受、使用并赋予意义的文化和社会过程。明茨认为，人类对甜食的喜好并不足以解释 18 世纪以来英国人大量消费糖的事实，而应当在政治权力中寻找原因。这种权力表现为世界经济体系下宗主国与殖民地之间不可分割的生产与消费关系。在上述分析框架之下，明茨试图证明，糖作为日常的消费品，其实带有携带性的权力。

在《物的新知识与创新：以东埔布农人的新作为为例》❷ 一文中，台湾学者黄应贵通过考察东埔布农人作物的种植历史与发展过程，探讨当地布农人如何透过其原有的人观、土地或空间、知识以及 hanitu❸ 等基本分类观念，以及经济过程的生产、分配与交易、享用与消费等活动，对新作物进行理解而创新的过程。1943 年，东埔布农人日本殖民政府的强制下，由刀耕火种的生产方式改为种植水稻。1975 年开始全面改种经济作物，其中多为番茄。这象征着资本主义市场经济取代了原来水稻所代表的生计经济，也表现出当地社会在政治活动以外，处于大社会的从属地位。由于基督教长老会以集体的方式解决番茄种植的劳力、资金及运销问题，所以番茄也象征着教会在当地社会生活中的支配地位。1985 年东埔布农人在汉人资本家的投资和运作下改种茶叶，形成以汉人资本家为中心，结合布农人构成类似企业的实际工作单位。此时的茶叶不仅象征着当地资本主义市场的异化与物化过程，也象征着当地人与汉人关系已经发展出新的社会关

---

❶　Chen JY, "Chinese Health Foods and Herb Tonics", *The American Journal of Chinese Medicine*, 1973, Jul; 1 (2): 225 – 47.

❷　黄应贵:《物的认识与创新：以东埔社布农人的新作物为例》，见黄应贵主编:《物与物质文化》，台湾:"中央研究院"民族学研究所 2004 年版，第 379—448 页。

❸　布农人认为他们所接触到的所有自然物，包括生物、非生物，都有 hanitu。

153

系，同时使得"纯粹布农人社会开始消失"。

黄应贵通过分析布农人对一般物的传统分类观念探讨他们对水稻、番茄、茶的认识、接受与创新的过程。他认为，布农人关于 hanitu 的观念和信仰，使得他们视自然物与人之间有着连续性的互动关系，并且凸显人的主体性，如水稻和番茄。而通过特殊"知识"或"工艺技术"所创造出来的物，则是没有主体性的客观的物，如茶叶。布农人对两类农作物的划分不仅影响了生产过程，同时还影响了布农人其他层面上的经济活动。❶

台湾学者蒋斌在其论文《岩燕之涎与筵宴之鲜——沙捞越的燕窝生产与社会关系》❷ 中，以燕窝为研究对象，分析"不同生产模式间的串联，价值是如何决定的，传统东南亚海洋贸易体系的运作状况"等三个问题。蒋斌的分析以历史材料和田野调查为基础，借用阿帕杜莱的"方法论上的拜物教"，探讨燕窝在商品与礼物两个面向中转换进出的过程，从而了解不同生产模式之间的串联情况。

蒋斌从中医思想和中国文化入手，梳理了中国人对燕窝的需求，考察燕窝在中国社会和文化体系中的位置，人们用怎样的修辞和语言来建构燕窝的意义。而后，接下来考察科学研究中燕窝的化学成分，认为燕窝之所以能够成为可欲的消费品，其背后依赖的是知识的断层和阻绝。最后蒋斌以尼亚和芭南河流域为田野点，考察两处的燕窝生产模式。认为对于整个华人社会的燕窝消费而言，其背后的许多消费信息被华人所控制，无法流通，进而一直保持着对价格的垄断。

许多国外学者以饮食文化为切入点，研究中国的社会、文化状况以及中西方文化交流状况。以下三位学者便采取了这样的路径。约翰·安东尼·乔治·罗伯茨（J. A. G. Roberts）在《东食西渐：西方人眼中的中国饮食文化》❸（*China to Chinatown：Chinese Food in the West*）一书中，利用西方人对中国食物的写作文本，研究中国饮食文化是如何进入西方社会的。罗伯茨一方面考察在时代、意识形态的背景下，西方人对中国文化、中国人及中国饮食的态度变迁情况，试图完成西方对异文化形象建构的分

---

❶ 黄应贵：《物的认识与创新：以东埔社布农人的新作物为例》，见黄应贵主编：《物与物质文化》，台湾："中央研究院"民族学研究所 2004 年版，第 379~448 页。
❷ 蒋斌：《岩燕之涎与筵宴之鲜——沙捞越的燕窝生产与社会关系》，见张玉欣主编：《第六届中国饮食文化学术研讨会论文集》，台北：中国饮食基金会 2000 年版。
❸ 约翰·安东尼·乔治·罗伯茨：《东食西渐：西方人眼中的中国饮食文化》，杨东平译，北京：当代中国出版社 2008 年版。

析以及对其他种族的态度；另一方面作者考察了西方人在什么时候、怎么样以及为什么改变和接纳了中国的饮食。尤金·N.安德森在《中国食物》❶（*The Food of China*）一书中从食物的角度研究中国的社会文化史。从内容上看，全书大致可以分为两大部分，一部分是介绍中国自古至今食物的变化；另一部分介绍饮食方法和不同地域间的差别。但作者并不为此所限，而是结合生态环境、历史、社会、文化等因素，讲述了农业古国——中华帝国如何设法在可耕地面积相对很小的基础上养活了1/4的世界人口，为何中国选择了精耕细作的、高度多样化的、可持续的农业解决人口不断增长的问题。进而分析中国为何不能现代化等深层次的问题。冯珠娣（Judith Farquhar）在《饕餮之欲：当代中国的食与色》❷（*Food and Sex in Post-socialist China*）中呈现了20世纪70年代到90年代的中国城市生活，考察"食"与"色"观念与实践的变迁。在"食"方面，作者特别强调了政治与意识形态对当代中国人的饮食行为产生的持久影响；在"色"方面，作者重新审视日渐消失的"身体"，从而展示世俗生活如何顺应一个国家的政治。

以上人类学对食物的研究并没有将话题和研究对象局限于食物，而是将食物放置于更加广阔的社会和文化背景中去考察，视其为整个社会文化体系中的一部分。因此，历史、政治、权力、宗教、意识形态、观念信仰、经济制度、生产方式等诸多文化因素都可以分析饮食文化。人类学甚至要借助饮食文化，以食物为"引子"，突出食物背后的种种社会、文化要素。

四、东北野山参的文化意涵

东北野山参在中国文化体系中，绝非通常意义上的中药或补品。它的身上承载着近乎神圣的文化意义。

（一）中医体系中的人参

在中医体系中，任何一味药都有自身独特的药性。药性是药物固有的属性，是决定药物功用的内在依据。中药药性理论是一个相对独立的理论领域，旨在研究药性的形成机制及其运用规律。但药性理论离不开中医理

---

❶ 尤金·N.安德森：《中国食物》，马孆、刘东译，南京：江苏人民出版社2003年版。
❷ 冯珠娣：《饕餮之欲：当代中国的食与色》，郭乙瑶、马磊、江素侠译，南京：江苏人民出版社2009年版。

论体系的指导，药性的确定、应用、禁忌、规律（如四气、五味、升降浮沉、归经、有毒无毒、配伍）等均由中医思想统筹。总体而言，中药药性理论是建立在中医的阴阳五行思想基础上的。在中医的古籍经典中，医家是这样判断人参的药性的：

有如人参，或谓其补气属阳，或谓其生津属阴。只因但论气味，而不究人参所由生之理，故不能定其性也。余曾问过关东人，并友人姚次梧游辽东归，言之甚详，与《纲目》所载无异……我所闻者亦云人参生于辽东树林阴湿之地。又有人种者，亦须在阴林内植之。夫生于阴湿，秉水阴润泽之气也，故味苦甘而有汁液。发之为三桠五叶，阳数也。此苗从阴湿中发出，是由阴生阳，故于甘苦阴味之中饶有一番生阳之气……不独人参然，凡一切药，皆当原其所生，而后其性可得知矣。❶

从这段引文中，我们可以读出以下一些信息：（1）药物与其生长环境遵循相生相克的原理。人参的生长环境是阴湿的，它能够在这样的环境下存活，说明它自身是属阳的。（2）药性与阴阳五行密切相关。道家认为奇数为阳数，偶数为阴数。因为人参在地上部分的形态是三桠五叶，而三和五都是阳数，所以人参的药性属阳。

至于人参的实际功效，现代中医学者张效霞认为，中药的药效是根据中国传统的思维方法"取象比类"来的。他将取象比类原则总结为以下几个方面：（1）同声相应；（2）同形相类；（3）同色相通；（4）同类相召；（5）同气相求；（6）同性相从；（7）性随时异；（8）性随地异。❷

与人参最直接相关的原则便是"同形相类"了。"古代医家观察到某些药物的形状与人体的某些器官、组织的形态相似，于是就冥冥之中想到这些药物可能具有治疗与其形态相近的人体器官病变的作用❸。最典型者，莫过于人参。"❹ 历代医家都认为人参"主补五脏"，却并未说明原因。直到清张志聪著《本草崇原》❺ 的时候，才阐明了人参的治病机理："（人

❶ 王咪咪、李林主编：《唐容川医学全书》，北京：中国中医药出版社 1999 年版，第 534 页。
❷ 张效霞：《回归中医》，青岛：青岛出版社 2006 年版。
❸ 最直接的说法就是"吃什么，补什么"。
❹ 张效霞：《回归中医》，青岛：青岛出版社 2006 年版，第 321 页。
❺ 《本草崇原》，共三卷，约始撰于康熙十三年（1674），著者张志聪殁而书未成，后由弟子高世栻续成。继而王琦访得副本，校刊后刻入《医林指月》丛书，时已在乾隆三十二年（1767），以后续有翻刻。此书摘录《本草纲目》中本经药 233 味（另有附品 56 种），作"崇原"之论，自序云"诠释《本经》阐明药性，端本五运六气之理，解释详备"，有探讨药性理论之意，药分上中下三品，从药物性味、生成、阴阳五行属性、形色等入手，结合主治疾病之机理，阐明功效，崇本求原思想。

参）其年发深久者，根结成人形，头面四肢毕具……独人参禀天宿之光华，钟地土之广厚，久久而成人形，三才俱备，故主补人之五脏。"❶

从上述关于中医的论述，我们可以看到中医文化对人参的影响。美国人类学家尤金·N.安德森对中药"取象比类"所产生的药效解释为交感巫术。但是单单用交感巫术这一简单的概念来解释药效又无法理清药效背后一整套的文化体系，所以安德森认为"交感巫术不单进入外观，还进入其他各个方面"❷。实际上，他除了观察到药效的同形、同色原则外，还隐约注意到了"同性相从"等原则。❸然而，他并没有完全将中药药效归结为巫术，还是承认中药的实际效果的。只是实际效果和奇特神秘的外形相配合才赋予了某些中药的特殊名声。同时，安德森还意识到，"补"是一个自圆其说的文化体系，是经验主义事实和心理作用的共同结果。❹

（二）影响东北人参等级排名的文化因素

我们知道，中医系统判断中药药性的具体标准有：生长环境、生长季节和生长规律、习性。对于人参来说，各产地人参的生长季节和生长规律习性基本上都是相同的，故产地便成了判断人参品种的重要标志。历代文献中也多以产地作为区分人参"品牌"的重要标准❺，如上党人参、潞州人参、紫团参、新罗人参、辽参（即东北人参）等。

既然有了"品牌"之别，那么各品牌人参之间便有所比较，从而列出等级排名。从人参史的角度来看，人参的"等级排名榜"并非一成不变，东北人参并非自始至终都列于排行榜的榜首。

自唐代以来，产于山西上党的上党人参始终被医家奉为最好的人参品牌，其中又以紫团人参为最优。在该排名背后，有着深刻的文化意义。清代学者陆烜在其著作《人参谱》中给出了如下解释："上党，今山西潞安府。天文参井分野，其地最高，与天为党，故曰上党。居天下之脊，得日月雨露之气独全，故产人参为最良。紫团山即在潞安府东南壶关县境，尤

❶ 张志聪著，刘小平点校：《本草崇原》，北京：中国中医药出版社2008年版。
❷ 尤金·N.安德森：《中国食物》，马孆、刘东译，南京：江苏人民出版社2003年版，第187页。
❸ 安德森以雄鹿的生殖器为例子，他认为中国人之所以相信雄鹿的生殖器能够滋补人类的生殖器，是因为中国人知道一头雄鹿在发情季节能够和近70头母鹿交配。如果将这一观察列入取象比类的八个原则中，应当属于同性相从。
❹ 尤金·N.安德森：《中国食物》，马孆、刘东译，南京：江苏人民出版社2003年版。
❺ 不仅人参是这样，很多中药材均以产地区分品种，如北五味子、南五味子、西五味子，川贝、浙贝、岷贝等。

157

为参星所照临者也。"

随着过度采挖的进行，上党人参在明朝便不见了踪迹。与此同时，辽参跃居人参榜首位。谢肇淛在《五杂俎》中写道："人参出辽东上党最佳，头面手足皆具，清河次之，高丽、新罗又次之。"❶ 此时的上党人参已经"不复采取"，《潞安府志》记载道："原出壶关紫团山，旧有参园，今已垦而田矣，而索者犹未已。"❷ 在没有上党人参的情况下，"所用皆是辽参"。久而久之，人们便逐渐将上党人参淡忘，只记得辽参的好了。正如李日华在《紫桃轩杂缀》中写道："人参生上党山谷者最良，辽东次之，高丽、百济又次之。今人参惟产辽东东北者，世最贵重。有私贩入山海关者，罪至大辟。高丽次之，每陪臣至，得于馆中贸易。至上党紫团参，竟无过而问焉者。"❸

人们认为人参会随着帝王之气转移。❹ 辽东是清王朝兴起之地，是"王气所钟"、"地气所钟"，于是，辽参便被认为是最好的人参。此外，人们广泛地接受辽参这个"品牌"，与满族族群文化、清政府对人参的管理有着密切的联系。

从各产地人参等级排名的历史变化中，我们可以看到，除了生态因素的影响外，文化解读更多地在背后支撑着排名榜的建立与变迁。实际上，即便是人参物种在上党地区绝迹这一生态学现象也同样受到文化和人类行为的深刻影响。简单来说，文化的建构与解释左右着人们对人参品种的喜好。

（三）民间对东北人参的喜好

清朝时，中国人对人参的功效深信不疑，东北人参更是引起人们的广泛关注，并受到医家、病人的追捧。来华耶稣会传教士杜德美神父敏感地注意到了这一现象。他在1711年致印度和中国传教区总巡阅使的信中，详细描述了人参的外形特征、生长习性、药用功效等。信件一开篇，便提到当时中国人对人参的重视程度、药用功效，并亲自尝试验证。

……中国许多名医就这种植物的特征写下了整本整本的专著，他们对富贵人家开药方时几乎总要加入人参，但对寻常百姓来说价格就显得太贵了。中国医生们宣称，人参是治疗身心过度劳累引起的衰竭症的灵丹妙

---

❶ 谢肇淛：《五杂俎》，上海：上海书店出版社2001版。
❷❸ 转引自陆烜撰，赵云鲜整理：《人参谱》，济南：山东画报出版社2004年版。
❹ 据《晋书·石勒别传》记述，出生于上党地区武乡的石勒（274—333），在其园圃中栽有人参。"初勒家园中生人参，葳茂甚盛"，这也是有记录的中国历史上最早栽培人参的事件。石勒于319年称赵王，建立后赵，应验了人参"王气所钟"的说法。

药，它能化痰，治愈肺虚和胸膜炎，止住呕吐，强健脾胃，增进食欲；它能驱散气郁，医治气虚气急并增强胸部机能；它能大补元气，在血液中产生淋巴液；人参同样适用于治疗头晕目眩，还能使老年人延年益寿。

如果人参不能产生经久不衰的好效应，人们就无法想像汉人和鞑靼人如此看重它。甚至有些健康的人为了更加强壮也常服用人参。我相信，如果精通制药的欧洲人有足够的人参进行必要的试验，通过化学方法测试其特性并根据病情适量地对症下药，那么，人参在他们手里将成为上佳良药。

可以肯定的是，人参能化淤活血、增加热量、帮助消化且有明显滋补强身作用。在画完这株人参的图像（下文中我将对该图作出命名）后，我给自己号脉以了解脉搏情况；然后我服用了半支未经任何加工的生人参；一小时后，我感到脉搏跳得远比先前饱满有力，胃口随之大开，浑身充满活力，工作起来从没有那样轻松过。不过，当时我并不完全相信这次试验，我认为这一变化或许起因于我们那天休息得较好。然而，四天以后，我工作得筋疲力尽，累得几乎从马上摔下来，同队一位中国官员见状给了我一支人参，我马上服用了半支，一小时后，我就不再感到虚弱了。从那时起，我好几次这样服用人参，每次都有相同的效果。我还发现，新鲜的人参叶子，尤其是我咀嚼的（叶子上的）纤维部分，差不多也能产生同样的效果……❶

实际上，早在杜德美之前，法国来华传教士李明❷便在 1696 年巴黎出版的《中国近事报道（1687—1692）》❸ 中提到过人参在中国的良好声誉："在所有的滋补药中，没有什么药能比得上人参在中国人的心目中的地

---

❶ 杜赫德编：《耶稣会士中国书简集》（第二卷），郑德弟、吕一民、沈坚译，郑州：大象出版社 2001 年版，第 50—51 页。

❷ 李明，即路易·达尼埃尔·勒贡特，于 1685 年同另外 5 位神父一道，由法国国家科学院以国王数学家的身份被派往清朝康熙皇帝前候职。

❸ 该书于 1696 年首次在巴黎出版，共收录李明神父写给法国要人的十四封书信，内容是作者自己在中国的亲身经历和所见所闻。此前，耶稣会士的作品均为集体创作，且都由一个出版者兼新闻检查官杜赫德神父编辑成册，而《中国近事报道（1687—1692）》却是李明神父个人对中国的全面报道。该书在巴黎出版后大获成功，并在短短 4 年间法文重版 5 次，另有英文、意大利文和德文译本。但是，4 年后由于罗马教廷反对耶稣会士处理中国礼仪的方法，《中国近事报道（1687—1692）》被索尔邦神学院宣布为禁书，李明神父本人因而被指为"亵渎神灵的"、"亵渎宗教的"和"异端的"，该书在将近 3 个世纪以后才于 1990 年重新再版。在再版序言《上帝创造了中国》一文中，弗雷德里克·吐布尔·布热尔称李明"在华不足五年的时间里，他出色地完成了既是传教士又是人类学学者的工作"。

专题研究

位。"❶ 书中对人参的描写虽然没有杜德美详尽，但也简单介绍了人参的形态、生长习性、药性药效、食用方法、各种人参制品等情况。此外，李明表示，应当立足中国文化、中国人的性格来理解中国人赋予人参的深刻含义。❷

五、清代东北人参生命史与"野山参"概念的出现

（一）清代东北人参生命史

人参在满语里叫做"奥尔厚达"，"奥尔厚"意思是"草"，"达"表示首领、头人，所以"奥尔厚达"是百草之王的意思，足以表明人参在满族知识文化体系中的地位。有历史学者认为，满族的崛起与人参的采挖、加工、贸易有着密不可分的联系。明朝末年人参产业的发展繁荣不仅带动了满族的经济发展，更进一步涉及了政治、军事、民族关系等领域，为满族的崛起奠定了基础。

著名东北史专家丛佩远认为，满族获取统治地位以后，人参的采挖、生产和管理都发生了很大的变化。严格地说，明朝以来，并没有一个统一、明确的关于人参采挖的规定或制度。因为虽然人参产业对东北满族来说有着非比寻常的意义和价值，但是就全国范围来看，人参产业在整个社会经济中的意义是十分有限的。特别是明朝统治者以人参消费者的身份出现，所以极少考虑到人参采挖、生产和管理制度的问题。但是清朝的统治者曾经是人参生产的主要组织者，也是人参产业巨大利益的主要获得者，因此满族在入主中原以后，继承了重视人参生产的传统，沿用了固有的一些垄断人参生产和买卖的老办法。更将注意力从人参生产转移到了人参消费上，从人参的商品价值转移到了使用价值（主要是药用价值）上来。因此，清统治者一方面要垄断人参产业带来的经济利益，另一方面，更重要的是保证统治者享用人参的特权。为此，清政府对人参的采挖生产规定了一系列严格的制度，把整个生产过程紧紧控制在自己手里，以求最大限度地满足统治者的需要。❸ 随着社会的发展，清政府管理人参的制度也有了相应的变化。

清入关之前，一直将人参资源视为应由满族独占的经济资源，进而完

---

❶❷ 李明：《中国近事报道（1687—1692）》，郭强、龙云、李伟译，郑州：大象出版社 2004 年版，第 277 页。

❸ 丛佩远：《东北三宝经济简史》，北京：农业出版社 1989 年版。

全垄断人参产业的经济利益。入关以后，这样的思想有增无减，除了汉人没有采挖人参的权利以外，普通旗人也没有采挖人参的权利。❶ 但是，从顺治到康熙这段时间的参务政策仍处于一种过渡阶段，即此时的清政府并没有全权掌握人参的开采权，许多开采人参的权益仍然掌握在八旗的王公贵族手中。❷

关于清初的采参制度，历史学界大致有三种说法：丛佩远认为，整个清朝人参的采挖制度可分为官采人参制和民采人参制，初期的官采人参制则包括打牲乌拉采参、八旗士兵采参和王公贵族采参三种形式❸；佟永功认为，清代人参参务可分为两个阶段，前一阶段由京师总管内务府及盛京上三旗包衣佐领经办，后一阶段由盛京将军衙门经办❹；蒋竹山认为，清初的采参制度大体可分为打牲乌拉制和旗办采参制两种，后者又可以分为盛京内务府上三旗佐领制、王公贵族制和八旗兵丁制。

在清政府严格得近乎苛刻的制度管理下，结合人参生长的习性、环境，挖参人在"放山"❺ 的过程中形成了一整套与人参相关的民俗，从神话传说到行为禁忌一应俱全。

人参的流通与销售也是管理人参事务不可缺少的环节。与生产阶段的多次制度变迁一样，清政府在对待人参的流通、销售问题上也屡屡更改政策。可以说，人参生产阶段的制度与流通、销售阶段的制度是一一对应的，当生产阶段的制度发生了改变，后者也会作出相应的改变。清朝统治期间，主要制定了八旗专卖制和参厂统售制两种垄断制度，同时并行的还有民间的私贩人参和自由贩参形式。介于篇幅的关系，本文无法一一展开说明。

（二）"野山参"概念的出现

单纯从字面上解释，"野山参"是指从种子落地生根到整个植株的生长过程均在野生状态下完成、没有任何人工干预的、生长于深山密林中的人参。但是，纵观广义的人参生命史，"野"的概念并不是一成不变的，它随着朝代的更迭而不断变化。

❶ 丛佩远：《东北三宝经济简史》，北京：农业出版社1989年版。
❷ 蒋竹山：《清代人参的历史：一个商品的研究》（非出版物），花莲：台湾"清华大学"2006年版。
❸ 丛佩远：《东北三宝经济简史》，北京：农业出版社1989年版，第64页。
❹ 佟永功：《清代盛京参务活动述略》，见《清史研究》，2000年第1期，第42页。
❺ 满族将进山挖参叫做"放山"。

专题研究

毫不夸张地说，在清朝末期之前，人们挖采的人参绝大多数都是严格意义上的"野山参"，即从播种到生长均没有人工的参与，其植物的生命是完全在自然环境下完成的人参。而且，古人并不懂得人参栽培的相关技术。但是，作为一种对生长条件要求比较严格的多年生草本植物，人参的生长区域有限，生长速度也十分缓慢，所以需要许多年的时间才能够长成入药。❶ 生长于东北的野山参虽然一度资源丰富，但是经过明末清初的乱采滥挖，产量急剧下降。与此同时，对东北野山参的需求却有增无减。在巨大利益的驱动下，清政府采取增加参票、扩大参场的方式，一方面增加挖参的人数，另一方面开发新的参源地，以保证东北野山参的产量。但是，政府的政策却加速了物种的灭绝。

人工栽培出来的非野山参便出现在此时。出于对经济利益的追求，东北刨夫们结合多年的采参经验，逐渐发展出人工栽培人参的技术。丛佩远认为，最晚至 16 世纪中叶，中国就已经出现人工栽培人参的现象了。并且，同一切栽培植物的出现一样，从野生人参到栽培人参的驯化历史是从采集开始的。具体来说，人参栽培业的兴起和发展，经历了从移植野生人参苗、培植"秧参"，到采获野山参种子、培植"籽参"的过程。❷

关于"秧参"的记录较早出现在嘉庆十五年（1810）三月吉林将军的奉圣谕中："咸称人参与夏秋之际挖得者津液上贯、根蒂空虚，若当时即行蒸做，不免参质过嫩，交官、出售均难合选。是以每有多带原土包裹，存储窝棚暂为培养，伺寒露后始行起做。"❸ 从这段记录中，我们可以看到，刨夫之所以要栽种秧参，是因为如果他们将夏秋之际挖来的人参立即蒸煮加工的话，人参的养分还都在枝叶当中，而根部养分过少，但是如果过了寒露再加工，便可以增加重量，卖出更好的价钱。关于"籽参"的记录有："秧参则于腴美之地，挖畦布子，三十六个月出土，环以栅栏，培养一二年，即能肥大，土人名为栏子。"❹ 如果说秧参属于半人工培植的话，那么籽参便是全人工培植了。

清政府对于民间人工培植人参的做法持坚决禁止的态度。其主要原因

---

❶❷　丛佩远：《东北三宝经济简史》，北京：农业出版社 1989 年版。
❸　《嘉庆朝参务档案选编》（上），"吉林将军赛冲阿为遵旨查访等处并无籽种参枝事片"，第 64 页。转引自蒋竹山：《清代人参的历史：一个商品的研究》（非出版物），花莲：台湾"清华大学"2006 年版，第 163 页。
❹　《耆献类征》（卷 110），"贵庆传"，转引自丛佩远，《东北三宝经济简史》，北京，农业出版社，1989 年，第 155 页。

是认为人工培植出来的人参药力没有野生的人参有效，人工培植人参是作假行为。清政府对该行为采取了严厉的打击。；乾隆四十二年（1779），清政府下令："至收买秧参栽种，以及偷刨参秧货卖等弊，即将此等人犯严拿究办，一律治罪。"❶ 道光十三年（1833）的史料中记载，吉林地区"不法之徒往往布种栽秧，实为参务之害"❷。可见，民间种植秧参、籽参对于清朝统治者来说属于扰乱参务管理的祸害，应当治罪。

清政府之所以对人工栽培人参严厉禁止，是因为统治者认为人参其珍贵之处就在于它是天然的地灵，如果不是在纯天然条件下生长出来的人参，便是在用人工造假了。嘉庆八年（1803）正月二十四日的上谕清楚地表述了这样的观点：

> 人参乃地灵钟产，如果山内有大枝人参原应照例呈进，尚实无此项大参，不妨据实声明，何必用人力栽养，近于作伪乎。况朕向不服用参枝，但搽知物理，山内所产大参，其力自厚，若栽养之参即服用亦不得力。❸

从嘉庆皇帝的这段话中，我们可以看到，当时的统治者宁可没有大枝人参，也不愿意用人工培植的方式"制造"出大枝人参，认为用人力培养出的人参是作假，而且野生的人参较人工培养的人参药力更大。

笔者认为，正是由于人工栽培人参的出现，才促使"野山参"的概念日益明晰；正是由于人工干预的"秧参"、"籽参"的出现，才使得"野山参"的价值日益凸显，成为消费者竞相追逐的产品。

六、现代山参之"野"

（一）现代国家标准的"野"

由于人参多以药品、商品的双重"身份"在中药材市场上出现，因此对于野山参概念的界定便由国家医药部门来完成，其目的是保证中药质量，有效管理市场，规范交易制度。笔者发现，由国家规定的野山参概念和等级制定时有改变，有废有立。总体来说，"野山参"的概念逐渐放宽。

---

❶ 《钦定大清会典事例》（卷233），乾隆四十二年版，转引自丛佩远：《东北三宝经济简史》，北京：农业出版社1989年版，第151页。
❷ 《清宣宗实录》（卷230），转引自丛佩远：《东北三宝经济简史》，北京：农业出版社1989年版，第155页。
❸ 《嘉庆道光两朝上谕档》（第八册），"嘉庆八年正月二十四日"，第27页。转引自蒋竹山：《清代人参的历史：一个商品的研究》（非出版物），花莲：台湾"清华大学"2006年版，第168—169页。

我们可以根据标准、概念的变迁看出政府的利益的导向，并进一步解释人参产业的发展现状。

自1984年始，国家级、省级机构关于野山参的概念界定、分类标准便纷纷出台。从没有独立的质量标准，到单独为其设立质量分类标准，规定越来越细致、具体。下表按照时间顺序罗列出自1984年以来，我国针对野山参出台的各种规定：

表5-1 针对野山参的质量标准

序号	标准名称	标准号	出台时间/年	颁发部门	是否独立出台	关于野山参的术语与定义
1	七十六种药材商品规格标准	国药联材字（84）72号文附件	1984	国家医药管理局、卫生部	否	野生者为"山参"
2	中华人民共和国药典	/	1995	国家食品药品监督管理局	否	野生者为"山参"
3	中华人民共和国药典	/	2000	国家食品药品监督管理局	否	野生者为"山参"
4	野山参分等质量	GB/T 18765-2002	2002	中华人民共和国国家质量监督检验检疫总局、中国国家标准化管理委员会	是	野山参：自然生长于深山密林下的野生人参
5	原产地域产品吉林长白山人参	GB 19506-2004	2004	中华人民共和国国家质量监督检验检疫总局、中国国家标准化管理委员会	是	山参（wild ginseng）：林下自然生态环境下生长20年以上的人参
6	中华人民共和国药典	/	2005		否	播种在山林野生状态下自然生长的又称"林下参"，习称"籽海"

序号	标准名称	标准号	出台时间/年	颁发部门	是否独立出台	关于野山参的术语与定义
7	野山参鉴定及分等质量	GB/T 18765 – 2008	2008	中华人民共和国国家质量监督检验检疫总局、中国国家标准化管理委员会	是	野生人参（original ecological ginseng）：自然传播、生长于深山密林的原生态人参；野山参（wild ginseng）：自然生长于深山密林的人参（不包括野生人参）
8	地理标志产品吉林长白山人参	GB/T 19506 – 2009	2009	中华人民共和国国家质量监督检验检疫总局、中国国家标准化管理委员会	是	野生人参（origind ecological ginseng）：自然传播、生长于深山密林的原生态人参；野山参（wild ginseng）：自然生长于深山密林的人参
9	中华人民共和国药典	/	2010	国家食品药品监督管理局	否	播种在山林野生状态下自然生长的称"林下山参"，习称"籽海"

上表出现的 9 个标准并非同时并存与执行的，其相互之间有替代关系。如第 7 项替代了第 4 项，第 8 项替代了第 5 项。在这些标准中，我们可以发现，国家相关部门对于"野山参"的概念界定是不断变化的，而概念的界定间接影响了人参的生产、流通及消费等整个经济链条。下文将举例详细分析。

专题研究

关于野生人参最早的概念界定成文于 1984 年，由国家医药管理局和卫生部联合颁布。此时，野生人参与其他药材一同出现于《七十六种药材商品规格标准》（以下简称《标准》）中，并没有单独的质量标准。在该《标准》中，人参项下指明"野生者为'山参'，栽培者为'园参'"。但是，具体怎样的生长条件能够造就野生的"山参"，在《标准》中却没有涉及。《标准》将野山参按照外观、形状、重量和大小划分了 8 个等级。如"一等：干货。纯野山参的根部，主根粗短呈横灵体，支根八字分开（俗称武形），五形全美（芦、芋、纹、体、须相衬）。有元芦。芋中间丰满，形似枣核。皮紧细。主根上部横纹紧密而深。须根清疏而长，质坚韧（俗称皮条须），有明显的珍珠疙瘩。表面牙白色或黄黄白色，断面白色。味甜微苦。每支重 100 克（2 两）以上，芋帽不超过主根重量的 25%。无疤痕、杂质、虫蛀、霉变。"笔者注意到，在关于野山参的备注中有这样一条规定："芋变、移山、趴货、池底等参，数量不大，由省酌情经营。"由此可以推测，此时由人工参与培植的各种移山参并不多见，在民间模拟野生环境培育人参的生产形式并不普及。另外，我们可以看到，《标准》对野山参概念的界定有放宽的趋势。

在此之后出台的 1995 年、2000 年版《中华人民共和国药典》当中关于野山参的规定与上述《标准》相同，依旧是"野生者为'山参'"，而没有规定具体的野生范畴。在国家规定不甚明确的情况下，作为人参消费大省的浙江省率先出台了全国首个专门针对人参的质量标准。2001 年，浙江省药品监督管理局向省内发了《浙江省药品监督管理局山参、移山参监督管理办法》（暂行）和《浙江省药品监督管理局山参质量标准》（浙药监注〔2001〕390），指明山参系指人参 15 年以上参龄的干燥根，种子自然落地，在野生状态下自然生长者为纯山参；或人工播种种子，在野生状态下自然生长者为籽海山参。移山参系指五加科植物人参的干燥根，种子人工播种或移栽后在野生环境下生长而成，包括 13 年左右参龄的籽海参、13 年以上参龄的山趴参、籽趴参、苗趴参或 15 年以上参龄的池底参的根。规定还根据移山参性状与山参"五行"相似度将移山参分为 4 个等级。通过浙江省的这两个标准，我们可以看出：（1）浙江省作为野生人参的消费地，颁发野生人参的质量管理标准，说明该地区延续了明清以来的人参消费文化，市场上已经出现了大量品相参差不齐的"山参"，因此需要对山参市场进行规范和管理；（2）规定中以人参的年龄作为重要参照标准，说明浙江地区对人参消费的偏好，即喜欢具有年老特质的人参，以"五行"作为划分等级的标准，说明该地区受到传统中医思想的深刻影响；（3）扩大野生人参的概念范围，承认由人工播种的、生长在野生环境下的人参为"山参"。虽然浙江省的这个规定是全国首个将人工播种的人参纳入山参概念的质量标准，但是它是省级标准，所以影响力也十分有限。

真正对人参经济有决定性影响的质量标准是在 2002 年出台的国家标准 GB/T18765－2002《野山参分等质量》，该质量标准由国家标准委员会颁布并实施。该标准指出，野山参系自然生长于深山密林下的野生人参。标准的具体内容强调野山参真伪的鉴定，即无论鲜品、生晒品，任何部位不得粘接掺杂异物，体不得做纹，判定的方法以外观质量判定为主。在分等方面，该标准将鲜野山参和生晒野山参各分为 9 个规格，并根据野山参的芦、艼、体、纹、须等方面，将每个规格又分为 3 个等级。此外，标准还制定了理化指标，如水分、灰分和酸中不溶灰分、总皂苷、Rg_1 与 Re 加和、Rb_1 含量，以及有害元素（砷、铅、镉）的限量等。这个标准说明，国家对野山参的重视程度加强，单独为其制定标准，标准中的分类等级更加细化，并且增添了理化指标。此外，还可看出，当时市场上已经出现粘接、做纹等造假方式，以园参替代野山参的现象。

这个国家标准在人参经济产业中具有非常重要的意义。因为，从政策导向的角度来看，由于标准中只规定了野生人参的自然生长环境，而没有规定播种方式，同时也没有规定生长年限，所以野山参的概念范围进一步扩大。该标准间接鼓励农民用人工种植的方式在深山密林中种植人参，并导致其出产的人参可以作为野山参出售。

可是，该标准对市场管理方面却存在较大的漏洞，导致野山参市场混乱，各种类型的山参名目繁多、归类混乱、相互重叠、难以区分。各地学者、专家纷纷呼吁，希望能够尽快规范市场、制定检验标准，建立国家检验中心。❶

2003 年 6 月，国家参茸中心邀请全国人参业界专家学者，在研究召开了《野山参分等质量》国家标准专题理论研讨会，并形成了理论研讨会议纪要。专家们提出，生长若干年具备野山参特征的"林下籽"是人工播

❶ 娄子恒、金慧、潘晓鹏、张引：《野山参市场的基本情况及规范市场的几点建议》，见《人参研究》2003 年第 3 期，第 10—12 页。

专题研究

种，自然生长于深山密林下的野生人参，是植物的自然返籍，由于生长环境恶劣（病、虫、害），对生长环境要求苛刻（土质、坡度、坡向、自然树荫遮光率），存活率很低，生长缓慢，长到 20 多克重，具备五形，一般需要 20 年左右的时间。国家参茸中心根据研讨会纪要，征求国家各有关部门的意见后，向国家标准委提出了《野山参分等质量》国家标准修改单。国家标准委于 2003 年 10 月 27 日行文，以国家标准委农轻函〔2003〕88 号文批准，自 2004 年 3 月 1 日起实施。修改后的国家标准对野山参的定义是："自然生长于深山密林下的野生人参或'林下籽'，经过若干年后能完全体现野山参特征的可视为野山参。"此标准从种植方式上明确区分了野山参与移山参的特点，即从种子时期就已经生长于深山密林下的人参，不管是人工播种还是自然播种的，都是野山参；而将人参的秧苗移种于深山密林间的人参则视为移山参。❶ 该质量标准极大地促进了"林下籽"的生产。此时已经收获了林下参❷的农户从中获得巨额效益❸，有效带动了其他农户的生产行为。另外，众多专家学者也从多方面论证在林下种植中药材的好处，鼓励农户从事林下参的种植。种植林下参的风气日盛。❹

纵观各种国家标准，我们不难发现，国家机构对于"野山参"、"山参"的判定标准在逐渐降低、放宽。其后果是导致大量人工播种的林下参进入中药市场，"成为"野山参，同时间接鼓励东北参农用人工种植的方式"制造"出国家标准承认的"野山参"。

（二）生产阶段制造出的"野"山参

野山参的声誉价值从清代一直延续到了现在。如今，野山参在大众心里仍旧是一味带有神奇色彩的中药，在中药材市场、礼品市场上依旧是抢

---

❶ 国家参茸产品质量监督检验中心的仲伟同等专家称，野山参移栽、山移、家移、籽趴、秧趴、池底等归类为移山参，国家正在审批移山参标准，从形态特征上亦可以鉴别出野山参与移山参的区别。

❷ 2005 年的《中国药典》将"林下籽"称为林下参，"人参：本品为五加科植物人参 Panax ginseng C. A. Mey. 的干燥根及根茎。多于秋季采挖，洗净经晒干或烘干。栽培的又称'园参'；播种在山林野生状态下自然生长的又称'林下参'，习称'籽海'。"

❸ 吉林省集安人参研究所的郑殿家了解到，集安市台上镇东升村有一户 1986 年种植林下参 8 亩，1998 年人参 12 年生时卖了 100 万元。大路镇高地村一农户，1982 年种植林下参 30 亩，2007 年人参 25 年生时卖了 487 万元，加上之前每年出售累计额 500 余万元，共实现千万元的收益。参见郑殿家、赵晓龙、田永全、崔东河、朴承熙：《林下山参种植技术》，载于《人参研究》2009 年第 1 期。

❹ 据辽宁省抚顺市新宾县现代农业技术推广服务中心的袁永林等人在《林下栽培"野生"人参新技术》一文中指出，至 2008 年，新宾县已经利用林地栽培人参 16 万亩。

手的商品。所以，严格意义上的野山参几乎绝迹了以后，在野山参的原产地，农民们开始采用人工的手段，制造出全新意义的"野山参"。在生产阶段的田野里，笔者主要发现两种野山参的生产方式——林下参与缸参。

1. 甲屯的林下参

在本文的第一个田野点——辽宁省清原满族自治县的甲屯村，参农们种植"林下参"的经济行为要远远早于上文提到的各项国家标准的制定与执行。

在实行家庭联产承包责任制之前，生产大队管理期间，甲屯是附近几个村中经济条件最不好的一个。甲屯农民种植人参的历史与热情跟本村的精英有着密切的关系。W家从1984年开始尝试种植人参，尝试成功以后，不断投入人力、物力，于1997年第一次以1.8万元每斤的价钱卖出，陆续卖了10年。2008年金融危机影响了人参的价格，W家决定不再坐地出售人参，而是改在清源县城开了一家参茸店，自产自销。W家的人参种植事业已经持续了26年，凝聚了两代人的心血，同时也为W家人获得巨大的经济利益。W家种植人参并且获得经济收益的事实带动了甲屯村民种植人参的热情。笔者访谈到的绝大多数村民都直言不讳地表示，看到W家卖人参挣到钱以后，都非常"眼红"。大部分甲屯农民是在2001年在自家承包的林地中种下人参的。

然而，甲屯种植林下人参的现象却是各种自然、历史、政治因素相互作用的结果。（1）从生态环境的角度来看，甲屯位于长白山的余脉，三面环山，而且山上有保护完好的林地，气候四季分明，非常适合人参的生长；（2）从种植人参的历史来看，清朝时期该地是野山参的出产地，新中国建国以后国有林场曾集中劳动力种植林下人参；（3）从国家政策的角度看，70年代末开始，国家允许以家庭为单位承包土地，客观上调动了农民开发林地的积极性；（4）最后，地方精英的带头示范、人参产业带来的巨额利益，最大程度上调动了农民种植林下参的热情。

W家人在1984年刚开始种植林下参的时候，并没有意识到他们种植的人参能够成为将来被国家标准认定的"野山参"。他们甚至没有完全掌握林下参的种植技术，更不会辨别自己种植出来的人参的优劣好坏。对于W家人来说，林下参只是老太爷在闲暇时间里开发的试验品种，种下去的人参苗能否成活，试验能否成功，人参是否能带来经济效益……一切都是未知数。直到有商人上门以高价收购了W家的林下参，W家人及其全村人才深刻地认识到人参的价值，从此更加积极地种植林下参。

在惊讶于林下参竟然能够带来如此之大的经济效益的同时，W家人和村民们对林下参的认识是，林下参就相当于野山参。原因主要有两个：（1）种下去的人参种子是野生的人参种子，生长出来的人参自然就是野生人参；（2）更重要的是，林下参完全模拟人参的自然生长环境，不采取任何人工干预方式，就算种下去的是园参的种子，经过一二十年的野外驯化，经过自然选择后长成的人参也就带有了园参所不具备的"野性"，跟真正的野山参也就没什么区别了。

人参种植带来的巨大利益让甲屯村村民们进一步坚定了林下参就是野山参的信念。W家首次出售人参便卖到了1.8万元/斤的价格，之后更有在一年内单靠卖人参就收入27万元的情况。这对于依旧处于贫困村的甲屯来说，不能不算是爆炸性新闻。所以，在扶贫的契机下，种植林下参便成了全村农民脱贫致富的事业。

2. 缸参——制造出来的"野山参"

虽然甲屯目前只有3户人家靠种植人参取得了经济效益，但是他们的影响范围已经扩大到了村外，前面提到的秋窝棚村和黄土庙村纷纷效仿甲屯村民的做法，希望能将人参卖出好价钱。与甲屯相邻的秋窝棚村地势较平缓，只有一部分临山，所以只有十几户人家在自家承包的林地里种上了人参，参龄在六七年左右。已经开始雇人上山看参，但到目前为止，还没有任何经济收益。

黄土庙村的情况比较特殊，全村没有一块林地，全部是耕地。即便是这样，农民还是会想尽办法种植人参。黄土庙村民想到的办法是在自家菜园里种"缸参"。实际上，缸参也是模仿野生的环境，令人参自然生长至10年以上，才能出售。黄土庙村共有两户人家种植缸参。下面的一段访谈可以看出他们种植缸参的想法。

问：你们家的缸参有多少年了？

L奶奶：过了秋就7年了。

问：准备什么时候卖？

L奶奶：怎么也得10来年的时候卖。

问：当初怎么就想种人参了呢？这么长时间才能卖钱，多费时间！

L奶奶：不是听说甲屯有人卖人参挣钱了嘛。

问：挣了多少钱？

L奶奶：1997、1998年那会儿好像是200多块钱一棵，前两年又听说人家一下子卖了20多万。

问：所以咱们就心动了？

L奶奶：可不是咋地。

问：这几年还能卖出去那么多钱吗？

L奶奶：这几年不行了，掉价了。掉价了也得挺着啊，都这么长时间了，也不能说扔就给扔了啊。咱们原先镇上的房子都给卖了，要不还想着跟儿子上镇上住去了。这回有了这参就不行了。老也离不了人。

问：咱们种这个缸参投入挺大呀？

L奶奶：可不是么？你看啊，光大缸就得3 000多（块钱）。一个缸是21（块钱），一下子买了150个。种子俺们买那年贵，500（块钱）一斤。还得搭棚呢，这（人参）不能叫太阳晒着，棚顶上还得铺层塑料布，两年就得换一次，合着一年怎么也得（投入）100来块钱吧。

问：咱们种在缸里头的籽儿，跟甲屯林下参那个籽儿是一个品种的吗？

L奶奶：一样的。

问：那种出来的参跟林下参能一样吗？

L奶奶：我看差不多。咱拿这个缸种，不就是用山上土种的意思吗？种的时候，得上山刨那个山皮土去，是最上层的让人参长在山上的土，下边是石头，防止它（人参）往下扎根，让它往横了憋，好看，再往下是沙子，水大了能漏下去，缸底下还得打几个眼儿。

问：这么麻烦啊？

L奶奶：可不？参这玩意儿还娇气，让太阳照着了也死，让鸡崽子耙拉了也死，水大了也死，上农药了也死。前两天咱旁边那家给苞米打药，也没告诉咱们，没给参盖上，就喷着（参苗）了，又死了好几个。

问：那到最后长成了的人参也是成盒卖的？

L奶奶：对啊。到时候跟那个林下参长得也都差不多，有芦有碗儿的，一根根装盒里卖。

从这段访谈中我们可以看到，在没有条件种植林下参的地方，村民积极创造"野生"的条件，模仿林下参生长的环境，种植缸参，而村民这样做的动机完全是利益的驱使。

图 5 - 1　种植缸参的大棚（摄于 2009 年 5 月）

图 5 - 2　缸参大棚内部结构（摄于 2009 年 5 月）

图 5 - 3　缸参生长情况（摄于 2009 年 5 月）

用水缸作为种植人参的容器，原因非常简单。水缸中装的是从山上取下的适合野山参生长的土壤，缸壁能够保证缸中的土壤与外界土壤隔绝，保证人参只生长在山上的土壤中。显然，人们认为，只要能在野生的土壤中完成整个生长过程，那么，人参也就吸收了土壤中的"野"，变成和林下参一样的"野山参"了。

缸参这种种植方法充分折射出人们对"野"的概念诠释。不难看出，缸参的出现，完全是人为的操作。为人参提供营养的土壤是人为从山中取下，隔绝在水缸之中的，就连光照也经过了人为的加工，透过大棚才能照射进来。但是，村民却相信，在这样的环境下，生长出来的人参就是野山参。也就是说，人们认为"野"是可以复制、可以制造的。

（三）流通阶段制造出的"野"山参

对"野"的建构并没有在流通阶段终止，而是在流通阶段愈演愈烈，通过种种人为手段制造出"野"山参来。在本文的第二个田野点——河北省安国市——全国四大中药市场，笔者通过参与观察的方式了解到商家制造野山参概念的各种方式。

在这个中药市场中，根据商品的用途，人参基本上可以被分为两类，用于入药的红参、白参、生晒参、太子参等和用于送礼的盒装的野山参、山参。通常来说，作为礼品的人参需要商家对其进行层层包装，才能够作为"野山参"、"山参"出售。可以说，产自东北的各种人参就是在安国这样的中药材市场摇身一变，变成礼品、保健市场中的野山参的。

173

据笔者的观察，对礼品人参的包装主要分为三个步骤：第一步是对人参进行简单加工，将人参的主体及根须固定在贴着红色（或黄色）绒布的纸板上。第二步是将人参装入各种精美的包装盒。与众多礼品一样，外包装能够向消费者表达人参具有稀有、珍贵等意义的特质。目前，包装盒的材质多样、花样繁多，甚至有些包装盒的价值超过其中的人参。第三步也是最重要的一步，就是对野山参的鉴定。鉴定过程基本上要依靠网络进行，各种鉴定机构，基本上都是在没有看到人参实物的情况下为人参做鉴定，被检验的每一支人参都会具有鉴定证书、编号、鉴定报告、封条等。消费者还可以根据人参的编号在网络上查到相应的信息。

在调查过程中，笔者还发现商家自行为人参检验的情况，商家自己创办网站，为人参拍照，上传至网络，再自行印制人参的检验合格证书等相关证明材料。与国家检验相比较，笔者将其称之为"山寨检验"。关于这种检验的具体情况，可以从以下几段访谈中了解：

问：您这的人参在哪里检验的？

W 老板：这个是自己家的公司（检验的）。手续是咱们自己的。

问：自己家的公司也能检？

W 老板：自己家的公司保证不是假货，是真的。

问：那相片也是自己照的？

W 老板：哎。还有网站。

问：那很厉害。您这个网站什么时候建起来的？

W 老板：2007 年。

问：怎么想起自己办网站了呢？我看别人家都是在吉林那边检的。

W 老板：是。他们都到那边去鉴定。我原来也是。但是咱们家的量大，一次检个 1 000 多根，那就得 10 000 多块。来回来去的花不少钱。最后成本上去了，买货的还得多花钱。后来我们就用自己的网站，自己的公司。这回不就省下 10 000 多块成本了么，我自个就挣了。自己办网站没有多少成本，顶多有三五块钱的成本。我说最起码的，我一年的网站维护费几百块钱就够了。这样成本低了，咱们卖得也好，而且还是真货，就不用上他那去检验了。就在家里操作，这个又省劲，又省钱。

问：嗯。

W 老板：我把我的网站打开给你看看……就是这个：吉林 QC 人参有限公司。一般我们这的每个人参都有编号。打开这个产品展示，从这输入这个号码。假设说别人从我这买走了这棵人参，回去以后他们要想看看，就把这个号码点进去，200802908，按键查询，这根人参就出来了。上面写着："野山参鉴定"。点下一个，就是其他的人参了。在全国各地，在任何地方都能找。自己设网站其实一年也花不了不少钱。

问：那谁来管理这个网站？

W老板：我自己来管理。

问：好厉害啊。

W老板：网站维护，我们一年还得花网站的维护费。

问：买域名吧？

W老板：买域名一年几百块钱。

问：那在咱们的小区里，像这样有公司、有网站的多不多？

W老板：有网站的多。我是小区里面第一个做网站的，我的网站空间还特别大，500兆的。原来是200兆，我因为不懂，天天往里放照片，放来放去空间不够了，我就打电话，说网站坏了。第二天他给我打电话，说我弄的照片太多了。刚开始他以为是普通网站，200兆就足够了，后来他给我增到500兆。开始是一块钱一兆，多了以后，就跟我要了300块钱。每年300块钱的维护费，再加上每年300块钱的后台空间——我的后台空间相当大。有的网站是假网站，上去以后，人参卖完了，就把所有的图片都删掉。有些人不想花这份钱。我因为是自己家正规的公司，所以保证客户在一年之内都能查到。这里的外包装展示都是我自己做上去的。

问：真不容易啊。

W老板：先用数码相机拍了，拍完以后打开这个，但是做得不太好。

问：这就挺好的了。有客户从网上跟你订货吗？

W老板：有啊。如果客人在网上看到这人参，外包装一打开，从网站上能看到里面人参的样子，什么价，都有编号。比如说我看好03号了，什么价钱，在网上就能谈。

问：就是客户先上网站，说我要这样的参，那样的盒子，咱们就能给他组合起来？

W老板：对。因为人参在盒子里装的，他看不见是什么样，所以价钱就没法说，后来我就把所有的盒子都编上号。唐山的有一个客户就是，他说我要哪个哪个，就是说不清，我也不知道怎么回事，然后我说你把电脑打开，他说我不懂电脑，我说你不懂找一个懂的。最后他找到一家网吧，打开这个网站说，他就要这个盒子，看看多少钱。

问：咱们这个检验和去吉林检验有什么区别吗？

W 老板：我看没啥区别。原来我上吉林、长春检。检完以后一棵参收20 块钱。我们带着人参去，待了几天以后，他们给出照片和证明。之后再给带回来。后来他们说你不带过来也行，在网上也可以，于是把照片给传过去。他们也就是看看相片……就想挣那笔钱呗。你看像这个人参吧，这种参属于工艺参，在背面照片上我就写上"工艺山参"。卖的时候，（客户认为）这个好看就要这个，（那随便他）他要是说你这个东西是假的，可是我这后面明明写的"工艺山参"，咱这个东西吧，写明了就不属于骗人。他自己不懂那是他自己的责任了。

问：顾客买人参的话，对到底是在哪检的有要求吗？

W 老板：有的人要求，要延吉那边检的。吉林那边，一个是通化，一个是长春。长春那个，因为什么参都给检，所以信誉度就下降了。然后兴起来的是通化，现在信誉度最高的是延吉，属于权威的检验机构。

问：那有不喜欢咱们自己公司检的吗？

W 老板：有。（有顾客要求说）我要延吉的。

问：这样的多不多啊？

W 老板：不太多。因为咱们是对市场，像咱们安国的人参到安徽，主要是价格便宜，到延吉那边要花 20 块钱检呢……但咱自己（公司检）呢就什么费用都没有，只花点工本费。

问：那买咱们家参的客户有没有回馈？有没有联系到您的？

W 老板：有啊。你看我那（网站）上面有电话，打电话来的，有新疆乌鲁木齐的、还有西藏拉萨的，说我的产品都跑那边去了——让小贩倒腾过去的。18 000 一盒。

问：天啊?! 这么贵？

W 老板：他问我这个价格是多少？我也不敢说。我就说一万多的也有，七八百的也有，1 000 多的也有，还有 100 多的。我说价钱没法跟你说。他说那参他花 3 000 块钱买的。我说我这便宜，也就是花 1 000 多吧。咱们这也是撒谎，其实外边客户买咱们的东西，咱们把价钱漏出去他们也不好做。他说他们那货搁西藏摆着还有 18 000 的呢。一般该说的能说，不该说的不能说。你要是说了，他下回再来买，怕卖不出去。

问：那这些客户主要是来问价钱的，他们不关心真假吗？

W 老板：哎，净是问价格的。你看这个，叫×××的，2008 年 1 月 13 号，"我想查一下 0709020630 这个产品的价格。谢谢！"之后我回复他"因没有看见外形包装，无法回复价格，见谅"。

像 W 老板这样自己为人参做鉴定的商户并不占少数。在他看来，这样做既节省了商品的成本，又为消费者带来了实惠。作为第三方的国家检验部门也只是为了"挣钱"。同时消费者对检验部门也不做太高要求，只需要开具证明便相信商品的真实性了。

坚持使用国检检验机构的商户认为"山寨检验"是不受国家承认的，只是商户为了节省开支而采取的自发行为。因此，很多商户均在店面上打出"国家检验"的广告，试图说明自己的人参受到了正规的检验，是真正的野山参。

问：我看有商家是自己办个公司，自己检验。

Z 老板：那不叫公司，那是办个网站，把照片放上去，说是山参。在安国 80% 都这样。他们这样的没有检定报告和鉴定报告，必须有检定报告和鉴定报告。

问：那种成本低啊。

Z 老板：就是。他那样就挣钱了呗。他们自己网站上，用一段时间不用了，就坏了。有的人问（卖家）为什么查不着？（卖家）说我网站坏了，过几天就查着了。现在的人好糊弄，所以他们唯利是图。

问：他那怎么能自己检呢？

L 老板：自己缝的参，自己的网站。

问：那检验怎么能自己做呢？

L 老板：这市场竞争大，卖这个便宜啊。

问：可没有人承认他啊？

L 老板：就是为了利润呗，就是不承认的。俺们这里也有那样的，也有国检的，也有便宜的。

问：国检的？

L 老板：国检的就是国家承认的两个地方检的。

问：都哪啊？

L 老板：一个是延吉，一个是通化。别的地方国家都不承认。国检的地方鉴定一棵参就 30（块钱），符合山参标准的才给你鉴定呢。

问：对呀。

L老板：像他们自己检的参长得各式各样的也不挑不拣，不管什么样的参他都缝上，便宜是吧？

问：省钱了。

L老板：（国检人参）他卡一下。哎，是这个意思。

问：那国家不承认，那还有人买吗？

L老板：哎呀，有。图便宜，是不？谁都是，买这货的也是回去卖，不自己吃。除非自己零买的，要好的，自个家用。送礼啊，我送什么人，我得要好的，是不？要是自个的客户……他回去也是为了利润，他也要便宜的，是不？要是自个送礼的，给当官的什么的，人家就要好的。

从上两个访谈中我们可以看到，"山寨检验"之所以能够出现并且存在，是因为其价格优势。与第一个访谈中出现的问题一样，在安国这个药品批发地，人们看重的是价格的高低。安国市市场管理局东方药城参茸市场管理所（委员会）的 C 主任觉得，对于人参这项商品来说，"卖的（人）是稀里糊涂，买的（人）也是稀里糊涂。"也就是说，买卖双方并不注重人参的实际品质和药用效果，作为一个礼品，最重要的是外在的"符号"和赋予其身上的重重意义，所以，外包装、盒子、鉴定证书……这些外在附加的因素往往比被包装的人参还要重要。在这些因素上做文章才能使得礼品人参变得有利可图。这也是部分商家挖空心思自行检验，争取价格优势的原因。

从前文的论述中不难看出，流通领域是野山参概念建构与价格生成的关键阶段。药商们通过对人参的各种包装，除了附加给人参更多的价值，也将文化意义、概念建构于人参之上，制造出人参的"野"。从消费者的角度来看，附加在人参之上的"野"的概念是有市场、被需求的。此时的人参，已经不再作为一味中药出现，而是被当成礼品来消费。消费者需要的，正是"野"山参的概念与意义。

七、结论

本文以"东北野山参"为研究对象，以"物的生命史"为线索，探讨在清朝与现代两种文化范畴内，人们对东北野山参意义建构的领域和方式发生了怎样的改变。以及在意义发生改变的背后，生态资源、民间行为、国家权力、社会需求和市场行为这五个因素是如何作用于东北野山参社会生命史的各个阶段的。笔者根据对清代历史文献的梳理，以及对现代东北野山参"社会生命史"的追踪，获得以下几个方面的初步结论：

（一）中医思想对东北野山参的文化建构是现代"野山参"经济发展的动力

无论是作为药物还是食物，东北野山参在中国传统饮食、中医文化中都占据着相当重要和主流的地位。人参的药性、药效在中医思想体系中有一整套完整的解释体系。医家运用阴阳五行的理念，根据东北野山参的生长环境、自身形态等因素，判断人参的药性；用"取向比类"思想判断人参的药效。虽然历代医家对人参药性、药效的判定并没有一致的说法，有的甚至完全相反、针锋相对，但是所有这些或相同或相斥的说法均以中医文化、思想、信仰为背景。

病人所接受的并非仅仅是药物，还有其背后一整套的中医逻辑思维体系。中医强调"人与天地相参"，认为导致疾病的根本原因是人体内阴阳不协调，采用人参治病是因为病家相信，通过合理地利用人参，能够使失衡的阴阳重新恢复平衡。也就是说，病家在消费东北野山参的时候，是以接受中医思想中关于阴阳五行理念为前提的。

现代，狭隘意义上的东北野山参资源几近枯竭，但是打着"东北野山参"旗号的各种人参依旧活跃于市场当中。说明消费者消费的不仅仅是"东北野山参"的实物，而是更加看重其背后承载的文化意义。通过笔者的田野调查，我们可以发现，"野"的概念被现代人辛苦制造并深入加工出来，最终被消费者所消费。这整个经济过程背后的推动力则是中国深远的中医药文化。

如果我们对照明茨在《甜与权力》中的论点，便可以发现，明茨认为，正是由于对糖的消费，才引得世界经济体系范围内发生了权力的变迁，甚至是文化的改变与更替。但是在笔者的研究中却可以得出几乎相反的结论，笔者认为，"野山参"经济产业链条的出现与发展，其背后有着深厚的文化推动力。出于对中医文化、理念的推崇，才衍生出人们对"野山参"的需求，进而刺激生产阶段的参农想尽办法用人工手段制造出"野山参"，与此同时，在国家政策与经济利益的刺激与鼓励下，参农对"野"的概念认知发生了改变，在流通阶段，药商应消费者的需求，才运用现代网络手段为人参制造出"野"的证明。可以说，对中医药文化的信任与推崇，深深地推动了人们对"野山参"的需求，进一步促进整个

179

"野山参"经济的出现与繁荣。在这里，文化变成了经济发展的原动力。

（二）"野"的文化意义与价格在现代被制造与消费

在本文的论述中，笔者主要梳理了"野山参"概念的来由，对比了清朝与现代两个时代背景下国家、政府对于"野山参"概念的不同界定。重点论述了在现代政府决策的影响下，生产阶段和流通阶段对"野"的认知与实践。

法国哲学家让·鲍德里亚认为，在消费体制的引导下，人们对物品的追求已经不再局限于物品本身的性能（即使用价值）了。物品所承载的符号与意义才是现代人们消费物品的真正原因。也就是说，物的消费不是对物的占有和消耗，而是指向符号的消费。在消费社会，消费行为已经成为一种纯粹的象征行为。

鲍德里亚认为，现代消费社会已经不仅仅是一个商品和物的世界，而且已成为一个符号的世界、符号的王国。一旦我们进入符号价值消费的领域，物的使用价值也就被抛弃了，物仅仅被当作能代表其社会地位和权力的符号来消费。符号价值堂而皇之地代替了物的使用价值和劳动价值。

在本篇论文中，"野山参"的"野"便是被消费的符号、意义。正如鲍德里亚所说，"野山参"的使用价值已经不再重要，单单一个"野"字已经足以成为人们消费人参的真正原因。因此，以实体人参为基础，"野"成了生产者生产商品时唯一需要追求的目标。通过长期的田野调查，笔者发现，无论是种植"野山参"的参农，还是负责包装、加工"野山参"的药商们，他们都在各自不同的领域积极地制造、建构"野"这个文化意义，供消费者消费，而作为中药的人参却很少在药效及药性方面被关注。而消费者也的确倾向于为这人为制造出来的"野"买单，他们十分清楚自己消费的正是"野"这个符号。由此，"野山参"的一整套经济链条宣告完成，"野"的文化意义与价格逐渐被制造、加工，最终被消费。

（三）在东北野山参的社会生命史中，生态资源、国家制度、民间行为、社会需求与市场行为形成一个相互连结的联动模式

在东北野山参的生命史中，有五个变量值得我们关注，即生态资源、国家制度、民间行为、社会需求与市场行为。笔者认为，引入这些因素作为综合分析框架，能够更好的阐释东北野山参社会生命史的发展与变迁情况。实际上，人类学对于物的研究目的也正在于此，即通过物来反映和理解社会文化。在本篇论文中，应当把东北野山参视作一个串联起生态资

源、国家制度、民间行为、社会需求和市场行为的载体，通过对东北野山参社会生命史的考察来理解这五个因素间的相互作用关系。

在清朝初期，采挖人参属于国家行为，政府为了更加规范、有效地管理采挖行为，制定了相关国家制度，并且严令禁止人工培育人参。民众受到利益的驱使，违反制度的规定，展开偷采、偷种行为。然而，东北野生人参生长周期非常长，集中的采挖行为往往会造成野生人参资源日渐减少。清政府为了赢取最大经济利益，于清中叶改变其采挖制度，承认民间采参的合理性，增加入山挖参的人数，保证人参产量。挖参人在生态资源与国家制度的双重制约下，组成临时性组织，并发展出内部的信仰、仪式、禁忌及民俗等。可见，生态资源、国家制度和民间行为这三个变量中，每两个变量都存在相互作用的关系：国家对生态资源实行垄断式的集中采挖制度，以及民间违反制度的私采行为，使得野生人参资源减少，促使国家制定新的采挖制度。民间的采挖行为因此也受到人参生长习性与国家制度的双重制约。

与清朝相比，东北野山参资源已经枯竭了，作为"物"的野山参已经消失不见了。因此，赋予其身上的文化意义也就随着实体的消失也不复存在。民间信仰、仪式、习俗、传说、组织制度等一系列文化因素更无从依附。国家也再也无需使用制度、官僚机构对此加以严格管理。此时，处于人参产地的东北农民利用新的种植方式，模拟野生环境，试图培养出具备野山参特性的林下人参。民间的这一行为受到了国家的间接鼓励。国家通过为野山参制定标准的形式，放宽"野山参"的概念，准许具备野山参特质的林下人参以"野山参"的形式出现在市场上。同时，随着家庭联产承包责任制的实施，农民有能力、权利选择何种作物作为投资。大部分村民在地方精英的影响下大规模种植林下人参。人参对于东北农民来说，只是一个赚取钱财、获得经济利益的工具，不再具有神圣性、神秘性。与清朝时期，挖参人对自然的畏惧、对个人经验的崇拜相比，现代东北农民更加倾向于用宿命论来解释经济利益的得失。

与清朝严令禁止栽培秧参相比，现在国家对野山参的概念放宽，并且制定了多部标准来界定人参的分类，为野山参的鉴定提供依据。同时，在流通环节，国家支持一些机构的鉴别工作，使得一部分林下参"名正言顺"地成为山参或野山参。但是，国家制定的几个标准并不完全一致，且在同一时间内并存，这就给鉴别工作带来了很大的问题。更重要的是，这

些标准可操作性差、内容含糊，需要依靠个人经验才能够完成鉴别工作。这样，就给市场留下了"自由活动空间"。各个检验中心、鉴别机构纷纷成立，依据不同的质量标准，通过网络为商家的人参进行鉴定。有些机构甚至为了自身利益降低鉴定标准。更有部分商家自行鉴定，降低商品成本。在这里，生态资源、国家制度、市场行为与社会需求之间的关系是这样的：虽然狭隘意义上的野山参生态资源已近枯竭，但是民间仍对野山参有大量的需求，国家依据民间的需求降低野山参的概念标准，使得野山参资源进一步充实，以满足社会的需求。但是，与此同时，国家并没有制定严格、统一的制度与标准来界定野山参资源。从而导致在市场环节上，"野山参"的标签和意义被滥用，以迎合消费者对野山参的需求。

综上所述，本文通过对东北野山参社会生命史的展现，看到生态资源、国家制度、民间行为、社会需求与市场行为之间存在一个彼此关联和影响的联动模式。处于该模式中的任何一个因素的变故都会影响到其他因素发生相应的改变。

Is There Still Wild Ginseng in Northeast China?

An Anthropological Investigation of its Meaning and Value

Sun Xiaoshu

Abstract: From the perspective of "social life of things", this paper aims at anthropologically investigating wild ginseng in Northeast China, to reveal how its value and meaning is constructed and reconstructed throughout its entire "social life", namely production, distribution and consumption.

Borrowing analytical framework from Arjun Appadurai's study on anthropology of things, this paper utilizes both methodological fetishism and historical anthropology, to discuss Northeast wild ginseng in both Qing Dynasty and contemporary society, and trying to show the "social life" of northeast wild ginseng through anthropological method.

Due to over-consumption and degradation of ecological environment, northeast wild ginseng in the rigid sense has extinguished for a while. So this paper will focus on the "wild" production process, and the culture power and commercial logic behind.

In contemporary society, farmers grow ginseng under the shadow of wild trees, and/or in big vat that filled with natural soil, thus simulating a wild environment as before. The product is called 'shadow ginseng'. Instead of attaching meaning during production, this process has switched to the second stage. Along with official authentication, informal agencies flourish, and all kinds of counterfeit evaluation spread to every corner of the market, which leads to frequent exposure of fake ginseng.

The conclusions that drawn from the above discussion can be summarized into the following three points: (1) the cultural construction by Chinese traditional medicine is one of the major contributors to the prestige value of wild ginseng; (2) the cultural meaning of the unique concept "wild", is constructed,

priced and consumed in a contemporary context; (3) in the whole social life of northeast wild ginseng, natural resources, official regulation, non-governmental activities, social needs and market behaviors interact with each other, and in the end, form a co-relational dynamic pattern.

Keywords: northeast wild ginseng; anthropology; social life of things; the construction of meaning

被驱逐者的生活

——凉山彝族麻风村断裂与延续

雷亮中

摘要：尽管凉山彝族有着可及的、有效治疗麻风病的药物，并自20世纪80年代以来就由隔离治疗转向社会治疗，但凉山彝族社会关于麻风病的文化隐喻依旧左右着当地人对于麻风病人看法，决定了麻风村的村民及其子女的命运。本文在凉山彝族地区麻风村的田野工作基础上，试图理解那些被认为是文化遗弃者的麻风病人如何带着家庭和社会多重的歧视，怎样一步步从离散的居住共同体演变成一个复杂的、有着共同认同的村落社区。并且，随着麻风村村落生活建立，比如组织生产、缔结婚姻、家庭规模的扩展、信仰实践、解决纠纷等，麻风村村民也从一个被动的文化遗弃者转为一个可以建构自己村落生活意义的能动者。在这一社会文化过程中，麻风村这一底边社会类型呈现出文化自我生产藕断丝连式的特征，而不是"化外"的反结构特征。

关键词：凉山彝族；麻风村；疾病文化意义；断裂；延续；文化策略

为什么麻风病被从众多传染性疾病中独立出来，为社会所不容呢？即便是考虑到现代医学传入彝区比较晚的事实，当地对于麻风病的社会歧视之强烈仍然超乎想象。汉人社会的麻风病历史演变过程以及道德污名化，尤其是麻风病与性的社会想象关系的历史研究已经有前人作了相关研究。梁其姿在《中国麻风病概念演变的历史》❶ 一文中从中国传统疾病分类的角度，梳理了现存历代文献中探讨古代"疬／癞疾"、"大风"、"恶风"以至"麻风"等病的概念，认为"大风—麻风"病的概念变化部分是来自经典医学思想的影响，也明显地受到各时代许多其他因素的影响。此外，还有李尚仁的《种族、性别与疾病——19世纪英国医学论麻风病与

---

❶ 梁其姿：《中国麻风病概念演变的历史》，《"中央研究院"历史语言研究所集刊》1999年第70卷第2期，第399—438页。

中国》❶ 和《过癞：19 世纪英国医学癞病研究中的危险的中国女‘性’》（"Sell off Her Leprosy：Dangerous Chinese Female Sexuality in Nineteenth Century British Medical Research On Leprosy"❷），蒋竹山的《明清华南地区有关麻风病的民间疗法》❸ 等关于麻风病的医学史和社会史的作品。苏珊·桑塔格（Susan Sontag）在两本谈论疾病与死亡、美学、文学与社会意象的书——《作为隐喻的疾病》（Illness as Metaphor）和《作为隐喻的艾滋病》（AIDS as Metaphor）中认为 AIDS 和被归于"清柔的死"的结核病相比，给人的意象是"痛苦的死"，至于麻风病给人的观感则是另一种截然不同的意象。以西方为例，麻风可能是所有疾病中最为污名化的疾病，尽管真实的麻风病少有致命的，且不易传染。苏珊·桑塔格这种探讨文学中的疾病隐喻或社会想象的取向，对后来西方医学史界的社会史走向有重要启发，像 Roy Porter 与 Sander L. Gilman 的部分著作多少都受到她的影响。❹ 蒋竹山也采用同样的视角探讨了麻风病与社会隐喻之间的关系。他在《性、虫与过癞——明清中国有关麻风病的社会想象》一文中通过分析明清时期的一些小说与笔记等文本，探讨明清社会关于麻风病的"社会想象"，着重分析了疾病的再现与隐喻。

　　对于疾病，医学、社会史与人类学的研究和关注点不同，前者关注疾病本身和疾病概念的历史沿革与社会的关系，后者更多是将疾病放入一个具体的文化背景下来考虑。关于生物学事实与文化之间的关系探讨在经典人类学研究中多有呈现。莫斯（M. Mauss）和范·盖内普（Van Gennep）认为无论在仪式上还是日常生活中，身体都与社会文化中时空的概念密切相关。❺ 道格拉斯（Mary Douglas）则综合了涂尔干和列维－施特劳斯的

---

❶ 李尚仁：《种族、性别与疾病——十九世纪英国医学论麻风病与中国》，中研院史语所办"疾病的历史"研讨会，2000 年 6 月 16 日到 18 日。

❷ "Sell off Her Leprosy：Dangerous Chinese Female Sexuality in Nineteenth Century British Medical Research On Leprosy"，71st Annual Meeting，The American Association for the History of Medicine，May 9，1998，Toronto，Canada.

❸ 蒋竹山：《明清华南地区有关麻风病的民间疗法》，《大陆杂志》1995 年 4 月第 90 卷第 4 期，第 1—11 页。

❹ Roy Porter，"Expressing Yourself：The Language of Sickness in Georgian England"，in Peter Burke and Roy Porter. ed.，Language，Self and Society：A Social History of Language，Cambridge：Polity Press；Sander L. Gilman，Disease and Representation：Images of Illness from Madness to AIDS，Ithaca and London：Cornell University Press，1988. 参见蒋竹山：《性、虫与过癞——明清中国有关麻风病的社会想象》，2002 年 10 月 20 日。

❺ A. Van Gennep，The Rites of Passage，London：Routledge & Kegan Paul，1960；M. Mauss，Sociology and Psychology：Essays，London：Routledge & Kegan Paul，1979.

思想，重新阐述了污秽与洁净、象征与结构之间的关系。他认为洁净与污秽与否并非是由事物自身的洁或污决定的，而是由在文化日常分类体系中的位置，尤其是宗教文化的分类体系决定的。❶ 并且，这种物归其所不仅加强了社会实在的结构，而且加强了道德情感的结构。任何一种象征体系都是服务于社会现实秩序和道德秩序的构建，而象征体系类型是由社会制度特点决定的。❷ 从而，从社会结构而非个人心理来理解社会的象征体系。

　　同时，与麻风病的文化隐喻相伴的社会权力因素也备受研究者关注。在符号人类学和解释人类学的影响下，一些医学人类学家不仅研究患者的历史，还研究社会制度、权力结构和疾病的社会含义和结果，研究疾病的认识和符号的内容。他们认为，语言、情境符号和感觉是与疾病联系在一起的，每个社会都有其自己的一套将迹象解释为症状的规律；社会关系造成了疾病在社会上的表现形式和分布；社会力量不仅影响着诊断，也影响着人口中不同部分的、可以得到何种类型的治疗和可以求治于何种类型的医生；医学的实践也是意识形态的实践，康复的符号也是权力的符号。❸ 尼泊尔学者马丹·佶米热在《人权：尼泊尔麻风病患者的一种急需权利》一文中认为："疾病不仅会造成个体的体质问题，在有些情况下，而且还会造成社会问题以及接受医疗方面的问题。"在他看来，即便是在免费治疗麻风病的尼泊尔，对于拒绝为麻风病人服务的餐馆以及不让麻风病人进诸如寺院、公用水井等社会公共场合的行为，也缺乏相应的法律规范。而且，更为有趣的是，麻风病人自己认可这种处境，不去争取自己的权利。然而，有知识、有地位的社会精英患麻风病时，由于他们能够隐藏疾病或者社会经济地位的原因，却不存在这种问题。马丹·佶米热在他另一篇论文《卫生设施在尼泊尔麻风病患者的迫切需求》❹ 中谈道，尽管麻风病是一种最古老的疾病，但是人们对麻风病避过的消极态度并没有多大改变。由于麻风病会致人畸形、体残以及高度社会污名化而遭排斥，麻风病在众多流行病中处于一种独特的地位。患者本身与社会对麻风病的态度很大程度受到关于该病的传统看法——原因与治疗的影响。显然，麻风病既在身

---

❶ Mary Douglas, *Purity and Danger*, London：Routeldge and Kegan Paul, 1996, pp. 41 - 57.
❷ Mary Douglas, *Natural Symbols*, Harmondsworth：Penguin, 1970.
❸ 国外文化人类学课题组：《国外文化人类学新论——碰撞于交融》，北京：社会科学文献出版社1996年版，第159—160页。
❹ 马丹·佶米热（尼泊尔）：《卫生设施在尼泊尔麻风病患者的迫切需求》，国际人类学与民族学联合会2000年中期会议（北京），地球环境变化与全球化中关于健康的传统知识和智慧专题，会议论文。

专题研究

体也在社会方面影响着个体。麻风病人受到社会的抵制，只是在不同的社会，表达的强度有所不同而已。

然而，这些被地方社会驱逐，被文化所遗弃的麻风病人，作为权力的牺牲者，是否只是"结构"命运的棋子，听命于"结构"的摆布？麻风病人虽然有病在身，或者身有残疾，但是在诸多因素（族群文化、国家公共卫生政策、人权观念等）的交织影响下，他们已经形成一个个村落社区。这个社会里头，既有婚礼、生子等生命传承的喜悦，也有病痛、医疗与死亡的命定。这些带着家庭和社会多重的歧视，被社会遗弃的人是怎样一步步从离散的居住共同体演变成一个复杂的、有着共同认同的村落社区？在这个特殊村落中，这些遭受社会文化结构抛弃的人，他们的生计方式、婚姻规则、宗教信仰以及政治生活是什么样的呢？原有生活背景以及对于被驱逐的痛苦回忆对他们又产生了什么样的影响呢？个体如何摇摆于作为社会歧视的原因的文化和建构新的村落生活意义的文化资源之间？对于上述问题的回答，将有助于理解凉山彝族麻风病的社会文化意义、社会结构与个体之间的张力、转化以及生存需要与生活意义（物质与文化理念）之间的关系。因此，关于麻风村的研究有必要将医学人类学、人类学对于身体、象征的研究与人类学村落社区研究相结合，从而将较抽象的层面放到一个具体的社区加以探讨，以了解各要素之间（身体观念、疾病的概念、歧视、婚姻、宗教、族群认同等）的关系。从中，我们可以观察社区的形成过程和个体与文化结构之间的互动关系。布迪厄（Bourdieu Pierre）认为，权力不只嵌在结构性的关系中，也透过语言及日常生活的实践加以建构。同时，"行动者的观点会随其在客观社会空间中所占据的位置的不同而发生根本的变化"[1]。麻风病人的道德化、污名化的过程，不仅是一种趋利避害的生物学行为，还与群体中排除异己的权力关系相联系。然而，在不同时空场合下，这些道德污名的文化根源也可以转而成为建构新的社区生活的源泉。

一、断裂的结构：文化上的被驱逐者

（一）"烂了的洋芋"

彝语里麻风病人称为"粗诺"。"诺"，是腐烂的意思。"粗诺"，意为

---

[1] 皮埃尔·布迪厄：《实践与反思》，华康德、李猛、李康译，北京：中央编译出版社 1998 年版，第 18 页。

人体腐烂。"我们对于身体的反应和对自我的观念，其实是经由知识/权力的部署而被建构的，身体是充满了历史、社会和文化的意义。"❶ 身体及其符号嵌入于彝族社会生活和文化的各个层面。彝族传统认为身体之魂与身体之肉存在着密切的联系，认为人之主位于额头中央，或在太阳穴或是耳内。南昭国时，彝人如若无法向其战死沙场的族人作仪式，便会取下战死的族人的耳朵来做仪式。在今日超度仪式中，彝人会找一只猫，防止老鼠靠近。因为，在彝人看来，灵魂就好似一块肉，防止肉被吃，目的在于防备灵魂被鬼吃。❷ 彝族经书里常画上一些鬼的象征性的图像，麻风鬼家族的每一分子都很明显地缺少一个器官，有无发女鬼"的斯所莫"，秃头女鬼"的俄里所莫"，断脚趾女鬼"的色所莫"；独臂鬼"初惹洛迭"，独眼鬼"初莫略点"；独脚鬼"初惹西迭"，独耳鬼子"初惹纳底"。❸

这种整体性身体观，身体与灵魂密切结合成为当地社会的基础核心。彝族传统宇宙观是通过身体来构想宇宙。首先是将天地构想为一个巨大的身体，由此出发，由身体的结构组成推衍出世界、社会以及动物的种属类别。而且，在彝族看来，天、神、人是一个相互联系、相互依存、相互促进的有机整体。在三者之间，不存在不可逾越的鸿沟。❹ 所以，身体的完整有着超越自身的意义和价值。彝谚有云："蓝天上大雁的翅膀若被老鼠咬，就不能与同伴们成群飞翔；大山深处的猴子身上有伤，它就无法跟随伙伴们去攀岩；人世间人的耳朵缺了块，死后就跟随不了祖先上阴间。"事实上，凡五官受损者，皆难与祖先同行，生前被严禁参与重大活动和主持任何仪式。

身体在凉山彝族的重要性还体现在当地对于身体严格的社会规范。在彝族社会中，最忌讳就是一个人的面部五官（眼、耳、鼻、口以及扩展到身体其他部位）后天受到残损。因为，五官受损就是一个完整的人遭到破坏，被视为"受到神灵的惩罚"、"有缺陷"，不仅受歧视，而且还禁止参

---

❶ R. Diprose, "Sexuality and Clinical Encounter", in Margrit Shildrick and Janet Price（eds.），*Vital Signs*: *Feminist Reconfigurations of the Biological Body*, Edinburgh: Edinburgh University Press, 1998, pp. 30 – 44.

❷ 魏明德："凉山彝族的宗教蜕变——今日凉山彝族宗教信仰与体验调查探析"，刊于巴莫阿依、黄建明编写：《国外学者彝学研究文集》，昆明：云南教育出版社 2000 年版，第 83 页。我在美姑县做田野时，曾被盛情邀请去吃坨坨肉，该仪式是为了给男主人治病，有人解释说，通过大家分享食物，分担不好的东西。

❸ 巴莫曲布嫫：《彝族鬼灵信仰田野调查手记之三——走近鬼魅：鬼板》，1996 年，见 http://iel.cass.cn/news_show.asp? newsid =1196。

❹ 苏克明等：《凉山彝族哲学与社会思想》，成都：四川人民出版社 1999 年版，第 98 页。

与神圣的宗教活动和主持任何仪式，死后，也因身体的残伤而无法与祖先一道生活在祖界。

所以，当一个人五官受到损害后，一方面需要采取积极措施进行修补，尽量恢复到原先的状态；另一方面会用习惯法对造成别人伤害的人给予严厉的惩罚。在长期的社会实践中，人们十分清楚身体各个部分与金钱之间的对应关系❶，而且身体有些部位是神圣不可侵犯的，否则轻则引起纠纷，重则引发械斗。这从另一个侧面反映了身体及其完整性在彝人日常生活中的地位和意义。

此外，更为重要的是传统彝族社会是用身体符号作为家支❷标记和社会边界。黑彝和白彝通常对应的是高贵的黑骨头和低等的白骨头。当地往往用"硬"骨头和"软"骨头来区分和强调血统的优越性和纯洁性。而这种"血统优劣论是整个等级观念的核心组成部分或逻辑演绎起点"❸。"等级的高低是以所谓的'骨头'的好或坏，硬或软，血统的是否纯粹，而被神秘化了并加以固定下来的……而被统治阶级中的最有财势者，也不得上升为黑彝。"❹彝族有谚语说："蛤蟆生存靠水塘，猴子生存靠树林，人类生存靠亲友，彝族生存靠家支。"在凉山彝族社会中，家支是个人身份的标识。家支背景很大程度上决定他们的交往方式和层次。社会地位、身份、财产以及婚姻等权利与义务都是家支为单位，因此，家支在社会生活的重要地位使得身体这一意象的重要性被进一步强化。

如上所述，彝族社会中身体及其完整性有其独特的社会文化意义。然而，麻风杆菌逐渐侵蚀人的神经导致感觉功能的丧失。严重的会面部神经瘫痪，嘴歪鼻塌，从脸面头颈到身体四肢，全都一无是处。《疠疡机要》对此有形象的描述："一曰皮死，麻木不仁。二曰肉死，针刺不痛。三曰血死，溃烂。四曰筋死，指脱。五曰骨死，鼻柱坏。此五藏受伤之不可治也。若声哑、目盲，尤为难治。"而且，即便符合现代医学治愈的标准，

---

❶ 比如，耳朵赔偿分为上耳轮、中耳轮和耳垂三个部分不同。参见蔡富莲："凉山彝族习惯法对伤害五官的处罚及其特点"，《民族艺术》，1999年第1期，第187—191页。

❷ 家支，彝语称"此伟"，意为"同祖先的兄弟"是"家"和"支"的总称，它是由共同祖先和共同姓氏，以父子连名制谱系作纽带联结每一个男性成员的父系血统集团，内部严禁通婚。家支是历史上彝族社会的基本组织结构，在长期历史发展中，凉山彝族社会从未形成过较稳定的统一的政权组织，家支在社会中发挥着主导作用。

❸ 韦安多主编：《凉山彝族文化艺术研究》，成都：四川民族出版社2004年版，163页。

❹ 云南省编辑委员会编：《民族问题五种丛书》，《云南小凉山彝族社会历史调查》，昆明：云南人民出版社1984年版，第70页。

麻风病人神经感觉障碍表现出"爪手"（尺神经受累）、"猿手"（正中神经受累）、"垂腕"（桡神经受累）、"溃疡"、"兔眼"（面神经受累）、"指（趾）骨吸收"等多种畸形也不易恢复。

人类学近来的研究表明，身体是可以被文化概念化和象征化的。麻风病带来的"身体腐烂"的意义不仅在于疾病本身，而且衍生到生命的各个层面。人类学家道格拉斯认为许多社会中仪式常被用来建立并强化个人之间以及人与神之间的关系。在仪式中，人的身体常被当作表达人际关系与人神关系的象征来使用，成为"自然的象征"。彝人关于麻风病人的不洁观念也表现在彝族处理人神关系的宗教禁忌上。在彝人的观念中，后代与祖先之间存在着十分复杂的关系，需要位于中间的毕摩来沟通处理后代与祖先之间的关系。在彝族社会里，死后灵魂归属决定了死者灵魂是顺利返回祖地与祖灵生活在一起，还是变成孤魂野鬼，在外面游荡，为害世人。同时，这还关系到子孙后代之祸福。这一系列的活动都由毕摩来主持。因此，担任祭祀的毕摩必须具备祖灵信仰基本的前提条件和素质。其中，身体条件的完美无缺是最基本的要求。在彝人看来，仪式的成功、祖灵的安适、后代的健康、祖先与后代的关系是否圆满与执祭者的身体条件有着密切的联系。因此，身有狐臭、家有麻风史或本人患有此类疾病的人均不能做祭祖毕摩，这类毕摩执祭会玷污祖灵，使其灵不安其位或不能回归祖地。而且，身有伤残的人不能做祭祖毕摩。据毕摩解释，残废以及身有伤痕的毕摩一是法力不大，二是祖灵不喜欢。若请之祭祖，后代将会伤残，且与毕摩一样。❶

此外，在彝人看来，宗教仪式中法具的洁秽不仅关系到法力的有无以及法力的大小，而且会导致仪式的成败。为了保证宗教仪式法具的洁净，也会禁止妇女、鸡狗以及有狐臭、麻风病的人接触。不论是善事毕摩还是凶事毕摩都不愿意为有麻风病史的人家主持宗教仪式，生怕自己的法力制不服这种顽劣的病魔，反而被染上这种绝症。

麻风病人死了也不能按彝族传统火葬习俗处理后事，必须土葬，称为"滴"，埋葬时挖一深坑，放入尸体后，用一铁锅将尸体罩住，然后用土掩埋，或者是将尸体放入木桶中，用荞面糊住缝隙。这些措施都是防止传染和不让死者的鬼魂到祖界。独特的死亡处理方式以及死后不能回归祖灵地

---

❶ 巴莫阿依："毕摩文化研究三题"，《凉山民族研究》1993年。

专题研究

使得麻风病人失去了人生的终极意义，丧失了死后成为彝人的资格。参加这种葬礼的人，也必须进行隔离，只有用水、酒洗或烟熏后，再请毕摩念经驱邪才能回家。

纵观历史，世界各地的麻风病人都受到社会不同程度的抵制和歧视，只是在不同的社会，表达的强度略有不同。而且，麻风病的这种意象往往与麻风病人的道德相联。麻风病在流行期曾引起西方社会的极大恐惧，中世纪时，麻风病患者是腐败社会的象征与教诲的启示，没有比赋予该病道德意义更具有惩罚性的事了。任何病只要起因不明、治疗无效，就容易为某种隐喻所覆盖。例如一些腐败、堕落、污染、社会的反常状态常会与麻风病一词相联结。在中国，明清之前，受佛教的业罚和天刑病的思想影响，大多数人将麻风病视为一种"天刑"病（或是天谴病）。其之所以成为一种恶疾，是因为患者犯了宿命罪的缘故。比如在宋代的《太平广记》中有许多毁蔑或毁坏佛像后会得癞病的资料。明清之后，对麻风病的看法有较大转化。天刑的观念变淡，取而代之的是麻风与性关系和性乱的想象。❶

与上述视角不同的是，彝族关于麻风病的认知很少与道德尤其是性（乱）联系在一起。其对麻风病的恐惧以及对麻风病人的排斥更多与身体（完整性）在彝族社会文化中的独特地位相联系。正如恩格尔哈德所指出，"生病并不仅仅是作为痛苦，而是'作为具有特点的预兆和意义的痛苦，作为一种特定种类的痛苦'而被体验的"❷。因此，对于彝人而言，即便是最轻的麻风病（不会有任何后遗症）也比任何其他严重的疾病（甚至是致命的）的病情都要严重得多。

与疾病的文化意义伴随的是权力关系。凉山彝族的麻风病人由于麻风病患者的面部神经瘫痪，嘴歪鼻塌，从脸头颈到身体四肢都溃烂等，破坏了自身、人与外界、人神（包括与祖灵）等自然关系，是社会文化关系以及组织结构的潜在威胁，因而成为躯体上可以随意处置的客体，也丧失了在社会与文化上的合法性，成为不洁的身体。民国三十一年（1942）《康导月刊》第三卷第一、二合刊这样记述："夷人极忌癞疥。因此种病之传染性极大，每一处染病，必杀鸡犬弃道上，见者生畏则四围各地皆禁人往

❶ 蒋竹山：《性、虫与过癞——明清中国有关麻风病的社会想象》，2002年10月20日。
❷ 图姆斯：《病患的意义：医生和病人不同观点的现象学探讨》，邱鸿钟等译，青岛：青岛出版社2000年版，第44—45页。

来。家有癞疥者，其家人必打猪羊或牛以饮之，迫其自死，否则以绳缚之掷之岩下或洞中，虽父母兄弟亦之不顾。"

（二）麻风村：被驱逐者的隔离运动

由于社会文化歧视的缘故，麻风病人被迫迁往荒芜之地，避居于远离定居点的深山老林之中。这些人往往自己聚合形成一些麻风病人集中居住的自然村落，比如凉山州金阳县的丁字沟（地名），美姑县的黄角洛公社以及牛牛坝公社阿布足等麻风病人聚集成群，形成了自然的定居点。而后，现代意义上的麻风村则是外部力量和国家介入后才形成的。对于凉山彝族来说，最早的麻风病院是传教士所创立的。18世纪中叶传教士纷纷来到康藏高原，他们在当地不仅修建教堂、还设立医院。其中，"叶方基谷派"传教士在康定建了一所麻风院。该麻风院收容了从西康、四川、西藏等地来的藏族、彝族、汉族等麻风病患者150多人。凡入院麻风病人都必须信奉天主教，病人平时除接受免费治疗、做礼拜外，也需要劳动，靠种地生活。该院从建立到1951年，共收治麻风病人921人。❶ 当时缺乏有效治疗麻风病的手段，麻风院的设立在对病人进行收容、隔离以及避免传染他人方面起到一定的作用。

1956年中国颁布了《全国农业发展纲要》，提出积极防治麻风病，确定了"积极防治、控制传染"的原则，在全国开始修建隔离麻风病人的麻风村，随着人民公社化的开展❷，隔离运动加速进行。❸ 四川省人民委员会对麻风病人提出了"就地发现，就地隔离治疗，集中管理"的要求。根据当时对于麻风村的要求和当地流行情况，为了便于管理和治疗，麻风村的规模一度以一县一村为适宜。50年代，只四川就修建了139个麻风村（院），凉山地区在进行民主改革和农业合作化后，开始在各县建立麻风村，修建的时间不一，大都是在1959年前后。❹ 麻风村的选址主要考虑到

---

❶ 1950年，康藏高原解放，1951年9月，康定军事管制委员会派卫生科长刘伯颜，率4名护士、1名事务员来到磨西接管了麻风院。随后，国家在原麻风院基础上扩建了院部和病区。1955年，西康省建制撤销，"泸定磨西麻风院"成为省卫生厅直属的省属麻风病院，更名为"四川省泸定县医院"，其后，又更名为甘孜州皮肤病防治院。

❷ "由于过去一家一户的生活方式，麻风病对别人影响不是很大，在人民公社实行'四化'以后，尤其是在生活集中化……群众怕传染上麻风病不愿在公共食堂吃饭，不愿跟麻风病人一起生产，使农村集体福利事业和农业生产的发展受到很大影响……"见中华人民共和国卫生部医疗预防司，1959年，第41页。

❸ 据当时不完全统计：全国已建立麻风村700多处，麻风病院70多处。见中华人民共和国卫生部医疗预防司，1959年，第40页。

❹ 包括美姑县在内的部分县是在60年代末修建麻风村。

以下条件：（1）具有天然隔离的条件，以达到控制传染的目的；（2）具有房屋、耕地、水源等基本生产条件，便于组织生产；（3）不宜过于偏僻，以便使病人安心疗养。❶ 麻风村的修建贯彻治疗和生产相结合的原则❷，因此，麻风村成为一个治疗和生产相结合的村落组织。病人所需的生活日常用品和小型工具，由病人自带，公社给予适当帮助

美姑县麻风村就是在这种背景下于 1968 年 10 月修建的。1958 年美姑县曾组织人员对当时的甲谷、柳洪、巴普、哈古以达四个区进行了麻风病的调查工作，并于 1966 年开始筹建美姑县皮肤病防治站（以下简称皮防站）和麻风村，同时对全县进行麻风病的普查。建村之初，村民来自美姑县各个村乡共有 71 人，全部实行免费治疗，大部分的村民都是由其亲友、所在大队送来或自愿来到麻风村的。根据当时民办公助的原则❸，入村时要牵一头牛作为生产资料，交纳一定的粮食。麻风村作为集中居住、生产、治病的地方，由皮防站对麻风村直接进行管理，并主要负责检查、治疗事务，由民政局负责行政管理，包括麻风村的救济、补助、生活、生产、基本建设和财务等事宜。患者一边接受治疗一边耕种村内 200 余亩土地。麻风村成立以后，也成立了村管理委员会，设有村长、副村长以及会计，但是所起的作用并不明显。❹ 麻风村当时修建了 78 间土房，到 1974 年底共有麻风病人 271 人❺，平均每间有三人以上，村里也建有仓库并作为临时的禁闭场所，关押村内违反社会治安以及试图逃跑的村民，由村里民兵排负责。

麻风村成立时，配备了专职皮防医生，医务工作人员（8 名）的住地与病人居住地相隔一定的距离（1.5 公里）。村内有劳动能力的麻风病人要从事农业生产，政府在生产、生活上给予一定的补助以保证麻风病人正常生活，同时提供免费的治疗，治愈后经过严格鉴定后出村回原籍，由当

---

❶ 中华人民共和国卫生部医疗预防司，1959 年，第 42 页。
❷ 当时修建麻风村将麻风病人进行隔离，也有避免麻风病人在外面引起社会矛盾，稳定社会秩序的目的。美姑县档案馆，全宗号 25，目录号 1，年 1971，案卷号 26。
❸ 公助即国家负担治疗，组织生产，对经济有困难的辅之其他补助；民办即个人或集体负责住所、带口粮和生产资料即耕牛和羊。
❹ 根据县卫生志中记载，麻风村成立以后，病员通过民主选举，选出村长、副村长，并成立村管理委员会。这可能不符合当时的情况。据我们了解大多情况下还是上级指定，一些有政府背景的人自然成为理想人选。
❺ 但在《美姑县卫生志》上的数据是，至 1974 年底入村人数是 172 人。见美姑县卫生局编印：《美姑县卫生志》，内部资料，1992 年，第 53 页；美故县县志其在民政部分和卫生部分关于1974 年的数字也不同（分别是 247 名和 172 名），四川省美姑县志编纂委员会：《美姑县志》，成都：四川人民出版社 1997 年版，第 572 页，672 页。

地政府安置，到1975年始有首批被治愈15名村民出村。到1974年，为了满足不断迁入的麻风病人的居住以及工作人员对于健康问题的要求，将医务人员的住所迁到大桥，腾出的房间和土地给村民使用，并划出隔离区和康复区。❶ 到1975年，病人有363人❷，当时先后开荒240亩，耕地面积有440亩，但还是不能满足让所有病人全部收容入村的要求。当时，县民政局想将临近麻风村的黑马大队迁走，将其住地纳入麻风村的范围。❸虽然最后没有实行，但也占用了黑马大队的部分土地。❹ 1976年，政府拨款14.3万元用于扩建麻风村，新建32栋共95间房子，村内患者增至468人。到1985年底，麻风村共有房屋面积2 470平方米，耕地面积536亩。对于那些治愈后不愿出村的麻风患者，经过批准可以留村居住，对已经出村的定期随访，发现复发，再次动员入村治疗。从1968年到1982年前，村内和其他地方一样是集体劳动，拿工分。自1982年，村内实行包产到户的联产承包责任制，所收的全归自己所有。村内粮食、牲畜以及家禽一般自给自足，很少与外界交换，村里所需的日用品由村内的会计收钱、统计好交给村外的专门人员负责从外面采购。但是即便是到麻风村的医生，也要戴两层齐肩隔离帽、18层大口罩，身穿两层内短外长的"白大褂"，脚登长筒雨靴，穿戴"全副武装"的隔离服，再经严格消毒方可进入"禁区"。

20世纪80年代由于治疗麻风病的特效药相继问世，使得麻风病的防治策略实现了从单一药物治疗向联合化疗的转变，麻风病的防治也随之由隔离治疗转变为社会防治。在1981年全国第二次麻风防治工作会议后，四川省于1982年召开了由省、市、州、地分管领导麻风防治工作会议，并由政府签发了川府发（82）056号文件。凉山州也在会理县召开了全州麻风防治工作会议，这次会议突破了几十年的禁锢，让参会人员到麻风村了解生产、生活情况，并开始麻风病可防、可治、不可怕的宣传。❺ 之后，

---

❶ 当时还有160人没有入村，而"目前，在工作人员住房周围和病人住房一带的所有土地已耕种完，要扩大耕地面积，只有在工作搬走后，才能开垦，工作人员住房周围到尼尔尼河谷一带的土地，也只有工作人员搬走后，才能新建病人住房"。美姑县档案馆，全宗号14，目录号1，年度1974，案卷号31。
❷ 此数据与卫生部门有出入，卫生部门在1976年的数据是村内206人。见美姑县卫生局：《美姑县卫生志》，内部资料，1992年，第54页。
❸ 美姑县民政局：《关于计划扩建麻风村的请示报告》。
❹ 这也为土地承包到户以后黑马与麻风村的土地纠纷埋下了隐患。
❺ 奇渥温·格勒图涅夫（余述尧）：《西昌开创院外治疗麻风病纪实》，中国人民政治协商会议凉山彝族自治州委员会文史资料委员会编：《凉山文史资料选辑》，第十三辑教科文卫专辑，1995年，第345页。

专题研究

美姑县于 1984 年 8 月开始在全县开展麻风病村外治疗的运动,将隔离防治变成社会防治,麻风村也不再收治社会上的麻风病人❶,居住在村内的主要是尚未完全治愈,治愈后不愿出村的以及麻风病人的家人。据统计,从 1968 年至 1984 年总收集麻风病人村内治疗 516 例。(见表 6 - 1)

表 6 - 1 1968 年 10 月至 1985 年 4 月麻风村收治病人情况表❷

分型	历年收治病人数	历年治愈出村人数	历年死亡病人数	历年自动出村人数	现有住村病人数
瘤型	314	177	62	12	63
结核样型	199	97	52	10	40
界线型	3	2		1	
合计	516	276	114	23	103

从 1988 年开始,美姑县根据当时全国的形势开展庆祝国际麻风节暨中国麻风节纪念活动。当时的副县长作了《全社会都要关心和参加消灭麻风病的伟大事业,为我县 1997 年前实现基本消灭麻风病的目标而奋斗》的广播讲话,于 3 月份在全县全面开展联合化疗工作,到 1990 年,美姑县从麻风病的高发病区变为中发病区。麻风村于 1988 年更名为康复院,1990 年,村内有 234 人,其中正在治疗病人 1 人,联合化疗后监测期病人 16 人,治愈后自愿留村居住 127 人,家属子女 90 人。到 1997 年,对麻风村抽查活动中没有发现麻风病人,即没有麻风杆菌存活,因此,麻风村从医学意义上来说已经不成立了。

尽管依照国家麻风病防治策略的制度设计初衷,隔离只是为了治疗的需要,治愈的麻风病人需要返回原来的家庭和社区,随着麻风病的防治由隔离治疗转变为社会防治,没有新的麻风病人进村,麻风村会随着时间的推移自然消失。然而,社会文化歧视的缘故,大部分治愈的麻风病人不愿意出村,仍旧住在麻风村内;许多治愈出村的麻风病人迫于社会压力又重新搬回麻风村居住。因此,1968 年到 1984 年,美姑县麻风村前后总共收治了 516 例麻风病人,村内至今还有 3 个村民小组,在政府登记中有 120 户,275 人。但是,麻风村实际人口是 311 人,其中麻风病人 118 例,麻风畸形病人以及五保老人 62 例,麻风子女 177 人,学龄儿童 70 人。

建村之始,村民来自四面八方,麻风村只是一个治病、劳动生产相结

---

❶ 还是有新入村的,但数量很少。
❷ 美姑县卫生局:《美姑县卫生志》,内部资料,1992 年,第 53 页。

合的松散群体。然而，很多人搬离麻风村后，还是忍受不了外人的眼光，又回到麻风村里。因此，麻风村众多治愈的麻风病人不能返回原来的社区，只有相互缔结婚姻，生儿育女，慢慢形成了麻风村这一独特的村落社区。随着麻风病防治政策变化以及政府力量逐渐退出麻风村，行政束缚的解除以及麻风病防治宣传，麻风病人较之以前拥有更大的自由，麻风村也渐渐步入纯粹的生活状态。

二、生活的延续：意义编织者

（一）他们如何生产：麻风村的经济生活

彝族社会较早就进入以农耕为主，畜牧为辅的经济阶段，《皇清职贡图》载："白罗罗……居处依山菁，或居村落……勤于耕作。"在长期实际耕作过程形成了一系列农牧业生产惯制。其中，根据地势和气候的不同，可分为三种耕作类型：一是平坝地，即分布在河谷或山间大小不等的较平坦的土地上的耕地。这些地区土质肥沃，雨水充足，气候温和，多用于种植水稻，但面积很小。二是半山地，即处于平坝与高山之间的山坡地。这部分耕地，根据其地势、土质和气候条件多用于种植玉米、燕麦、洋芋、元根等。由于这类耕地在彝区全部常年耕地面积中占了绝大部分，因此，这类耕地上出产的作物就成了当地人主要粮食。三是高寒山地，由于地势高，坡度大，气候寒冷，耕地多用于种植荞麦等耐寒作物，许多地方实行轮歇游耕等粗放型耕作方式。麻风村则位于二半山的农业社区，由于交通甚为不便且与外界隔绝，全村至今没有出现从事农业以外行业人员。（见表6-2）农业可以说是麻风村唯一的生活来源和依靠，村民终日经营坡地和零星的牧业。

表6-2　麻风村1999—2001年基层组织情况

时间	村民小组（个）	乡村户数（户）	乡村人口（人）	农业户数（户）	农业人口（人）
1999 年	2	101	210	101	209
2000 年	2	102	221	102	221
2001 年	2	101	217	101	217

麻风村处于河谷温暖地带与温度区过渡地带，主要种植山地农作物，兼有固定放牧。其中，农作物以粮食作物为主。粮食作物主要是玉米，其次是洋芋（土豆）、荞麦、稻谷、大豆、芸豆等。粮食作物按播种季节可

197

分为春种秋收的大春粮食作物和秋种夏收的小春作物以及晚秋粮食作物（7月种10月收）。麻风村大春作物主要是玉米、水稻、洋芋、荞子、大豆等，小春粮食作物有豌豆，晚秋粮食作物主要是秋荞。（见表6-3）其中，大豆和芸豆为套种，种在玉米地中，产量不高。粮食除了日常食用外，还用来酿酒，酒是任何场合都不可或缺的消费品。村里无论男女老幼都能喝酒。由于作物产量不高，麻风村最多能自给自足，遇到收成不好的年份还需要政府的救济。除了粮食作物以外，还种一些经济作物，但数量极少。（见表6-4）

表6-3 麻风村1999—2001年农作物播种面积和产量

（播种面积：亩，亩产：公斤，总产量：吨）

时间	全年农作物播种面积	粮食合计			小春粮食（豌豆）			大春粮食			1. 稻谷		
		播种面积	亩产	总产量	播种面积	亩产	总产量	播种面积	亩产	总产量	播种面积	亩产	总产量
1999年	449	445	208.5	928	45	120	5	400	219.5	87.8	35	350	12
2000年	490	480	230	108	53	170	7	427	237	101	35	300	10
2001年	532	500	187	93.5	45	150	6.5	455	375	87	35	300	10

2. 洋芋			3. 玉米			4. 大豆		5. 荞子			6. 秋荞		7. 芸豆	
播种面积	亩产	总产量	播种面积	亩产	总产量	播种面积	总产量	播种面积	亩产	总产量	亩产	总产量	播种面积	总产量
30	250	7	300	200	60	套种	3	15	120	1.8	20	100	套种	2
30	200	6	305	250	76	套种	2	17	100	2	40	80	套种	2
40	200	8	290	200	58	套种	2	20	100	2	70	100	套种	2.5

表6-4 麻风村1999—2001年经济作物播种面积和产量

（播种面积：亩，亩产：公斤，总产量：吨）

时间	土烟			海椒			元根播种面积
	播种面积	亩产	总产量	播种面积	亩产	总产量	
1999年	2	150	0.3	2	100	0.2	20
2000年	3	130	0.5	3			15
2001年	3	130	0.6	4	12.5	0.5	25

除了上述作物以外，村民在村边路旁零星种植果树，如核桃，主要是每家每户自己食用。因地处二半山地带宜农宜牧区。大多农户自家都养有牲畜和家禽。房子往往与畜圈二合一，人畜混居。牧业以山羊、绵羊、牛和生猪为主，家禽主要是鸡为多。（见表6-5）牲畜更多不是为了出售，主要是日常、礼仪以及仪式生活用品。比如，羊毛可以用来擀制披毡以及短褂被等日用品。肉喜欢做成坨坨肉食用，主要是在做仪式、过节或来客人时才能享用。每逢过年过节、婚丧、宴请、祭祀等，都要宰杀牲畜。通常待客时，宰牛为上，宰羊猪次之，宰鸡为下。（见表6-6）

表6-5 麻风村1999—2001年畜牧业生产情况

时间	年末生猪数量（头）	年末山羊数量（只）	年末马数量（匹）	年末黄牛数量（头）
1999年	141	365	6	107
2000年	132	380	9	97
2001年	192	346	11	105（其中2头为水牛）

表6-6 麻风村1999—2001年肉类消费情况

时间	当年出栏猪头数（头）	当年出售和自宰肉用牛（头）	当年出售和自宰肉用羊（头）	当年出售和自宰肉用鸡（百只）	禽蛋产量（吨）	当年烤小猪头数（头）
1999年	108	11	127	17	1.5	180
2000年	97	3	142	30	1	120
2001年	91	6	160	32	1	135

个案：曲比曲铁（14岁❶，原居住于联合乡的布尔村，因其父得病一道进村）："我平常不像村里其他小孩要帮家里干活，因为我父母都可以劳动。我在布尔村上过学，上到五年级。因为我父亲得麻风病，我也被同学说成是'麻风'。后来，我也跟着来麻风村了。我们一天一般都吃两顿，早上八九点吃第一餐，主要是洋芋、米饭、白菜，不过米饭不是每天都能吃到的，通常2—3天吃一顿。晚上6点吃晚饭，主要是洋芋、酸菜。肉很少吃，猪肉一般不会吃，只有来客人的时候才杀。"

除了五保户外，普通农户家庭每年都尽量自给自足，下面是两个家庭2002年的土地，以及所生产的农产品、家畜、家禽的情况：

个案：曲比尔日（41岁，从小无父无母，12岁时因患麻风病由原来

---

❶ 注：田野调查时间为2002年，因此，本文年龄、时间等以此为基点。

所在村的村干部送进村）："进村后没有人管我，我自己吃住，主要靠帮村里看牛，一天2—3工分，这样一年差不多有360斤粮食。80年代后，实行包产到户，我分到一亩多地，其中一分是田地。我在25岁时经媒人介绍与昭觉麻风村阿牛日喜结婚，现有两男两女四个小孩，最大的儿子已经17岁，还没有结婚，最小的才6岁。因为家里超生被收回一亩土地，现在家里有我老婆的一亩五分地，今年共收500斤玉米，1 000斤洋芋，50斤大米，50斤豆子。家里养了4只羊，2只小猪，1匹马，4只鸡。我以前帮村里五保户莫比××种过地，但只是帮忙那天在他家吃饭。现在没有种了，那块地被苏呷××拿去种了。以前吃饭都不够，需要到外面或向村里人买一些粮食。现在有外国人的救济，我们才刚够。"

个案：立立马铁（51岁）："我在这里已经住了30年了，原来是牛牛坝典补乡人，得病后是我几个家支亲戚送我到麻风村的。我21岁结的婚，老婆1968年就进村了，我和我老婆是在麻风村认识结婚的。我有三个女儿，一个儿子。我们家一共有3亩地，收了1 000斤玉米，洋芋3 000斤，还有豆子、荞麦各200斤。我家还养了5只山羊，2只绵羊，12只鸡，3头猪，1头牛。上一次赶场，我拿过两只鸡去卖，卖给了昭觉来的彝族，是专门做生意的，其他东西没有拿去卖过，主要是自己家吃，有时帮别人种地，不是租的，只是帮忙。"

麻风村因其特殊性，建村始就全免农业税，并由政府对生活困难的家庭发给口粮、衣物和生活用品。到1990年末，政府先后用于建村建院和患者生产、生活补助累计达50.65万元。1991年至2000年，民政局发放油盐救济款106 360元，衣物7 276件，化肥38吨。（见表6-7）

表6-7　美姑县民政局1999—2001年向麻风村（康复村）
发放救济款物情况项目

项目 年度	总支出 （元）	其中		
		油、盐救济 （人）	衣物救济 （件）	化肥救济 （吨）
1991	10 500	250	1 125	5
1992	7 500	247	1 070	5
1993	14 000	231	980	4
1994	9 500	222	1 300	4
1995	16 000	219	781	4
1996	8 500	223	1 400	3.5

项目 年度	总支出 （元）	其中		
		油、盐救济 （人）	衣物救济 （件）	化肥救济 （吨）
1997	7 000	221	1 620	3.5
1998	12 860.14	233		3
1999	10 000	212		3
2000	10 500	212		3
合计	106 360.14	2 270	7 276	38

村里的耕作方法是浅耕浅耙，施肥很少。谷类作物基本是撒播，行距宽窄不一。缺乏水利设施，多为"望天田"（即靠天下雨之意）。在日常生产和生活中，大部分田间劳作都是男女共同参加，由于麻风病导致许多人或多或少有着身体的残障，许多家庭都缺乏劳动力（见表6-8），年长的男孩帮助家里干农活，女孩则帮助大人干家务，放羊等工作则是孩子们分内之事。但排除劳动力丧失的因素，麻风村的男女与其他彝族地区一样也存在着分工，除了一些重体力活和公共仪式场合的活动外，女性劳动量普遍要多于男性。（见表6-9）

表6-8　麻风村1999—2001年劳动力资源及构成情况

时间	劳动年龄内 的人口数	不足劳动年 龄而参加劳 动的人数	超过劳动年 龄而参加劳 动的人数	劳动年龄内 丧失劳动力 人数	农业劳动力 人数	女劳动力 人数
1999 年	90	19	11	20		32
2000 年	90	19	11	20	96	36
2001 年	90	19	11	20	98	34

表6-9　凉山彝区男女农业生产与其他劳动时间支配表❶

时间 项目　　性别	一月	二月	三月	四月	五月	六月	七月	八月	九月	十月	十一月	十二月
生产劳动　女	开荒	种洋芋、玉米	给洋芋、玉米、松土、除草			收荞子、挖洋芋		收玉米		改土、备种		
男	同女	同女	可不做			同女		同女		可不做		

---

❶ 马林英：《四川少数民族贫困妇女实施功能性脱盲脱贫的调查与政策》，《凉山民族研究》，1999年，第44—45页。

专题研究

时间 项目	性别	一月	二月	三月	四月	五月	六月	七月	八月	九月	十月	十一月	十二月
其他劳作	女	砍柴积燃料			割青草积肥				砍柴积燃料收集 枯树叶和蕨草等积肥				
	男	可不做			可不做				可不做				
家务劳作	女	除婚丧、节庆男性所操持的以外，承担所有家务											
	男	只在婚丧、节庆时宰杀牲口、煮制食物和分发食品											

　　1956年1月至1957年10月，美姑县进行民主改革。其后，当地实行农业合作化和人民公社，实行评工记分制，按劳动工分参加分配，以社为统一核算单位。1972—1974年，美姑县以乡为单位将高级社全部转为人民公社，实现人民公社化。❶ 1968年，麻风村建村时，人民公社化运动正开展得如火如荼，麻风村内部也实行人民公社制，从1974年开始，劳动组织的形式是生产队根据农活需要划分作业组，实行评分计酬制度，同时对于无劳动能力的重残病人给予适当的照顾。在该阶段，这种集体制度设计保障了许多单身重症病人生产和生活问题。此后，美姑县于1979年在瓦候区龙窝乡（原龙窝公社）进行了包产到户试点，并于1980年停止了分户作业，将分户改为分组。1982年，全县实行农村经济体制改革后，又重新搞分户作业❷，实行家庭联产承包责任制。麻风村也依据当时政策实行家庭联产承包责任制，根据当时村内有户口人口数平均分配了土地，包括五保户在内每人一亩一分地。农户自行安排劳力，农耕生产一般为各家各户分散经营，在劳动过程中，有着按性别、年龄的自然分工和简单协作。由于村中五保户人数众多，许多村民丧失了劳动力，这使得麻风村很多家庭面临着劳力短缺的问题。比如，2000年麻风村有五保户48户48人，占总户数的40%。而且，从20世纪80年代中期开始，政府把更多的资金和力量投入到麻风病的社会防治运动中。麻风村因为不需要接收新的麻风病人，渐渐地淡出政府工作的重点。这一转变加深了那些丧失劳动力的村民在生产、生活方面的危机。

　　为此，麻风村依据彝族互助传统采用三种基本互助形式来缓解劳动力

❶　四川省美姑县志编纂委员会：《美姑县志》，成都：四川人民出版社1997年版，第192—194页。
❷　沙马古日口述，克其拉语整理：《美姑县第一个实行家庭联产承包的生产队》，载《凉山文史》，第十九辑。

问题。第一种类同于彝族传统"俄撒"互助制度。"俄撒"（彝语音）意为请求帮助或帮工，即缺乏劳动力的农户请求有劳动能力者无偿提供帮助，不付报酬，至多提供伙食，如果被助户很贫困，则帮助者不但自带农具或耕牛去干活，而且自带干粮。这种方式在麻风村较为普遍。

　　个案：阿尔拉尼（黑彝，60岁，五保户）："我到麻风村子差不多有22年了，我进村之前结过婚，那时还没有犯病，老婆是一直跟我们家开亲的马家（黑彝）的。3年后，我老婆死了。我在牛牛坝瓦苦乡有一个妹妹，还有一个伯父，他们从来没有来看过我，我也没有去看过他们。病治好后，原先家里也不想我回去，别的地方也不会接受我，如果我去的话可能会杀了我的，所以我就继续待在这里。我得了病后没有劳动能力，也没有人愿意嫁给我，所以一直是单身。现在修女院看门的那人（马××，黑彝）刚来的时候没有地方住就住在我这里，因为我们以前就认识，而且是亲家（马家和阿尔家一直开亲）。我现在有一间房和一亩地，都是政府分给我的。我自己干不了活，平时由阿尔尔门、克其拉则家等帮我种地，我打一些酒给他们喝，去年共收了400斤玉米，30斤黄豆，100斤洋芋。我有外国人给我的救济，基本够吃，去年卖了100斤玉米得了45元钱。"

　　除了"俄撒"互助制度外，彝人日常生活中还存在着一种"俄字"（彝语音）制度，意即抵偿或换工，即便是工作日不相等，也不另计报酬，实际就是互助换工。有时受助的富裕户会送一些粮食给贫困户，但只是一种赠送行为而不属于工资范畴，通过这种方式来调剂劳动力余缺问题。由于麻风，许多单身户完全或部分丧失劳动能力，因而这种制度在麻风村并没有普遍实行。相反，为了解决劳动力不平衡问题，出现了一种"租种制度"❶。即有土地但无劳动能力的单身户将土地租给没有土地或土地较少的农户耕种，年末耕种户交一定粮食给土地所有者。麻风村在80年代初就开始实行包产到户的土地政策，不论有无劳动能力，土地已经按人头被平均分配。之后来到麻风村的村民和村中新生人口都没有土地，只能通过转让或开垦取得一部分土地。近几年，随着人口增加和荒地被不断开垦，

---

❶ "租种制度"与民改前凉山社会中的土地租赁制度有些相似，所不同的是租种土地面积通常很小，只占租种者土地的很小的份额。通常不是承租者（租种别人土地的人）受制于土地所有者，相反土地所有者因为没有劳动能力处于不利地位。其中还有以下三方面原因：首先在社会主义制度下，集体而非个人是土地所有者，个人只有土地的使用权。这种租种行为是民间个人私下进行的；其次，通常土地面积很小，对于承租方的生产和生活不能产生决定性影响；在租种关系中的土地所有者大多都是无社会关系的单身五保户，毫无权势地位可言。

专题研究

基本没有新的土地能被利用，尤其是实行退耕还林措施❶以来，耕地不足的现象逐渐显现。一方有地而无劳动力，一方有劳动力而少地，"租种制度"便应运而生了。

　　个案：吉俄洛沙（白彝、五保户）："我今年75岁，到麻风村已经20多年了。我老家在美姑县牛牛坝典补乡。自从我得这病，乡上的黑彝就把我送到这里来。此后，我就一直待在麻风村，没有出去过。我也从没有结过婚，村外的亲戚早就没有来往了。村里，我也没有亲戚，现在孤身一人在村里无依无靠的。平日，我自己做饭吃，我有5分地。但我干不了活，所以就把土地给邻居立立马铁家种，他们家包括女婿在内一共有7口人，土地不够，粮食也不够吃。年末的时候，他给我一些粮食吃，差不多每年有200斤玉米吧。唉，自己又动不了，有一些总比没有强。还好，现在有外国人每个月给我30斤左右的大米，也就够吃了。"

　　但对于村里那些生活不能自理的单身户来讲，需要解决的不仅仅是土地耕作，还有日常生活方方面面的问题。由于单身户大多都是麻风病的重症病人，麻风病留下的后遗症比较严重，大部分人行动不便。因此，"照顾制度"更适合他们的需求。这种关系通常是单身户与一家庭同吃、同住，生活在一起，他把土地、房子、救济等交给照顾他的家庭，由对方负责他的日常起居。

　　个案：吉林吉日："我今年50岁。我原来住在牛牛坝斜对面的人民公社❷，时间太久了已经记不清什么时候进村了。在我印象里应该是冬天下雪的时候，我弟弟吉林医生、吉林拉布送我来的。我没有结婚，我两只脚都烂了半截，自己都顾不过来，谁会嫁给我？我有一亩地，以前把地租给俄莫机罗种，他一年给我360斤粮食。但是，我行动不便，所以后来就把地和救济给沙古尔古。我就住在他家，和他们一起生活。我觉得这样挺好的。"

　　人类学关于家庭研究中，严格区分了"家"和"家户"概念，以说明家户部分成员之间并不存在血缘和婚姻关系。麻风村的家户形成过程表明在特殊现实需要下的文化适应性运用。家户成员间有着类似于家庭成员之间的经济互助和情感交流等权利义务关系。从某种程度上说，麻风村的

---

❶　凉山州位于林自然保护区范围内。
❷　据他说该地是当时被解放的奴隶居住的地方。

类似家户制度，是一种地缘关系亲缘化的组合过程。

此外，畜牧业生产方面彝人存在着一种托养惯俗，彝语称"把尤"❶。麻风村在畜牧业方面虽然不存在着"把尤"互助制度，但也存某种托管关系。通常是临近的几家农户把羊群集中在一起，由这几家人轮流派人早上赶上山放养，并负责看管，傍晚再赶回村里。

早期凉山社会地广人稀，地势崎岖，灾害性天气频繁、自然条件恶劣等生态特点决定了在彝人日常生活中家支❷关系和姻亲关系需要发挥重要的经济互助功能。家支组织和家支制度在传统彝族社会中占据重要的地位。民主改革前凉山彝族无论是政治、经济、社会、法律或是宗教信仰都是通过家支组织来实现的，可以说失去家支相当于失去生命。❸ 彝谚有"亲戚再亲，听到哭声就走；家族再疏，听到哭声就来"的说法。时至今日，家支依然是彝人的生活依靠。以前学者对于家支和姻亲讨论大多集中于社会和政治功能方面，也有学者注意到其在经济生活中发挥的作用。❹"山地农牧业环境条件就成为培育家支经济的一张温床，在经济财富匮乏的情况下，产生了由家庭延伸出来的分配观：'有畜姻亲来享受，有粮家支来分享'，由此建立一套家庭式风险承担的制度——建立了完备的家支经济互助、劳力互助及摊派制度。"❺ 这种关系是如此之重要，以至于家支所赋予的身份的重要性大于其他身份。家支互助制度基本可以分为经济互助和劳力互助。其中，经济互助主要是通过"尔普"（彝语音）形式进行。"尔普"有经济摊派的意思，分为固定"尔普"和临时"尔普"。固定"尔普"一般是一定地域范围内的家支成员通过协商确定资助的项目和标准，在家支成员遇有项目范围内的问题时比如人命案尔普、拐妻案尔

---

❶ 该习俗是矮山区有牛羊的住户在五月间把绵羊赶上高山，交与高山户托为牧养，羊粪归托户，羊毛与小羊归主人。如羊只因故死亡，肉归托户，羊腿及羊皮归主人。无论七月在高山剪毛，还是九月、十月把羊群赶回矮山，羊主都要好好招待托户，借此建立较为长久的托养关系。一般无差错不能换托。反之，高山区的羊群九月赶下矮山，也可托给矮山户代为牧养，羊粪及十月与来年三月的羊毛归托户，小羊归主人。每逢交接，托户也要办好酒肉招待主人。

❷ 见第190页脚注❷。家支是彝语"此伟"的翻译，它是指同一父系血统氏族结合起来的社会群体组织，彝语"此"，血缘关系比较近，一般在七代以内，即举行宗教仪式时可以用一个牲畜转头赎命的人。"伟"，血缘关系疏远些，一般在七代以上。无论七代之内的"此"或有着十几代以上的"伟"若没有举行严格的"分伟"仪式，相互之间不能通婚。

❸ 马尔子：《凉山彝族家支和姻亲过去和现在的经济功能》，《凉山民族研究》，2001年，第10—12页。

❹ 参见马尔子：《凉山彝族家支和姻亲过去和现在的经济功能》，《凉山民族研究》，2001年。

❺ 马尔子：《凉山彝族家支和姻亲过去和现在的经济功能》，《凉山民族研究》，2001年，第13页。

专题研究

普、丧事尔普、婚嫁尔普，由家支成员按标准筹钱。❶ 如果碰见固定"尔普"不能解决的问题时，当事人可以打酒到固定"尔普"之外的家支成员处寻求帮助，但资助标准具有很大随意性。家支成员相互之间除了经济责任外，劳力互助在生产活动中占据相当重要的地位，劳力互助包括换工、帮工、添工以及附带帮工等❷。

此外，姻亲关系虽然没有家支关系那样稳固，不过这种横向亲密关系随着世代开亲这种制度化行为不断进行，有着相当大的稳定性，其重要性也不容忽视。"可以说，彝族的姻亲制度历来就影响着整个经济体系运转的方式。"彝人把邻里的家支、往来的姻亲称作悲伤流泪时的精神伙伴，物质灾难的分担者。❸ 因此，纵向的血缘关系和横向的姻亲关系可以说是彝族社会的经纬，一道编织了彝人生活图式。人民公社时期，集体耕作形式取代了小家庭劳动方式，但家支和姻亲关系只是暂时受到政治意识形态压制，并没有退出生活舞台，更多的是在婚丧嫁娶等仪式场合出现。80年代以后，中国农村实行家庭联产承包责任制，使社会经济生活重新复归到以家庭为基本单位，促进了农村经济的发展。但是国家集体互助形式撤消后，个体小家庭的风险增加了，需要一种新的互助体系来填充。因而，上述家支、姻亲等符合当地生态特点的文化制度又重新支配并主导着人们的生活，以弥补小家庭生产之不足。

麻风村以外的彝族同一家支成员往往聚集在一起形成村落❹，"'生于斯、死于斯'把人和地的因缘固定了"❺。其血缘家支关系与地缘邻里关系往往是重合的，"在稳定的社会中，地缘不过是血缘的投影，不分离地"❻，加上姻亲关系构成一个错综复杂的社会关系网络，村民间的经济

---

❶ 详见马尔子：《凉山彝族家支和姻亲过去和现在的经济功能》，《凉山民族研究》，2001 年，第13—14 页。关于凉山彝族家支的互助还可以参见马尔子：《凉山彝族家支生活的变迁》，《凉山民族研究》，1999 年。

❷ 关于换工、帮工、添工详见马尔子：《凉山彝族家支和姻亲过去和现在的经济功能》，《凉山民族研究》，2001 年，第15 页。前述彝族"俄撒"、"俄字"等互助制度通常在家支成员内部进行。

❸ 马尔子：《凉山彝族家支和姻亲过去和现在的经济功能》，《凉山民族研究》，2001 年，第17 页。

❹ 这与凉山彝族社会地貌形态和特殊的社会结构形式相关。可参见马尔子：《对旧凉山彝族社会结构的再认识及"黑彝""白彝"的辨析》，《凉山民族研究》，1993 年，第38 页。

❺❻ 费孝通：《血缘和地缘》，《乡土中国生育制度》，北京：北京大学出版社1998 年版，第70 页。

和劳力互助常常可以依据家支和姻亲互助习惯来进行，是一种经常性行为。❶ 然而，对于麻风病人——这些被剥夺家支成员身份的人而言，麻风村不仅与外部缺乏血缘联系，村落内部也因村民来源的分散性，其血缘关系与地缘关系是分离的。而且，麻风村的村民只能是麻风病人之间或是麻风子女之间进行通婚，姻亲关系也较外面简单。且相互通婚历史短，尚未形成赖以依靠的稳定社会关系。因此，在农村土地制度改革以后，原来建立在集体劳动基础上的互助关系的瓦解使得麻风村许多农户面临着劳动力短缺问题，农业生产遇到新的障碍。在这种情形下，村内基于地缘关系的邻里互助被适时强调，并在五保户劳动帮工、租种制、照顾关系、剪羊毛等日常经济生活中发挥着重要的作用。这些社会关系的存在说明麻风村原先是血缘基础上的家支互助功能被地缘关系所替代。比如，麻风村吉拉××死给❷了曲比所日，曲比所日家钱不够，通过人命案尔普方式，麻风村每一家凑3—5元，一共凑了400多元。因此，当一种政策能够得到现存文化的互补时可以使双方获益，反之，在国家所推行政策不能变更的情形下，文化则会做出适度的调整来弥补其间的裂痕。

此外，尽管麻风村大部分家庭所产的粮食和牲畜只能基本满足本家庭的需要，像吉哥古杰家一共有3亩5分地，去年收了500斤玉米，2 000斤洋芋，还有100斤荞麦，30斤豆子。家里养了一只山羊，5只鸡，1头猪，粮食只够吃。但是村里也有一些家庭由于负担较少，并开垦一些土地，也有一些剩余粮食以及牲畜拿到集市上去卖，但他们的剩余产品大多会卖给从昭觉来的贩卖者。因为乡土社会基本没有隐私可言，"这是一个'熟悉'的社会，没有陌生人的社会"❸，集市所在地的大桥居民都知道他或她来自麻风村，不大愿意买他们东西。然而对于商贩而言，这些东西并不是自己享用只是为了拿到西昌或外地卖一个更好的价钱。他们自身并不会因此受到损害。比如吉觉阿且家养的牲畜都是在赶场时由昭觉汉族买走。"文化更像是一个工具或者演员的各种节目，人们可以从中加以选择

❶ 家支内部的经济行为除了上述的经济互助和劳力互助外，还有主要表现为在人力、物力上的无偿扶持，帮助家支内部的孤、寡、老、残、穷成员。个案参见呷呷尔日：《民主改革前凉山彝族的经济行为》，《凉山民族研究》，2001年，第31页。
❷ 死给（彝语：死吉比）是凉山彝族会的一种自杀现象。两个人发生争执，一方若感到受辱，内心愤愤不平，往往采取自杀方式，来表达自己的委屈。死给是"死给某人"的简称。
❸ 见费孝通：《乡土本色》，《乡土中国生育制度》，北京：北京大学出版社1998年版，第9页。

来组成他在具体时点中的活动。"❶ 通过转卖，经济活动中文化禁忌被村民们很自然地规避了。

（二）婚姻家庭的文化策略：劳动力短缺与社会关系建立

缔结婚姻、组建家庭可以说是一个社会得以正常运作和延续的必然过程。麻风村自然也不能例外。虽然国家法律明令禁止未经治愈的麻风病人缔结婚姻关系❷，然而，这种与人性相背离的政策的实施往往需要相应的强硬措施来推行。在麻风村这种"天高皇帝远"的地方，这一政策从来就未被切实推行。早在 20 世纪 70 年代，麻风村的病人之间就开始相互通婚，只是没有履行国家认可的登记手续而已。这种按彝族仪式来确认的婚姻关系或事实上的婚姻关系一直延续下来。

人类学对于婚姻关系研究表明，许多特殊群体往往有着与之相对应的通婚习俗和禁忌。比如乔健等人对山西乐户研究发现，"行亲"制度即乐户通婚均在同行内部进行是一个普遍现象。这是由于历代良民与贱民不婚的禁条以及"门当户对"社会观念使然。❸ 同样，在以前西藏的铁匠行业中也因社会歧视存在这种行亲现象。❹ 这是因为婚姻从来就不只是个人的私事，也是群体之公器。林耀华教授认为彝人社会里"婚姻为合两族之好，亦为两族合作的工具。"❺ "婚姻制度是这个社会的核心内容。相比之下，奴隶制也只能算是该社会结构的表层和外围，而且可能具有次生性。"❻ 婚姻制度在彝族社会有着详尽而明确的规定，其核心内容包括：民族等级内婚、家支外婚、姑舅表优先婚、姨表不婚等。由于婚姻具有确认身份、划分群体、组建联盟的功能，因此，对于受社会歧视和文化排斥的麻风病人而言，其婚姻关系自然也受这些因素的影响。

---

❶ 转引自林舟：《台湾家庭企业的文化阐释》载《中国社会科学季刊》（香港），1996 年，春季卷，总第 14 期。
❷ 我国《婚姻法》规定患麻风病未经治愈的禁止结婚，这一条在修正前的 1980 年《婚姻法》第六条还是这样规定的："患麻风病未经治愈或患有其他医学上认为不应当结婚的疾病的，禁止结婚。"修改后的《婚姻法》第七条将原第六条的规定改为："患有医学上认为不应当结婚的疾病，禁止结婚。"事实上，这只是将例示性和概括性相结合的规定，变为纯粹概括性的规定，"患麻风病未经治愈"等字样被删除，绝不意味着麻风病患者可以结婚。见全国高等教育自学考试指导委员会编：《婚姻法学》（第二版），中国人民大学出版社 2001 年版，第14 页。
❸ 乔健、刘贯文、李天生：《乐户：田野调查与历史追踪》，台北：唐山出版社 2001 年版，第59—62 页。
❹ 歧视现象参见徐平：《活在喜马拉雅》，昆明：云南人民出版社 1999 年版，第304—305 页。
❺ 林耀华：《凉山彝家的巨变》，北京：商务印书馆 1995 年版，第 59 页。
❻ 张海洋、胡英姿：《凉山彝族婚改内容的分析与阐释——兼论传统婚姻与现代国家的互动》，《凉山民族研究》，2001 年，第 96—106 页。

然而，麻风家庭被视为不洁家庭，麻风也被当作癞子根根，不仅没有人会与麻风病人本人通婚，病人所在的整个家支亦会受牵连。麻风村调查表明，麻风村村民都实行内部通婚，即便是正常的麻风子女也只能与村里村外（包括其他麻风村和社会上）的麻风病人子女通婚，无一例外。早期的麻风村村民疾病之治疗和脱离歧视的社会环境，使相当多单身汉的婚姻得到弥补，建立了村中大部分的核心家庭。随着第二代的出生、长大成年，婚姻问题又重新摆在村人面前。正常麻风子女的内婚现象说明了疾病不仅在生理上，而且在文化上也具有承继性。社会歧视使得麻风村的青年人只能与麻风子女通婚，村内婚姻是其主要形式。除此之外，与村外麻风子女的通婚也是一种重要途径，并由此将关系延伸到麻风村落社区之外。村外婚包括与散居于美姑县各地的麻风病人子女和昭觉、金阳、喜德等麻风村的联姻。比如麻风村村长的老婆是金阳麻风村的，他大儿媳来自巴普镇农作乡，他的女儿则嫁给本村一户人家。有时麻风村之间会形成稳定的婚姻关系，如阿都呷呷有一个姐姐嫁到昭觉麻风村，他也娶了昭觉麻风村的吉子克洛做老婆。因此，麻风病人以及子女之间内部通婚使得麻风村超越了地方文化对于麻风病结婚的禁忌。

麻风村早期村民的结婚年龄存在着很大差异性，这是由于部分村民是结婚后得麻风才进麻风村，其他的人则由于社会文化歧视因素，错过婚期，孤身一人。进村后，各人根据自身条件在内部自愿结合，组建家庭。之后，麻风村的第二代即正常的麻风病人子女早婚情形比较明显。

个案：且皆尔格（60 岁）："我属于 1968 年最早进村那批人，一直也没有离开过麻风村。1979 年，由村里色都罗莫（麻风病人，已去世）介绍与皆觉约硕结婚，我老婆是 1977 年进村的。我有三个小孩，老大今年 22 岁，是 1999 年结的婚，媳妇也是本村的，叫阿合乌果。老二 18 岁，还没有结婚。老三且皆拉里，15 岁，昨天结婚，你们不是来了吗？女方叫古次古西，今年也 15 岁。"

当被问到为什么二儿子还没有结婚，就急着先操办老三婚礼了（而且，婚姻双方当事人都才虚岁 15 岁）。且皆尔格告诉我们，"女方喜欢拉里，反正都要结婚的，所以先结婚。而且女方着急要结婚，觉得 17 岁再结婚不吉利。"我们问了村里许多人，17 岁结婚不吉利并没有其文化依据，这更像是一种早婚的得体借口。事实上，村里早婚比较普遍，这是由于村里人通婚对象的选择余地很小，只能村里内部通婚，或者从其他麻风村以及出村的麻风子女中寻找合适的对象。这就迫使许多家庭早早要为子女的婚姻作打算。尽早确定婚姻大事可以省去很多烦恼。在上述案例中，为了及早给子女解决婚姻问题，在老二没有结婚的情况下，老三有合适的对象时，可以忽略长幼次序。而且，"彝俗早婚，女子结婚年龄为奇数，以9、11、13、15、17、19 等为合宜……不过女子至17 岁尚未出嫁者，父母往往择日为之分辫礼，杀羊敦请戚朋，是后表示女子成年，可有性之自由，不加干涉。"❶ 因此，麻风村父母采用早婚这一符合传统的文化习俗早早为子女的婚姻大事作打算。

然而，早婚对女方家来说岂不是带来很大的损失，因为女子可以说是一个家庭的主要劳动力（见表6－9）。且皆老人给我们解释道："女方家当然不会反对，因为结婚后新娘不会住男方家，仍旧与父母住在一起。这种住家习俗一直要持续好几年。"这就是彝族的婚后"不落夫家"的风俗，即女子结婚后回娘家居住，逢年过节或农忙时，夫家派人来接她到夫家小住几日。"坐家"期限，少则半年，多则六七年，一般怀孕后才从夫居。林耀华在《凉山彝家的巨变》中曾写道："午后新郎独自归家，新娘仍留在母家，谓之坐家。坐家的时期无定，大约从一二年到三五年皆有。作者考察之时，常遇坐家的女郎。"❷ 由此，早婚习俗和坐家制度相互配合可以使两家能尽早缔结姻亲关系，建立"联盟"，而事实上的婚姻关系却是几年之后的事了，因此不会给女方家庭带来不良影响（劳动力短缺）。这不得不让人感叹当地人对于文化运用之精妙。由此，对于麻风村的村民而言，尽早缔结姻亲关系，不仅可以解决对儿女婚事的后顾之忧，女方家也不会因此失去一个劳动力，而且这也符合传统的做法。（传统不是鼓励早婚吗？）况且，对麻风村这种缺乏社会关系网的社区来说，尽早建立相互之间的关系也具有重要互助意义。

关于早婚习俗，各地民间的说法各异，庄孔韶在金翼黄村发现当地农人的婚姻安排与陈靖姑信仰之间的关联性。❸ 对于凉山彝人而言，早婚则与其特殊的地理环境和社会结构等密切相关。麻风村的早婚习俗不仅具有尽早为子女安排婚事的现实考虑，同时也是为两家建立姻亲关系，扩展家

---

❶ 林耀华：《凉山彝家的巨变》，北京：商务印书馆1995 年版，第55 页。
❷ 林耀华：《凉山彝家的巨变》，北京：商务印书馆1995 年版，第57 页。
❸ 庄孔韶：《银翅——中国地方社会与文化变迁》，北京：生活・读书・新知三联书店2000 年版，第353—378 页。

庭的社会关系网。可以说由于彝族传统早婚习俗与现实需要强化了麻风村的早婚现象。然而，当早婚与麻风村劳力短缺（女方家）产生矛盾时，传统的"坐家"习俗解决了这一难题。人类学不同学者对于"不落夫家"的解释各异，这与不落夫家的地域性文化差异以及学者所处的时代学术思想相关。其中进化论的观念，认为是从母系向父系过渡的遗俗，持这种观点有林惠祥等人。❶ 第二种功能理论，比如乔健提出男女分工、经济因素是主要原因。❷ 同是功能理论，吴凤仪、李泳集等人则是从女性的抗拒角度来理解。❸ 第三种观点则认为这是文化接触（传播理论影响？）尤其是汉族和少数民族"异族接触"导致的，比如陈延超、蒋炳钊和陈国华等人。❹ 庄英章认为应由更宽的角度和社会结构的研究相结合，提出用全貌性和比较的方法对该婚俗的形成、发展及至变迁做深入研究。❺ 这一容纳多种理论的观点具有启发性，"不落夫家"习俗在彝族社会里是与其特殊的地理环境、人口规模、耕作方式以及社会结构等相适应。

子女择偶方式主要是通过媒人介绍或自由结识。麻风村的媒人自然也是村里村外的麻风病人，他们积极张罗这些事。因为，这也是他们自己过去、现在或将来要面对的难题。即便不是如此，作为两家关系建立的中间人也可以借此为自己获取经济利益或社会声誉。比如立立马铁的三女儿立立子乌 18 岁就嫁给本村的俄比尼古，媒人就是本村的的热拉门。本来立立马铁的老婆就是的热拉门的表姐，因为这个缘由也拉近了他们两家之间关系。因此在的热拉门结婚时，立立家送了 100 元钱的礼，这在当时的麻风村是比较少见的。除了媒人介绍外，自由结合也是一个重要的途径。对于婚姻，麻风村的青年人较之外面有着更大的自由。这是因为婚姻与家支

❶ 参见林惠祥：《论长住娘家风俗的起源及母系制到父系制的过渡》，《人类学研究集刊》，1985年，第 94—111 页；林蔚文：《母系氏族向父系氏族过渡——不落夫家习俗剖析》，《史前研究》1984 年第二期。
❷ 参见乔健：《性别不平等地内衍和革命：中国的经验》，马建钊等主编：《华南婚姻制度与妇女地位》，南宁：广西民族出版社 1994 年版，第 243—260 页。
❸ 吴凤仪：《自梳女与不落夫家：以广东顺德为例》，马建钊等主编：《华南婚姻制度与妇女地位》，南京：广西民族出版社 1994 年版，第 107—124 页；李泳集：《抗婚与贞操观念：广东自梳女和部落夫家的个案分析》，马建钊等主编：《华南婚姻制度与妇女地位》，南宁：广西民族出版社 1994 年版，第 97—107 页。
❹ 陈延超：《南宁西北郊蔗园人不落夫家婚俗》，马建钊等主编：《华南婚姻制度与妇女地位》，南宁：广西民族出版社 1994 年版，第 208—222 页；蒋炳钊：《惠安地区长住娘家风俗的历史考察》，《中国社会科学》，1989 年，第 1 期，第 5 页；陈国华：《惠东妇女不落夫家起源研究》，《泉州学刊》，1986 年，第 10—19 页。
❺ 庄英章：《惠东婚姻制度初探：以山霞东村为例》，马建钊等主编：《华南婚姻制度与妇女地位》，南宁：广西民族出版社 1994 年版，第 10—45 页。

专题研究

的地位、大小以及传统关系都密切相关。家支和家庭对于婚姻有着相当大的决定权。四川省凉山州1990—1992年对全州九个彝族聚居县的36个乡镇86 490对已婚夫妇的调查发现包办婚姻占80%。❶麻风村的松散社会关系网，发育不完全的家支组织使年轻人有了更大的自由空间，通婚范围局限也使他们在家庭中拥有更大的发言权。

除了正常婚姻形式，彝族社会也存在着一些特殊婚姻形式。凉山州1990—1992年对全州九个彝族聚居县的36个乡镇86 490对已婚夫妇的调查统计表明：买卖婚姻占98.6%，事实婚姻占96.8%，不同等级结婚的占11%，不同民族通婚的占1.7%，重婚占1.3%，抢婚占0.8%，姑表婚占12%，无同家支结婚，无姨表兄弟姐妹间结婚，转房婚和无生育子女或无男性者重婚的多。❷这在麻风村也有表现。在麻风村，黑彝基本是单身户，这是由于村内黑彝人数只有少数几人，且多为男性，界定等级边界的等级内婚规则限制了这部分人的婚事。姑舅表优先婚❸可以巩固世代的婚姻联盟关系，并逐渐发展为蜘蛛网式的同等级婚姻圈。❹这些传统文化也被作为一项重要资源来订立婚姻关系。村中有一个男青年叫阿尔古者（30岁），18岁到麻风村，原来是昭觉特布鲁乡的，很小的时候，父母就死了，从小无依无靠，就投奔他姑姑，后来跟着进麻风村，由他姑姑照顾。24岁时阿尔古者由他姑姑做主与他姑姑女儿结婚。结婚时也很简单，村外的家支亲戚都没有人来。现有一个儿子阿尔可布5岁，一个女儿阿尔可洛3岁。又如村里的的热拉门（28岁）娶了联合乡的姑姑之女（也是麻风子女）曲比杰曲。

❶ 骆世勋、王志学：《提高彝族人口素质之管见——对100例彝汉通婚优生的调查报告》，载四川省彝学会编：《四川彝学研究》，第一辑，成都：四川民族出版社2002年版，第460页。在彝族社会中，婚姻基本是父母之命，彝谚有"嫁女父作主，礼钱兄来收"，"姑娘再美，不能自许终身"。
❷ 骆世勋、王志学：《提高彝族人口素质之管见——对100例彝汉通婚优生的调查报告》，载四川省彝学会编：《四川彝学研究》，第一辑，成都：四川民族出版社2002年版，第460页。
❸ 姑舅表兄弟姐妹优先婚配，通常姑舅之间互相只能聘一个女儿（也有两个），就是姑家的女儿要优先嫁给舅家的儿子。同样，舅家的女儿亦可许配给姑家的儿子。舅家要征聘姑家的某个女儿，姑家则无条件地允婚。如果没有征求舅家的意见将女他嫁，舅家有权出面交涉，并向聘方索赔订婚费用，聘方必须向女方舅父赔礼。如舅家表示不聘，姑家可以另嫁，聘方必须付给女方舅父312.5两（一锭）白银作为开口金。关于姑舅表优先婚的详细情况和阐述可参见林耀华：《凉山彝家的巨变》，北京：商务印书馆1995年版，第50—54页，林在谈及彝人亲属制度时也认为，"父母两族固有交错从表优先婚择配的关系，彼此婚媾，彼此互相依赖，造成彝家亲属制度的特色"（第37页）；另卢汇：《论凉山彝族的双侧交错表兄弟姐妹优先婚》，《凉山民族研究》，1995年，第120—125页。
❹ 这种姻亲发展过程的图示可见曲比阿美、马尔子：《旧凉山家支、姻亲人命案及案例》，《凉山民族研究》，1995年，第93页。

同样转房制❶也有维持原先建立的姻亲关系的作用，这对于那些因得麻风病未婚的人而言，提供了制度性的文化资源。

个案： 吉哥古杰（59 岁）："我 21 年前就到麻风村，7 年后病治好了就出村了。在家里待了 4、5 年，又重新回到麻风村了，在这里差不多有十年了。因为，在外头包括同一家支的很多人都说是麻风病人，看不起我。我也觉得在那里待着没有什么意思，所以就回到麻风村了。因为我是自己搬过来的，我在麻风村没有户口，也就不属于民政局的救济范围。幸好从去年开始外国人给我们村提供救济，他们不管户口问题，只要是麻风病人都有，所以我们家日子才好过一些。我家一共有 7 口人，有老婆和 5 个子女，老大叫吉巴妈麻 15 岁，老二阿候布都 10 岁，老三老四都是儿子叫阿候拉古（8 岁）、阿候拉者（5 岁），最小的一个是女儿吉哥布都（2 岁）。（当我发现他的小孩的姓都不一样时，问他这是什么原因他继续回答）小孩中除了最小的小孩是我亲生的外，其他都是结婚时老婆带过来的。我老婆叫曲布阿呷，是昭觉麻风村的，她最早嫁给吉巴××生了一个女儿，后来她改嫁给从我们村出去的阿候作弄生了三个小孩。男人死后，她就到麻风村来了，已经三年了。阿候作弄和我是一个家支的，我和曲布阿呷就生活在一起了，大家互相也有一个照应。我们没有到政府去办结婚证，只是按照彝族习惯杀了一只羊，打了一些酒给大家喝。结婚时，女方家来了两个弟弟，是昭觉麻风村的。他们也没有拿什么东西来，临走时我给了他们 100 元。我们村的一些亲戚和邻居也来参加我的婚礼了，但都没有给礼金。我们家现在住的房子是当时阿候作弄搬出去留下的，土地也是。"

麻风村的婚礼仪式相对于村外彝家来说，则简单了许多。诸如婚礼中嫁妆和婚礼仪式等都简化了许多。男家没有另搭草棚于屋外，而是接新娘于屋内，新娘当天上午就返回娘家，男方家在当日下午就来回门。这该是文化与所处环境妥协的结果。婚礼参与者基本都是麻风村的村民。村民曲比所日告诉我们，他自己结婚还有自己女儿出嫁时，外面的家支亲戚都没来参加。只有村里人参加婚礼，但都没有送礼，最多打一些酒过来。在乔

❶ 即妇女在丈夫死后转嫁给夫家的兄弟或三代内的本房其他男子。转房时要优先转嫁给死者的同胞兄弟，如同胞兄弟有妻或其他原因不能接房，可转嫁给本家支内的同辈兄弟。如果平辈中无人接房，则转嫁晚辈或长辈（姑表结亲的，不能转给长辈），即侄媳转嫁给叔父，婶母转嫁给侄子，儿媳转嫁给公公。林耀华教授认为转房制有以下几个方面原因："彝家人口甚稀，转房之俗或亦社会的功能，用以解决人口及性欲问题。而且罗罗婚姻彩礼至重，因是婆女后若夫死，则不愿其改嫁，只在族内转房，以免聘金利益的损失。"见林耀华：《凉山彝家的巨变》，北京：商务印书馆 1995 年版，第 54、56 页。

健等人乐户行亲婚礼的描述中，同行"串忙"是最显著的一个特色。❶ 如果说乐户业缘关系在乐户婚礼中占据重要的地位的话，那么麻风村的地缘邻里关系在婚礼中发挥着了主导作用。从婚礼之初的择偶、订婚、行礼、迎娶、回门等各阶段，参与者、帮忙人以及游走于两家之间的仪式中间人无不是邻里。这也构成了不同于传统彝族婚礼仪式的一个重要因素。

地缘因素的影响也可以从婚礼的礼单中窥见。吉哥古杰儿子婚礼中随礼：曲比尔布 50 元，社特作格 50 元，俄木石者 30 元，的的打石 20 元，瓦西阿举 20 元，马黑打波 10 元。从中我们可以发现，礼单上送礼人数和礼金数额都很少，这对于"不储备财富，而以散钱储备人际关系为贵的"❷ 的彝族礼品经济社会来说是很难想象的。这主要是因为村内社会关系简单，村民大多因为生活捉襟见肘无力送礼，缺乏礼尚往来。实际上，村中绝大部分农户都没有礼单。婚礼中的且皆尔格家在村里关系比较简单，送礼者中没有一家是家支或姻亲亲属，全是邻里，这也反映了社会关系网络通过邻里关系得到扩展。同时，这也说明了为什么男女双方急着建立婚姻关系。婚礼的重心是两家关系建立并得到村民们的普遍认可，即为"合两姓之好"❸。婚礼同时也为村民增进相互之间的关系提供了一个绝好的机会和场合。

婚姻结合之结果就是家庭组织的建立，但是"社会总是被典型地安排进'文化影响'范围和'自然的影响'的范围，社会被二者所限定，并适应于它们"❹。在麻风村，婚姻实践和家庭建立也受文化的、个体生理等方面的限制。所有 76 户家庭中，有 30 户是单身户，其中男性有 22 户，女性有 8 户，除了一户是 1978 年出生外，其余都为五保户。剩下 46 户中，残缺家庭（父或母或父母不健全）有 12 户，只有夫妇两人的有 5 户，只有兄弟姐妹家庭有 3 户；父母和未婚子女的家庭有 25 户；其余家庭有 6 户。这是由于疾病和社会歧视之影响，使麻风村家庭结构表现出了不完整、残缺家庭类型较多等特点（不宜用以一对夫妇为基准的父系家庭形式

❶ 参见乔健、刘贯文、李天生：《乐户：田野调查与历史追踪》，台北：唐山出版社 2001 年版，第 65 页。
❷ 张海洋、胡英姿：《凉山彝族婚改内容的分析与阐释——兼论传统婚姻与现代国家的互动》，《凉山民族研究》，2001 年，第 106 页。
❸ 《礼记·婚义》。
❹ Marshall D. Sahlins, "Culture and Environment：the Study of Cultural Ecology", in Sol Tax, *Horizons of Anthropology*, Chicago：Aldine Publishing Company, 1977, p. 217. 转引自庄孔韶：《银翅——中国的地方社会与文化变迁》，北京：生活·读书·新知三联书店 2000 年版，第 294 页。

划分）：

（1）单身。麻风村有许多单身五保户，比如，吉莫石铁（25岁），父母双亡，孤身一人。

（2）兄妹两人的家庭。村中有些家庭父母去世后，留下姐妹或兄妹二人。比如吉克佐石（23岁，女）就和妹妹吉克石作（19岁）两人一起生活。又如挖西作洛（64岁）的妹妹挖西金理（55岁）早在1969年就进麻风村了。挖西作洛1974年得病进村后就一直与他妹妹两人相依为命。

（3）家庭中包括妹妹及侄子。许多家庭在父母逝世后，兄长担负起照顾弟妹的责任，甚至包括他们的子女。曲莫达哥自己已经结婚生子（两男一女），但他的两个妹妹（分别20、19岁）还是与他们家住在一起。克其古批和海来铁曲只有夫妇两人，无依无靠就与其妹妹克其曲巫以及侄子四人生活在一起。

（4）家庭成员包括岳母。曲莫曲波（26岁）娶了本村的吉俄比牛（20岁），生有两个女儿，由于妻家只剩下老丈母（65岁）一人，因而就合成一家。曲比依林也是如此。

（5）家庭成员包括前夫所生子女。这主要是转房制度产生的家庭类型。比如石一反铁家不仅有一男两女，还包括妻子带来的两个女儿。欧其拉铁家也这样。

尽管如此，大家庭理念在合适条件下会被尽量实现，麻风村的完整家庭规模一般达到5—6人。随着家庭规模的扩大，家庭成员的成年（结婚），家庭分化是不可避免的现象。由于彝族通行幼子继承制，其家庭演变形式是，核心家庭→主干家庭（一个儿子的情况下）；核心家庭→核心家庭＋核心家庭或核心家庭→核心家庭＋主干家庭。"新郎既知新娘怀胎，立即建造新屋，以迎新妇回家共住，因成婚之子不能与父母同住一屋"❶，因此其家庭演变形式很少表现为核心家庭→联合家庭。在完整家庭中，传统分家习俗自然与家庭主要劳力的缺乏产生冲突。受麻风病后遗症影响，麻风村家庭中几乎每户夫妇都有残疾，只是轻重略有不同。因此，分家带来的劳动力的分化对于原本缺乏劳动力家庭的影响往往是致命的。尤其当其他未婚子女年龄尚小的情况下，更是如此。因此，大部分情形下，麻风村分家更多表现的是举行了形式上分家仪式，与父母分开居住，但是基本

---

❶ 林耀华：《凉山彝家的巨变》，北京：商务印书馆1995年版，第57页。

上还是共同耕种家庭土地，共同消费策略。比如，黑来二哥（24 岁）有三兄弟，本人是老大，所以在他 20 岁时与本村的马黑尔子（马黑打波之女）成婚后，家里为他另修了房子并举行了分家仪式。分家仪式很简单。黑来二哥分家时就是三四百斤粮食，两个木箱，一套锅，还有簸箕，一张床和一床被盖，在村里的户口本上，黑来二哥的新家庭也是单独作为一户。然而，事实上，黑来二哥父母并没有分给他土地，所以还是与其父母共同生活。在阐释传统婚姻与家庭理念与现代形式之间矛盾时，孔迈隆提出了"终极期望"（ultimate aspiration）和"生活经营"（life management）一对概念，来解决"分家"的不可避免与传统对于家庭生活的期望之间的矛盾问题。❶ 同样如此，受制于经济经营方式的影响麻风村的"分家"，更是一种形式，事实上还存在着很大联系，还共同耕种，共同消费。该家庭类型的变体说明了家庭结构根据经济物质、政治、情感等因素发生形变，具有很强的变通性和适应性，这种形式上分家，实实质上仍旧是一家的家庭形式，是麻风村村民兼顾传统分家传统和现实需要的策略性选择。

（三）灰色的信仰：麻风村宗教信仰与仪式生活重建

凉山彝族宗教信仰体系存在着神、鬼、人世界，人和神鬼之间存在着单向的、不可逆的转换关系。人死后通过恰当的方式可以回到祖界，归入祖先的行列。如果没有得到妥善处理，则会变成鬼害人。因而，人有人的世界，神鬼有神鬼的世界，毕摩则是处于人和神鬼之间起沟通作用的人。毕摩是彝语音译，"毕"是"念、诵"的意思，"摩"是"师"的意思，毕摩意为经师。毕摩作为彝族社会祭祀、占卜、治病等行为的执行者，在彝族社会中起着举足轻重的作用。在彝族社会里，死后灵魂归属决定了死者灵魂是顺利返回祖地与祖灵生活在一起还是变成孤魂野鬼，在外面游荡，为害世人，同时还关系到子孙后代之祸福。为已故的近祖之灵举行祭祖送灵仪式是彝族人子孙后代义不容辞的义务。彝语云："父欠子债，娶妻安家；子欠父债，养老送终。"彝人的养老送终的内容包括老人在世时尽忠尽孝；老人亡故时安葬、制作灵牌、供奉祖灵；当灵牌聚积至三到五代时，亡祖的子孙们共同集资为亡祖举行祭祖送灵仪式，这才是养老送终的全部含意。这一系列的活动都需要毕摩来主持。此外，农人生病后的第

❶ 孔迈隆："中国家庭与现代化：传统与适应的结合"，载乔健主编：《中国家庭及其变迁》，香港亚太研究所 1991 年版。

一件事就是请毕摩做仪式治病，实在不行了才去看医生。美姑县医院的医生跟我们谈及这点无不感慨地说："绝大多数病人都是在家做了很多次'迷信'，病情比较严重了才送到医院来。得病后一般第一步是请毕摩做'迷信'，治不好了才到医院来。那些来医院看病的病人，包括单位上的，90%都会回去做'迷信'。有一个小孩生病后请毕摩做仪式，毕摩算好了什么时候之后就会好，正好那天医院抢救了很久把小孩给抢救过来了，病人家属就认为是毕摩把他治好的。""前些年，有很多病人半夜在病房、走廊里做'迷信'，现在医院坚决禁止，很多病人就偷偷回家去做。"

由于毕摩不仅行使祭祀、禳解、占卜、治病之职，而且还熟知历史、地理、天文，可以说，无所不知、无所不能，在彝人日常生活中具有很高的地位。❶ 而且，毕摩一般不脱离农业生产，因此，彝人社会中当毕摩者甚多。以美姑县为例，美姑全县有 151 024 人，其中 97.1% 是彝族。根据美姑县语言文字委员会 1993 年 5 月至 1994 年 10 月以及 1996 年 3 月的调查，全县共有 457 个彝姓，其中有 87 个姓做毕摩；全县 33 880 户人，其中 4 454 户有人做毕摩；全县约有 6 850 人做毕摩，在 291 个村中，平均每村有 24 个毕摩。❷

麻风村的日常生活自然也离不开毕摩。但是，"由于麻风病是彝人最惧怕的病，所以，不论是善事毕摩还是凶事毕摩都不敢为麻风病史的人家主持宗教仪式，生怕自己的法力制不服这种顽劣的病魔，反而被染上这种绝症。所以，或是世袭的缘故或被有这种病史的人家占卜选中时才不得不为其主持仪式。"❸ 阿比尔铁（35 岁，老婆也是麻风村人，有两个男孩）："以前我们家一年做一次'西约布'，都是找沙马尔日。后来，那个人死了，现在麻风村没有毕摩了。我们家也再没有做过。"外村的毕摩轻易不敢也不会到麻风村为村民们做宗教仪式。曲比尔日："我家以前做过'西约布'，请的是我们麻风村的阿尔窝起。他进村之前就是毕摩。他死后，我们村已经没有毕摩了，村外的毕摩肯定是请不来的。所以后来我们就没

❶ 林耀华关于毕摩对彝人生活的影响有如下一段叙述："毕摩为彝家社会特殊的人物，他的职务与常人不同，专司宗教和巫术活动。一个村落之内，至少有一个毕摩，黑彝白彝皆可，但最近当以白彝毕摩居多。毕摩限于男子，有师传制度。必须经过学习训练，系彝家唯一的严格的教育。师传之法往往从父传子或从叔传侄，好像一种家传的职务。毕摩家藏经典，有祖神话、算命、占卜、降神、咒鬼、祈雨等经书，用彝文抄写。彝家文字并不普遍应用，彝文能够流行，毕摩之功为多。"林耀华：《凉山彝家的巨变》，北京：商务印书馆 1995 年版，第 93 页。
❷ 巴莫阿依：《毕摩文化研究三题》，《凉山民族研究》，1993 年刊，第 73 页。
❸ 美姑县语委吉尔体日访谈。

专题研究

有做过'西约布'了。"对于麻风村毕摩的访谈调查始终没有其他方面顺利。他们刚开始大都保持沉默，或者小心谨慎，顾左右而言他，有时则是含糊的回答。当我们最早访谈阿尔古者时，他住在离康复区两三里地的以前隔离区的小组。我们问："村里有毕摩吗？具体有谁？"他回答："村里的毕摩，我不太清楚，我们这边没有，那边（指的康复区）有，但不太熟悉，平时没有什么来往。"之后他带我们到了立立马铁家，他就先离开了。当我们与立立马铁谈及他家请谁来做仪式时，立立马铁说道："就是和你们一起过来的阿尔古者。"我们顿时大吃一惊。因为，我们无论是对阿尔古者访谈，还是在其他场合，阿尔古者从未提及自己毕摩的身份。考虑到毕摩在彝族社会的独特地位，这种回避的态度自然让人很奇怪。事实上，更让我们觉得不可思议的事，莫过于苏呷夫一是毕摩。苏呷夫一在村里新建的小学念一年级，由于村里只有一个班级，学生年龄从 6 岁到 16 岁不等。夫一是所有学生里年龄最大的。当我们在学校住下后不久，他就跟我们混得很熟，无话不谈。但我们一直都不知道他竟然是一个"小毕摩"。我们离开村子的前一天晚上，与村里一个人在聊天时，这人无意中提到夫一是毕摩。第二天一大早，我们碰见夫一时，就直接问他是不是毕摩，开始他对这一信息可靠性予以否认，后听说是做过仪式的那家人亲口证实时，他才满脸羞涩地承认。之所以表现出一种与村外毕摩截然不同的气质和反应主要基于以下原因：

首先，麻风村的毕摩大都没有经书和法具，即便有，数量也很少。而在毕摩宗教信仰中，经书通常被认为是有灵魂的，具有神秘的法力。《祖神源流》中记载："彝人有家谱，彝人有经典，祭祖有凭依，念经有根据。"仪式活动程序和行为都是在经文内容指导下完成的，并在仪式中始终伴随着诵经。毕摩有句口头禅："经典要念完，礼节须行全。"诵经与仪式行为相始终。[1] 可以说"经书是毕摩仪式活动的根据，同时也是毕摩们特有的信仰对象"[2]。毕摩经书有几百种，仅美姑县毕摩收藏和使用的经书就有 200 多种，115 千卷。[3] 此外，毕摩法具也是不可或缺的。法具是毕摩仪式活动的手段和根据。在凉山，几乎每位毕摩必备的《毕摩献祖

---

[1] 巴莫阿依：《毕摩文化研究三题》，《凉山民族研究》，1993 年，第 67 页。
[2] 巴莫阿依：《彝文仪式经书与彝文〈驱鬼经〉——凉山彝族〈驱鬼经〉彝汉对照本序》，《凉山民族研究》，1998 年，第 99 页。
[3] 马海汉呷惹：《经书·法事·毕摩管见》，《凉山民族研究》，1993 年，第 78 页。

经》（彝语称为"毕补特衣"）经中都有这么一段记载：古昔女里十代，什叟八代，莫木十一代，格俄九代中均有人做毕摩，但因不置金水鼓，不行骨卜，不佩杉签筒，不持神扇，不摇神铃，不念经书，因而驱鬼鬼不走，祈福福不至，治病病不愈。直到邛部时代，才有种种法具，毕摩于是有了法力，法病驱鬼、招魂纳福，无所不能。可见，法具之于毕摩进而之于人们的祸福健康，有何等重要的意义。❶ 毕摩的法具主要有：经书、经袋、法帽、神扇、神铃、灵签、签筒等，在举行大型超度送灵等法事活动中配套使用。由于麻风村的毕摩不易从外界获得经书和法具，这使得他们在仪式活动受到很大限制，甚至得不到别人的认可。更何况，神圣性的法具在使用时存在着许多禁忌，其中更涉及"洁"的问题。由于法具的洁秽与否不仅关系到法力有无、大小，影响仪式的成败，因此，有的毕摩在重大仪式活动前要举行专门的清洁仪式去秽。洁净禁忌中的重要一条就是法具不能接触麻风病人。

其次，麻风村新的毕摩都是向老的因患麻风病来到麻风村的毕摩学习，这使麻风村毕摩传承方面受到很大局限。学当毕摩彝语称之为"毕若"。在毕若期间，一方面学习有关毕摩的知识技能，另一方面熟悉毕摩的道德规范。这需要长期的学习过程和耳闻目染之熏陶。学习毕摩的人还是小孩的时候，就要开始学习毕摩经书的念诵和仪式的操作方法。美姑县的阿都木支是毕摩世家的后代，小时候父亲去世早，七八岁就跟一个同家族的堂哥学习毕摩文化。根据阿都木支的经验，学习经文一般在晚上进行，学徒睡在毕摩的身边，不点灯不看书，在黑暗中，毕摩教一句，学徒跟着学一句，教完一段经文后，毕摩让学徒朗诵一遍给他听，没有错误后才可以睡觉。第二天鸡鸣时，毕摩叫醒学徒，让他背诵前晚所学的经文内容，如果有不正确的地方，毕摩及时纠正。这样日积月累，直到学完经文的念诵。学习彝文经文是在白天进行的，毕摩在一块木板的两边都写上彝文经文交给学徒学习。木板上方打了眼，穿上线，挂在学徒的衣领上，便于随时学习。白天学习时有困难的字，晚上回家后可以向毕摩请教，直到学会为止。❷ 麻风村的毕摩外来流动性之特点决定了学习时间和方式上很难达到上述要求。

❶ 巴莫阿依：《毕摩文化研究三题》，《凉山民族研究》，1993 年。
❷ 阿都木支：《学毕摩的一段经历》，载美姑彝族毕摩文化研究中心办公室编：《美姑彝族毕摩调查研究》，1996 年，第 97 页。

专题研究

　　然而，即便是后天学习能够掌握各种礼仪、程序和技能，毕摩血缘世系特点也是麻风村毕摩们无法逾越的。彝族谚语说："土匠的儿子有学土匠的义务，毕摩的儿子有学毕摩的义务。"并有"毕摩经书祖传给子孙，父传给儿子；诗词由祖宗嚼进子孙的嘴里，父亲嚼进儿子的嘴里"。只有祖传的毕摩，人们才相信，即使念不了经，就是坐在那里也算数。❶ 彝族社会里有井克、沙马、吉里、的惹等家族毕摩世家。比如美姑县马家毕摩从勒乌阿则代开始，至今有 28 代。❷ 这些家族世代都有人做毕摩。毕摩世家的已故先祖，生前为子孙们老师，死后的魂灵一方面作为祖先神荫庇后人，另一方面作为职业守护神帮助后世毕摩子孙仪式成功。因此，毕摩的保护神存在家系之别。比如在每一位毕摩世家的毕摩经书《毕此额以码》（《毕摩谱系经》）中以师徒连名的形式，通常是父子连名，有时可以是叔侄、祖孙连名，从家支中第二位毕摩开始叙述直到使用此经书的毕摩为止。以此，一方面作为家传世袭背景的证明，另一方面毕摩祖先可以成为毕摩做仪式的护佑者。"这无疑是彝族祖灵信仰和毕摩职业活动相结合的产物，其作用在于确立和巩固毕摩的父子血缘关系，保证其神职地位和身份在本家族家支内的传递和继承。"❸ 虽然，毕摩也存在跨血缘传授的情况（"别传"），但是，没有血缘纽带联结以及祖传的经书、法具❹，毕摩的法力会自然大打折扣，被认为是非正统毕摩（之毕），其地位很低，且大多只能一代人做毕摩，更何况，在彝人看来，如同祖辈凶死，后代也可能会凶死一样，麻风村的麻风子女不仅没有毕摩家世血缘传承带来的法力的承袭，还受其麻风病的父母的影响没有"合法性"之基础。这是因为，"人们就是出于对自己生存的吉凶祸福的焦虑，而关心代自己与祖灵交往的毕摩，关心他们的身体、健康，关心他们的行为处世、家世背景以及法术能力。"❺

　　因此，麻风村的毕摩不仅能力不足，而且不符合彝族文化之规定，其身份是"不合法"的。正如麻风村吉拉区长的伯父所说："麻风不做毕摩。"

　　由于毕摩系统与彝族社会的父系继承制度相适应，毕摩传承中以毕摩世家的传承为主导原则，这是麻风村的毕摩永远无法逾越的血缘障碍。尽

❶ 徐铭：《毕摩信仰的社会功能》，《凉山民族研究》，1997 年，第 100 页。
❷ 苏克明等：《凉山彝族哲学与社会思想》，成都：四川人民出版社1999年版，第 204 页。
❸ 巴莫阿依：《试论彝族毕摩阶层的特征》，《凉山民族研究》，1995 年，第 19—20 页。
❹ 新制法具和抄写的经书法力有限。
❺ 巴莫阿依：《毕摩文化研究三题》，《凉山民族研究》，1993 年，第 73 页。

管在麻风村，缺乏形成毕摩的条件，毕摩大多只能从事一些简单的仪式，同时缺乏在仪式中必需的毕摩经书、法器等。然而，麻风村毕摩开始逾越了社会文化限制，尽力摆脱"不合法"身份，更多年轻人出于让自己身体好、有经济利益❶等现实考虑，开始学做毕摩，并从毕摩系统的低层"之毕"开始逐渐产生了麻风村的本土毕摩和传承。

个案：曲比依宁（28 岁，牛牛坝人，4 岁时与父母一起进村。已婚，老婆也是麻风村的，有两个妹妹都嫁给了本村）："我 20 岁就当毕摩了，是与吉克杰什学的。吉克杰什以前就是一个毕摩，后来因生病才进来的。主要是因为那时候我身体不好，经常咯血。后来得知是'阿沙'（鬼）附身，不学毕摩不好。我父亲其实也是一个毕摩，'阿沙'找到他，如果他不当毕摩的话对子孙不好。我父亲 17 岁时就去世了，所以我只有跟别人学。我学了一年多，只会做'西约布'等简单的仪式。没有毕摩经书，什么都没有，随便做。去年，做了大约 20 次。我没有去葬礼帮别人做过毕。"

个案：克其拉者（28 岁，17 岁时结婚，老婆也是麻风村人，有两个女儿，一个儿子，共三个小孩）："我从 14 岁开始跟阿尔窝其学，一直到16 岁，真正学了差不多有两年时间。当时，我看一些人当毕摩挺羡慕的，就决定学。26 岁开始当毕摩给别人做仪式。我有三本经书分别是咒鬼经、驱鬼经和招魂经，都是传下来的。我能做'西约布'等驱鬼仪式，葬礼的仪式没有做过。我会做送祖灵（'马都'）的仪式，但没有人请过我。我不会做治麻风病的仪式，那个仪式太大了，麻风村从没有人做过。每年，我给别人做 10 来次仪式，主要是'西约布'。"

个案：曲比达哥（25 岁，在麻风村出生，父母都已经过世了，也没有兄弟姐妹。已经结婚 4 年了，老婆是联合乡的麻风子女，是马木佳介绍的，现在有一个女儿）："我当毕摩已经三四年了，是跟村里的克其拉者学的，当初想学是因为想吃肉，学了一年，现在只会做'西约布'仪式，有两本经书，一本'牛次子'（彝语音），另一本不知道叫什么，认识一点彝文（仪式中经文）。法器只有一个毕摩用的铃铛。每年差不多给 2—3 家做'西约布'，从没有主持过葬礼上的仪式。自己家每年差不多做一次'西约布'，家里如果有人生病，也请毕摩来做迷信，请的是村里的其他毕

---

❶ 毕摩职业的经济利益也是不可否认的，彝谚曰："虎豹有空手而回的，毕摩苏尼做仪式后没有空手而返的。"

摩，不固定。"

　　个案：苏呷夫一（16岁，未婚，与父母住在一起）："我学毕摩已经3年了，那时我身体一直不好。有一次，在大桥赶场，碰见一个毕摩。我就请他给我占卜，他说我如果学当毕摩就会好的。回来后，我就跟本村的克其拉者学。迄今只给一户五保户（两个人）做过一次毕事活动。我觉得学毕摩可以让自己身体好，而且有鸡肉吃。"

　　与村内毕摩谨慎之态度相对应，麻风村的村民没有像外界那样频繁举办各种规模的宗教仪式活动。大部分村民只是一年做一次"西约布"仪式。"西约布"仪式是一家一户小型的祭祀祈福活动，也称"断口嘴"。在彝族社会中，通常要请毕摩为家人祈求平安，消灾致福。一般人家每年春、秋两季各举行一次，富裕人家每年三、七、十月各举行一次。❶村民在身染病痫时也会求助毕摩举行一些驱鬼仪式。吉觉阿且："我是前年与父母分家的，土地没有分，一起劳动，粮食各一半。分家后，就做过两次迷信，请的是吉克莫铁，是牛牛坝的麻风子女，到我们村里他的亲戚家玩，他说他是毕摩，我就让他给我做'西约布'，两次都是因为娃儿的身体不好。"村里五保户等单身户一般不做毕事，一方面是由于对于麻风病人而言，毕摩仪式活动并不能解决其痛苦，况且丧失了重返祖界的资格和不能亲自为先人送终（麻风病人不能参与送祖仪式）早已使他们心灰意冷。阿尔拉尼（黑彝，60岁，五保户）："我从没有找过毕摩，既然得了麻风病，干什么都不会好的。"马黑索阿莫（女，72岁，五保户）："没有请过毕摩，人老了，做了也没有什么用。"另一方面，频繁仪式活动会消耗家庭的大部分收入，即便是最简单的"西约布"仪式也需要鸡、猪、羊等牲畜，这让本已陷入生活困境的五保户望而却步。黑来哥布（五保户）："吃都吃不饱，穿都穿不暖，也没有什么东西（指做仪式用的牲畜或家禽），还做什么毕。"

　　因此，从家庭结构看，麻风村的残缺家庭中的单身户通常不会请毕摩

---

❶ 林耀华曾记载美姑县巴普乡三河以达的林曲打吉，请毕摩设加儿做仪式的情形："仪式开始时，设加儿和他的徒弟坐在锅庄上方客位，口念经文，绑扎四个草人，代表四种鬼。打吉一家五口则蹲于锅庄右边，围成一个圆圈，仆人执公鸡一只，在打吉等人头上绕匝九遍，然后递给毕摩。毕摩用一把尖刀狠力打击公鸡首颈，口中尚念词不绝，鸡死后即以鸡血淋洒草人，并以鸡毛安插草人身上。仆人又执山羊一只，在打吉等人头上绕匝七遍，然后杀羊亦淋血于草人。随后毕摩施行许多法术，吆鸡作响，最后把草人送到屋外远处掷于各方，以鸡、羊之死代主人罪，使之不得再在屋内作祟。"林耀华：《大小凉山考察记》，载林耀华：《民族学研究》，北京：中国社会科学出版社1985年版，第330—331页。

来做毕事活动。吉俄洛沙（白彝，75岁，五保户）："我在这也没有亲戚，一个孤寡老头，做毕这事没有用。"吉俄洛沙的观点在麻风村的五保户中具有普遍性和代表性。然而，随着家庭的建立，毕摩仪式活动又会被纳入日常生活中来。吉哥古杰（59岁）："以前，我一人的时候没有请过毕摩，后来老婆来了以后基本上每年做一次'西约布'，毕摩是曲比××和克其××。"村中有家室的人基本上会每年举行一次"西约布"仪式，以求全家平安。曲比所日："一年做一次'西约布'，请的是自己女婿阿尔古者来做。"阿都呷呷："每年做毕，主要是'西约布'，一般请克其拉者。前年得了重病花了200元买了一只山羊，请人来驱鬼。"

当家庭规模扩大，尤其是家庭成员发生不幸之后，家庭仪式活动不仅局限于小规模的"西约布"，会扩大到规模较大的包括送祖灵在内的宗教活动。

个案：黑来二哥："我们家请过毕摩，那个毕摩是昭觉麻风村的叫'的日五保'，我们家也不是专门去请的，那人恰好到我们村里来玩。那人比较厉害，我就请他给我们家做'库尔子'仪式，是送我爷爷和父亲的'马都'（祖灵），由于这个仪式比较大，一个毕摩还不行，我又请了我们村的阿尔古者和吉牛拉洛一起来做。整个仪式一共用了四头小猪，十几只鸡，四只绵羊，一只山羊。你想，这么多花费一般人是做不起的。我们全村前后也只有克其古坡、什一克日、曲比尔日还有黑来家一共四家人做过'库尔子'仪式。我家要做这个仪式主要是因为自己死了一个小孩，做这个仪式可以保佑小孩。其他几家做这个仪式也是因为死过人或有人生大病。比如克其和什一家死了孙子，曲比家则是因为子女发生不幸。"

在彝人观念中，送祖灵是人生中一项重要事情，是对先人的债。彝谚有："父欠子债是娶媳，子欠父债行超度。"送祖灵仪式事关一家祸福和家支兴衰，乃至子孙后代繁衍兴旺。而且，送祖仪式可以提高仪式操办者的社会地位。❶

我们可以发现，随着家庭结构从残缺到完整，家庭规模的扩大，毕摩仪式活动在村民日常生活中地位越发显得重要。送祖灵仪式也被纳入村民生活中来，但是有麻风病史的家庭举行送祖仪式并非易事，在举行送祖灵

---

❶ 马史火：《凉山彝族祖先崇拜与厚葬习俗对社会发展的消极影响及对策》，《凉山民族研究》，1999年，第6页。

专题研究

223

仪式之前，必须耗费高于常人数倍的钱举行特殊的御癫除魔等极其复杂的仪式，同时还必须承担毕摩在仪式结束时为自己举行防御仪式的费用。这使得大多数村里人没有经济条件做该仪式，只有少数几家在子孙发生意外后，才不得不举行送祖仪式❶。因此，尽管麻风村毕摩体系先天不足（毕摩信仰本身关于神圣与世俗、洁与污的关系以及毕摩信仰与彝族传统家支制度和祖灵信仰相适应的特点），然而，随着麻风村人口增加，家庭结构日益完整，个体家庭对于未来的诉求以及现有经济条件改善，麻风村毕摩仪式活动在村民日常生活中越发重要。

（四）找谁：麻风村社会秩序的生成

麻风村作为一个村落社区，日常生活中不可避免地存在着矛盾和纠纷。为了维护社区正常秩序和运转，社区中包括国家权力在内的各种权力和权威关系都在发挥作用。近几十年以来，我国农村基层社会结构处于急剧的变动之中，对农村社区权力和权威结构的研究引起了社会学、人类学、政治学等多学科学者的普遍关注。事实上，关于农村社区权力、权威结构的研究，早在30年代费孝通等老一辈社会学者就做过。费孝通教授在论述乡土社会的权力结构时，根据来源区分了三种权力形式："横暴权力"，概指利用暴力进行自上而下的不民主、威吓性统治的力量；"同意权力"，指在社会中经由默认、契约、退让而形成的力量；"教化权力"，指通过文化的传承和传统的限制所造成的力量和社会支配；并且进一步指出中国传统的农业经济不足以提供横暴型政治所需要的大量资源，因此，封建帝王通常采用"无为而治"来平天下，让乡土社会用自己社区的契约和教化进行社会平衡，从而造成农村社会"长老政治"的局面。❷此外，在林耀华的《义序宗族研究》和《金翼》以及杨懋村的《一个中国的村庄：山东抬头》等一系列关于农村社区研究著作中都对此问题有涉及。进入80年代，Anta Chan等人在《陈村》和《一个中国村落的道德与权力》中侧重考察了"道德"、"威严"等传统权力结构和全国性政治权力模型的联系。施坚雅（Skinner）提出了有关市场与帝国的关系的市场圈理论。杜赞奇则在对华北农村几个村落的研究中提出了权力的文化网络，一个国家权力与区域地方权力网络糅合的解释模式。萧凤霞（Helen Siu）在《华

❶ 另外符合祭祖条件的毕摩难找也是一个原因。
❷ 费孝通：《乡土中国》，北京：北京·生活·新知三联书店1985年版，第60—70页

南的代理人和受害者》一书则考察了中国地方社会与国家关系的变化过程。黄宗智（Philip C. C. Huang）提供了二十世纪中国村庄变化的另一主要形式是原有政治结构崩溃及权力出现真空，恶霸暴徒得以乘机崛起。到90年代，庄孔韶重新考察了杜赞奇关于农村权力行使者的认识，提出了"杜赞奇所努力分辨的 entrepreneural brokerage（指赢利型经纪）和 protective brokerage（指保护型经纪）两类经纪模型之角色中介，其经常由一人扮演，体现不同场合的多面人现象。"❶ 此外，王斯福、孔飞力（Phlilp A. Kuhn）、折晓叶、郭于华、罗红光、吴重庆、贺雪峰等人的研究也都涉及到社会变迁中非正式权力（权威）同正式权力（权威）的关系问题。❷

在这些研究中，"民间权威"（Popular authority/Folk authority）或称为"地方权威"、"非正式权威"被用于从历史与现实、国家与社会的关系以及微观社区与宏观社会相互联系分析视角来透视地方社会的权力和权威结构。我们可以将源于国家的正式权力（根据权威是合法的权力的认识，国家的正式权力在当代社会里当作权威来看待）和来自地方的民间权威进行一下简单地整理❸，见表6-10。

表6-10　两种权威（权力）类型的比较

权威（权力）类型 I	权威（权力）类型 II
中央	地方
官方	民间
正式	非正式
国家体系内	地方社会的日常生活中
来源单一	来源多元
制度性的	制度性与非制度性并存

麻风村形成于20世纪60年代，并被纳入国家行政体系，其权力和权威结构也存在上述两种类型。下面，我们以表格的分析框架出发来考察一

---

❶ 庄孔韶：《银翅：中国的地方社会与文化变迁》，北京：生活·读书·新知三联书店2000年版，第50页。
❷ 上述学者的部分作品包括：吴重庆的"孙村的路——'国家—社会'关系格局中的民间权威"、郭于华"农村现代化过程中的传统情缘关系"、王雅林的"农村基层的权力结构及其运行机制——对黑龙江省昌五镇的个案研究"、徐勇的"从能人到法治：中国农村基层治理研究"、党国印的"中国农村社会权威结构变化与农村稳定"、贺雪峰"论村级权力的利益网络"和"缺乏分层与缺乏记忆型的村庄权力机构——关于村庄性质的一项内部考察"、赵旭东的"习俗、权威与纠纷解决的场域——河北一村落的法律人类学研究"、王斯福的"帝国的隐喻：对权威的宗教表象与认可研究"等论文和专著。
❸ 雷亮中：《民间权威的社会学思考》，载《民大研究生学刊》，第一期。

下麻风村的权力（权威）生活。

1. 麻风村的第Ⅰ种权威类型

权力最经常和最重要的行使者是国家，国家本身就是权力机关。现代民族国家中权力主要特点是强制性主要来自国家，"所谓强制能力，就是特殊的社会权力，它之所以具有特殊的能力是因为它有行使这种权力的专门人——官吏；它有实现这种权力的强制机关；还有供养官吏与强制机关使用的捐税和国债。"❶ 军队、警察、法院、监狱等有组织的暴力手段是国家垄断的合法暴力。此外，国家还配备专职人员行使强制权力。麻风村作为一个村级单位，虽然没有军队、警察、法院、监狱等机构，但也有相应的国家代表。

因为麻风村设立的特殊性，麻风村一方面是民政局下的直属村落，同时县卫生防疫站负责卫生防治工作。根据具体职能的分工，民政局具体负责村里行政管理，包括麻风村的救济、补助、生活、生产、基本建设和财务等事宜。但是，从20世纪70年代开始，民政局负责麻风村的干部就提出村内拥挤以及安全等问题，搬离麻风村，住到离麻风村5公里远的大桥。在80年代末之前，民政局在大桥还有包括炊事员、搬运工、会计、公安特派员在内的8个人。其中，公安特派员负责管理麻风村纠纷和打架闹事。当时，麻风村与外界隔离，平常人很少进麻风村，就连医生进去都穿隔离服。因此，公安特派员的主要职责是防止麻风村的人出来，扰乱社会。80年代末和90年代初开始，因国家防治政策转变，麻风村村民可以自由出入，民政局上述人员也在1992年被撤销，只留下一个人负责。平时，除了发放救济或者麻风村人找上门来，很少进村。如此，政府对于村内许多事情鞭长莫及。

另外，麻风村与民政局的管理人员之间曾因麻风村与外界的土地纠纷事情相互不信任。麻风村有一块叫"约罗达"的荒地（其中有一小块耕地），约400亩，1968年麻风村成立之前属于新农村，建村后，民政局将该地划给麻风村。在包产到户之后，人地矛盾日益突出，新农村重新抢占了这块地，说这块地是他们的。据麻风村人叙述，经过是这样的："1998年，新农村8个人到村长家说，他们土地不够种，这地原来是他们的，现在应该还给他们。但麻风村没有同意。之后，新农村包括村长又来了3

---

❶ 王惠岩：《政治学原理》，长春：吉林大学出版社1989年第2版，第54页。

人，找到麻风村的村长，说他们要去那个地方住和放牧。到 12 月份，新农村村长带了 25 个人来，要求把耕地也退还给他们。当时麻风村就说，这地是民政局麻风村的，应该找民政局。过了几天，村长就去民政局反映情况。民政局告诉他们，事情会通过大桥乡政府得到妥善的解决。三天之后，新农村的人也去民政局说，麻风村的地多，吃也吃不完，他们村现在退耕还林，土地不够，希望把这块地还给他们新农村。2000 年，大桥民政负责人和乡党委来麻风村说，那块地先借给新农村。之后，新农村在那里修了房子并占用了那块地，没有任何补偿。麻风村人想要回，但苦于自己势单力薄。"村民认为在这件事的处理中因为自己是麻风村，所以民政局偏袒对方。此外，村里与黑马村关于"呷曲切"、"黑马吉日"的土地纠纷也没有按麻风村人意愿得到解决。民政局认为，黑马村、阿觉曲（新农村）不交接，其土地纠纷是因为麻风村的村民自己不自觉，把土地租给别人种引发的，所以不管。从这些事中，村里对于民政干部表示不满和不信任感。在他们眼里，政府有时并不能够将他们视为正常人公平对待。

针对上述情形，政府希望通过指定村长的方式寻求"代理人"❶，借此希望实现对于麻风村的内部管理。最早的"代理人"是马黑尔洛。马黑尔洛是美姑县组织部干事，1955 年参加工作，1958 年准备提干到乐山民干学校学习，被查出有麻风病，后转到泸定医院治疗（7 年）。治好后，回到美姑县工作，但是当他出现在县食堂时，引起恐慌，县上工作人员都不敢在食堂里吃饭。出于无奈，马黑尔洛被安排到麻风村当村长，一直到1993 年才退休。马黑尔洛早期与政府部门之间的关系使他成为村长最为合适的人选。而且，马黑作为国家干部经历让政府对他充分信任，"他比较懂事，也有能力解决并摆平村里的纠纷，以前村里的事情主要由他负责。"（民政干部语）在他之后，由能者古瓦接任，但是，能者古瓦并没有与上任一样的政府背景使其游刃于政府与村民之间，因此，村长的地方公共事务只能传达政府政策，起着政府声音的传声筒和留声机的作用，对于村民事务没有发言权。

关于权力和权威的研究发现，"使人信从的力量和威望"除了权力性授权因素外还需要依靠非权力性因素。所谓非权力性因素，是指在参与地

---

❶ 早在清代官设的麻风院中就用麻风病病人来管理病院，康熙时人屈大均《广东新语》的《疯人》一文中记有广州城北旧有"发疯园"，地方官买田筑室，尽收疯男女，然后挑选其中一名患者为首领，禁止患者外出。

专题研究

方公共事务过程中通过自身魅力所表现出吸引力，进而产生的威望、威信，它与传统制度性的权威有机结合，产生和谐共振的效应。但是，麻风村村长因是麻风病人，缺乏对于公共事务的热情和领导者的魅力。因此，在大部分情况下，村长只是拥有代表政府的象征性权力。麻风村村长本人也表示，村里叫他去处理纠纷的情况很少发生。他表示："以前村里的纠纷一般是由村干部解决，现在则是哪个懂事哪个去解决，村里大部分人会请马黑打波、古此瓦铁等人去当中间人。"

个案：阿都××（25岁）："我弟媳被人拐卖了。那年过年时，我和弟弟一起背肉去昭觉麻风村的亲戚家拜年，家里只剩下弟媳曲比××一个人。我们回来后，发现弟媳不见了。村里有人告诉我，亲眼看到QBYL，DRLM，JKSM三个人拐买我的弟媳。得知这个消息后，我没有找村长和政府，他们不想也不会管我们的事，我也不懂汉语，又没钱，就没去报案。我们找了古次瓦铁来帮忙解决，让对方赔钱。但是，我家在这里没有亲戚朋友，势力没有对方大，打也打不过，骂也骂不过。后来也就不了了之。"

在访谈中，大部分村民都说，如果有什么纠纷的话就找人民政府来解决，但在所有发生的纠纷案中，真正找政府解决的却少之又少。国家管理权力的弱化，以及权力行使者对于麻风病的畏惧，使得许多政策和纠纷并不能在政府这里得到解决。而且面对这些特殊群体，政府有时只能睁一只眼、闭一只眼。比如立立马铁因为生第四个小孩——立立洋日被罚了600元，而大部分村民都没有因超生罚款。

尽管政府权力在村内事务中让位于其他权力/权威因素，但是在麻风村与外界的纠纷中，政府仍发挥着主导作用。

个案：1991年到1992年间，防疫站的一个工作人员X在大桥开了一个馆子，当时麻风村M，以前就出来工作，后因得麻风病去麻风村当管理。有一次赶场天，麻风村的人也下来赶场。M在馆子里吃饭，刚吃完，X就对他说："那个碗，我不要了，给你了。"M说："你算什么，我刚出来工作那会，你还不知道在哪呢。"X就打了M一拳，M被打在地上。赶场的麻风村的人见状就去喊了麻风村的人包围了X家，围了一个晚上。他们说："共产党让你们来管理我们，还是打我们的？"后来，民政干部和乡里专门派人来调解，经打酒赔礼道歉才完事。

个案：麻风村的吉牛觉布以前住在三岗村，1964年得了麻风病，当时的生产队长是吉巴拉比。根据当时的政策，麻风病人需要自带一头牛，所以他就向生产队长要牛（当时是农业合作社），但队长不给。他就自己牵了一头牛走，结果吉牛觉布当场被队长给砍死了。当时，他的儿子吉牛尔日还小，1973 年因得麻风病也被公社送到麻风村。1996 年，吉牛尔日召集了一批麻风村的人找当年那个队长要人命价。他们去了以后，吉巴拉比已经事先得知消息躲起来了。当时，县民政局和乡派出所连忙派人去调解，还专门让曲比洛呷当中间人，麻风村的村长也被叫去。最后，吉巴家杀了三头羊，并赔了 22 个银子（每个银子折合 30 元）。

由于麻风村内部缺乏传统的组织力量（家支），当他们与村外发生冲突时，往往需要借助政府的力量。另一方面，麻风村的人与外界冲突往往会造成很坏的社会影响，政府也会积极主动参与解决。

2. 麻风村的第 II 种权威（权力）类型

"在基层社会里，地方权威控制着地方区域的内部事务，他们并不经由官方授权，也不具有官方身份，而且很少与中央权威发生关系，这在事实上限制了中央权威进入基层治理。"[1] 但是，"地方权威的公共身份虽不由官方授予，也不是继承的，更不能由财产权获得，它需要通过个人在地方体中的实际行动获得。"[2]

这些地方体实际行动为民间权威的产生提供了基础。正如上述表格中表明的那样，地方提供的权威来源并非是唯一的，而是多元的。根据其来源可分为：基于宗教、家族等活动所产生的制度性的传统权威，基于个人人格魅力的魅力型权威以及基于文化变迁中形成的时势权威。

（1）传统权威——毕摩、苏易[3]及黑彝

在彝人生活中，毕摩和家支头人（苏易）以及黑彝具有很大的权力[4]，这种由文化的传承和传统所形成的力量和社会支配，就是费孝通所说的"教化权力"。比如毕摩在解决纠纷中的神判有着无可争议的效力；家支（宗族）权威则依靠人们对血缘关系的认同制约人们的行为。对血缘关系的认同是传统社会人们之间交易成本较低的认同方式，因此家族权威的行使在村落社区中具有很强的效力。然而，在麻风村毕摩体系不足和家

---

[1] 张静：《基层政权：乡村制度诸问题》，杭州：浙江人民出版社 2000 年版，第 18 页。
[2] 张静：《基层政权：乡村制度诸问题》，杭州：浙江人民出版社 2000 年版，第 22 页。
[3] 苏易是年长者和头人的意思。参见罗家修：《德古与苏依浅议》，《凉山民族研究》，1995 年，第 83 页。
[4] 这些权威一般是建立在习俗、惯例、经验沿袭而形成的文化所制约基础上的。因此，按其特点都可以归入韦伯权威模型中的传统权威之中。

支头人（苏易）缺失，使得麻风村基本不存在该种权威类型。

个案：阿尔拉尼（黑彝，60岁，五保户）："我从来没有跟别人有过纠纷，如果有事我也不知道找谁。这个问题我从来没有想过，因为我是麻风病人，别人也不愿意理我。十年前，我曾去帮村里阿皮娃儿去当过一次中间人。阿皮娃儿说了一个老婆，已经订婚了。女方是美姑县特喜乡的××，也是麻风子女。后来，女方家反悔。因为阿皮娃儿是我家的白彝，他请我去说。我去说，但也没说下来，事情就没有说成。我就没有再管。后来听说，女方家只是赔了阿皮娃儿500元。"

（2）魅力型权威——德古

"德古"是彝语音译，意为"善于辞令的尊者"，是指知识丰富、善于思辨、能说会道的纠纷调解人和处理者。德古在人们日常生活中通过解决一件件具体的纠纷案件时，表现出具有非凡的分析问题和解决问题的能力，而得到人们的公认，是自然产生和形成的。❶ 彝人常言道，"彝区的德古，汉区的官吏，藏区的喇嘛"，"汉区的长官为大，彝区的德古为大"。德古在社会中拥有很大的权力。德古在乡村社会舞台的活动，需要发挥人格化的魅力。"在魅力型的统治下，服从具有魅力素质的领袖本人，在相信他的这种魅力的适用范围内，由于个人信赖默示、英雄主义和楷模榜样而服从。"❷ 德古通常与世袭和财产无关，更多取决于个人的能力。

凉山彝族德古的基本特点是：1）只有本家支的人才能成为本家支的德古；2）通常应是本等级的成员，但白彝等级出身的德古也能调解涉及黑彝的纠纷；3）阅历丰富、见识广博、熟悉民间习惯法和有关案例，能调解纠纷；4）勇敢善战，能带领或指挥本家支参与械斗；5）自生自灭，自然形成，也无罢免之说；6）不得世袭；7）多为男性；8）同一等级中大、小家支的德古平起平坐，互不隶属；9）基本不脱离劳动，与家支其他成员基本平等。❸ 德古的产生是通过解决家支内外一桩桩具体问题后，才逐渐突显出来，被社会认可。但只有首先在本家支内对问题分析准确，处理公正，他名声才能随之走出家支范围，自然地升为区域性德古。❹ 即

❶ 蔡富莲：《凉山彝族习惯法的特点》，《凉山民族研究》，2000年，第64页。
❷ 马克斯·韦伯：《经济与社会》（上卷），北京：商务印书馆1997年版，第241页。
❸ 周星：《死给、死给案与凉山社会》，载马戎、周星主编：《田野工作与文化自觉》（下册），北京：群言出版社1998年版，第767页。
❹ 马尔子：《论凉山彝族智者学者德古》，《凉山大学学报》，2000年，凉山彝族文化艺术论文专集。

德古有从家支到区域性的转变过程。在麻风村，因为并没有血缘家支组织，使得德古一开始就表现出地域性的特点。

麻风村被最多人认为是德古的是马黑打波和古次瓦铁。马黑打波，45岁，原来在大桥乡阿觉曲村。1981年进麻风村。同年娶了本村的一个麻风子女也是麻风病人为妻。现有5个小孩，大女儿嫁给本村的黑来二哥，是本村的曲比依宁介绍的。马黑打波的父亲原来是阿觉曲村的一位德古，但他那时还小，没有从父亲那里学到什么。1981年进村后，因为马黑打波初中文化，在村里属于有文化的人，于是被任命当村里的民兵连长。以前，村里的吵架、打架都归他解决，于是，渐渐开始替别人解决纠纷了。之后，因为超生，马黑打波暂时离开了麻风村几年，也没有再担任民兵连长一职。回来后，村里人还是有人找他去解决纠纷。而且，马黑打波在村里除了自己家、老婆家还有女婿家之外，还与阿都什尔母亲也是同一家支的，并且与村里许多家维持着很好的关系。他见吉哥古杰没有地，曾送过他一小块地，吉哥古杰至今还对他感激万分。马黑打波在村里拥有比较广泛的社会关系，这在麻风村里也比较少见。由此，马黑打波延续了原来当民兵连长（正式官方的）时给村里处理纠纷的权力和威信，并通过在村里广泛的社会关系网（血缘的、姻亲的、地缘的）使自己转变成民间权威——德古身份。

个案：吉哥古杰："我没有与别人发生过纠纷，如果有事，我会找村长或是马黑打波，因为马黑打波为人比较正直、公正，而且又懂习惯。村长是管理我们村的，有权力。"

个案：黑来二哥："我哥死给了本村的洛吉布日，那是1997年的事了。当时因为酒场上喝醉吵架，我哥觉得受羞辱就死给那人。我们家和那人一起请了古次瓦铁、阿合洛加、马黑打波来调解。那人一共给了1 100元钱人命金，我们按彝族传统的分了。我分得30元，是2个银子的擦眼泪金。"

相对而言，古次瓦铁的社会关系则简单一些，也比较低调。古次瓦铁72岁，1968年进村，之后一直住在麻风村，未婚。古次瓦铁自称是包产到户之后开始为别人解决纠纷。刚开始，还不愿意去，但别人说你这样不好，只好去了。自认为是因为大公无私，所以别人才会请他去。据他本人说，一年差不多替别人解决一起纠纷。但德古更多是一种自然形成和消灭的权威类型，德古调解纠纷，一般是遵循传统习惯法，依靠说服、社会舆论压力和家支内或家支之间的力量对比关系。有时也需要借助家支威慑力量。因此，古次瓦铁本人也认为，麻风村没有德古，都是麻风病人，哪来的什么德古。

（3）时势权威——"文化英雄"

由于歧视，导致麻风病人脱离原有社会结构。这种被动社会变迁，使他们没有充分的时间去形成新的权力/权威类型。因而，当原有权力/权威结构消失后，社会中并没有形成新的替代形式来取代。费孝通认为在新旧结构转变过程中会出现一个惶惑、无所适从的时期，在这个时期，心理上充满着紧张、犹豫和不安，从而促生了"文化英雄"提出新方法，继而发生了一种权力，这种权力不同于横暴权力、同意权力，也不同于长老权力，而是时势造成的时势性权力。❶ 同样，麻风村社会的变动，使之也存在类似于"文化英雄"的时势权威。

麻风村小学的老师 MSR 告诉我们："你们知道麻风村的人最崇拜的两个人是谁？一个是毛主席（共产党）；另外一个就是罗站长（神父、修女）。"在 20 世纪 60、70 年代，毛主席的政策使麻风村得以修建，并为麻风病人提供免费医治，使麻风病人有了一个安身之所。对于麻风病人而言，这是前所未有的事。20 世纪 90 年代罗站长向利玛窦基金会申请资助，为麻风村修路、搭桥、建小学和修女院，并让村民第一次用上了自来水和电，还给村里所有麻风病人每个月提供 30 元补助。这些致力于改善村里生活条件的公共事务使他们得到了麻风村人的感激和崇拜。

但这并不表明罗站长（神父、修女）在村里拥有至上的权力。因为这些"文化英雄"都来自外界，并非麻风村社区的一员。对于村里日常生活中的具体纠纷和冲突来说，他们过于遥远，他们也只能在公开场合对村里大政方针有所影响。罗站长说："麻风村管理是一个令人头疼的问题。一般人，他们是不会理睬的。所以，我每次也只有在借助给神父翻译时，乘机将计划生育、不要闹事和党的方针政策等内容加进去，说给村民听，这样他们或许能遵守。"

总之，由于政府关于麻风病防治政策的转变，国家权力在麻风村逐渐退出，更多体现于处理麻风村与外界的纠纷和冲突上。现代社会中，传统型权威和魅力型权威不经过政府的界定和授权，在农村社会里发挥重要作

---

❶ 费孝通：《名实的分离》，《乡土中国生育制度》，北京：北京大学出版社 1998 年版，第 77 页。

用，成为"国家力量"之外一股重要的割据力量。尽管缺乏彝族赖以依靠的传统组织形式等德古权威系统土壤，麻风村地域性德古从原来制度性权力体系转化过来，并且在国家权力逐渐退出麻风村后发挥着重要作用。同时，在日常生活中，人们也灵活使用包括黑彝这一象征性权威以及现实力量来解决面临的问题。

个案：曲比所日（58岁）："五六年前，吉拉排长喝醉酒时把集体的打农药的农具给弄断了，我骂了他几句，他就和我吵了起来。吉拉怪我多管闲事，说要死给我。后来，吉拉排长自己在家里喝农药死了。吉拉家在麻风村有一个老婆和一个弟弟，他们本来是离这不远大桥区大桥乡的人。人死后，他们在大桥的家支来了30多人，这些人倒没有到我家来，只是待在吉拉家。当时吉拉家请了村里一个黑彝叫阿候洛呷和村里的会计前进拉铁来说，让我赔钱。对方说要赔人命钱，赔舅舅方的钱、姐妹的钱、寿衣钱还有死的时候杀牛和买酒的钱，一共要一万元。我们家在这边人单力薄，不给也不行，否则对方要来闹事。"

对于那些势单力薄的家庭来说，容忍、避免引起冲突不啻为一种明智之举。曲比尔日："有事我也不太清楚该去找谁，可能找村干部吧。反正尽量不要与别人发生冲突，能忍就忍吧。"这是村里许多人，尤其是单身五保户们的普遍心态。但这种弱肉强食的关系也不是随心所欲的，会受到村里舆论和文化的制约。当 MMJ 告诉我们村里的五保户经常会受到一些人的欺负时，我问道："那村里的五保户们就只能忍气吞声，没有办法了吗？"MMJ 说："那倒不是，村里的五保户们，尤其是黑彝，往往会以死给来威胁那些人。这样他们也就不得不有所收敛，不能欺人太甚。"由于权力/权威体系没有得到完全发育，麻风村的死给❶不仅是解决问题的手段，更重要的是成为一种社会制约机制，约束"强者"过于极端的行为，来制衡双方的权力关系，从而维护麻风村社会秩序。

三、小结：藕断丝连式的化内之路——社会断裂与延续

拉德克利夫－布朗不但第一个给"社会结构"下了经验主义的定义，

❶ 关于死给研究参见周星：《死给、死给案与凉山社会》，载马戎、周星主编：《田野工作与文化自觉》（下册），北京：群言出版社1998年版。

而且把社会结构作为社会人类学（或他的比较社会学）最重要的概念，引入比较研究，从而使功能主义者在进行跨文化比较研究时出现的问题，在方法论上得到了解决。❶ 他认为社会结构是人与人之间形成的社会关系网络，有许多二元关系，比如父与子，以及从个人扩展的群体之间的关系。同样，在波普诺看来，"社会结构是指一个群体或一个社会中的各要素相互关联的方式。"❷ 文化的规则是指文化内在逻辑法则，即文化的文法（grammar）。❸ 文化规则也是一文化的不可观察的内在结构，决定了人们的"活法"。两者可以简单定义为"结构是指社会关系的安排，包括人与人、人与体系、体系与体系的关系；文化是一个意义与行为的复杂系统，用来界定我们的社会生活"❹。两者既相互有别，也相互影响。文化的文法改变会引起社会结构的改变，社会结构变迁也会影响文化文法的传承。

张海洋、胡英姿将凉山彝族社会的文化体系和社会结构分别概括如下：

祖灵信仰

表意文字　　比喻文学

婚姻政治　　习惯立法

家支组织　　等级制度

山地环境　　耕牧生计

祖灵信仰（毕摩扶正和苏易祛邪）

习惯礼法（木牛节威及德古权威）

等级制度（兹伙诺伙/曲伙节伙）

家支组织（此威、楚西及苏易头人)❺

本调查发现，由于歧视传统和政府的隔离政策使然，与传统彝族社会相比，麻风村的社会结构时空上呈现出断裂性的特点。主要表现在：

（1）家支组织（只有小家庭）和姻亲组织（现在最多只有两个家庭联姻）尚未形成；

---

❶ 包智明：《论社会结构的理论及分析方法》，《社会文化人类学讲演集》（上），天津：天津人民出版社1996年版，第303页。

❷ 戴维·波普诺：《社会学》（第十版），北京：中国人民大学出版社1999年版，第94页。

❸ 李亦园：《我的人类学观：说文化》，《社会文化人类学讲演集》（上），天津：天津人民出版社1996年版，第55页。

❹ 见《社会学导论：社会结构与社会生活》，http：//ceiba. cc. ntu. edu. tw/sociology/lesson/clwu_2. htm。

❺ 张海洋、胡英姿：《凉山彝族婚改内容的分析与阐释——兼论传统婚姻与现代国家的互动》，《凉山民族研究》，2001年，第96页。

（2）人与祖先的关系被阻隔；

（3）毕摩及宗教仪式体系羸弱；

（4）德古权威体系不健全；

（5）等级关系制度式微。

这种社会结构的特点使得麻风村的社会关系和社会生活（经济、婚姻家庭、毕摩宗教、权威）表现出片段性和残缺性。在格尔茨看来，人是悬挂在由他们自己编织的意义之网上的动物。因而，个体也只有在文化网络上才能获得自身的安全感。❶ 然而，"人类不可能在他自己选择的条件下创造历史和地点，人类只能在既存的脉络直接面对社会与空间的结构。"❷ 当意义之网出现破损或人附着不上这张网时，个体适时选择其他材料和方法来重新编织以获得对其的一种模拟。随着现在麻风病人的减少，家属的增加，麻风村的社会关系也逐渐发生变化，进入一个关系重组、重新编织的过程之中（尚未形成一种稳定关系）：

（1）劳动生计：当麻风村经济生活因国家集体劳动方式的取消，面临着劳动力不足等困境时，各种传统彝族文化互助形式被创造性实。从而，拟亲缘互助邻里形式得到彰显，麻风村社会呈现出更多传统彝族社会中并不明显的地缘性特征。

（2）婚姻、家庭：虽然对于村里单身户来说，由于死后重返祖界的机会都被剥夺，生活只是躯体的延续，已然没有太大的意义。但那些组建家庭并生儿育女的麻风病人却希望建立一种新的关系来维系、规范村子的生活。因此，在关系组建过程中，婚姻、家庭以及扩大的姻亲和亲属关系是一些重要路径。其中，及早联姻也成为村人恢复并建立原有的社会结构最快捷和主要的途径。同时，传统的不落夫家习俗成为一项重要文化策略来缓解早婚所导致女方家劳动力短缺问题。

（3）宗教生活：对麻风病人而言，祖先是不可接触的。然而，在生活中，处理人、鬼、神的关系对于一个家庭却有着十分重要的意义。麻风村家庭结构完整的家庭都尽量一年举行一次"西约布"（保平安、祈福）仪式。相反，那些单身五保户几乎没有举行该仪式。而且，麻风村青年人也

---

❶ 参见张海洋、胡英姿：《凉山彝族婚改内容的分析与阐释——兼论传统婚姻与现代国家的互动》，《凉山民族研究》，2001 年。

❷ Charles Tilly，"Future History，in *Interpreting the Past，Understanding the Present*，edited by S. kendrick，P. Straw and D. McCrone，1990，The British Sociological Association，p. 16. 转引自庄孔韶：《文化与性灵——新知片语》，武汉：湖北教育出版社 2001 年版，第 143 页。

逾越了文化禁忌，成为仪式活动不可或缺的毕摩。随着麻风村人口增加、家庭结构完整、物质条件改善，村民们更加频繁举办包括治病、祭祖活动在内的各类宗教仪式活动。

（4）社会秩序：有事找村长从某种意义上说是以前政府监管政策下的一种自然的延续。但是，尽管缺乏彝族社会德古权威系统的社会文化土壤，麻风村地域性德古从原来制度性权力体系转化过来，并且在国家权力逐渐退出麻风村后发挥着重要作用。同时，在日常生活中，人们也灵活使用包括黑彝这一象征性权威以及各类权威类型来解决面临的问题。而在双方力量失衡下，"弱者"也会采用"死给"这一传统文化制约机制，来寻求支持。这些构成了麻风村社会秩序的保障。

就如格尔茨认为那样，文化并不是无缝之网，而是章鱼，"它的触角大多各自整合，互相之间以及与章鱼内部输往大脑的神经联络极为不良，但它是一个易变的实体，即便有些笨拙，也依然能够设法应付并自我维持，至少能对付一阵子。"❶ 受麻风病在彝族社会中文化意义影响，麻风病人居住的社区与彝族社会之间在时空上出现了断裂。社会结构的断裂给村落生活造成了很大的影响。然而，文化并没有中断，麻风村的社会生活，从互助形式、婚姻家庭制度、毕摩宗教信仰到权威系统无不寻找传统文化资源，并在实践中创造性运用。

乔健通过对山西乐户研究提出了底边阶级以及底边社会分析概念。在底边社会里，属于下九流，从事"贱业"的乐户形成了跟一般农民不一样的宗教观念、价值观念，是一个特别的社会（信仰行业神、讲究义气），成为"化外之人"。从而，底边社会成为人类学家的维克多·特纳（Victor Turner）所谓的"反结构"类型。并且，这种反结构社会类型与主流的结构社会相辅相成。❷ 虽然同属底边社会范畴，就目前而言，麻风村社会并没有走向反结构的道路（即化外方式）。麻风村村民采用是一种认同式反抗方式（化内方式），即在原来文化传统下建构其村落生活，在相对隔离社会生活里忽视、无视文化禁忌，并在这一实践过程中生产、复制了原来主流的结构社会。

正如"学会一套意义体系并不意味着学习者本人就要自动地和不自动

---

❶ 克利福德·格尔茨：《文化的解释》，上海：上海人民出版社 1999 年版，第 458—459 页，

❷ 乔健：《底边社会——一个对中国社会研究的新概念》，载《西北民族研究》，2002 年，第 1 期。

地按照规则行事。而是意义体系中的各种因素会变得有导向力，使人觉得有必要、有义务要去做某事"❶。对于麻风村村社区而言，其导向力是由疾病文化意义、社会歧视、政治环境和文化的沿袭等因素所决定的。麻风村这种藕断丝连式文化过程向我们展示了一个社区如何在社会结构断裂后，延续其传统文化。在这一过程中，麻风村村民也从一个文化驱逐者转为村落生活意义的缔造者。

❶ 林舟：《台湾家庭企业的文化阐释》载《中国社会科学季刊》（香港），1996 年，春季卷，总第 14 期。

专题研究

Living of the Expelled:

Cultural Breakage and Continuity of a Leprosy Village

Lei Liangzhong

Abstract: Although the effective treatment for leprosy victims is available and the policy of leprosy prevention from isolation treatment to social treatment in Liangshan Yi Autonomous Prefecture since the 1980's, manner and destiny of the leprosy villagers in terms of local culture metaphors about leprosy remains as before. Based on the anthropological fieldwork of leprosy village, the article tries to answer how leprosy victims, who are abandoned by local society and family, live together and evolve into a community of their own. Meanwhile, along with community construction of the leprosy village, such as organization of production, marriage relationship, the family expansion, practice of faith, settlement of disputes, etc., leprosy villagers also transform from a passive cultural abandoner into an active agent who rebuild cultural meaning of village living through a variety of cultural strategies.

Keywords: Yi People in Liangshan; leprosy village; cultural meaning of illness; breakage; continuity; cultural strategy

跨学科合作的学理性分析

——以人类学与流行病学为例

宋雷鸣

摘要： 在学术分工日益精细化的今天，跨学科合作成为学术发展的重要趋势之一。学科之间的学理性讨论，是学科合作走向深入和频繁的重要基础。在一些具体的研究实践中，人类学与流行病学进行过较多的合作，但是关于两学科合作的学理性研究尚滞后，这已成为困扰两学科在具体项目实践中走向更加深入和密切关系的严重障碍。基于既有的学术实践进行总结和提炼后发现，"生物与文化"、"定性与定量"、"人群与组织"以及"理解与干预"，可成为两学科跨学科合作的学理性基础。

关键词： 跨学科；人类学；流行病学

一、导论

近代以来，学术发展日益精细化，学科分类越来越多，这是学术发展和繁荣的重要表现，但学科的专化和分化客观上也造成了学科之间的"壁垒"，不同的学科面对共同的研究对象时常常被自己的学科理论和方法所限制。由于大量的研究主题必须综合多学科的视角才能获得较为深入和正确的理解，因此在学科日益分化的同时，跨学科研究也成为学术发展的重要趋势之一。可以说，科学研究已经进入跨学科行动这样一种大科学时代，而此时的当务之急是要有对跨学科研究的恰当理解和正确态度。[1]

关于跨学科研究的一些具体做法，有学者总结了如下五种情况：第一，分属于各门不同学科的研究者平行地研究同一个课题的不同方面，并阐述研究的不同关系；第二，各门学科的研究者不仅同时研究同一个问题，还要对彼此研究的结果作出协调，试图将其整合成为一个共同的结

---

[1] 刘啸霆：《当代跨学科性科学研究的"式"与"法"》，《光明日报》，2006年4月6日。

果；第三，研究者共同研究同一个问题，比较各自提出的假说，以批评的方式互相评估各自的方法，并达成共识，形成一个共同的结果；第四，一门学科运用其他学科的分析方法或者技术，以为更好认识本学科的研究对象提供新的范式或者视角；第五，一门学科运用其他学科业已取得的成熟成果以便得出新的系统的创见。❶ 在这些做法中，前三种基本上是以学科并置为特色，更多地表现出不同学科的人在一起研究，而非深层次的跨学科研究。严格来说，后两种存在着学科间的互相学习、借鉴和渗透，才真正具有跨学科性质。人类学家中根千枝（なかねちえ）曾谈到，在一些号称进行跨学科研究的研讨会上，研究者们或者是只关心自己的专业，或者是对别的专业一知半解，不能真正有效地实现跨学科合作。她认为，在真正的跨学科研究中，研究者必须能够把自己的专业术语、概念和基本方法等明确地传达给对方，并且能够与其他专业的研究者取得学术上的共鸣。❷ 当然，这种传达是相互的，相互传达本学科知识的同时，还包括相互接收和了解对方的学科知识，这样才能真正实现"共鸣"。

时至今日，跨学科研究已更加频繁和深入，比如这些年中国史研究者和人类学者积极交流与合作，探讨人类学与历史学合作的理论视角和方法等。❸ 在研究视角上，历史学学习人类学，从传统的关注"上层历史"、"事件史"和"外部人的历史观"，逐渐扩展到关注"下层历史"、"连续史"和"本地人的历史观"，越来越像人类学一样来关注普通民众、日常生活世界和当地人的看法。在研究方法上，人类学的"田野工作"为历史学提供了新的研究工具和武器。有学者认为，一度"史学家缺乏人类学深度"，"人类学家缺少历史深度"，而随着两学科日益频繁的相互交流和学习，尤其是很多学者兼具史学和人类学训练，人类学和史学都获益良多，

---

❶ 罗卫东：《跨学科社会科学研究：理论创新的新路径》，《浙江社会科学》，2007年第2期。
❷ 中根千枝：《何谓跨学科研究》，《学术月报》，1988年第8期。
❸ 参阅庄孔韶：《历史人类学的原则》，《中国都市人类学通讯》，2000年第3期；张小军：《史学的人类学化和人类学的历史化——兼论被史学"抢注"的历史人类学》，《历史人类学学刊》，2003年第1期；章衍：《人类学方法在历史研究中的运用——以〈蒙塔尤〉为个案的分析》，《史学理论研究》，2010年第1期；蓝达居：《历史人类学简论》，《广西民族学院学报》，2001年第1期；彭兆荣：《边界的空隙：一个历史人类学的场域》，《思想战线》，2004年第1期；彭兆荣：《田野中的"历史现场"——历史人类学的几个要件分析》，《云南民族大学学报》，2004年第3期；桑兵：《从眼光向下回到历史现场——社会学人类学对近代中国史学的影响》，《中国社会科学》，2005年第1期。

成果显著。❶ 史学和人类学的跨学科合作表明，学科之间的学理性讨论，是学科合作走向深入和频繁的重要基础。

另外，在目前有关跨学科合作的讨论中，"以问题为导向"似乎是较为可行的学术研究思路。问题导向的学术研究自然而然地会涉及多种学科，基于共同的研究主题，不同的学科各有其视角和方法，它们之间合作的方式可能会包含上述的五种情况，既有简简单单的学科并置，也可能会有学科间的深层次交叉和互补。学科间的平行性研究，以及在研究结果上进行简单的协调和整合等，并非是深层次的跨学科合作。若要实现学科间的深层合作，以及真正深入有效地解决具体问题，学科之间的学理性交流和渗透必不可少。只有学科之间在学理上互相补充和交融，才能形成更大的合力，才能更加有效地解决具体问题。不同学科合作的学理性分析的基础是学科之间的互相学习和互相理解，这类似于人类学的主位分析法，只有学习和理解了对方的研究视角和研究方法，才能更好地把自己的学科知识与之相结合，从而实现学科之间的深入合作。

基于此，本研究拟以人类学与流行病学的跨学科合作为例，探讨人类学与流行病学合作的学理性基础。

二、人类学与流行病学跨学科合作的必要性及其学理性研究现状

从流行病学的学科发展情况来看，流行病学需要与人类学等人文社会学科合作。首先，流行病学是以人们的疾病和健康为研究对象的，而疾病和健康的产生和分布等与其背后的社会文化因素密切相关。尤其是随着流行病学的研究对象由原来的传染病扩展到所有的疾病和健康问题，流行病学更加需要人文社会学科的知识和方法。比如慢性病和肥胖等健康问题，更多地与人们的生活方式、社会经济的发展水平甚至是文化观念等有关。其次，随着国际项目的日渐增多，越来越多的研究课题具有跨文化特征。由于不同的文化具有不同的疾病认知体系，同一种疾病在不同文化中具有不同的意义，因此在相关的研究项目中必须引入跨文化的视野和方法。再

❶ 具体的一些研究成果内容可参见下面的一些综述类文章：常建华：《历史人类学的理论与在中国的实践》，《人文论丛》2002卷，武汉：武汉大学出版社2003年版；周建新：《历史人类学在中国的论争与实践——以华南研究为例》，《内蒙古社会科学》（汉文版），2006年第3期；徐桂兰：《历史学与人类学的互动——历史人类学的理论与实践学术研讨会综述》，《广西民族学院学报》，2001年第6期。

次，在疾病的预防和控制中，占据主导地位的"知—信—行"逻辑有时并不奏效，人们对疾病风险知识的掌握未必可以有效转化为行动，这就涉及到更为深入的文化和心理层面。最后，从具体的研究方法来看，流行病学偏重的定量统计方法存在一定的局限性，需要人类学等人文社会学科的定性研究来加以补充。鉴于上述的一些情况，流行病学研究已越来越多地引进了人文社会学科的知识和方法。在人文社会学科中，人类学作为"最反学科的学科"，具有较强的综合性和广阔的研究视野。从目前的学术情况来看，社会学和历史学等其他各人文社会学科也越来越重视人类学的方法，并产生了所谓的"人类学转向"。❶ 因此，引入人类学的知识和方法是实现流行病学和人文社会学科合作的便利途径。

从医学人类学的发展现状来看，需要从学理上探讨人类学与流行病学的跨学科合作问题。近些年来，医学人类学是发展最快的人类学分支学科之一。以美国医学人类学为例，它拥有最庞大的专业队伍，而且逐渐突破了作为分支学科的地位，处在了学科的理论前沿。相对而言，国内的医学人类学起步较晚，直到进入 21 世纪，医学人类学才开始受到国内人类学家的关注。❷ 但在较短的一段时间内，医学人类学发展的广度和深度都远远超过了同期的医学社会学，虽然社会学的从业人数及学科发展远超过人类学。❸ 从国内医学人类学的发展历史来看，以艾滋病防治为主的各类公共卫生项目，为医学人类学的成长提供了丰富的实践应用和理论发展空间。❹ 可以说，对各类公共卫生项目的积极参与，成为近些年中国医学人类学迅速发展的主要动力。而在公共卫生领域中，流行病学的研究模式处于支配性地位。因此，人类学在参与公共卫生项目时，必然会涉及人类学和流行病学跨学科合作的问题。正视人类学和流行病学之间的学科差异，

---

❶ 徐浩：《历史是文化——历史研究的人类学转向》，《史学理论研究》，2008 年第 2 期；叶舒宪：《人类学时代的文明反思——再谈当代思想史的人类学转向》，《杭州师范大学学报》，2012 年第 1 期；刘珺珺：《科学社会学的"人类学转向"和科学技术人类学》，《自然辩证法通讯》，1998 年第 1 期；陆启宏：《历史学的"人类学"转向：历史人类学》，《历史教学问题》，2007 年第 4 期。

❷ 张有春：《医学人类学》，北京：中国人民大学出版社 2011 年版，前言。

❸ 景军：《穿越成年礼的中国医学人类学》，《广西民族大学学报》，2012 年第 2 期，第 34—41 页。

❹ 景军：《穿越成年礼的中国医学人类学》，《广西民族大学学报》，2012 年第 2 期，第 34—41 页；张宁、赵利生：《三十年来中国医学人类学研究回顾》，《浙江社会科学》，2011 年第 2 期，第 123—130 页；徐义强：《近 30 年中国医学人类学研究的回顾与反思》，《思想战线》，2011 年第 3 期；郇建立：《中国艾滋病的社会科学研究 20 年》，《社会科学》，2009 年第 11 期；刘谦、和柳：《中国社会人类学参与公共卫生领域研究回顾》，载于刘谦：《面对艾滋风险的自律与文化》，北京：中国社会出版社 2010 年版，第 221—246 页。

并在学理上探讨两学科合作的基本维度或基础，是人类学者参与公共卫生项目时不易回避的重要问题。因为该问题的解决对于人类学更为频繁和更为深入地参与公共卫生项目具有重要的现实意义。

从国内外的研究实践来看，人类学和流行病学的项目合作越来越多，但是关于两学科合作的学理性研究尚滞后。比如有学者认为，包括医学人类学家在内的社会科学家至今没有与流行病学专家进行有效的沟通与交流，他们对对方的学科性质、特点与方法等没有一个基本的认识。❶ 关于人类学和流行病学是否应该合作以及能否合作等问题，为数不多的学者进行过讨论，但是这些讨论往往较为简略和零散。比如有人认为：人类学和流行病学在研究逻辑和方法上的明显区别仅仅是表面上的，它们的潜在逻辑或认识论从根本上来说是互补的❷；人类学和流行病学都不是单一型学科，各自包含多种理论取向，但使用的却是有限且有异的共同研究方法，而且两者的核心都是人文主义的❸；流行病学具有一种从其他各学科中借用概念，并且在自己的研究中把它们整合起来的习惯或倾向性，这可能是一种把人类学的某些宏观理念付诸操作的方法❹；作为一种方法学，当代流行病学娴熟且被充分接受，但是流行病学缺乏理论，它不仅缺乏理论，还对这种理论的缺乏缺少认识，因此人类学能够为之提供必要的理论补充❺；医学人类学和流行病学都从群体的层面、整体的角度寻求影响疾病和健康的某种模式，它们之间的深层共性及具体方法和视角上的差异为两者建立合作关系奠定了基础。❻ 可以说，以往的研究对于人类学和流行病学跨学科合作的可能性和潜在空间进行过较多的思考，但是对于两学科如何合作的学理性内容缺少较为完整的总结，这已成为困扰两学科在具体项目实践中走向更加深入和密切关系的严重障碍。因此，本研究拟对两学科合作的基础进行学理性探讨，以期对相关研究和实践有所启发。

❶ 张有春：《医学人类学》，北京：中国人民大学出版社 2011 年版，第 189 页。
❷ Robert Hahn, *Sickness and Healing：An Anthropological Perspective*, New Haven：Yale University Press, 1995.
❸ 詹姆斯·A. 特罗斯特：《流行病与文化》，济南：山东画报出版社 2008 年版。
❹ William True, "Epidemiology and Medical Anthropology", in *Medical Anthropology：Contemporary Theory and Method*, Thomas M. Johnson and Carolyn F. Sargent eds., New York：Praeger, 1990, pp. 298 – 318.
❺ Nancy Krieger, "Epidemiology and the Web of Causation：Has Anyone Seen the Spider?" in *Social Science and Medicine*, 1994, 39：887 – 903.
❻ 张有春：《医学人类学》，北京：中国人民大学出版社 2011 年版。

学科理论议题

三、人类学与流行病学跨学科合作的几个基本维度

（一）生物与文化：人类学和流行病学在研究对象上的统一

生物学是流行病学研究的重要基础。基于生物学基础，人们的心理、社会和文化等因素也会影响或作用于人们的疾病和健康。既有的医学模式经历了"生物医学模式"向"生物—心理—社会医学模式"的转变，在这一过程中"文化"的因素尚未被充分重视。重视人类学擅长的"文化"研究，以之与流行病学的生物基础相结合，可成为人类学与流行病学跨学科合作的角度之一。

1. 流行病学的生物学特征

流行病学研究的核心关注点在于疾病和健康问题，而疾病和健康的载体是人类的身体，因此生物因素是流行病学研究的重要根基所在。因为绝大多数疾病问题，一般都可以在器官、细胞或基因上找到可以测量的形态或化学改变，都可以在相应的生物学原因上找到相应的治疗手段。❶比如，对于很多传染性疾病，流行病专家总是力图找到具体疾病的病原体，研制出相应的疫苗，以达到预防和控制疾病的目的。目前，流行病学家们一直致力于艾滋病等传染病疫苗的研制。流行病学最初是以传染病为研究对象的，在对抗传染病的过程中，微生物学、病毒学、免疫学的发展和流行病学的发展是相辅相成的。❷

随着流行病学的发展，流行病学的研究对象由传染病扩展到慢性病和健康问题上。即便如此，流行病学的生物学因素依旧非常重要。像肿瘤、糖尿病、高血压和心脑血管疾病等慢性病一般具有多病因、多阶段、多基因和长期隐藏等特点，人们基于同样的暴露条件或生活习惯，不同的人之间可能具有较大的患病差异。这就必须从生物学的角度，对疾病自然史不同阶段的生物学事件进行深入研究，从而更为准确和细致地解答疾病发生的原因和过程。

20 世纪 70 年代以来分子流行病学的迅速发展，是对上述要求的生物学回应。分子流行病学力求阐明人群和医学相关生物群体中生物标志的分布及其与疾病/健康的关系和影响因素，寻求防治疾病、促进健康的策略

---

❶ 卢焯明、陈诗慧：《试论基因、生物、心理、自然、社会医学模式》，《医学与社会》，2002 年第 1 期。

❷ 姜庆五：《流行病学基础》，上海：复旦大学出版社 2003 年版，第 3 页。

与措施。所谓的"生物标志"（biological markers）是指能代表生物结构和功能的可识别（即可检测）物质特征，包括细胞的、生化与分子生物学的、免疫学的、遗传的甚或生理功能的等，目前应用的生物标志多是分子生物标志，比如核酸、蛋白质、脂类、抗体等。而所谓"医学相关生物群体"是指与人类健康和疾病具有较密切关系的生物群体。❶ 分子生物学的发展，使人类对疾病的认识提高到了一个新的阶段，即任何生命现象都具有生物分子基础，疾病的发生、发展过程也表现为一系列相关分子事件的相互作用和分布变迁，传染病是这样，慢性非传染病也是这样，这就是分子水平的疾病自然史。❷

可见，流行病学研究离不开疾病和健康的生物学基础，流行病学学科的发展是与生物学研究的进展相辅相成的，其他相关领域的研究都应以之为前提和归宿。

2. 流行病学研究中的心理与社会因素

人类的疾病和健康除了基于生物因素外，还受到复杂的外在环境的影响和制约。其中，各类心理和社会因素对人们的疾病和健康产生着重要影响。心理因素直接影响着人们的疾病和健康。比如，良好的心理状态有利于疾病的恢复，像冠心病、恶性肿瘤及消化性溃疡、糖尿病、支气管哮喘等病人，尤其需要保持较为乐观和放松的心态。而较大强度和较长时间的紧张、焦虑等情绪，很容易导致身心疾病的发生。某些突发事件带来的心理应激，会通过神经、内分泌调节，对人体的免疫系统产生干扰或削弱作用，增加机体对各种疾病的易感性。❸ 中医提出的"喜伤心，怒伤肝，思伤脾"及"怒则气下，喜则气缓，思则气结"等情志影响身体的理论，即是对心理影响健康的经验总结。另外，社会因素对疾病和健康的影响也非常明显。比如，不同收入、不同职业或不同社会阶层的人，具有各自不同的工作方式和生活习惯等特征，这客观上会影响具体疾病的分布情况。比如，景军从社会分层的角度分析了中国艾滋病感染风险的"泰坦尼克定律"。他认为：不同的社会地位决定着不同的客观风险和不同的风险认知，不同的风险认知决定着不同内容的恐惧和人们对客观风险的不同反应，不

❶ 李立明：《流行病学》，北京：人民卫生出版社2003年版，第299页。
❷ 李立明：《流行病学》，北京：人民卫生出版社2003年版，第302—303页。
❸ 游自立：《应激对免疫功能及疾病发生的影响》，《国外医学·社会医学分册》，1995年第6期；王树歧：《社会与医学》，北京：中国科学技术出版社1989年版，第10、44页。

同的风险反应决定着不同的行动。由于中国艾滋病风险在客观和主观层面上的互动关系受制于我国特有的社会分层结构，因而我国弱势群体在客观层次所面临的艾滋病风险与这些群体的风险认知、恐惧心理以及带有歧视成分的态度和行为处于一种孪生状态。❶潘绥铭也认为，中国之所以会出现艾滋病流行的现状，更多地是由于各种社会因素造成的，而不是艾滋病病毒"自然地"传播的结果。它并不是一个仅仅作用于社会的问题，更是一个来源于社会的问题，是基于社会发展中的负面因素而产生并加的问题。❷目前，许多国家病人死亡率的主要原因相继由传染病转为各种慢性病，慢性病的发生和发展更多地和人们的生活方式相关，因此流行病学研究中的心理和社会等因素将越来越重要。

近代以来，随着科学技术的突飞猛进，科学界曾一度具有一种过于自信的心态，当时医学界流行的"生物医学模式"即是这种盲目自信的表现。生物医学模式相信基于解剖学、生物学、生物化学、微生物学等生物学科成果，可以有效作用于人体的器官、组织、细胞和生物大分子等，从而解决一切疾病问题。"生物医学模式"在强调生物因素的同时，忽视了人体微环境之外的宏观的社会和心理因素，犯了还原论和简单化的错误。因此，到了 20 世纪 70 年代，Engel 对原有的生物医学模式进行了了反思和批判，提出了所谓的"生物—心理—社会医学模式"，该模式不仅关注到人的生物属性，还注意到了人的心理和社会属性，强调社会和心理因素在促进健康和疾病防治中的重要作用。❸"生物—心理—社会医学模式"把人看作自然环境和社会环境中的一部分去考虑，综合而立体地分析生物、心理和社会因素与疾病和健康问题的关系，为实现微观分析和宏观分析的结合指出了方向。

3. 流行病学还需引入"文化"因素

"生物—心理—社会医学模式"能够综合考虑疾病和健康的微观与宏观因素，相对于原有的生物医学模式是一种很大的进步，但是"生物—心理—社会医学模式"还具有一定的局限性。对此，我们可以结合两个案例

❶ 景军：《泰坦尼克定律：中国艾滋病风险分析》，《社会学研究》，2006 年第 5 期。
❷ 潘绥铭、黄盈盈、李楯：《中国艾滋病"问题"解析》，《中国社会科学》，2006 年第 1 期，第 85—95 页。
❸ Engel GL, "The Need for A New Medical Model: A Challenge for Biomedicine", *Science*, 1977, 196（4286）: 129 - 136; McCarthy JT, "Remaking The Medical Model", *New Physician*, 1978, 27（6）: 25 - 27; Vuori H, Rimpela M, "The Development And Impact of The Medical Model", *Perspect Biol Med*, 1981, 24（2）: 217 - 228.

来加以说明。

　　首先是缩阳症的例子。缩阳症是指有些人相信阴茎会缩入腹内，导致死亡，并因此产生强烈的精神恐惧。有学者认为，该病的发生往往具有直接的社会和心理原因，其中包括性知识缺乏，自信心不足，缺少男子气概，因为手淫、嫖妓或其他与性有关的非正常行为导致的心理害怕或罪恶感等。❶ 仅仅从上述社会和心理角度进行分析，并不能很好地解释缩阳症产生的根源。因为具有上述社会心理特征的人群在世界各地都有分布，但是缩阳症却局限于东南亚和中国南方的一些地区。对此，必须透过上述社会和心理因素进一步挖掘该地区的文化特征。学者们多次对流行缩阳症的海南岛及雷州半岛进行调查，发现缩阳症和本地的文化背景具有密切的关系。本地具有浓厚的民间信仰，很多人相信人畜患病和自然灾害等都是鬼神作怪。根据当地的民间信仰，人们相信天上的"精气"落地时，人间就会有祸害，会发生缩阳症。另外，还认为当"土狸精"作怪时，也可使男人的阴茎和女人的乳房收缩致死。当地缩阳症的流行，实际上和这种民间信仰具有深入的联系。❷

　　我们再看 Dhat 综合征的例子。Dhat 综合征发生于印度文化中，病人通常是年轻男性，相关症状表现为自觉虚弱、无精打采、易疲劳、不明确的疼痛、性欲缺乏、自觉阴茎变形、阳痿、早泄焦虑和抑郁症状等。按照一般的诊断标准，病人常被诊断为焦虑症、抑郁症或躯体化障碍等。病人服用一定的抗抑郁药物后，病情能获得一定程度的缓解，但是不能根治。Dhat 综合症的确表现为一种心理问题，然而这种心理问题的发生却和印度特殊的文化背景有关。印度文化深受印度教影响，古印度教认为四十滴血才能产出一根骨骼，四十根骨骼才能产出一滴精液，精液被视作极其宝贵之物，精液的流失会给一部分人造成心理上的沉重负担，从而引发一系列的症状。❸ 在治疗过程中，若不能结合相关文化背景，无法从根本上了解

---

❶ 莫淦明、欧励华、叶廷尉、陈国强、曾文星：《社会精神病学与流行性缩阳症》，《中国心理卫生杂志》，1990 年第 4 期。

❷ 欧励华、许庆群、黎立勖、梁伟德、丘岳、姚铁、莫淦明：《缩阳恐怖症 232 例资料分析》，《广东医学院学报》，1988 年第 2 期；黎立勖、丘岳、许庆群、梁炜德、姚铁、叶廷蔚、欧励华、莫淦明、朱国钦：《"缩阳症"流行的社会心理因素》，《中国神经精神疾病》，1987 年版第 5 期；黎立勖、古治、莫淦明、陈就昌、马传光、梁振满、康苏：《社会精神病学与流行性缩阳症：民俗信仰、社会辅导与防治》，《中国心理卫生》，1990 年第 4 期。

❸ 陈丽萍摘译：《Dhat 综合征》，《国外医学·精神病学分册》，1996 年第 4 期。*Arch Sex Behav*，1975 Sep；4（5）：519－528；"Dhat Syndrome：a Culture-bound Sex Neurosis of the Orient"，*Malhotra HK*，Wig NN.

病因，只按照普通的焦虑症等处理，将只治标不治本，难以取得好的疗效。可见，只有抓住影响和造成疾病的文化根源，才能获得对众多疾病的深层次理解，从而探索出真正有效的治疗措施。

如果把研究视野放置到跨文化的背景下，则人们的心理和社会因素都具有特定的文化根源。因此，相对于"心理"和"社会"，"文化"这一概念具有更为广阔和深入的适应性。社会因素和文化因素会影响人们的心理特点，这一点较易理解，而对于"社会"和"文化"之间的关系，我们需要进行简单的辨析。"社会"和"文化"，作为人文社会学科的基本概念，学者们各有不同的理解和界定，一直没有统一的定义。以"文化"的概念为例，曾经有两位人类学家对1871年到1951年80年间的文化定义进行整理，共搜集到了164个。❶ 不同的文化定义，代表着理解和解释人类生活的不同角度。与追求客观规律的自然学科不同，人文社会学科在很大程度上强调的是对世界的理解和解释，而这种理解和解释往往会结合具体的情境和自己的理论立场进行发挥。因此，要对"社会"和"文化"这对基本概念进行清晰的界定和辨析基本上是不可能的。所幸的是，对于模糊不清的事物，我们还可以模糊论之。基于笔者粗陋的知识和肤浅的理解："社会"更多强调的是人与人之间的关系，互动的模式，以及由之组合而成的组织、制度和结构等；文化更多关注的是人们持有的价值、观念、象征、意义、尊严、荣誉和思维方式等。如果把"社会"比喻为一个人的躯壳和行为的话，那么"文化"就是这个人的思想和灵魂。

可以说，无论是具体的个人心理和个人行为，还是复杂的社会现象，都有其特定的文化背景，只有对这一背景有所了解，才能更为深入把握具体的心理、行为和社会现象等。

4. 生物与文化结合的可能性

疾病与健康在表现为生物性特征和原因的同时，各种文化因素也渗透其中，而且在某些情况下，文化因素甚至成为具体疾病发生的主要原因。因此，我们在卫生项目中坚持主流的"生物—心理—社会医学模式"时，还应注意发掘生物、心理和社会因素背后的文化根源。从学术发展的历史来看，"生物—心理—社会医学模式"的形成和心理学与社会学对疾病或

❶ A. L. Kroeber and Clyde Kluckhohn, *Culture: A Critical Review of Concepts and Definitions: Papers of the Peabody Museum of American Archeology and Ethnology*, Vol. 47, 1952.

卫生问题的积极参与有关。由于学科发展的差异性和偶然性等原因（心理学和社会学都偏重和擅长于定量研究，这便利于它们与流行病学的合作），人类学对公共卫生项目的参与相对较晚，因此"文化"概念尚未能融进主流的医学模式中。随着相关研究的日益深入以及人类学越来越多地参与卫生项目，公共卫生学界对于"文化"因素重要性的认识也越来越深入。在这种情况下，积极推动把文化概念增加进既有的医学模式，即推动"生物—心理—社会医学模式"转变为"生物—心理—社会—文化医学模式"，应成为学术发展的重要可能性方向。尤其是随着跨文化卫生项目的日益增多，文化因素越来越多地呈现在人们面前。在具体的卫生项目中，注重分析相关的文化因素对疾病发生和发展过程的影响，在此基础上寻找适合具体区域或人群文化逻辑的预防和干预措施，将大大有利于卫生问题的分析和解决。在很多项目中常常提及的所谓"文化敏感性"，正是这一要求的体现之一。

　　另外，既有的各种实践表明，生物和文化角度的结合，是非常必要和有用的。早在 20 世纪 50 年代，流行病学家和人类学家就曾在生物和文化的角度进行过成功的合作。当时新几内亚高地的福雷人（Fore）流行苦儒病。苦儒病（kuru）的发病症状包括身体发抖、身体机能紊乱、不能行走、眼神无法集中等，最后导致死亡。澳大利亚政府派遣了一个研究团队去当地做调查。这个研究团队包括流行病学家，也包括人类学家。首先，流行病学家基于生物学的角度进行解释：苦儒病可能是有毒物质、营养不良或者是遗传等因素造成的。但是，这些假设没能抓住疾病流行的关键要素。与此同时，人类学家从当地文化的角度来研究苦儒病，他们发现苦儒病和本地的食人习俗之间存在直接关系。本地开始吃人之后，才产生了苦儒病，没有吃过人的人不得苦儒病。仅仅知道食人习俗和苦儒病之间有关系还不够，还需要了解更加清晰细致的疾病传播过程。这必须把生物和文化的角度结合起来。于是，流行病学家从苦儒病患者的脑部提取脑组织，然后注射进黑猩猩的身体，黑猩猩很快就得了苦儒病。这就证明了病毒是苦儒病的生物学原因，而本地的食人习俗是苦儒病流行的文化原因。❶ 苦儒病的案例表明，只有综合考虑到生物和文化因素，才能清晰和全面地解释疾病和健康的分布与过程。

---

❶　张有春：《医学人类学》，北京：中国人民大学出版社 2011 年版，第 176—177 页。

而在疾病的预防和干预活动中，对相关文化因素的理解和把握，也将大大有利于干预措施发挥更好的效果。比如，很多研究发现，汉人小姐的组织方式常常具有明显的类家族制特点：入行方式遵循着同族同乡及延伸的血缘地缘法则，组织生活的方式及场所的管理特征实为由家族取向或家族主义延伸而来的泛家族集体主义。❶ 在针对汉人小姐的干预活动中，结合她们的组织文化特点，通过具体组织中的"家长"等核心人物来开展工作，将能达到事半功倍的效果，这在笔者的调查和干预实践中多有体会。

（二）定量与定性：人类学和流行病学在研究方法上的互补

1. 流行病学的定量研究

流行病学既是一门应用学科，也是一种逻辑性很强的科学研究方法，因此教科书上认为流行病学是一门方法学。❷ 流行病学作为一门方法学，具有明显的概率论和数理统计学特征。从流行病学的学科发展历史来看，现代流行病学与数理统计的应用密不可分。比如1850年世界上第一个流行病学学会"英国伦敦流行病学学会"成立时，特别强调了数理统计应用于流行病学的历史贡献。实际上，这一学会的成立，标志着流行病学学科的形成。❸ 学科发展到今天，按照研究设计类型，流行病学可分为描述流行病学、分析流行病学、实验流行病学和理论流行病学四类。其中，描述流行病学通过现况研究、筛检和生态学研究等，用"率"和"比"来描述疾病和健康的分布状况；分析流行病学通过病例对照研究和队列研究等，来分析和挖掘影响疾病或健康的关键因素；实验流行病学通过比较对照组的情况，从而判断干预措施效果；理论流行病学是通过数学公式表达病因、宿主和环境之间构成的疾病流行规律。这四种研究设计类型都具有一套完备的操作技术，其中包括抽样方法（如随机抽样、分层抽样、系统抽样和整群抽样等）、资料收集方法（如问卷法、实验法）、数字统计方法（如描述性统计和推断性统计）等。虽然流行病学发展初期也曾以个案研究和实地调查等定性研究方法为主，但发展到今天流行病学研究已经以

❶ 庄孔韶：《中国艾滋病的防治——人类学整体论原则的实践》，香港《二十一世纪》，2006年12月号；庄孔韶：《中国性病艾滋病防治新态势和人类学理论原则之运用》，《广西民族大学学报》，2007年第1期；李飞、庄孔韶：《"作为文化的组织"的人类学研究实践》，《广西民族大学学报》，2010年第2期；刘谦：《面对艾滋风险的自律与文化》，北京：中国社会出版社2010年版；庄孔韶：《老年男客和低档暗娼艾滋病感染风险研究报告》，中国人民大学人类学研究所，2010年。
❷ 李立明：《流行病学》，北京：人民卫生出版社2003年版，第10页。
❸ 李立明：《流行病学》，北京：人民卫生出版社2003年版，第2—4页。

定量研究为主。

定量研究是一种对事物可以量化的部分进行测量和分析，以检验研究者自己关于该事物的某些理论假设的研究方法。其基本步骤是：研究者根据研究问题进行文献探讨，形成研究假设；根据研究假设进行研究设计，确定具有因果关系的各种变量；通过概率抽样的方式选择样本，使用经过检测的标准化工具和程序采集数据；对数据进行分析，建立不同变量之间的相关关系，必要时使用实验干预手段对控制组和实验组进行对比，进而检验研究者自己的理论假设。❶ 这种研究方法具有很多优势：首先，可以在宏观层面上进行大规模的调查和预测。比如，要对我国艾滋病疫情进行一个总体了解，并预测以后的发展趋势，离不开疾病监测和数理模型等定量研究方法。其次，擅长进行相关分析或因果分析。如流行病学的病例对照研究和队列研究，很便于发现影响疾病和健康的关键因素。再次，对于既有的理论和假设，定量研究方法能够进行证实或证伪，从而不断对其进行修改和完善。最后，定量研究具有具体、明确的操作程序，其研究结果具有一定标准性、精确性和可重复性，因此也就具有一定的客观性。

2. 流行病学定量研究存在的一些问题

在科学研究中，任何研究方法都不是完美的，具体研究方法在展现优势的同时，不足也将显露出来。定量研究在宏观层面上进行研究时，不可避免地会缺乏对事物微观层面的了解；在对事物进行相关或因果分析时，却不擅挖掘这种关系发生的动态过程及其作用机制；长于对既有理论和假设进行检验，而对于自下而上地建立新的理论观点却力不从心；按照严格的操作程序，可以对相关行为进行精确的测量，却不能深入阐释这些行为背后隐藏的社会文化意义。

按照定量研究方法，研究者首先应选择一些具体的变量。为了精确地描述现象或事物的状态，了解某种事物的变化是否与其他事物的变化相联系，必须使用具备明确性和可观测性的变量语言。而变量作为科学研究的基本要素以及人类语言符号的一种，不可避免地是对连续世界的一种截取或片段性描述。在研究过程中，我们选择一些变量的同时，意味着对另外一些变量的舍弃。为了更精确地测量所选变量之间的关系，定量研究还会

---

❶ Miller W L, Crabtree B F, "Primary Care Research: A Multimethod Typology and Qualitative Road Map", in *Doing Qualitative Research*, 1992, pp. 3 – 28. 陈向明：《质的研究方法与社会科学研究》，北京：教育科学出版社2000年版，第10页。

尽可能地对相关环境进行控制，以排除其他因素的干扰。

　　人们总是生活在自然情境中的，那么这种截取和脱离自然情境的测量能否实现，以及研究结果是否存在简单化的风险？流行病学研究涉及复杂的生物、社会和文化内容，因此研究者在选择变量时，不仅需要专业的医学知识，还要对相关的社会文化背景有较为充分的了解。与单纯的生物医学研究不同，不同的社会文化情境具有不同的重要变量，源于某种社会文化中的研究工具不能简单移植到另外的社会文化中。这就必须在对具体社会文化有所了解之后，结合研究主题，提取出"地方性变量"（local variable），以制定合乎情境的、真正有效的研究工具。如何选取"地方性变量"，这需要定量研究程序之外的功夫。

　　定量研究力求以数字的形式表现事物之间的关系，但社会生活中还存在很多不易量化的内容，比如人的心理、情感和体验，以及各种人际关系、风俗习惯和宗教信仰等。❶ 虽然这些内容一定程度上可以通过可量化的人类行为表现出来，但是量化的行为测量毕竟只是表层现象，其背后蕴涵的社会文化机制还有待进一步的挖掘和解释。比如，艾滋病相关的行为与人们的信仰、道德观念和风俗习惯等不易量化的文化内容密切相关，若缺少这些非量化的文化解释，则对相关行为的理解则缺乏广度和深度。❷

　　定量研究以实证主义思想为其哲学基础，认为社会现象是一种客观存在，是不以人们的意志为转移的，主体和客体是两个截然分开的实体，研究者可以采用一套测量工具（如问卷和实验等）对研究对象获得精确而客观的认识，而较少考虑研究者对研究对象的影响。实证主义思想遵循的是自然科学的思路，其极端的理想是像牛顿研究自然界一样研究社会现象❸，这当然是难以实现的。流行病学研究涉及各类人群和各种社会文化内容，不可避免地渗透着各种主观因素。尤其是在一些较为敏感问题的测量上，研究对象的心理特征、所处的社会文化背景以及与调查者的关系等都会对

---

❶　谢林平：《实证社会科学与人文社会科学的方法论分歧及其融合》，《岭南学刊》，1997 年第 1 期。

❷　王小芳、汪宁：《艾滋病高危人群干预活动中文化的影响》，《中华流行病学》，2010 年第 11 期；宋雷鸣、汪宁：《疑似艾滋痛者的自我实现》，《医学与哲学》，2012 年第 1 期；What do we do with culture? Engaging culture in development 2005，3（3）：1 - 2；What's culture go to do with HIV and AIDS? Why the global strategy for HIV and AIDS needs to adopt a cultural approach 2007，5（7）：1 - 8.

❸　胡幼慧：《质性研究——理论、方法及本土女性研究实例》，台北：巨流图书公司 1996 年版，第 122 页。

调查结果产生影响，造成偏倚。❶ 庄孔韶在调查时发现，对于生育意愿的问题，答案会随着与调查对象关系的熟悉和深入而出现"只生一个好"、"一男一女最合适"和"两男一女最过瘾"的变化。❷ 还有学者描述一些针对下层农民的调查是对胡乱猜测、胡言乱语和弥天大谎所进行的审慎收集、编制和分析，是对在疑心重重、备受胁迫但看起来温良恭顺的村民采访过程中易受欺骗的局外人回答所做的缜密记录整理。❸ 定量方法在力求覆盖较大的面的同时，研究者和调查对象之间的关系难以实现较为熟悉和深入的状态，因此要想排除各种主观因素的干扰，实现自然科学般的精确性是很不容易的。

另外，统计分析后所得到的变量之间的关系是如何发生的，其内在机制是什么，定量研究的数字性表达也是无法说明的。比如根据定量分析，很容易发现贫困和艾滋病风险之间的关系，但对于贫困如何加大了艾滋病感染风险，还需要进一步的说明和解释。再如，20世纪80年代末90年代初美国的婴儿死亡率，黑人是白人的2倍左右。流行病学家分析了多种变量与婴儿死亡率之间的关系，其中包括收入水平、受教育程度、年龄、婚姻状况、家庭暴力、生育控制、吸烟、营养和产前护理等。基于定量的方法，流行病学家可以通过控制其他变量来一一分离出各个变量的具体影响，发现上述的每种变量都与婴儿的死亡率差异存在关系。但是在现实生活中，上述的众多变量是共同起作用的，变量之间如何互相影响和发生作用，需要联系黑人的社会文化背景来进行整合分析。因此，有学者认为流行病学的统计分析忽略了两个重要层面：变量关系之外的"更宏大的图景"，即将关注的现象与其他现象连接在一起的更大的情境；"更小的、细节场景"，即关注的现象内在的运转方式，以及他们具有的文化意义等。❹ 若仅仅知道变量之间的相关关系，却不能深入了解这种关系发生的宏观情

❶ Eggleston E. Leitch J. Jackson J Consistency of self-reports of sexual activity among young adolescents in Jamaica 2000：79－83；Schroder KE. Carey MP. Vanable PA Methodological challenges in research on sexual riskbehavior：Ⅱ. accuracy of self-reports 2003，26（2）：104－123；Stuart GS. Grimes DA Social desirability bias in family planning studies：a neglected problem. Contraception，2009，80（2）：109－112；Geary CW. Tchupo JP. Johnson L Respondent perspectives on self-report measures of condom use，AIDS Educ Prev，2003，15（6）：499－515.
❷ 庄孔韶：《银翅：中国的地方社会与文化变迁》，北京：生活·读书·新知三联书店2000年版，第303页。
❸ 詹姆斯·A. 特罗斯特：《流行病与文化》，刘新建、刘新义译，济南：山东画报出版社2008年版，第91页。
❹ 罗伯特·汉：《疾病与治疗——人类学怎么看》，禾木译，上海：东方出版中心2010年版，第136—156页。

境和内在机制，那么也将难以制定具体和有效的干预策略和措施。

总而言之，流行病学的定量研究存在着其本身难以解决的问题，必须借助于与之形成鲜明对比的定性研究方法。定性研究的一些特征正好能够弥补定量研究的一些不足，实现定性和定量的有机结合，已成为学界讨论的热点问题。流行病学家越来越多地邀请人类学家参与卫生项目，很大程度上是基于此种方法上的困境和需求。人类学研究以定性研究为主，积极吸取人类学的定性研究方法，将能为流行病学的定量研究提供有益补充。

3. 人类学的定性研究

有学者认为，定性研究是以研究者本人为研究工具，在自然情境下采用多种资料收集方法对社会现象进行整体性探究，使用归纳法分析资料和形成理论，通过与研究对象互动对其行为和意义建构获得解释性理解的一种活动。❶ 定性研究要求研究者与被研究者发生密切的互动，并且注重研究者在调查过程中的各种体验等，从这一角度而言，定性研究是以研究者本人为研究工具的。从具体方法来看，定性研究包罗万象，如参与观察、实地研究、口述史、传记、常人方法学和民族志等等，内容庞杂，缺乏统一的模式或规范。❷ 其中，人类学所采用的定性研究具有鲜明和突出的特点，成为相关学科竞相学习的典范。目前社会学、历史学和民俗学等学科都产生了所谓的"人类学转向"，其实质是借鉴人类学的研究方法，来对本学科的传统议题进行分析。

人类学研究方法的主要特点体现在"田野工作"和"主位分析"上。田野工作一般是指经过专门训练的人类学者亲自进入某一社区，通过直接观察、访谈、住居体验等参与方式获取第一手资料的研究过程。由于语言、生计活动、季节与社区周期等因素，理想的田野工作通常需要一年甚至更长时间，以便深入和完整地了解当地社会。❸ 田野工作是人类学搜集资料的主要方法，是真正的人类学知识的起源，是成为人类学家的前期必备训练，是人类学学科的核心内容。❹ 田野工作要求研究者和被研究者密切交往，建立起良好的人际关系，详细地记述被研究者的各项生活细节，从而实现对当地人或文化的深入理解。人类学田野工作善于在具体的研究

❶ 陈向明：《质的研究方法与社会科学研究》，北京：教育科学出版社2000年版，第12页。
❷ 陈向明：《质的研究方法与社会科学研究》，北京：教育科学出版社2000年版，第5—6页。
❸ 庄孔韶：《人类学概论》，北京：中国人民大学出版社2007年版，第137—138页。
❹ 古塔、弗格森：《人类学定位——田野科学的界限与基础》，骆建建、袁同凯、郭立新译，北京：华夏出版社2005年版，第1—87页。

"点"深入挖掘的特点，被庄孔韶形象地比喻为"鼹鼠法"，与覆盖较大地理范围的调查问卷的定量研究方法（"蝗虫法"）形成鲜明对比。[1] 另外，在田野工作中，人类学者力求学会用被研究者的文化观念去思考问题，从而达到对研究对象的理解，这即是所谓的"主位"法。"主位"法和"客位"法相对，主位法强调从具体文化内在的角度分析和理解事件，客位法则强调文化外部的立场和解释。对于同一问题，主位和客位分析可能会得到不同的结论，并会实现有益的互补。但主位法更注重和善于学习研究对象的文化观念，有利于更加深入地理解其行为特点。比如，食人行为似乎是较为野蛮的现象，而某些文化中父母死后子女食其肉是孝道的表现，婴儿死后父母食其肉是鼓励其再投胎于母体。若不从主位的角度去分析，则人们的某些行为是不易理解的。[2]

总而言之，人类学的研究方法偏重于定性研究。与定量研究相比，定性研究具有以下一些优点：能够对微观的社会现象进行细致的描述与分析，便于表述一些不容易量化的心理、体验和文化等内容；适合进行一些探索性研究，尤其面对陌生的社会或文化时，具有更加明显的优势，可为以后建立明确的理论假设奠定基础；更适合于动态性描述，能够较为完整地呈现事物的发展过程，具有较强的整体论特点；注重反思研究者与被研究者之间的关系，善于从"主位"的角度出发来获得对研究对象的理解。当然，定性研究的这些优点同时暗含着缺陷，比如不擅长因果分析；不易进行覆盖较大面的宏观研究；研究结果缺乏代表性和可推广性；研究过程主观性较强，缺乏规范化；研究结果缺乏明确的评估标准等。由于这些缺陷的存在，定性研究在较长一段时间内处于学术研究的边缘。[3] 但是，定性研究之缺陷正是定量研究之所长，定量研究之不足正是定性研究之优势，两种方法的合作应成为学术发展的重要趋势。

4. 定性研究与定量研究结合的可能性

关于定性研究与定量研究如何合作，学者们从研究设计的角度给出了很多研究方案。比如，有学者认为可以通过"互补式"、"同步进行式"

[1] 庄孔韶：《"蝗虫"法与"鼹鼠"法——人类学及其相关学科的研究取向评论》，《开放时代》，2007年第3期。
[2] 吴汝康：《也谈食人之风》，《化石》，1979年第3期；李安民：《试论原始人类的食人习俗》，《广西民族研究》，1986年第4期，第81—87页。
[3] 胡幼慧：《质性研究——理论、方法及本土女性研究实例》，台北：巨流图书公司1996年版，第2—3页。

学科理论议题

和"系列进行式"来合作❶；有学者提出"二阶段式设计"、"主—辅设计"和"混合设计"的合作方案；还有学者将结合方式划分为"整体式"和"分解式"，其中"整体式"又包括"顺序设计"、"平行设计"和"分叉设计"，"分解式"又包括"混合式设计"、"整合式设计"和"内含型设计"❷。这些研究设计较为细致和全面地分析了两种方法合作的具体方式，具有较强的可操作性，给相关研究者很多启示，这里不再详细阐述，仅结合人类学与流行病学的学科特点，强调以下一些合作的可能性角度。

首先，流行病学的定量研究和人类学的定性研究在研究广度和研究深度上存在巨大差异，这为学科合作提供了较大的潜在机会。流行病学的定量研究可以采用抽样的方法来选取一定量的样本，通过对样本的统计分析，来推论整体的情况，因此能够覆盖宏大的地理或人群范围，在研究广度或覆盖范围上具有无可比拟的优势。人类学推崇"整体论"思想，在田野工作中力求尽可能全面地了解当地人们生活的各个方面，分析它们之间的各种联系，从而获得对其文化的更深入理解，因此在田野过程中所能把握的地理空间和研究对象的人数往往较小。从学科历史来看，人类学通常是以简单的部落社会和狭小的村庄为田野点。虽然田野点狭小，但人类学家是在村庄里作研究，而不止是研究村庄。通过对一"点"的深入挖掘，人类学可以深入讨论人性、宗教、政治和全球化等根本性问题，其方法在深度上优势明显。研究广度与研究深度之结合，是学术研究的重要目标，两学科在研究方法上的各自差异和优势，为学科合作提供了巨大的潜力或可能性。

其次，流行病学的定量研究和人类学的定性研究侧重于事物的不同方面，这为两学科在研究角度上提供了较大的合作空间。流行病学的定量研究对于描述人们的相关行为具有较强的优势，并善于把相关行为和疾病或健康进行因果关系的连接。但是定量研究对于这些行为发生的宏观社会文化背景，也即这些行为背后蕴涵的社会文化逻辑等，却不易进行量化的表述。比如，中国西南一些少数民族地区共用针具吸毒的情况较多，基于定量的方法可以把其与本地的艾滋病感染相联系。人类学面对这一问题，则

❶ Greene, J. C. et. al. , "Toward a Conceptual Framework for Mixed-Method Evaluation Designs", *Educational Evaluation and Policy Analysis*, 1989, 11（3）.
❷ 陈向明：《质的研究方法与社会科学研究》，北京：教育科学出版社2000年版，第477—483页。

会更加专注于本地人共用针具的原因。本地一些族群在传统上有集体平均分享的习俗，人们打到猎物后往往要与大家一起分享。不仅如此，他们之间的平均分享原则还扩大到生产互助、集体帮工、财产分割和兄弟朋友情谊等各个方面。由此可知，相关人群共用针具的行为可能与本地族群的共享习俗有关。对这些山地民族共享原则的了解和把握显然有利于分析其在吸毒和艾滋病传播中的角色和作用，从而在顺应其文化脉络的基础上找到合适的干预措施等。❶ 总体言之，流行病学的定量研究善于以数字的方式对目标人群的行为进行测量，而人类学的定性研究长于挖掘相关行为背后的社会文化逻辑，这两者之间的互补性显而易见。

最后，流行病学的定量研究和人类学的定性研究在具体研究中分别擅长于不同的研究阶段，这为两学科的合作提供了很好的便利。定量研究和定性研究分别对应着不同的研究逻辑。定量研究体现的是演绎逻辑，它从基本的理论假设出发，寻取材料进行验证，并可以将其推广到更广阔的范围。定性研究体现的是归纳逻辑，它以研究者本人为研究工具，带着相关研究主题，而不必带有研究假设，融入研究对象的生活中，学习、理解和搜集被研究者的信息或资料，在此基础上进行提炼和总结。因此，定性方法更适合于探索性研究，定量方法更适合于理论假设的检验。在具体研究的初始阶段，先采用人类学的定性方法进行探索性分析，以选取相关变量，建立研究假设等具有重要的意义。在很多研究中，人们通常是根据既有的相关研究或常识等建立研究假设，但是具体到某些较为陌生的人群或文化时，先期用人类学的定性方法进行探索性研究就显得很有必要。尤其是在当前公共卫生项目越来越具有全球性和跨文化特征时，这种合作更为必要。另外，当流行病学通过定量分析确认影响疾病的关键因素后，还需采取具体的干预策略和措施，以改变人们的相关行为或环境。而风险行为及相关环境的改变涉及更为复杂的心理、社会和文化因素，这时也需借助定性的方法和成果来制定更加有效的干预策略和措施。

人类学者在参与卫生项目评估工作时，发展出了"快速评估方法"，以满足项目资助方快速获得信息数据的需要。快速评估方法综合了定性和定量两种方法，是两者合作的良好范例。快速评估（rapid assessment pro-

❶ 庄孔韶：《"虎日"的人类学发现与实践——兼论〈虎日〉影视人类学片的应用新方向》，《广西民族研究》，2005 年第 2 期。

学科理论议题

cedures）是指由人类学家及其助手组成的小组就某一特定问题，如社区健康需求、卫生项目的进展与结果等，在特定社区进行数周到数月的短期调研，以求很快得出相关的资料与数据。研究小组成员一方面访谈和开放式问卷等，调查社区的日常生活，关注社区居民与保健有关的信念与行为；另一方面收集社区的人口统计资料和户口普查资料，调查特定疾病的发病率和死亡率。根据评估对象的不同，快速评估法又可以分为快速农村评估、健康需求评估、项目过程评估、项目结果评估与卫生政策评估等。❶ 2007 年，中国人民大学人类学研究所师生组织了评估小组，对清华大学—联合国教科文组织合作的"流动人口与少数民族艾滋病预防与关怀"项目进行快速评估。在评估过程中，评估小组同时使用了定性和定量两种方法，在评估报告中同时进行定性和定量分析。其中在对昆明花卉市场外来女工生殖健康和艾滋病预防教育项目的评估中，通过定量的方法统计项目核心指标的完成情况及女工的健康知识掌握情况，通过定性的方法了解项目的具体开展过程、成效和经验等，发现知识宣传过程中花卉女工的老乡、朋友和同学等关系组成的非正规组织有效推动了同伴教育的效果。❷

总而言之，定性和定量的结合是人类学与流行病学实现跨学科合作的重要路径之一。对此，我们一方面应在学理上分析两者相结合的可能性思路，另一方面还要在具体研究实践中进行总结和提炼，以实现两者之间真正切实有效的结合。

（三）人群和组织：人类学和流行病学在研究视角中的交融

1. 流行病学中的"人群"概念

流行病学研究的关键词之一是"人群"，即是要从群体而非个体的角度分析疾病和健康问题。按照教科书的论述，"流行病学是研究人群中的疾病现象与健康状态，即从人群的各种分布现象入手，将分布作为研究一切流行病学的起点，而不仅是考虑个人的患病与治疗问题，更不是考虑它们如何反映在器官和分子水平上。我们的目光始终着眼于人群中的问题。"❸ 由于流行病学要观察某些因素和疾病之间的联系，仅仅通过对某个个体或几个病例的观察一般是不够的，往往需要观察大量的人群或病

❶ 张有春：《人类学与公共卫生：理论与实践》，《广西民族大学学报》，2007 年第 1 期；陈华：《人类学与医疗保健》，《广西民族大学学报》，2009 年第 1 期，第 85—88。
❷ 中国人民大学人类学研究所：《"流动人口与少数民族艾滋病预防与关怀"项目评估报告》，2007 年 11 月。
❸ 李立明：《流行病学》，北京：人民卫生出版社 2003 年版，第 11 页。

例，才能把相关因素和疾病进行因果关系的推论。因此，相对于临床医学及其他医学学科，流行病学的研究视野更为宏观，它往往以特定的"人群"为描述和分析对象，寻找影响疾病和健康的各种相关因素（其中包括物理、生物、社会、文化以及行为等）。

在具体的研究实践中，研究的"人群"往往是具有某种共同特征的人的集合体。比如，20世纪90年代中期，我国中部地区的一些省份出现了单采浆献血员感染艾滋病病毒的情况。为掌握这些地区献血员的艾滋病感染情况，必须针对献血员进行大规模的血清流行病学调查。在这种情况下，参加过单采浆献血的献血员便成为调查中的特定"人群"，"参加过血浆献血"便是调查人群的共同特征。2004年9月，卫生部部署全国开展既往献血员筛查，到2005年6月底，全国献血员艾滋病感染情况基本查清。❶可见，流行病学进行调查研究时，必须根据相关的致病因素确定调查对象的具体特征，从而根据这些特征选择合适的调查对象。

2. 人类学研究中的"组织"概念

人类学对"组织"内涵的理解较为宽泛，它包括人们互相交往或联系的各种方式、过程和形态等等。因此，人类学的组织研究既包括企业和政府机构等正式组织，也包括血缘、地缘和业缘等构成的非正式组织。组织因素渗透在人们生活的各个方面。实际上，人们总是生活在各种各样的组织之中的，如家庭、宗族、村落、企业和族群等，人们的身份、特点和利益诉求等往往会通过组织的方式得以体现和获得实现。因此，人类学对人及其文化的研究往往以一定的组织为单元或边界。人类学对其四大传统研究主题亲属关系、经济制度、政治制度和宗教信仰的研究，一般是在具体的亲属组织、经济组织、政治组织和宗教组织中进行的。只有认识了人类生活的不同方面在具体组织中的运行情况，才能更为深入地理解这些主题。反过来说，人类学也是通过上述基本主题来研究和分析人类是如何"组织"起来的。比如，人类学家在对非洲草原上的努尔人（Nuer）进行研究时发现，努尔人的经济关系和政治关系都可以在最基本的亲属关系或亲属组织中找到原因和根据。因此，了解了努尔人的亲属、经济和政治主

---

❶ 李立明、詹思延：《流行病学研究实例》（第四卷），北京：人民卫生出版社2006年版，第84—93页。

题，也就了解了努尔人是如何组织起来的❶。可以说，研究和分析世界上不同地区的人们如何组织起来的，是人类学学科的核心任务之一，而人类学强调的所谓"多元的文化"及"普同的人性"就蕴涵和表现在缤纷的组织形式中。可以说，"组织"在人类学研究中的地位，正类似于流行病学对"人群"的重视程度。

人类的组织形式千姿百态，且会随着社会的发展变化纷呈，因此关于组织的研究不是人类学的专利，政治学、经济学、社会学和管理学等各人文社会学科都对组织研究兴趣浓厚。在对组织的研究中，这些学科各有侧重点，它们分别以"权力"、"制度"、"经济"、"利益"、"技术"和"文化"等为关键词或出发点，分析各种具体的组织形态及其变化，进而探讨影响或决定人类行为的各种因素。其中，人类学进行组织研究的关键词无疑是所谓"文化"。人类学对组织的研究以"文化"为基本切入点❷，着重强调"作为文化的组织"。❸而人类学在组织研究中所强调的社会文化内容，正是目前流行病学实践所迫切需要的。

3. 流行病学研究中"组织"分析的重要性

具有某一共同特征的人群之间还可能具有复杂的联系或交往。比如在上述的案例中，同样参与卖血的人之间可能会有某种密切的关系，从而互相影响卖血行为。中部地区一些艾滋病村的形成，往往和具体村庄人们卖血时的组织方式有关。最近的一部电影《最爱》，就描述了一个村庄内因有人组织集体卖血，而形成艾滋病村的例子。在很多具体研究中，某些"人群"之中的人们存在着密切的联系，甚至形成了各种各样的组织形态，这些人群的组织形态和组织方式往往成为影响疾病传播和爆发，以及考虑如何控制疾病的重要因素之一。

在此，可以列举 2000 年埃博拉出血热（Ebola hemorrhagic fever）在乌干达流行的例子。埃博拉出血热是一种烈性传染病，通过身体接触传染，病死率很高，可达 50%—90%，临床上以发热及出血为特征。2000 年 9 月，乌干达一位名叫阿维蒂的妇女因埃博拉出血热死亡，她是本次流行的

---

❶ 普里查德：《努尔人：对尼罗河畔一个人群的生活方式和政治制度的描述》，北京：华夏出版社 2002 年版。

❷ Susan Wright ed. , "'Culture' in Anthropology and Organizational Studies", *Anthropology of Organizations*, London and New York：Routledge，1994.

❸ 庄孔韶、李飞：《人类学对现代组织及其文化的研究》，《民族研究》，2008 年第 3 期，第 51—60 页。

首发病例。按照当地传统，阿维蒂的尸体要在自家的茅草屋内放置两天以等待亲人参加葬礼。并且，在葬礼上阿维蒂的家人和亲近的朋友要为她清洗身体，然后在一个公用的面盆内净手以表示家族的团结。因此，葬礼后不久，阿维蒂的母亲、三个妹妹和另外三个参加葬礼的亲戚陆续感染埃博拉出血热死亡。基于类似的方式，埃博拉出血热在乌干达爆发。截至2001年1月23日，乌干达共报告了425例埃博拉出血热病例，其中224例死亡，病死率为52.7%。[1] 显见，在这一案例中，乌干达当地的亲属组织和葬礼组织形式成为埃博拉出血热病传播和爆发的重要因素。而了解了这一组织方式和组织过程，对于预防和控制埃博拉出血热病在乌干达地区的传播具有非常重要的意义。因此，与"人群"相关的各种"组织"也应成为流行病学不可忽视的关键词之一。

然而，在很多情况下，"组织"往往被掩盖在"人群"之中。在一些流行病学调查中，某些"人群"之中的人们仅表现出某种似是而非的共同特征，但在致病的有关因素上并不存在真正的关联。例如，以收入、职业和社会阶层等较为宏观的特征来划分的"人群"，往往只能较为间接、概括或模糊地说明疾病的分布情况。而有关疾病传播的更为具体和清晰的过程和方式，显然需要"组织"的视角来加以发现和揭示。

流行病学在具体研究中也颇为注意人群内部和人群之间的"结构"问题，其中一些内容包含着组织的特征和因素。比如，很多研究根据性别、年龄以及职业等对研究对象进行区分或分类时，不同性别或年龄级的人之间可能具有不同的联系和交往方式，这在一定程度上会影响他们的组织特点。但这些结构上的考虑对于"组织"的关注尚显不足。比如在艾滋病项目中，我们通常可以把女性性工作者按照场所分为几个等级，如高档的酒店等娱乐场所、稍差的发廊和较为低档的城市边缘的出租屋等。按照场所进行的区分体现出了女性性工作者的人群构成，但是不同场所内的女性性工作者又会各有其组织和流动的特点，因此还需分析其具体的组织特征，这样才能更为深入和细致地揭示其相关行为特征。而人类学对于各种人类"组织"的研究由来已久，成果丰富，这可成为对流行病学研究的有益补充。

● 李立明、詹思延：《流行病学研究实例》（第四卷），北京：人民卫生出版社2006年版，第150页。

学科理论议题

4. 人群与组织之间的关系及其应用

基于把人类学和流行病学相结合的考虑，我们有必要弄清楚"人群"和"组织"这对概念之间的关系。

首先，从范围上来说，"人群"和"组织"是相互交叉的，人群中包含着组织，组织中也包含着人群。比如，要调查某地的 FSW（女性性工作者）感染艾滋病的风险情况，那么当地的 FSW 便是流行病学调查的"人群"。同时，这些 FSW 往往有自己的组织形式，比如她们通常在出租房、发廊和酒店等场所工作，以各种身份把自己隐藏和组织起来。另外，除这些相对正式的组织形式外，FSW 之间也会多有同学、同乡和亲属等非正式的组织关系，而这些非正式组织往往不仅包含着 FSW，往往还会包括亲属、男客和老板等其他相关人员。

其次，从内容上来说，"人群"和"组织"是相互影响的。如果说"人群"概念的关注点是人们的某种分类标准或共同特征，那么"组织"概念的重心则在于人们之间的关系、组合或结构等。一方面，许多组织往往是由具有一些共同的基本特征的人所组成的；另一方面，组织的运行或组织成员之间的交流和互动往往又会影响人们的一些具体特点。比如，同性恋组织一般是由同性恋者组成，而具体的同性恋者参与这些组织后，往往会从这些组织中学到一些亚文化，从而获得一些更为具体的组织特征。鉴于人们的许多"特征"是在各种交往互动中获得的，"人群"的关注点和"组织"的研究重心显然是相互影响和相互依存的。

最后，从视野上来说，"人群"和"组织"是倾向于互补的。"人群"以人们的某些共同特征为标准对研究对象进行分类和整合，往往能够统摄较大的样本量，并可以之为基础进行统计分析。因此，"人群"概念强调的是研究对象的代表性，以及在这种代表性基础上可以推而广之的宏观情况。比如，在随机抽样基础上进行问卷调查和统计分析，可以由一定量的样本推论到更为宏观的总体情况，这在流行学研究中属于基础原理，不必细述。由于"组织"概念强调的是研究对象之间的关系和互动情况，其中往往包括人们的各种具体行为及其规则等，有时还会结合一些具体事件或案例等对人们的行动过程进行细致的描述，因此"组织"力求深挖人们之间的互动关系及其过程，以及这些关系和过程体现出的规则和文化等。

由于人类社会文化的多样性，基于具体案例基础上的组织分析不易直接推论和推广到更为广阔的社会范围。比如，彝族人利用其传统"虎日"

仪式所蕴涵的家支组织和宗教组织力量进行戒毒，取得了很好的效果。但是，这一组织形式却不易直接推广到别的文化或地区，而必须结合不同地域或族群的文化特点，进行某种可能性的转换。目前中国各地发明的不同的文化戒毒法亦异曲同工，卓有成效，皆源于各地具体的组织文化特点。可以说，"虎日"模式更多体现的是对其他族群或地区在相关工作中的启发意义，而非直接应用的范本。综上可知，"人群"概念强调的是研究对象的代表性以及总体的情况，从这一角度而言，其研究视野倾向于"宏观"；"组织"概念强调的是人们之间的互动关系、互动过程及其体现出的规则和文化等，因此其研究视野倾向于"微观"。在实际的研究中，这种宏观和微观的视野相结合是非常必要的，因为宏观的"面"上的总体估计和微观的"点"上的深入挖掘，可以实现验证、补充和完善等等关系，这也是所谓"蝗虫法和鼹鼠法"所讨论的内容。❶

　　人群和组织之间的这种区分及其视野，有利于我们在具体研究中采用跨学科的角度进行分析，从而对研究内容获得更为全面和深入的理解。比如，在笔者参与的一项关于"老年嫖客和低档暗娼艾滋病感染风险"的研究中，研究者一方面采用统计的方法，对相关人群的基本情况、艾滋病知识以及有关态度和行为等进行定量的统计和分析，另一方面通过参与观察、深入访谈和文献法，对相关人群的组织形式及其内部的文化特征进行挖掘。基于人群的视角，我们从量的角度获得了该人群的艾滋病感染风险概况。基于组织的视角，我们发现了该人群的组织特点：他们会按照"类家族模式"组织起来，其性交易活动受制于当地的集市周期，本地的族群文化也对他们的性交易活动产生着影响等。❷ 在该研究中，通过对相关人群组织活动特点的了解，有利于对统计结果进行更为深入的分析和解释，从而便于寻找影响艾滋病传播的关键因素，以及在此基础上进行有针对性的干预措施。另外，从本例也易看出，人类学对组织的研究不仅止于组织内部人们之间的组合和互动方式等，还致力于挖掘影响或决定组织内部人们之间关系的文化因素。针对这一点，庄孔韶提出了"作为文化的组织"

❶ 庄孔韶：《"蝗虫"法与"鼹鼠"法——人类学及其相关学科的研究取向评论》，《开放时代》，2007年第3期，第131—150页。
❷ 庄孔韶等：《老年男客和低档暗娼艾滋病感染风险研究报告》，北京：中国人民大学人类学研究所2010年；宋雷鸣、汪宁：《作为文化的组织的人类学研究实践》，《思想战线》，2012年第4期。

概念，强调组织研究中的文化视角。❶ 毕竟，文化是组织运行的基本图谱，也是人类学研究最核心的概念。

关于人群和组织的结合上，学者们已取得了一些研究成果。比如，基于组织的视角，庄孔韶等考察了女性性工作者的流动和组织特点。他们将女性性工作者的流动分作三个级别：省际的流动、省内的流动和色情业相对集中地街区（红灯区）内外的流动。第一级别和第二级别的流动都带有熟人帮带的特点，第三级别的流动仍旧采用亲缘、地缘和业缘的形式。这体现了汉人的家族主义和人伦关系对女性性工作者流动的影响。在色情场所内，小姐们又以血缘和地缘纽带形成一种互惠互利和相互负责的类家族的组织形式。对汉族小姐流动和组织方式的了解，对于提供恰当而有效的健康教育与疾病防治干预工作大有帮助。❷ 刘谦在对四川某地"板板茶"的研究中也发现，场所内的老板像家长一样统领着组织，像家族中长辈对晚辈一样进行关照和约束，整个场所呈现出一种明显的类家族主义特点。了解了板板茶的这一组织特点，在同伴教育中若能发挥老板或家长的作用，将能达到事半功倍的效果。❸ 富晓星从组织的角度对男同性恋、女性性工作者、建筑业农民工等进行过研究，并在此基础上提出了一些干预措施。❹

总而言之，"人群"是相对于个体而言的，强调的是具有某些共同特征或要素的人的集合体，而人群之间的区分体现的是某一种或几种具体的分类标准。"组织"是针对人与人之间的联系和互动而言的，强调的是人与人之间实际存在的关系形态和互动方式。由于人们的各种"特征"往往和人们之间的"关系"密不可分，而且基于这种"特征"和"关系"还分别体现出倾向于宏观和倾向于微观的不同研究视野，在这一意义上，所

❶ 庄孔韶：《中国内陆型和跨境型女性性工作者组织特征、流动规律及艾滋病防治对策研究》，中国人民大学人类学研究所报告，2006 年 9 月；庄孔韶、李飞：《人类学对现代组织及其文化的研究》，《民族研究》，2008 年第 3 期，第 51—60 页。

❷ 庄孔韶、赵世玲：《性服务者流动的跨国比较研究与防病干预实践》，《中国农业大学学报》，2009 年第 1 期，第 22—33 页；李飞、庄孔韶：《"作为文化的组织"的人类学研究实践——中国三个地区女性性服务者群体特征之比较及艾滋病/性病预防干预建议》，《广西民族大学学报》，2010 年第 2 期。

❸ 刘谦：《面对艾滋风险的自律与文化》，北京：中国社会出版社 2010 年版。

❹ 富晓星、吴振：《男同性恋群体的城市空间分布及文化生产：以沈阳为例》，《工程研究——跨学科视野中的工程》，2010 年第 2 卷第 1 期，第 38—52 页；富晓星：《女性商业性性服务者的组织特征、流动规律及艾滋病防治对策研究》，《人口研究》，2006 年第 6 期；富晓星：《建筑业农民工群体艾滋病预防干预策略的人类学观察——以北京市为例》，《中央民族大学学报》，2009 年第 1 期。

谓的"人群"和"组织"应当且能够实现有效的结合。基于不同的学科旨趣和方法论特征，流行病学和人类学在这两个角度上各具优势，因此"人群"和"组织"在具体研究中的结合，应成为人类学和流行病学跨学科合作的重要角度之一。

（四）理解与干预：人类学和流行病学在应用过程中的联合

1. 流行病学的"干预"

所谓"干预"，即是在了解一个公共卫生问题发生、发展、分布规律以及相关影响因素的基础上，提出有针对性的策略和措施，改变相关人群的行为习惯，以及某些自然和社会环境等，以达到防控疾病和促进健康的目的。一般而言，流行病学的研究任务分为三个阶段，"第一阶段的任务是'揭示现象'，即揭示流行（主要是传染病）或分布（其他疾病、伤害与健康）的现象。第二阶段为'找出原因'，即从分析现象入手找出流行与分布的规律与原因。第三阶段为'提供措施'，即合理利用前两阶段的结果，找出预防或处置的策略措施。"[1] 因此，作为一门应用性学科，流行病学最根本的任务体现在第三阶段，即是在掌握疾病流行和分布的"原因"的基础上，提出有针对性的预防和控制措施或策略。这里的第三阶段，实际上就是流行病学的"干预"。能否有效地实施干预，是发挥和体现流行病学研究价值的关键环节。比如，针对艾滋病高危人群，宣传减少多伴性行为，以及商业性行为中坚持使用安全套等，都是进行干预的具体措施。然而，干预常常涉及人类行为的改变，而行为的改变又需要了解和遵循特定的社会文化背景。在有关社会文化知识的掌握上，流行病学学科不可避免地存在一些欠缺。因此，在干预活动中引入人类学的知识和方法，借以加强对干预对象和干预环境相关的社会文化内容的了解，将是十分必要和有益的。

2. 流行病学干预中存在的困境

一般而言，疾病传播的直接原因在于人们所具有的某些不良行为或习惯。在这种情况下，流行病学的干预最终要体现为人们相关行为或习惯的改变。但若仅仅把目光局限于表面的行为上，而不能理解相关行为背后的社会文化内涵，则具体的干预实践往往会陷入困境。

比如，在健康相关行为干预的理论中，"知识—信念—行为"模式是

---

[1] 李立明：《流行病学》，北京：人民卫生出版社 2003 年版，第 6 页。

流行病学应用最为广泛的理论之一。该理论认为，通过健康知识的宣传和普及，能够促使人们产生积极的信念和态度，从而改变人们的行为模式。众多的流行病学调查也发现，人群中危险行为的高发和相关知识的缺乏有关。因此，在许多干预实践中，流行病学者试图通过提高健康知识的知晓率，来达到提高对象的健康意识、降低危险行为发生的目的。但是从实际情况来看，"知—信—行"模式未必能获得理想的效果，健康知识的普及和危险行为的改变之间还存在着一定的距离。在众多对吸烟、酗酒、不合理膳食和缺乏体力活动等的研究中发现，尽管人们掌握了相关健康知识，但是危险行为的改变却微乎其微，即便一些人短期内有了行为改变，也难以固化为良好的行为习惯。❶ 当然，吸烟、酗酒和不合理膳食等只是日常生活中的不良习惯，可能人们对此不是十分重视。而在令很多人谈之色变的艾滋病问题上，相关人群在知晓了高险行为所带来的风险以及相应的预防知识后，依旧不能有效地改变行为，这为艾滋病的干预实践带来了很大的困扰。

艾滋病流行的主要危险因素包括静脉吸毒共用注射器、不安全性行为、母婴传播和医源性传播等，但是这些相对较为直接的危险行为和危险因素背后还存在所谓的"易患因素"❷ 或"远端危险因素"❸，其中可能包括贫困、缺乏知识导致错误观念、人口流动、社会歧视等等。在现实中，危险因素和易患因素是紧密联系在一起的，几乎每一个人的易患性都是与其危险行为相结合的。只有把降低危险性的努力和降低易患性的行动结合在一起，控制疾病传播的效果才能更广泛持久。❹ 所以，在艾滋病的干预过程中，不能只是针对某种单一行为，还要关注到被干预者行为背后的心

---

❶ 李立明，吕筠：《慢性非传染性疾病预防与控制策略新进展》，《中国慢性病预防与控制》，2003 年第 3 期，第 97—98 页；陈燕霞：《影响健康教育知、信、行效应因素的探讨》，《中国健康教育》，2003 年第 3 期，第 219—220 页；左群、张宗光、刘辉、单广良：《从生活方式干预研究看流行病学的发展》，《医学与哲学》，2011 年第 5 期，第 23—24 页；曹务春、张久松：《流行病学研究进展与发展设想》，《解放军医学杂志》，2010 年第 8 期，第 905—908 页；Des Jarlais D. C.，Lyles C.，Crepaz N.，et al.，"Improving the Reporting Quality of Nonrandomized Evaluations of Behavioral and Public Health Interventions: the TREND Statement"，*American Journal of Public Health*，2004，3：361–366；詹姆斯·A. 特罗斯特：《流行病与文化》，刘新建、刘新义译，济南：山东画报出版社 2008 年版，第 126—130 页。

❷ 汪宁：《我国艾滋病预防控制的形势与面临的挑战》，《中华预防医学杂志》，2004 年第 5 期，第 291—293 页。

❸ 吕筠、李立明：《疾病预防策略中若干观念的转变》，《疾病控制杂志》，2003 年第 2 期，第 131—132 页。

❹ 汪宁：《我国艾滋病预防控制的形势与面临的挑战》，《中华预防医学杂志》，2004 年第 5 期，第 291—293 页。

理、社会和文化等内容，如被干预者的身份，所处的环境，及其对性、暴力、药物和人权等问题的看法等。所以，"在知识—信念—行为的转化链中，有很多因素影响着转化链中的各个环节，探索影响被干预者行为转化的原因，是流行病学工作者重要的研究内容，诸如被干预者对疾病危害的认识、对自身易感性的认识、对行为的效益评价、个体的性格特征等，均可成为行为改变的倾向因素，而家人、'领袖'和社会的支持与鼓励又可以成为行为改变的强化因素。研究结果已经证明，如果这种强化没有及时出现，那么获得的信念很可能逐渐消退。"❶ 然而，行为转化所涉及的复杂社会文化因素，不易在流行病学学科内部加以解决，必须寻求与其他相关学科的合作。

总之，在具体研究和干预实践中，流行病学能够较好地测定相关行为和疾病流行之间的关系，并且在此基础上提出有针对性的、改变相关行为的干预措施。然而，人类是生活在具体的社会文化环境中的，哪怕是极微小的人类行为模式的改变，都难免会涉及复杂的社会文化过程。❷ 这即是说，流行病学的干预实践是在具体的经济、社会和文化环境中施行的，必须对干预对象及其相关的自然、社会和文化环境等有较为深入的理解，才能使干预措施顺利实施，甚至达到事半功倍的效果。而在此谈到的理解，人类学具有其他学科所难以替代的优势。

3. 人类学的"理解"

人类学是通过研究文化来理解人性的学科，或通过研究时空和结构中的异文化来理解人类共性、自性和他性的学科。❸ 受到近代科学主义思潮的影响，人类学也曾注重科学和实证的方法，但后来发现科学和实证的方法能够较好地描述人类的各种行为等外在特征，而对于人类行为（模式）背后的符号或文化等却力不从心。人类行为背后的文化和规则等，是影响、决定和解释人类学行为的重要内容。因此，1970 年代以后，人类学的

❶ 汪宁：《艾滋病在中国和全球的流行现状及面临的挑战》，《科技导报》，2005 年第 7 期，第 4—7 页。
❷ 王小芳、汪宁：《艾滋病高危人群干预活动中文化的影响》，《中华流行病学杂志》，2010 年第 11 期，第 1235—1239 页；张恒、汪宁：《性行为自我报告中的信息偏倚及其控制》，《中华流行病学杂志》，2010 年第 2 期，第 227—229 页；刘慧鑫、王璐、秦倩倩、丁正伟、汪宁：《滞后诊断偏倚对判断艾滋病潜伏期的影响》，《中华流行病学杂志》，2011 年第 9 期，第 892—895 页；庄孔韶、李飞：《"作为文化的组织"的人类学研究实践——中国三个地区女性性服务者群体特征之比较及艾滋病/性病预防干预建议》，《广西民族大学学报》，2010 年第 2 期，第 53—60 页。
❸ 庄孔韶：《人类学通论》，太原：山西教育出版社 2003 年版，第 37 页。

学科理论议题

研究范式发生转移，人类学研究的人文性或理解性特征越来越明显，比如这一时期崛起的象征人类学和认知人类学等，把关注点放到了人类行为背后的文化符号、规则和意义等方面，而符号、规则和意义等只能通过"理解"的方式获得。在理论上，人类学坚持"人性普同，文化多元"，即世界上不同人类族群之间虽然具有千差万别的生活方式与文化，但他们作为人本身是平等无差别的。基于无差别的人性，人类不同的族群之间可以实现互相理解。在研究方法上，人类学最擅长的是所谓"田野工作"，即通过融进研究对象的生活中，长期参与观察，细致地描写记录，从而获得对研究对象的细致而深入的理解。因此，人类学的这种研究方法属于典型的定性研究。

从目前的学科实践来看，流行病学侧重的是科学或实证的方法，擅长对研究对象的行为特征进行统计分析，从而获得研究对象的相关行为模式，以及这些行为模式与疾病或健康之间存在的因果关系等。如前所述，在卫生干预实践中，人们行为的产生及其改变涉及复杂的社会文化过程，而要获得对这种社会文化过程的理解，正是人类学的长项之一。对此，我们可以结合人类学理解的三个基本特征来加以说明。

第一，整体论。人类学的整体论，力求把研究对象放置在其所处的自然和社会环境中加以考察，综合生物的、社会的、文化的、语言的和历史的等等各个角度的内容，以求达到不仅知其然，更要知其所以然，不仅能看到事物的表面现象，更要看到事物的内在联系的目的。❶ 当然，流行病学也具有明显的整体论特征。在对具体卫生问题的考察过程中，流行病学也力求综合考察生物、生态、社会和文化等诸多因素，但是其在广度上似乎不及人类学。❷ 同时，虽然两学科都具整体论特征，但在众多因素中的偏重不同，流行病学更为偏重和擅长生物学因素，人类学更为偏重和擅长社会文化因素。两学科在研究范围上的重叠及其在具体内容上的不同偏重，为两学科的合作和互补提供了有利的平台。比如笔者在对广西某地低档暗娼和老年嫖客艾滋病感染风险的调查中发现，当地的集市周期和某种

---

❶ 庄孔韶：《人类学通论》，太原：山西教育出版社 2003 年版，第 14 页；康拉德·菲利普·科塔克：《人类学——人类多样性的探索》，黄剑波、方静文译，北京：中国人民大学出版社 2012 年版，第 15 页；Bateson，"Anthropological Theories"，*Science*，1959，129：294 – 298；James Peacock，"Holism：Impossible but Necessary"，*The Anthropological Lens：Harsh Light，Soft Focus*，New York：Cambridge University Press，1986，pp. 19 – 20.
❷ 张有春：《医学人类学》，北京：中国人民大学出版社 2011 年版，第 181 页。

地方习俗影响着高危人群的组织和行动特点。对相关人群组织和行动特点的了解与把握，显然有利于干预活动的开展。

第二，跨文化比较。人类学最初产生于西方工业社会，主要以非西方的简单部落社会为研究对象，以至于有学者认为人类学是关于他者的学问。❶ 人类学通过对异文化的研究，能够获得新的视角来审视本文化，从而以文化比较的视角来获得对文化和人性的更深入理解。❷ 时至今日，跨文化比较已成为人类学的重要传统和特征。❸ 通过比较的视角来理解具体文化，其研究视野显然更为开阔。在当今时代背景下，人类面对的很多问题必须放在全球背景下来考虑，像艾滋病、毒品、环境卫生等一些重大公共卫生问题无不带有了全球化的特点。❹ 虽然这些问题在全球范围内具有一定的普遍性，但是在具体的干预实践中却不能采用一刀切的方式。很多实践已经证明，在引入国际干预措施时，仅考虑生物学合理性而忽视社会文化环境差异性的麦当劳现象是片面和失败的。公共卫生项目的跨文化性，决定了干预实践中跨文化比较和理解的重要性。即便限于我国国内，公共项目也要面对不同民族或族群，这就必须考虑不同民族间的文化差异问题。因此我们面对各种卫生问题时，不能忽视具体的文化情境，必须采用文化比较的方法获得对具体地域和文化特殊性的理解，从而提出具有文化敏感性的干预策略和措施。比如，有研究者发现汉人小姐的组织和流动方式具有明显的类家族主义特征，其中包含的"家长"及以之为核心所形成的差序格局，决定了其组织较为稳定，流动性小；而海南岛某族群的小姐组织具有明显的年龄级特点，以姐妹关系为主，缺乏核心人物，流动性较大。因此，在艾滋病知识宣教时，应结合两个族群文化的不同特点来进行。❺ 第三，主位法。不同的人可能会有相同的行为，但是相同行为对于不同的人可能存在着不同的逻辑和意义。因此，人类学在研究具体的族群或文化时，不仅注重从外在的视角观察和分析研究对象的行为表现，还注

---

❶ 庄孔韶：《人类学概论》，北京：中国人民大学出版社2006年版，第7页。

❷ R. M. 基辛：《文化·社会·个人》，甘华鸣、陈芳、甘黎明译，沈阳：辽宁人民出版社1988年版，第16页。

❸ 康拉德·菲利普·科塔克：《人类学——人类多样性的探索》，黄剑波、方静文译，北京：中国人民大学出版社2012年版，第4页。

❹ 张有春：《人类学与公共卫生：理论与实践》，《广西民族大学学报》，2007年版第1期，第48—57页。

❺ 庄孔韶、李飞：《"作为文化的组织"的人类学研究实践——中国三个地区女性性工作者群体特征之比较及艾滋病/性病预防干预建议》，《广西民族大学学报》，2010年第2期。

学科理论议题

重从被研究者的角度出发去思考问题。从外在的视角对研究对象行为的观察和分析体现的是"客位"分析法；倾听研究对象的声音，理解和分析其行为背后的思维观念或文化逻辑，属"主位"分析法。主位法在承认不同人群主体差异的情况下，能够透过相同的行为表现，分析其可能存在的不同行动逻辑，有利于更为深入地理解研究对象的思想观念，避免先入为主的片面性认识。因为面对同样的问题，不同的人们可能会有不同的认识和态度。比如在乌干达的某个时期，人们发生了梅毒和淋病竟可成为值得夸耀的事情。❶ 另外，面对某种相同的公共卫生预防措施，不同文化或不同社会阶层的人可能会有不同的理解，这可能会影响到他们对该措施的可接受性、合作性、能动性的支持。如何发现这种差异，如何评价这种理解性差异导致的预防措施效果，这都需要两学科知识融合交流。比如笔者在调查中发现，有些嫖客在商业性行为中不使用安全套的原因是"使用套子跟手淫一样，阴阳不能调和，伤身"。因此，针对干预对象的这种思维，提出有针对性的解释，有利于更好地推广安全套的使用。同时还有学者指出，安全套的宣教给了一些嫖客过度的自信，反而鼓励了他们的商业性行为。❷ 可见，如何掌握宣教的力度，也需增强对干预对象的理解。总而言之，在卫生项目中，从"主位"的角度理解干预对象相关的行为特点和需求及其背后的社会文化逻辑等，是制定适应被干预对象思想观念的，容易为其所接受的干预措施的重要保障。

4. "理解"基础上的"干预"

流行病学的"干预"发生在具体的社会文化环境中，从根本上来说属于一种社会文化实践。作为一项社会文化实践，自然会牵涉众多的社会文化内容。对干预实践背后隐藏的社会文化背景获得一定的理解或了解，是具体干预顺利实施的重要前提。为了分析的方便，我们可从社会和文化两个方面来分别讨论。一般而言，"社会"因素包含职业、收入、财富、社会阶层、性别不平等、政策和制度等变量；"文化"因素则涉及族群、风俗、疾病的分类和意义等。

首先，在干预实践中，应该对与疾病相关的社会因素有较为充分和深入的理解。公共卫生问题往往具有特定的社会原因，对卫生问题背后相关

❶ N. Kaleeba, S. Ray, *We Miss You All*, Zimbabwe: South Africa AIDS, 2002, pp. 9, 84.
❷ 刘谦:《"风险"中的男客：关于风险感知与行动的多维度理解》,《广西民族大学学报》, 2012 年第 2 期。

社会因素的考察，有利于提出更为有效的干预措施。比如，在传统农业社会，人们的经济和生活水平较低时，肥胖是一种身份的象征，体现着社会阶层的差异。即便是今天，肥胖在某些社会中也不仅仅是健康问题，同样体现着社会阶层的差异。日本一些较高社会阶层的人们很注重塑身，他们认为肥胖的人不能控制自己的身体，是失败的表现。另外，人们的饮食习惯，作为影响疾病和健康的基本因素之一，往往会受到工资、医疗保健、工作时间、对烹饪的认识、社会对肥胖的评判标准、农业生产和购物场所等因素的影响。[1] 若要改变相关的饮食习惯，则需要在考察这些相关因素的基础上提出有针对性的措施。2005 年秋冬时节禽流感流行时，潘天舒和张乐天对浙江海宁地区普通民众应对禽流感的行动进行过考察，发现普通民众有自己的快捷的信息传播方式，有传统的应对疾病的方法，有邻里和亲朋间的互助等所谓的"集体生存意识"。胡宗泽也曾用类似的思路考察过华北一个乡村面对"非典"时的应对措施。[2] 这种情况表明，在疾病干预过程中，通过了解基层民众的社会性力量，并引导其发挥积极作用，是促进干预措施更好地发挥效果的重要保证。[3] 相关社会因素的了解还不应止于基层，宏观的国家政治也是需要考察的重要内容。比如胡宜对中国历史上"废止中医"、"爱国卫生运动"和"合作医疗"的事件进行解读，发现现代中国疾病政治的发展是沿着"国民—人民—公民"的路径行进的，这显然是具体卫生措施的宏观政治背景。[4] 可见，积极考察和理解卫生问题背后的社会因素，对于提出有针对性的、有效的干预措施大有裨益。

其次，在干预实践中，还应该对相关的文化因素有所了解。来自不同文化的人们，各有其独特的健康观念和疾病解释模式等，这就需要我们在制定干预措施时综合考虑其健康观念，从而实现干预措施和其健康观念的平衡。[5] 除了对干预对象疾病知识或病患观念的理解外，还应尽

---

[1] Tracie McMillan，*The American Way of Eating*：*Undercover at Walmart，Applebee's，Farm Fields，and the Dinner Table*，New York：Scribner，2012.

[2] 胡宗泽：《村民眼中的"国家"——对华北一个乡村预防"非典"事件过程的考察》，《社会》，2011 年第 6 期。

[3] 潘天舒、张乐天：《流行病瘟疫与集体生存意识关于海宁地区应对禽流感威胁的文化人类学考察》，《社会》，2007 年第 4 期。

[4] 胡宜：《现代中国的疾病政治》，北京：社会科学文献出版社 2011 年版。

[5] A. M. Kleinman，L. Eisenberg，B. Good，*Culture，Illness，and Care*，Annals of International Medicine，1978，88：251 – 258；Harwood A.，"The Hot-cold Theory of Disease：Implications for Treatment of Puerto Rican Patients"，JAMA，1971，216：1153 – 1158.

学科理论议题

可能地多了解干预对象的文化和组织生活，以便于从中选取有益于实施干预的力量。从1999年开始，人类学家庄孔韶等捕捉到的彝族人通过传统的"虎日仪式"进行戒毒的例子，是利用文化力量进行健康干预的经典案例。"虎日仪式"是彝族人传统的战争宣誓仪式，其中蕴涵着彝族人的家族组织、宗教信仰、伦理道德、习惯法和民俗教育等。彝族人利用这一传统仪式向毒品宣战，调动了上述的各种社会和文化力量，使家族内的吸毒者大量减少，戒毒成功率达到64—87%的高比率。❶2007年时庄孔韶在《社会科学》杂志上做过一个临终关怀实践专题，分析不同宗教、不同族群人的临终关怀实践。由于中国不同地域、族群、信仰的文化中，都有其固有的生死哲学与仪式习俗，因此在临终关怀实践中必须思考如何将地方文化的信仰、仪式、习惯同医院的医疗救治相结合。在中国的广大版图上，儒家重生安死，道家生死达观，佛家往生极乐，而各少数民族又各有其不同的生死观念和仪式习俗，因此参与和卷入临终关怀事项过程的人员须不断了解和理解不同民族、不同文化、不同信仰的人们的生命哲学、风俗习惯、仪式、情感与心态特征，才能使每个临终病人都能舒适平静地度过人生的最后阶段。❷侯远高等在彝族地区进行性病艾滋病干预过程中，在理解和把握彝族文化的基础上，力求把本地"压抑的民间文化能量释放出来"，以总结出一套针对彝族社会文化特点的本土化防治模式。他们通过一系列的调研来理解彝族社区的特点，了解了彝族的社会组织、家支势力、宗教影响、民间精英、家庭婚姻形式、性活动特征、高危人群分类及其行为规律、禁毒工作、疾病认知与卫生习惯、民间文艺形式等，然后从中寻找可用于干预的力量。他们发现通过从彝族传统社会组织和文化建设入手，强调使用本民族语言文字、遵照当地习俗、用当地的文化艺术形式传播预防艾滋病知

❶ 庄孔韶：《"虎日"的人类学发现与实践—兼论〈虎日〉影视人类学片的应用新方向》，《广西民族研究》，2005年第2期，第51—65页；庄孔韶、杨洪林、富晓星：《小凉山彝族"虎日"民间戒毒行动和人类学的应用实践》，《广西民族学院学报》，2005年第2期，第38—47页。
❷ 庄孔韶：《现代医院临终关怀实践过程的文化检视——专题导言》，《社会科学》，2007年第9期；富晓星、张有春：《人类学视野中的临终关怀》，《社会科学》，2007年第9期；黄剑波、孙晓舒：《基督教与现代临终关怀的理念与实践》，《社会科学》，2007年第9期；包路芳：《蒙古族的死亡观与临终关怀》，《社会科学》，2007年第9期；张庆宁、卞燕：《综合医院里的临终关怀——妇科肿瘤病房和ICU的人类学观察》，《社会科学》，2007年第9期；嘉日姆几：《试析凉山彝族传统临终关怀行为实践》，《社会科学》，2007年第9期；李晋：《佛教、医学与临终关怀实践——基于人类学的研究》，《社会科学》，2007年第9期。

识，并通过家支和宗教来干预青少年高危行为，能够实现很好的干预效果。❶

最后，需要指出的是，对卫生问题背后的社会文化因素的理解，只能为提出有效的干预措施提供更大的可能，并不能保证能够确实解决卫生问题。这是由于众多的社会文化问题是历史的产物，无法在短时期内获得改变，而这些问题客观上决定或影响着卫生问题。比如，东西方文明，虽然程度上有异，但在指引两性关系的准则上都承认，爱同自由一样，必须加以约束，或许还要求牺牲。而如今，这些道义责任一定程度上都已萎退嬗变。其中，日渐盛行的敞开胸怀拥抱爱和自由的文化，意味着我们的社会更容易受变化的态度和习俗影响。我们逐渐失去爱要求的苛严和自由需要的约束，在最近几十年的时间里从崇尚热烈爱情演变为短暂的一夜情，人们不再坠入情网，而是做无穷无尽的试验。在这种文化背景下，各种具体的干预措施都显得很苍白。虽然如此，我们不应消极无为，而是要在深入理解相关问题社会文化背景的基础上，提出一系列适应性的干预措施，使卫生问题获得逐步的改变和促进。

四、结语

基于人类学学科发展的内在要求，人类学需要与不同的学科进行跨学科合作。因为人类学横跨人文、社会和自然学科，只有积极吸收这些学科的先进成果，才能更好地促进人类学学科的发展。由于人类学学科具有较强的综合性和较高的理论视野，人类学与史学和流行病学等学科进行合作时，更多地体现出对相关学科的促进作用，这类似于哲学对众多具体学科的方法论指导。虽似指导，但是人类学与其他学科进行跨学科合作时，必须拥有平等的姿态，这类似于人类学者田野调查时甘当小学生的态度。人类学与其他学科合作时，必须虚心学习和理解这些学科的基本学理和方法，然后在其基础上提出自己的理论和方法，其实这亦是一种主位的方法——只有站在相关学科的角度，才能更好地理解相关学科的需求，进而更好地促进学科间的合作。应用是任何学科价值的直接体现，流行病学作为一门应用性学科，人类学与流行病学的跨学科合作有利于更好地实现人

---

❶ 侯远高、木乃热哈、陈国光：《弱势群体如何参与 STD／AIDS 的防治》，《中央民族大学学报》，2004 年第 3 期，第 52—57 页。

类学的应用价值。人类学的应用性实践，对于检验和反思人类学的基本理论也具有重要的启发意义。从这一角度而言，总结既有的学科合作实践，思考两学科合作的学理性基础，对于学科的发展和实践的进步都具有重要的现实意义。

A Theoretical Treatment of Interdisciplinary Research:

Take Anthropology and Epidemiology for example

Song Leiming

Abstract: Nowadays the academic division is dividing more and more, and interdisciplinary cooperation has become one of the most important trends of academic development. Theoretical discussion should be an important base of further and frequent cooperation. Anthropology and Epidemiology have much cooperation in some specific research practices, but some theoretical treatment is much in need. And this has become an obstacle in getting deeper and closer relationship of the two disciplines in specific practices. Based on the existing academic practice, we find "biology and culture", "qualitative and quantitative", "crowds and organizations", "understanding and intervention", could be the theoretical base of interdisciplinary cooperation.

Keywords: interdisciplinary; Anthropology; Epidemiology

学科理论议题

275

作者简介

林建育，2002 年自树德科技大学建筑与古迹维护系毕业后，于 2006 年在树德科技大学建筑与古迹维护研究所取得建筑硕士学位，后服务于金门大学闽南文化研究所。2002 年开始投入金门研究，2006 年定居迄今。期间投入地方建筑史、金门地方史、金门传统建筑、闽南信仰等研究，并与"中央研究院"人文社会科学研究中心地理信息科学研究专题中心合作进行金门聚落空间与地方信仰整合之数字保存工作，并于相关期刊发表论文数篇。社会实践工作方面，参与聚落保存、古迹修复等工作，并长期记录地方信仰、宗族祭祖等仪式。

范华（Patrice Fava），法国民族学者、纪录片导演兼制片人、法国远东学院研究员、道教研究专家。从 1970 年至今，在中国拍摄了多部人类学纪录片，他的《一个民族学者在中国的日记》曾在巴黎民族志电影节获那努克奖（Nanook award，1989）；他在中国拍摄的知名电影还有《闽西客家游记》、《韩信复仇记》等。《韩信复仇记》也在第 16 届世界人类学民族学大会电影节获奖。他的最新著作是《天国之门，湖南的道教雕塑艺术——中国的艺术和人类学》（Aux portes du ciel：la statuaire tao？ste du hunan：art et anthropologie de la chine. 2012）（和文臻辑录）

张猷猷（1983—　　），湖南株洲人，毕业于中央民族大学民族学与社会学学院，获法学博士学位，研究方向为人类学理论与方法，现为浙江大学公共管理学院博士后。博士论文题目：《求偶纪：对"李木脑壳"的关系与演化之研究》，先后发表与翻译论文十余篇："人类学知识的生产与田野实践"载《贵州师范大学学报》（2009，第 3 期）；"北美印第安人的面具、神话及其社会关联"载《中国人类学评论》（2010，第 17 辑）；"香味四溢的人类学"载《湖南工业大学学报》（2012）；"木偶与民俗"载《节日研究》（2012）等，涉及内容包括：人类学理论与方法论、宗教、仪式研究、艺术、饮食、身体与神话学等相关研究领域与分支学科。博士后在站期间参与"浙江省老年社会"课题的实地调研以及关注对列维－施特劳斯的研究。

黄剑波，文化人类学博士，中国人民大学人类学研究所副教授，曾在中国社会科学院、美国 Baylor 大学做博士后研究，以及香港中文大学、伯明翰大学、圣母大学等做访问学者。主要研究兴趣包括汉人社会研究、宗教人类学、中国基督教研究、社会边缘群体研究等。主要出版包括《文化人类学散论》（2007）、《地方性、历史场景与信仰表达：宗教人类学研究论集》（2008）、《乡村社区的信仰、政治与生活》（2012）、《法律理论和实践与社会的良性运作：以宗教与社会的关系为例》（合著，2009）、《边际的共融：全球地域化视角下的中国城市基督教研究》（合著，2009）、《都市里的乡村教会》（待版）等；参与编写《人类学通论》（2002）、《人类学概论》（2006）、《人类学经典导读》（2008）等，以及合作译著《科学的文化理论》（1999）、《基督教的兴起：一个社会学家对历史的再思》（2005）、《人类学的哲学之根》（2006）、《仪式过程》（2006）、《洁净与危险》（2008）等。

孙晓舒，1982 年生，辽宁省抚顺市人，2001—2005 年就读于中央民族大学民族学与生态学专业，获得历史学与理学双学士学位；2005 年保送至中国人民大学，并于 2007 年获得中国人民大学人类学硕士学位；2010 年获得中国人民大学人类学博士学位；2010—2012 年在清华大学社会学系做博士后，医学社会学方向。主要致力于宗教人类学、影视人类学、物的社会生命史及医学社会学等领域的研究。她先后在国内外多种学术期刊〔《开放时代》、《社会科学》、香港《道风》、《人口与发展》、《医学与哲学》（人文社会医学版）、《基督教思想评论》、《中国图书评论》、International Journal of Infectious Diseases 等〕发表论文数十篇。主要代表作有：《亲密的陌生人：中国三个城市的男同性恋交友格局》、《从市场化程度和人口流动性看艾滋病问题——以广东省为例》、《基督徒内部分群的逻辑与实践过程》、《基督教与现代临终关怀的理念与实践》等。

雷亮中，2000 年中央民族大学民族学系文化人类学专业学士学位，2003 年中央民族大学民族学系影视人类学硕士学位。现为中国社会科学院

作者简介

277

民族学与人类学研究所助理研究员，中国人民大学人类学研究所博士研究生。主要研究方向为影视人类学、医学人类学等，曾多次参与中英性病艾滋病防治项目、中国——默沙东艾滋病合作项目。主要论文：《四川凉山民族地区传染病与社会问题调查——以麻风病与艾滋病为例》、《歧视：文化视野中的麻风病》、《社会歧视下的婚姻、家庭》、《一个遥远村落的前世今生》、《足下传情：穿在脚上的人生礼仪》、《民间权威的人类学考察：兼论权力与权威之关系》、《银饰之魂：贵州省黔东南革家银饰人类学拍摄》、《人类学的影视表现：从记录到展现》、《"和而不同"：论人类学影视和文本双重建构》、《中国影视人类学的历程》（合）。参与制作完成人类学影片：《远去的格姆女神山》（59分钟）、《唱哈的日子》（58分钟）、《银饰》（58分钟）。

宋雷鸣，男，1981年10月出生。2010年6月于中国人民大学人类学研究所获人类学博士学位。2010年11月至2012年8月，在国家疾病预防控制中心性病艾滋病预防控制中心做博士后研究。现为厦门大学人类学与民族学系助理教授。主要研究方向为汉人社会、公共卫生。曾在《思想战线》、《广西民族大学学报》、《中华流行病学》和《医学与哲学》等杂志发表多篇学术论文。

编后记

　　《人类学研究》（第贰卷）自组稿伊始，即得到诸多师友的热情回应和支持，首先向这些师生朋友致以由衷感谢。编辑过程中，由于篇幅、体例、风格等各种原因，不得不放弃了一些质量上乘的文稿；另外，还有一些文章则需要进一步修订和补充，以便日后发表。遴选过程不当之处，谨向各位师生朋友衷心致歉。

　　从一定意义上来说，本卷中收录的前四篇文章可以与上卷"汉人社会研究专辑"形成延续，它们分别从不同角度讨论了中国不同地区的汉人信仰问题。

　　林建育在对福建金门的土地信仰考察中，主要探讨了神圣空间领域是如何被建构起来的。他认为，闽南的宗族群体与宫庙信仰体现了金门传统汉人聚落的文化特质与社会面向，在型塑聚落的过程中，信仰仪式赋予空间组成传统聚落的元素，亦使得金门传统汉人聚落的社会结构、空间意涵与居民境域观加以突显。这篇文章的要点有三：第一，空间是一个社会和文化单元，而不是纯粹的自然地理单位；第二，在人类学关于祭祀圈/信仰圈的经典研究领域，它提供了新的案例与探索；第三，宗族模式和信仰模式是中国经验研究中最成熟的两个问题领域，弗里德曼晚年在总结中国研究时，希望后来的学者们要把宗族模式、祭祀圈等模式综合起来考虑，为此，作者作了可贵的尝试。

　　战后，中国人类学（包括港台）更多地偏爱欧美倾向，使大家渐渐忽视了法国知识界观察中国的视角。本卷发表范华的这篇文章，目的在于展示法国关于中国研究，特别是信仰研究的路数与智慧。具体来说，延续法国远东学院对于道教的一贯关注，范华多年在湖南一带作调研，并拍摄了一部既有整体感，又有丰富细节的人类学影片《韩信复仇记》。阅读他在文章中的一些理论反思，一方面需要结合影片来理解，另一方面也可以说，读了这篇文章可以更好地去观看那部影片。需要说明的是，文章原为法文，此处所刊英文由 Claire Parfondry 译出。

　　张猷猷在对川北木偶戏的研究中，将其中所涉及的神祇信仰模式归纳为"模仿模式"和"扮演模式",用以代替之前已有的"官僚模式"、"个人模式"与"异端模式"。他发现,文化价值体系之分享并不是政治地理学意义上的行省制区域划分,或者是施坚雅所强调的地理经济学的区域模式之归属,而是以文化为区划标准所构建的文化区域地理概念,从大木偶戏的演出区域来看,至少涵盖了四川北部、陕西南部、甘肃南部和湖北西北部地区。反之,作为其行为性的一面又激活了整个汉人神灵模式信仰之结构,指向了活态的"社会生命",由此反映了他在对汉人神灵模式信仰"静"与"动"的整体性强调。

黄剑波对一个西北汉人村庄的研究以基督教这个"他者"为切入点来看所谓的"我们",从而为中国(北方)汉人社会研究的已有成果提供另一种视角。他认为,对于(中国吴庄)基督教的考察的意义不仅仅在于它是一项"宗教或基督教研究",更是旨在理解近代中国社会的急剧变迁过程中所凸显的"传统"与"现代"的议题,并试图探讨文化变迁过程中的断裂与延续的问题。他进一步提出文化绝非一种静态的结构性框架,而是一种不断流动的过程,而吴庄的"基督徒汉人"文化就是这样一种地方性的文化混合体,同时也对于理解普遍性的文化变迁具有参照的意义。

在四篇直接讨论不同地区的汉人社会信仰/神圣性问题的论文之后,我们收录了孙晓舒关于人参的研究及雷亮中对凉山彝族麻风村的研究。

孙晓舒从历史人类学的角度,同时糅合了一些阐释人类学的观念,深入生产－流通诸环节,考察了东北"野参"自清代至当代的文化建构历程。孙晓舒的研究表明,野参价格不断抬升的过程,实际上是一个人类生存意义逐渐赋予和渗透的过程。难能可贵的是,孙晓舒将中国人参的人类学研究放置在世界人类学关于"物"之研究的知识脉络里,注重考察物的生命史,显现了年轻一代中国人类学学者的新的起点。

雷亮中则试图去理解那些被认为是文化遗弃者的麻风病人如何带着家庭和社会多重的歧视,怎样一步步从离散的居住共同体演变成一个复杂的、有着共同认同的村落社区。并且,随着麻风村村落生活的建立,比如组织生产、缔结婚姻、家庭规模的扩展、信仰实践,解决纠纷等,麻风村村民也从一个被动的文化遗弃者转为一个可以建构自己村落生活意义的能动者,或者说他们从一个文化驱逐者转为村落生活意义的缔造者。

近年来,海内外不少学者重新进入中国彝族社会调查,特别注意观察1950年代以来民族－国家框架下的彝人社会文化变迁问题,但这些田野点多属于传统彝族社会向现代的转变的案例，却鲜有提供一个处于被文化脉络区隔的、类似麻风病社区这样的案例。这样一个不同寻常的民族志个案，如果联系彝族"农场人"的最新研究，雷亮中关于彝族社会认同类别的深入探索应不可小视。

最后一篇关于跨学科合作研究的论文则更是一个学理性的讨论，应该说非常重要。宋雷鸣从他的人类学与流行病学双向研究的经验为出发点，认识到，以问题导向的学术研究自然而然地会涉及多种学科，基于共同的研究主题，不同的学科各有其视角和方法，它们之间合作的方式可能需要找到不同学科焦点理论与方法的交汇点。基于既有的学术实践进行总结和提炼后作者发现，"生物与文化"、"定性与定量"、"人群与组织"以及"理解与干预"，可成为两学科跨学科合作的学理性基础。显然，这类似于人类学的主位分析法，只有学习和理解了对方的研究视角和研究方法，才能更好地实现学科之间的深入合作与融会贯通。宋雷鸣的研究告诉我们，最近十年来中国人类学界开展的应用研究，开始向理论层面跃升，可能显现了学院派学者和应用派专家在未来结合起来的迹象与艰深探索。

《人类学研究》编辑部

2012 年 7 月 14 日

编后记

稿　　约

　　《人类学研究》是一份立足于中国经验而追求深度学术问题的专业读物，目的为中国以及海外中国经验研究者提供一个学术交流平台，促进中国人类学及世界人类学发展。

　　暂时每年出版两本，每本发表六七篇文章，每篇文章篇幅在三万字左右，个别稿子可达四五万字，目的为使著者充分阐述自己的观点。

　　《人类学研究》注重建立在经验或实证研究基础上的学术探索，即通过具体的民族志加以人类学理论提升。当然，我们也欣赏呈现清晰学术发展脉络和指明未来研究方向的学术史力作。这样的作品可以是全局性的，也可以是针对某项研究的或某个问题的，同样要求富有深透性理论关怀。我们希望著者在每篇文章中充分梳理前人已有的研究，告诉读者前人已解决了哪些问题，哪些问题还没有解决或解决得不够好；与其他学科相比，论文的人类学视角是什么，它相比其他学科带来了怎样的启示，以及在论文的结尾能够凸显出何种诠释新意与新论。

　　为此，我们推崇在某个领域长年投入辛勤劳动的敬业学者的稳健之作，我们也乐于介绍青年才俊的新锐作品，然而，认真的学术积累是获得研究的意义和价值的共同前提。这不仅指其个人的学术造诣，也包括其师承、流派一代代人的递进性探索。我们只有尊重前人的成果，不浪费前人的劳动，才能深拓精进，显现出人类学学科的对话品性和反思特征。当然，对于别开生面的新兴领域和交叉学科之作，只要选题意义重大，且有带动未来某个领域发展方向的潜力之作，也会积极采用。我们以人类学家的作品为主，适当选择具有人类学问题意识和带有人类学方法论色彩的社会史、民俗学、社会学等领域的优秀论文。

　　我们诚挚地希望，通过这份读物培养起一支遵循学术操守、执著而敏锐的中国人类学研究队伍，抵制当下作品浮躁和空泛议论的风气。如果做进一步思考，陈寅恪先生的话是尤为重要的。"前人讲过的，我不讲；近人讲过的，我不讲；外国人讲过的，我不讲；我自己过去讲过的，也不讲。现在只讲未曾有人讲过的。"陈老先生的这"四不讲"实际上不是

"弃旧图新"，而是"更上一层楼"的意思。这也是读者面前《人类学研究》的成书大要。

欢迎大家赐稿！

《人类学研究》编辑部
2012 年 7 月 16 日